U0535266

Clifford Geertz

文化的阐释

THE INTERPRETATION
OF CULTURES

[美]克利福德·格尔茨 著

甘会斌 杨德睿 译

译林出版社

图书在版编目（CIP）数据

文化的阐释 /（美）克利福德·格尔茨
(Clifford Geertz) 著；甘会斌，杨德睿译. -- 南京：
译林出版社，2025.1（2025.6重印）. --（人文与社会译丛 / 刘东主编）. -- ISBN 978-7-5753-0310-1

Ⅰ. C958

中国国家版本馆CIP数据核字第20241W585P号

The Interpretation of Cultures, 3rd edition by Clifford Geertz with a Foreword by Robert Darnton
Copyright © 1973 Basic Books
Preface to the 2000 edition © Clifford Geertz
Foreword to the 2017 edition © Robert Darnton
This edition published by arrangement with Basic Books, an imprint of Perseus Books, LLC, a subsidiary of Hachette Book Group, Inc., New York, New York, USA
through Bardon-Chinese Media Agency
Simplified Chinese edition copyright © 2025 by Yilin Press, Ltd
All rights reserved.

著作权合同登记号　图字：10-2022-372号

文化的阐释　［美国］克利福德·格尔茨 / 著　甘会斌　杨德睿 / 译

责任编辑　刘　静
装帧设计　韦　枫
责任校对　张　萍
责任印制　董　虎

原文出版　Basic Books, 1973
出版发行　译林出版社
地　　址　南京市湖南路1号A楼
邮　　箱　yilin@yilin.com
网　　址　www.yilin.com
市场热线　025-86633278
排　　版　南京展望文化发展有限公司
印　　刷　江苏凤凰新华印务集团有限公司
开　　本　890毫米×1240毫米 1/32
印　　张　19
插　　页　4
版　　次　2025年1月第1版
印　　次　2025年6月第2次印刷
书　　号　ISBN 978-7-5753-0310-1
定　　价　108.00元

版权所有·侵权必究

译林版图书若有印装错误可向出版社调换。质量热线：025-83658316

主 编 的 话

刘 东

总算不负几年来的苦心——该为这套书写篇短序了。

此项翻译工程的缘起,先要追溯到自己内心的某些变化。虽说越来越惯于乡间的生活,每天只打一两通电话,但这种离群索居并不意味着我已修炼到了出家遁世的地步。毋宁说,坚守沉默少语的状态,倒是为了咬定问题不放,而且在当下的世道中,若还有哪路学说能引我出神,就不能只是玄妙得叫人着魔,还要有助于思入所属的社群。如此嘈嘈切切鼓荡难平的心气,或不免受了世事的恶刺激,不过也恰是这道底线,帮我部分摆脱了中西"精神分裂症"——至少我可以倚仗着中国文化的本根,去参验外缘的社会学说了,既然儒学作为一种本真的心向,正是要从对现世生活的终极肯定出发,把人间问题当成全部灵感的源头。

不宁惟是,这种从人文思入社会的诉求,还同国际学界的发展不期相合。擅长把捉非确定性问题的哲学,看来有点走出自我囿闭的低潮,而这又跟它把焦点对准了社会不无关系。现行通则的加速崩解和相互证伪,使得就算今后仍有普适的基准可言,也要有待于更加透辟的思力,正是在文明的此一根基处,批判的事业又有了用武之地。由此就决定了,尽管同在关注世俗的事务与规则,但跟既定框架内的策论不同,真正体现出人文关怀的社会学说,决不会是医头医脚式的小修小补,而必须以激进亢奋的姿态,去怀疑、颠覆和重估全部的价值预设。有意思的是,也许再没有哪个时代,会有这么多书生想要焕发制度智慧,这既凸显了文明的深层危机,又表达了超越的不竭潜力。

于是自然就想到翻译——把这些制度智慧引进汉语世界来。需要说明的是,尽管此类翻译向称严肃的学业,无论编者、译者还是读者,都会因其理论色彩和语言风格而备尝艰涩,但该工程却绝非寻常意义上的"纯学术"。此中辩谈的话题和学理,将会贴近我们的伦常日用,渗入我们的表象世界,改铸我们的公民文化,根本不容任何学院人垄断。同样,尽管这些选题大多分量厚重,且多为国外学府指定的必读书,也不必将其标榜为"新经典"。此类方生方成的思想实验,仍要应付尖刻的批判围攻,保持着知识创化时的紧张度,尚没有资格被当成享受保护的"老残遗产"。所以说白了:除非来此对话者早已功力尽失,这里就只有激活思想的马刺。

主持此类工程之烦难,足以让任何聪明人望而却步,大约也惟有愚钝如我者,才会在十年苦熬之余再作冯妇。然则晨钟暮鼓黄卷青灯中,毕竟尚有历代的高僧暗中相伴,他们和我声应气求,不甘心被宿命贬低为人类的亚种,遂把移译工作当成了日常功课,要以艰难的咀嚼咬穿文化的篱笆。师法着这些先烈,当初酝酿这套丛书时,我曾在哈佛费正清中心放胆讲道:"在作者、编者和读者间初步形成的这种'良性循环'景象,作为整个社会多元分化进程的缩影,偏巧正跟我们的国运连在一起,如果我们至少眼下尚无理由否认,今后中国历史的主要变因之一,仍然在于大陆知识阶层的一念之中,那么我们就总还有权想象,在孔老夫子的故乡,中华民族其实就靠这么写着读着,而默默修持着自己的心念,而默默挑战着自身的极限!"惟愿认同此道者日众,则华夏一族虽历经劫难,终不致因我辈而沦为文化小国。

一九九九年六月于京郊溪翁庄

目 录

罗伯特·达恩顿序　　　　　　　　　　　　　　1
千禧年版序　　　　　　　　　　　　　　　　4
初版序　　　　　　　　　　　　　　　　　　7

第一部分　　　　　　　　　　　　　　　　1

　　第一章　浓描：文化阐释理论指要　　　　3

第二部分　　　　　　　　　　　　　　　　39

　　第二章　文化概念对人之概念的影响　　　41
　　第三章　文化的生长与心智的演化　　　　68

第三部分　　　　　　　　　　　　　　　　99

　　第四章　作为一种文化体系的宗教　　　　101
　　第五章　精神气质、世界观与神圣象征分析　150

第六章　仪式和社会变迁：一个爪哇案例分析　　171
第七章　当代巴厘的"内部改宗"　　203

第四部分　　225

第八章　作为一种文化体系的意识形态　　227
第九章　革命之后：新兴国家民族主义的命运　　271
第十章　整合革命：新兴国家中的原生情感与公民政治　　294
第十一章　意义的政治　　355
第十二章　政治今昔：关于人类学如何用于理解新兴
　　　　　国家的札记　　373

第五部分　　389

第十三章　理智的野蛮人：评列维-斯特劳斯的作品　　391
第十四章　巴厘的人、时间与行为　　412
第十五章　深度游戏：巴厘斗鸡诠解　　465

致　谢　　507
注　释　　510
索　引　　562

罗伯特·达恩顿序

人类学、历史学与格尔茨[*]

  克利福德·格尔茨属于堪称一代宗师（maîtres à pense）的那种旷世奇才。跟屈指可数的其他几位大师（福柯、哈贝马斯、布迪厄）一样，他启发了一般读者和整个人文科学领域里活跃度稍逊的普通学者。在历史学家当中，他深刻影响了在20世纪70年代和80年代成熟起来的那代人，他们曾经习于玩弄统计模型、功能主义解释、结构和时势，还有辩证唯物主义。格尔茨的象征主义和文化体系观念让他们眼界大开，并试图在档案里做民族志研究。

  不过格尔茨从未谋求开宗立派。有一次他告诉我，假如他可以成为20世纪别的某个人，他愿意选择成为詹姆斯·乔伊斯。的确，格尔茨的文学火焰阻碍了系统化。巴洛克式的长句带着插入语，形容词堆金叠玉，句法缭绕回旋，使得模仿之心成空。尽管他死守韦伯主义，也曾在塔尔科特·帕森斯手下问学有年，但格尔茨对于把命题组合成系统性结构提不起丝毫兴趣。他从互不相干的、互异的源头凑泊出论点。他是个拼贴家。

  这并不是说格尔茨遇到理论问题的时候缺乏严密性。在普林

---

[*] Robert Darnton, "Anthropology, History, and Clifford Geertz," *Historically Speaking* 8, no. 4(2007): 33—34. © 2007 The Historical Society. 重印于此，征得Johns Hopkins University Press 的许可。

斯顿高等研究院,他耐着性子听完一篇令人失望的论文后所发表的最严厉的评论,通常是称其"概念化不足"。但他没有发明许多独家概念。语言哲学、符号学、韦伯社会学,以及可能有助于解决手头任务的其他任何领域,都是他移借概念的地方。然后他着手工作,运用最得当的工具去撬开域外的思想方式,探索异型的心智世界。

这种取径帮助了20世纪60年代在法国兴起的"心态史"。不管是谁,只要觉得受到罗贝尔·芒德鲁、乔治·杜比、菲力浦·阿利埃斯和米歇尔·伏维尔等人作品的启发,就会被它吸引。它也提供了他们欠缺的某种东西:扎根于符号学的一套象征主义概念,视文化为意义体系的一种认识。巴黎社会科学高等研究院旧时的心态史研讨会,如今被历史学和人类学的研讨会取代了。

在推进历史学和人类学相互补强上,格尔茨的贡献无人可及,但他并非首倡者。这是从他或许会谓之"选择性亲和"的两相会合中,亦即从对共同问题的共享兴趣的日渐觉察中,历经多年发展起来的。早在格尔茨对历史学书写影响最大的那本《文化的阐释》(1973)出版之前,像伯纳德·科恩这样的人类学家和基思·托马斯这样的历史学家已经跨越了他们的学科边界。诚然,格尔茨在《一座印度尼西亚小镇的社会史》(1965)里已展现了民族志史学的可能性,那要早得多,但这本书也许是他全部著作中读者最少的。虽然《被执守/观察的伊斯兰教:摩洛哥和印度尼西亚的宗教发展》(1968)灌注了大量历史学反思,但它根本上还是比较宗教社会学的一篇论文,师法的是马克斯·韦伯的典范。而《尼加拉:十九世纪巴厘的剧场国家》(1980)虽是他最富历史学内蕴的书,却在历史学家中间激起最大的怀疑。那么格尔茨对人类–历史学和历史–人类学的独特贡献何在呢?

大多数历史学家兴许会答曰:"浓描。"这个概念倒是契合格尔茨的工作方式,可是它被误解得太深了。当历史学家试图用之于自己的工作时,他们有时会选择看上去很合人类学口味的主题(过渡仪式、巫术、宗教仪式、喧闹),然后堆砌描述性细节。作为民族志学家,格尔茨当然信奉经验严谨性,但是作为理论家,他也坚持意义体系的重要性。在他看来,民族志学家要抓住象征符号所传递的多重意义,并追踪它们跟其他符号的相互作用,直到一种文化体系浮现在眼前——起初朦朦胧胧,但随着阐释围绕诠释学循环运转不息而愈益澄澈;此时此刻,描述方才变得浓厚起来。

我相信,他的天才在于捕捉住一缕线索,借以阐发通盘文化模式。他是怎么做到这一点的依然是个谜。他烛察"土著"深谙其意而体系以外的人不明所以的奇特之物,比如在巴厘,权力被用来举办典礼,这与典礼被用来强化权力恰恰相反。他有一种神奇的能力,可以想象自己深入他人形骸之内,跟随他们思想的列车前行,直到它与他自家的文化针锋相对的那些点上。

这种性情不单将他引向印尼和摩洛哥的遥远村落,也影响着进入他感知域内的一切东西,包括爵士乐、体育运动、政治、文学,没错还有历史学。可是历史学家怎么能够利用它呢?我们谁都没有格尔茨那样的头脑。通观那些受他启迪最深的历史学家(包括琼·斯科特、威廉·休厄尔、娜塔莉·戴维斯、基思·贝克、彼得·伯克、瑞斯·艾萨克和我本人在内)的著作,人们找不出格尔茨式的印记,因为世上本无格尔茨主义。他的作品为他人开辟了求索的大道,但求索本身方向各异。他自己就分赴许多方向,将他的思想播散在辽阔地带上,正如他的思想是从许多不同源头采撷而得的。他是没有门徒的大师——独成一派。

千禧年版序

　　20世纪70年代初,我应承下来要汇集这些论文,它们全都写于过去的十年里,写于传奇的60年代期间;至于把它们串联起来会是什么模样,我当时糊里糊涂,只知道我写过这些文章。它们一类论及印尼,我在那里做过几年研究;一类论及文化这个概念,那是鄙人的一种执念;其余的论及宗教、政治、时间和演变;还有一篇后来闻名遐迩或者说臭名远扬(气得马克思主义者和高级文人学者都语无伦次了),它相当另类,说的是巴厘人斗鸡的深层意义。这些文章凑拢来成为何物呢:一套理论? 一个视点? 一种方法?

　　对这东西我甚至无以名之,遑论阐发原理。我想过题名为《意义与文化》,但是深可悼念的马文·凯斯勒,我那位基本书局的编辑,最先提出汇编本文集的主意的人,并不看好这个题目——闪避太明显,措辞无灵气。他进而怂恿我写一篇延伸性、分析性的导论,陈述我的立场。我说我不知道我还有立场。他说(那个时代的编辑是真正的**编辑**):"你会找到的。"于是我写下了"第一章　浓描:文化阐释理论指要",发现了一个立场和一句口号,它们从此跟我形影相追。

　　这种回溯的"物之序"——先动笔写,再弄清楚你在写些什么——可能看起来有些古怪甚至是歪门邪道,但是我想,起码多数时候它都是文化人类学里的标准程序。有些自称要追求高级科学和高等技术的装相者姑且撇开不说，我们并非一来就有成形的想法，然后带着它们去到远方，系统地应用精心编码的程序来加以检验。

我们动身前往那些地方(或者近处,而今愈益如此),对于我们想要调研些什么,可能怎样着手调研它们,头脑里只有一些大体的想法。接下来我们实际调研它们(或者很常见地,转而调研原来竟更有意思的其他问题),完事后回头整理我们的笔记和记忆(它们都有缺陷),看看我们或许已经揭露了点什么东西,它可以有所阐明,或者引导我们对自己或别人信以为真的有关某事的观念进行有益修正。由此产生的作品从而是探索性的、自我质疑的,比事后结撰而成的章节历历之书和专著可能暗示的,更为写作时的机缘所形塑。

故此,研究工作的这一收官阶段很重要,又有点耍花招——我们再次动身去某地,或者转向别的关注点的时候,才是终局之时。说它很重要,是因为没有它,我们就只剩下各色的花絮和概述,剩下寻找整体的一地碎片。说它耍花招,则因为它将一种本来是后续建构的东西,呈现得仿佛是被喜滋滋地确证的深思熟虑的论题。人类学论证——《文化的阐释》明摆着是这样一种论证——好比借口,是在需要它们救急的失足已经发生后临时杜撰的。

无论如何,不管是先见也好后见也好,一般陈述——就像我在关于"浓描"的那篇文章里何其有幸地被逼而为的那种(有幸乃因它对我工作方向的作用及它的影响)——在人类学中只有作为对特殊探究的评注才有意义,本书余下篇章就是那种特殊探究。脱离了后者,它们似乎不过是期票,是空箱,是潜在可能性而已。不单是"浓描"一章,还有"作为一种文化体系的宗教"、"作为一种文化体系的意识形态"或"文化的生长与心智的演化"里较为一般性的陈述,若是它们还有什么启发性和可信性的话,都是主题各异的诸章所带来的,它们分别论及被中断的爪哇葬礼,爪哇人的时间和认同观念,皮影戏或印度化邦国,当然还有斗鸡和动物化的地位对抗的密室情节剧,等等。不论我最初多么不确定,书归书,章归章,整体自有其特定的表意节奏。

如今,此书初版已过去二十六年。历经那么多世事变幻,现在它要再版了,重新现身这个世界和人类学之中。这也许是个信号,表明我那时率先去追的野兔,而今有些还值得继续追逐。不管怎样,我仍追之不休。

克利福德·格尔茨

普林斯顿

1999年8月

初版序

一位人类学家，被他殷勤的出版商驱策着，开始收集他的某些文章，为的是对他自研究生院卒业以来、过去十五年间所做之事或想做之事举办某种回顾展，这时他要直面两大痛苦决定：收入些什么，对所收入者该多么恭敬相待。我们每个写作社会科学期刊论文的人，心里都有一部剪报集似的非书之书，而且我们中越来越多的人眼下还在发表论文；我们人人都设想，昨日之我做过的任何事情，今日之我可以做得更好，我们随时准备对自己的作品大事修订，若是任何编辑这般修订，我们断难容忍。试图在一个人的作品之地毯上找出图案，可能像试图在一个人的生活中找出图案那样令人泄气；事后织入一个图案（"这是我**本来**想说的意思"），就成了一种强烈的诱惑。

对付第一个决定的问题，我的办法是只把直接或间接关乎文化概念的那些文章收入本文集。实际上它们多是经验研究而非理论探讨，因为一旦我远离社会生活的当下性，我就浑身不舒坦。然而它们的基本关切点，全在于以一个接一个的即时案例，推进一种独特的、有人或许会说是奇特的文化观，其中涉及文化是什么，文化在社会生活中扮演何等角色，应当如何恰当地研究文化，等等。尽管这种对文化的重新界定也许是我作为人类学家的持之以恒的兴趣，但我也在经济发展、社会组织、比较历史和文化生态诸领域四面出击,这些关切点没有反映于此,除了附带及之。如此一来,我希望这表面上只是论文集的东西,多少呈现出几分专论的样子——经由一系列具体分析发展出来的文化理论方面的一部专论。这本书不单是对有点漂泊的专业生涯的"然后我又写了……"式回顾,它还要立说。

第二个决定稍微难办些。一般而言,我对已刊文章坚持"一仍其旧"的观点,只不过是因为,假如它们需要大修大改,那它们兴许压根就不该重刊,而应代之以全新的论文,理乱解纷。再说,将新观点混入旧作,以此纠正作者的错误论断,对我来说似乎不够光明磊落,也掩盖了作者当初汇编论文时大概意欲展示的思想发展历程。

可是话说回来,如果改动本身无伤宏旨,而听任所述事项严格保持旧文原样要么会传播过时信息,要么由于把讨论本身过分紧密地跟如今时过境迁的事件捆绑在一起而削弱了依然有效的讨论,那么在这些情况下,适度的回溯性校订似乎也不无理由。

本文集里有两个地方,上述考量在我看来是适用的,因此我在原文基础上有所修改。第一处在第二部分探讨文化与生物演化的两篇文章那里,原文给出的化石年代测定确实已经作废。一般来说年代是被提前了。既然这一改变基本不触动我的中心论点,我看不出引进较新的年代估值何害之有。当考古学家目前发现了可推算其年代是四五百万年前的南方古猿化石的时候,继续告诉世人南方古猿可以追溯到一百万年前似乎颇为无谓吧。第二处牵连到第四部分第十章"整合革命",自该文于20世纪60年代初写就以来,新兴国家历史的波流(如果它应当被这样称呼的话)使得有些段落读来显得可怪。既然纳赛尔死了,巴基斯坦分裂了，尼日利亚非联邦化了，共产党从印尼舞台上消失了，那么文章写得好像这些事情从没发生过，就让讨论有一种不真实感。而我再一次认为该讨论仍不失效力，纵然如今领导印度的不再是尼赫鲁而是他的女儿，马来亚共和国也扩充成了马来西亚联邦。因此在这一章里我做了两类修改。其一，我在文本中改变了时态，引入了从句，增添了一两条注释，诸如此类，意在使它读起来少几分仿佛过去十年什么事都没发生过的那种感觉。但是我没有改变任何实质内容以完善我的论证。其二，紧接在每一案例的历史之后，我给它们补充了一段话，概述了自该文写成以来的相关发展状况，以便表明，那些发展倒更像是证明了该文依据早期事件所论问题的持续切当性，也再次驱散了南柯一梦似的瑞普·凡·温克尔效应。本书余下部分，除了轻微的印刷和文法更正（以及为了全书一致所做的文献引用格式的改变）之外，基本上原封不动。

然而我增加了新的一章，即第一章，想要尽可能一般化地陈述我当前的立场。由于我对各章所论问题的观点业已经历了纵跨十五年之久的演变，因此导论这一章表述某些事情的方式，的确稍异于有些重刊章节的表述方式。我早年的一些关注点（比如功能主义），如今在我思想中不那么突出了；稍后的一些关注点（比如符号学），如今更显峥嵘。但是这些按逻辑顺序而非年代顺序编排起来的篇章，依我看其思想倾向还是比较一贯的，导论这一章代表一种努力，要更明确、更系统地缕述那思想倾向是什么：总之就是尝试说出我一直在说的东西。

我删去了原文包含的全部致谢。帮过我的各位知道我感谢他们，非常感谢他们。我只能希望，到现在他们知道我也知道这一点。与其将他们再次卷入我的烂摊子中，不如让我剑走偏锋，向三家非凡的学术机构道谢，它们给我提供了我确信今天世界上任何地方都无出其右的那种学术环境：哈佛大学社会关系系，我在那里从师修业；芝加哥大学人类学系，我在那里授业十年；普林斯顿高等研究院，现今我执业的地方。在美国大学体系饱受抨击、被目为废物乃至更糟之物的这个时代，我只能说那样的环境是让我获得救赎的礼物。

克·格
普林斯顿
1973 年

第一部分

第一章　浓描：文化阐释理论指要

一

苏珊·朗格在其《哲学新解》一书里评论说，某些理念会以惊世的力量乍现于知识景观中。它们一下子解决了如此之多的根本问题，以致好像有望解决所有根本问题，澄清所有晦涩的疑难。人们蜂拥而上，将其抢来当作某种新实证科学的开门钥匙，当作某种综合分析体系赖以建立的概念轴心。这样一种宏大理念（grande idée）的骤然流行，一时间将其他几乎一切东西都排挤尽净，朗格说这归因于"一切敏感而活跃的头脑都同时转而开采、利用它。我们试着把它用于每一联系、每一目的，尝试它的严格意义的可能延伸，得出普遍概括和推论"。

然而当我们逐渐熟悉新理念，当它成为我们理论概念总库的一部分之后，我们的期望就与它的真正用途更加臻于平衡，它的名过其实就告终了。少数发烧友还会固持以之为世界真谛的陈旧看法，但是不那么狂热的思想者很快就会定下心来，思考该理念实际引发的问题。他们试着把它运用到适用之处，扩展到可扩展的地方，而在不适用或不可扩展之处则作罢。事实上它变得首先是(如果它确实就是的话)一个开创性的理念,是我们知识宝库永存不朽的一部分。但它不复具有它曾经享有的无所不达的辽阔地盘,表面上投入的无限用途。热力学第二定律、自然选择原理、无意识动机观念或是生产工具的组织,都不再解释一切,哪怕只是人类的一切,但它们仍会解释某些事情;我们的注意力就转而去辨识那些事情究系何事并分离处理,去把我们自己从它名头蒸蒸日上时造成的诸多伪科学中解脱出来。

是不是所有最重要的科学概念实际上都是这样发展的,我不得而知。但可以肯定,这一模式适合于文化这个概念,整个人类学学科就是围绕这个概念而起的,也正日渐关心要限定、指明、聚集和抑制它的支配性。对文化概念删芜就简,故而真正确保它的持续重要性而非削弱它的基石,这正是以下各章通通以各自的方式、从各自的方向勉力而为的。它们一律主张一种收缩的、专门化的、据我想来更有理论力度的文化概念——有时是明确主张,更多时候只是透过它们所发展的特殊分析暗示出来,用以代替 E. B. 泰勒那著名的"最具综合性的整体"之概念,后者的原创力不容否认,但在我看来它已到了揭示远不如遮蔽之多的田地。

对文化的泰勒式"一锅炖"的理论化可能把人引入的概念沼泽,在克莱德·克拉克洪的《人类之镜》中显而易见,该书如今依然是人类学通论的佳作之一。在讨论文化概念那一章的约莫二十七页中,克拉克洪递次力图将文化界定为:(1)"一群人的全部生活方式",(2)"个人从他的群体获得的社会遗产",(3)"思维、感觉和信仰的方式",(4)"从行为抽象出来的东西",(5)由人类学家提出的关于一群人实际上如何行动的理论,(6)一种"共享知识的仓库",(7)"对重复发生的问题的一套标准化应对方式",(8)"习得行为",(9)对行为的规范性调节机制,(10)"适应外部环境和他人的一套技法",(11)"历史的积淀"。然后或许是走投无路,克拉克洪转向比喻,把文化比作一幅地图、一张筛子和一个母体。面对这种理论的芜蔓,即便只是一种稍加限定、不尽合规的文化概念也是一个进步(公平地说,克拉克洪本人也敏锐地意识到这一点),它起码是内在一致的,更要紧的是,它能让人提出可界定的论点。折中主义之所以是自拆台脚的,不是因为它只有一个方向可以走下去,而是因为有太多方向:必须做出挑选。

我赞成的文化概念本质上是个符号学的概念,它的功用以下各章会尝试展现。我同意马克斯·韦伯,相信人是悬挂在他自己编织的意义之网上的动物;我认为文化就是那些网,因而文化分析就不是探求定律的实验科学,而是探求意义的阐释科学。我所追寻的正是阐释,阐释那些表面上玄奥莫测的社会表达。但是这一声明,这一条款般的信条,它本身就需要某种阐释。

二

作为一种方法论教条的操作主义,至少就社会科学而言从来就和者寥寥,而今除了几个有点被它横扫的角落——斯金纳的行为主义、智力测验等——之外,它已是奄奄一息了。尽管如此,它却下过一个重要论断,不管你对企图依照操作来界定克里斯玛或异化可能有什么想法,这一点仍然铿锵有力:如果你想理解一门科学是什么,你首先应该看的不是它的理论或发现,也肯定不是它的辩护士对它的说辞,你该看的是它的研究者在做什么。

在人类学中，或者至少在社会人类学中，研究者所做的是民族志。正是在理解何为民族志，或者更准确地说**何为做民族志**上，人们可以入手去体会作为一种知识形式的人类学分析意味着什么。必须马上说明，这不是方法问题。从一种观点，亦即教科书的说法来看，做民族志就是建立融洽关系、挑选报道人、转录文本、记录系谱、绘制田野地图、写日记之类。但界定这项事业的恰恰不是这些东西，即技巧和公认的程序。界定它的是它所属于的那种知识作为：借用吉尔伯特·赖尔的概念来说，一种煞费苦心的对"浓描"的大胆投入。

赖尔对"浓描"的讨论见于他新近的两篇文章（今已重印收入他的《文集》第二卷），它们想要解决他所称的"思想者"（Le Penseur）在做什么的一般问题："思考和反映"与"对思想的思考"。他说，让我们想想两个少年，他们在迅速收缩他们右眼的眼睑。一个是无意识地眨眼，另一个则是诡秘地向朋友传递信号。两者的动作单从动作上看是完全相同的，若是仅凭照相似的、"现象主义的"观察，你分辨不出哪个是眨眼，哪个是递眼色，或者到底是两者都是眨眼或递眼色，还是一个是眨眼一个是递眼色。可是，眨眼和递眼色之间的差异虽然不能仅凭拍照显现，却是巨大的；谁要是在眨眼时不幸被人误会作递眼色，就明白这点。递眼色的人是在交流，而且实际上是以相当清楚而特别的方式交流：(1) 有意的，(2) 针对特定的人，(3) 透露特殊的讯息，(4) 依照社会确定的代码，(5) 旁人不察。正如赖尔所指出的，递眼色的人其时做了两件事，收缩眼睑和使眼色，而眨眼的人只做了一件事，收缩眼睑。当存在一套公共代码，依此故意收缩眼睑即被当作一种诡秘的暗号时，你故意收缩你的眼睑**就是**递眼色。它的一切尽在于此了:一点点行为,一丝丝文化,还有——哦,就这些! (voilà!) ——一个示意动作。

然而那才刚刚开了个头。赖尔接着说,假定还有第三个少年,他"为了拿他的好伙伴们恶作剧",滑稽地模仿开先那少年的递眼色,表示那做得生涩、笨拙、显眼等等。他做这件事的方式,当然跟第二个递眼色的少年和第一个眨眼的少年一般无二:收缩他的右眼眼睑。只不过他既不是眨眼也不是递眼色,他是在戏仿他认为很好笑的递眼色举动。这里也存在一套社会确定的代码(他的"递眼色"用力很猛,过于明显,也许还要扮个鬼脸——小丑的惯技),也传递了一种讯息。不过此刻,飘荡开来的不是共谋,而是戏弄。假如别人真的以为他在递眼色,那就跟别人真的以为他在眨眼一样(虽然后果可能有些不同),他的全部计划算是彻底搞砸了。你可以进一步设想:这个想做搞怪能手的少年对自己的模仿能力没有把握,可以在家里对着镜子练习,这种情况下他不是在眨眼、递眼色或戏仿,而是在排练;尽管就一台照相机、一个极端的行为主义者或者一个信奉基本句子的人可能记录的来看,他无非是像其他诸人一样在迅速收缩右眼眼睑而已。情况可能继续复杂化,至少在逻辑上是无止境的,虽然实际上不会这样。举例来说,最初递眼色的人也许其实是假装递眼色,是为了(比如)误导旁人去猜测有个本属子虚的密谋在活动,这种情况下,我们对戏仿者所戏仿的、排练者所排练的所做的那些描述当然要相应改变。但是要点在于,介乎赖尔所称的对排练者(戏仿者、递眼色者、眨眼者……)所做的"淡描"("迅速收缩他的右眼眼睑")与对其所做的"浓描"("滑稽地模仿一位朋友,后者假装在递眼色,欺骗天真的人,让他以为有什么密谋在飘荡")之间,有民族志的对象存焉：富含意义的诸结构的分层化等级体系，据此眨眼、递眼色、假装递眼色、戏仿、戏仿的排练等才被人展现、感知和阐释，无此它们事实上将不会存在（连零形式的眨眼也不会存在，它作为一种文化范畴，意味着不是递眼色，恰如递眼色意味着不是眨眼），不管人们有没有什么眼睑上的动作。

递眼色、假装递眼色、滑稽模仿假装递眼色、排练滑稽模仿假装递眼色……这一切都像牛津哲学家们喜欢闭门编造的那众多小故事一样，也许看上去有点矫揉造作。且容我补充一段更具经验性的笔记，那是出自我本人的田野日志的一段并非不典型的节录，我故意不拿任何居前的解释性评论做先导，以此表明，赖尔的例子无论出于说教目的被磨得多么平滑，还是呈现了那种叠加起来的推论和含意结构的一个非常精确的形象，民族志学者不停地试图小心穿行于那些结构间：

> 法国人〔报道人说〕刚来不久。从小镇这里到崇山峻岭中的马尔穆沙地区之间，他们建立了二十来座要塞，都修筑在岬角上，好俯瞰郊野。但是尽管这样，他们也不能保障安全，尤其是夜间，所以虽然mezrag（商贸协定）体系本该依法取缔，实际上却照行不误。
>
> 一天晚上，当时科恩（他柏柏尔语说得很流利）在马尔穆沙那里，另外两个向某邻近部落贩货的犹太商人来串门，想从他那里进些货。另一个邻近部落的一些柏柏尔人企图闯入科恩的住地，他朝天鸣枪示警。（按照传统，犹太人被禁止携带武器，但在这个世道不靖的年月里，反正有许多人都带着枪。）这引起法国人的注意，抢

劫者逃走了。

可是第二天晚上,他们又摸回来了,其中一个假扮成女人去敲门,还胡诌了一通故事。科恩觉得可疑,不想让"她"进门,但是其他两个犹太人说:"噢,没关系的,不就是个娘们嘛。"于是他们开了门,那伙人蜂拥而入。他们杀了两个犹太来客,可是科恩设法躲进隔壁一间屋子里,负隅顽抗。科恩听到贼人们盘算,要在搬完他的货物后,把他活活烧死在店里。于是他打开房门,挥舞棍棒一阵乱打,设法跳窗逃脱了。

然后他跑上要塞,找人把伤口包扎好,就去向当地指挥官、一位迪马里上尉申诉,说要讨回他的 'ar——他被劫货物价值的四五倍。盗贼们来自还没有臣服于法国当局、公然造反的一个部落,他希望得到授权,跟他的 mezrag 股东,即马尔穆沙部落酋长一道,去收取按传统规矩他应得的赔偿。迪马里上尉不能正式批准他这么做,因为法国明令禁止 mezrag 关系,但给了他口头授权,讲明:"你要丢了小命,是你自找的。"

于是酋长、犹太人和一小队武装的马尔穆沙人出发了,走了十到十五公里路程,进入叛乱地区,那里自然一个法国人也没有;他们神不知鬼不觉地潜入,抓了贼人部落的牧羊人,偷了部落的羊群。不一会儿,对方部落的人骑马赶到,手持来复枪,准备进攻。但当他们看清"偷羊贼"是谁的时候,就认真想了想,说:"好吧,我们谈谈。"他们当然不能否认发生过的事情,也就是他们的人抢了科恩,杀了两位客人;他们也不愿意从此跟马尔穆沙人结成不解的世仇，只要同侵入者混战一场，这世仇可能就结下了。于是两帮人在平地上，在数千只羊中间，谈啊，谈啊，谈啊，最终决定赔偿五百只羊。然后两帮武装的柏柏尔人骑在马上，整队分立在平地两头，羊群集合在他们之间，而科恩呢，穿着黑长袍，戴着邮筒帽，趿着便鞋，独自走进羊群当中，以他特有的迅捷，逐一挑出最好的羊当作给他的赔偿。

就这样，科恩得到了羊，把它们赶回马尔穆沙。法国人高居在要塞上，听见他们远远地过来（"叭，叭，叭"，科恩回忆起那时的景象，欢快地说），说："那是什么鬼东西？"科恩说："那就是我的'ar呀。"法国人无法相信他真的做成了他说他做成的事情，就控告他是造反的柏柏尔人的奸细，把他关进大牢，没收了他的羊。他的家人住在镇上，许久没有他的音讯，以为他已经死了。但是又过了不久，法国人释放了他，他回到家里，只是羊没了。然后他去找镇上的上校申诉，这个法国佬管辖这整片区域。可是上校说："这事我无能为力。我管不着。"

这段话是引述的半成品，如同漂流瓶里的便条，无脉络可循，它就像任何类似地呈现出来的类似文本可能做到的那样，让人充分意识到，即便是最基本的那种民族志描述，也蕴含了多么丰富的东西——它是多么出奇地"浓厚"啊。在完稿的人类学作品（包括本文集的这些）里，我们称之为我们的资料的东西，其实是我们自己对他人就他们本人及其同胞所为之事所做的解释/建构的解释/建构，这一点遭到遮蔽，乃是因为我们理解某一特殊的事件、仪式、习俗、观念等所需的大多数东西，在它们本身受到直接审视之前，就已作为背景信息不知不觉为人所知。(即使揭示这出小剧发生在1912年的中摩洛哥高原地区——又在那里于1968年被娓娓道出——也决定了我们对它的很大部分理解。)这并不是犯了什么特别的错误，无论如何它是不可避免的。但它的确导致对人类学研究的一种看法：高估它作为观察活动的一面，低估它作为阐释活动的一面。就在这全部事业的事实基础、坚硬基石(假如真有的话)之下，我们已经在阐释了；而且更糟的是，对阐释加以阐释。使眼色，对使眼色使眼色，再对对使眼色使眼色使眼色。

因此，分析就是理清各种表意结构，并确定其社会基础和含意；那些结构被赖尔称作确定的代码，这种措辞有点误导人，因为它使这项事业听起来太像译电员的工作，其实它更为近似文学批评家的工作。在我们此处的文本里，这样的理清工作大概可以从区分作为该情境组成要素的三种相异的阐释框架(犹太人的、柏柏尔人的、法国人的)着手，然后可以继续前行，表明它们在彼时彼地的共存如何(及为何)造成这样的局面，其中系统性的误解使传统形式沦为社会笑剧。让科恩栽跟头的，让他在里面活动的那一整套古老的社会和经济关系模式随他一起栽跟头的，是言语的淆乱。

稍后我将回到这个过度浓缩的警句上，也将回到文本本身的细节上。此时的要点不过是说，民族志是浓描。民族志学者除了在从事更加机械的资料收集的常规工作(当然，这事他非做不可)的时候以外，所面对的是多样的、复杂的概念结构，它们陌生、不规则而又含糊不清，许多还彼此叠加或缠结在一起，他必须先得设法把握它们，进而翻译、表达出来。在他最脚踏实地的丛林田野工作的活动层面上（访谈报道人、观察仪式、探出亲属称谓、绘制地界线、普查家户人口……写日志），实情也是如此。做民族志就像努力"读"（在"解读"的意义上）一份手稿，它是异域的，字迹模糊，充满了省略、前后不一、可疑的增删和倾向性评注，但它不是用常规化的表音书写符号写成的，而是用转瞬即逝的、具有其形态的行为实例。

三

文化，这份被表演出来的文献，故而是公共性的，就像被滑稽模仿的递眼色和模拟的抢羊行动一样。它虽是观念性的，却不存在于某人的头脑里；虽是非物质性的，却不是超自然实体。人类学之内就文化到底是"主观的"还是"客观的"所展开的没完没了——因为没法完了——的争论，连同伴随而生的你来我往的思想羞辱（"观念论者！"——"唯物论者！"；"心灵主义者！"——"行为主义者！"；"印象主义者！"——"实证主义者！"），完全是想偏了。一旦人类行为被看作象征行动（多数时候如此；但也**的确**存在真正的贬眼），亦即如同说话的发声、油画的颜料、文字的线条、音乐的声调那般有所意指的行动，那么，文化是模式化行为还是心智框架，抑或两者的某种混杂这个问题，就丧失了意义。对于滑稽模仿的递眼色或模拟的抢羊行动，该问的事情不是它们的本体论地位是什么。那跟岩石和梦境的地位是相同的——它们都是这个世界上的事物。该问的是它们含意何在：当它们出现之际，透过它们的作用，说出了什么东西？是戏弄还是挑战，是反讽还是愤怒,是势利还是骄傲?

这也许像是自明的真理,但有许多途径遮蔽它。一种途径是把文化设想成独立自足的"超有机体式的"实在,有其自身的力量和目的;这也就是将它物化。另一种途径是宣称文化表现为行为性事件的纯粹模式,我们可以在这个或那个可识别的共同体中实际观察到那些事件的发生;这也就是将它化约。不过尽管这两种淆乱仍旧存在,而且无疑将会始终缠着我们,但当代人类学里的理论昏聩的主要源头是为反对它们而发展起来、如今正大行其道的一种观点——引用或许是其领军人物的沃德·古迪纳夫的话来说,它认为"文化在人的理智和感情里"。

这一思想流派被乱纷纷地叫作"种族科学"、"成分分析"或"认知人类学"(称谓的摇摆正反映了深度的不确定性),它相信文化是由个人或群体赖以引导其行为的各种心理结构组成的。再次援引古迪纳夫的话来说(这回出自业已成为这整个思想运动的经典语录的一段话),"构成一个社会的文化的,是人们为了以被社会成员接受的方式采取行动而不可不知晓或相信的任何东西"。从何为文化的这一观点出发,必定推出关于何为描写文化的一种同样被人深信的观点——描写文化就是写出系统性的规则,即一套民族志算法,如果采用它,人们可以这样采取社会行动,甚至可能被误认为本地人(外貌不论)。如此这般地,极端的主观论就跟极端的形式论结合起来了,伴随着预料之中的结果:对于特定的分析(它们出之以分类系统、范例、表格、树状图或其他妙法的形式)究竟是反映了土著"真正"之所想,抑或仅仅是他们之所想的灵巧仿造物(二者逻辑上相当而实质上相异),往往众说纷纭,莫衷一是。

乍看之下，这种取向很接近我们正在展开的那种，可能被混为一谈，因此点明它们之间的分歧不无裨益。暂且让我们把递眼色和羊抛诸脑后，如果我们举一首贝多芬四重奏曲当作文化的样品，一种诚然很特殊却合乎目的地极富说明性的样品，我想没人会把它等同于它的总谱，等同于演奏它所需的技巧和知识，等同于它的演奏者或听者所具有的对它的理解，或者等同于（顺便照顾一下化约论者和物化论者）它的某次特定演奏或是超越物质存在的某种玄妙实体。"没人"或许说得太绝对了，因为总有人执迷不悟。但是，贝多芬四重奏曲是在时间上展开的音调结构，是模式化声音的连贯序列，一言以蔽之就是音乐，而不是某人对某物（包括如何演奏它）的知识或信念，这是大多数人深思熟虑后都可能赞同的一个主张。

要拉小提琴，须得具备某些习惯、技巧、知识和天赋，须得处在适合演奏的心境下，还得（像老掉牙的笑话所讲的那样）有把小提琴。但是拉小提琴既不是习惯、技巧、知识之类，也不是心境，更不是（信奉"物质文化"概念的人显然会认定的）小提琴。要在摩洛哥缔结一项商贸协定，你必须以特定方式做特定事情（例如当着你所属部落那些聚在一处、四肢健全的成年男性成员的面，一边咏唱阿拉伯语的《古兰经》，一边割断一只羔羊的咽喉），也必须拥有特殊的心理特征（例如对远方之物的渴望）。但是商贸协定既不是割咽喉也不是渴望，虽然它也非常真实，就像我们的马尔穆沙酋长的七个亲戚临死前所发现的那样；他们早些时候从科恩那里偷了一张破烂不堪、根本一文不值的羊皮，被酋长处死了。

文化是公共的，因为意义是公共的。倘若你不晓得怎样算是递眼色,或者如何真正收缩眼睑,那你就不能递眼色(或戏仿递眼色);又若你不晓得何为偷羊,怎样实际从事这一活动,那你就不能实施抢羊行动(或模拟抢羊)。然而,从这样一些事实推出结论说,知道如何递眼色就是递眼色,知道如何偷羊就是抢羊,这就暴露了一种深刻的混淆,一如把递眼色等同于眼睑收缩,或者把抢羊等同于将毛茸茸的动物赶离牧场——这两者都是拿淡描作浓描。认知主义谬误,即认为构成文化的是(援引该运动的另一位代言人斯蒂芬·泰勒的话说)"可以[他的意思是'应该']用类似于数学和逻辑学那样的形式方法加以分析的一切心智现象",对文化概念的有效运用的破坏性,不下于它矫而不正的行为主义和观念主义的谬误。由于它的错误更深奥,它的扭曲更微妙,或许它的危害也更高。

对意义的私人理论的全面抨击,自早期胡塞尔和晚期维特根斯坦以来,早已深深融入现代思想,这里无须赘述了。我们所需做的是,务必让这方面的消息传到人类学这里;尤其要弄明白,说文化是由社会性地确立的意义结构组成的,根据这些结构,人们做着发送密谋信号和加入密谋、感受到羞辱和回应羞辱之类的事情,这不是说文化是一种心理学现象,是某人心灵、人格、认知结构等的特征,就跟不说密教、遗传学、动词的进行式、葡萄酒的分类、习惯法或"条件诅咒"观念(像韦斯特马克界定'ar概念那样,科恩就是据此强索赔偿的)是心理学现象毫无二致。在摩洛哥之类的地方,对于我们这种自幼递着别样的眼色、牧着别样的羊群的人来说,最妨碍我们理解那里的人民在干什么的,与其说是对认知力如何运作的无知(虽然这也可能大大促成了理解的短缺,尤其是当研究者假定它在他们中间的运作方式跟在我们这里一样时），不如说是对他们的行为是其中的符号的那个想象世界不够通晓。既然提到了维特根斯坦，不妨也引用他的一段话：

> 我们……说到某些人对我们来说是透明的。然而，关于这种观察重要的是，一个人对另一个人可能完全是个谜。当我们进入一个具有完全陌生传统的陌生国家时就会了解这一点。甚至即使我们掌握了该国语言也是如此。我们不**理解**那里的人民。(不是因为不知道他们彼此之间说些什么。）我们没能跟着他们学步。*

四

学步 (finding our feet) 是一项只能依稀有所成就的令人胆怯的任务，作为一种个人经验的民族志研究就是由此构成的；力求阐发研究者自以为——总是想象过头——他已找到的他的步履所立足的基础，作为一种科学努力的人类学写作正是由之构成的。我们不是（起码我不是）要谋求成为本地人 (natives, 这无论如何都是个名誉受损的词) 或者模仿他们。只有浪漫主义者或间谍可能发现这么做的价值。我们是要谋求跟他们交流 (converse, 在这个词的扩展意义上，其中的内涵远远超过"交谈"), 这件事比通常意识到的困难得多——不仅仅是由于陌生人。"如果**为别人说话**像是一个神秘过程，"斯坦利·卡维尔谈道，"那或许是因为**与别人说话**显得不够神秘。"

---

* 参见维特根斯坦：《哲学研究》，李步楼译，商务印书馆2005年版，第341页；或陈嘉映译，上海人民出版社2005年版，第269页。引文有所改动，下同。——译注 (以下脚注均为译注)

由此观之,人类学的目的是扩展人类话语领域。这当然不是它的唯一目的,授课、娱乐、实务咨询、道德提升与发现人类行为中的自然秩序等是另一些目的。人类学也不是追求该目的的唯一学科。但那是符号学的文化概念尤为切合的目的。作为可解释性记号(signs,忽略一些狭隘用法,我宁愿称之为符号,symbols)的交互作用系统,文化不是一股力量,不是社会事件、行为、制度或过程可以归因于它的某种东西;它是一个背景或语境,是在它之内它们能够被可理解地,亦即浓厚地加以描述的某种东西。

因此,人类学对异域奇事——柏柏尔骑手、犹太商人、法国海外军团——的出了名的着迷,本质上是将令人麻木的熟悉感挪移开去的策略,因为那熟悉感,我们自身那种敏锐地相互联系的能力的神秘性就不为我们所察。在日常事物呈现出不寻常形态的地方考察日常事物,这不是像老调常弹的那样揭示了人类行为的任意性(偷羊在摩洛哥被视为粗暴无礼,这并无特别任意之处),而是揭示了日常事物的意义随着贯穿在它里面的生活模式而变化的程度。理解一群人的文化,就是在不削弱其特殊性的情况下,昭示其正常性。(我越是设法领会摩洛哥人的所作所为,它们就越是显得合乎常理又独一无二。)那使他们易于接近:将他们置于他们自身的平常日用的框架下,消解了他们的不透明性。

这一策略,通常被太漫不经心地称为"从行动者的观点看事物",被太书呆子气地称为"理解(verstehen)取向",又被太技术性地称为"主位分析";正是它常常让人以为人类学是形形色色的远距离读心术或食人岛幻想之类的东西,对急于从好些陈腐哲学的沉舟侧畔驶过去的某人来说,它因而必须被小心翼翼地加以施行。要理解人类学阐释是什么,它多大程度上**真是**阐释,最为必要的事情是,准确理解"我们对其他人民的符号系统的确切阐述必须是行动者导向的"这句话表达了什么意思——以及不表达什么意思。[1]

它表达的意思是,对柏柏尔人的、犹太人的或法国人的文化的描述,必须依据我们所认为的柏柏尔人、犹太人或法国人加诸他们经历上的说明,他们用来界定他们的遭遇的惯用语。它不表达的意思是,这样的描述本身就是柏柏尔人的、犹太人的或法国人的——也就是说,是它们号称在描述的现实的组成部分;其实它们是人类学的——也就是说,是正在展开的科学分析体系的组成部分。它们必须依照特定群类的人对其经验施与的解释,因为它们声称自己正是对那种经验的描述;它们是人类学的,因为声称它们的实际上正是人类学家。按说,无须这般费力地指出,研究对象是一回事,对它的研究是另一回事。显而易见,物理世界不是物理学,《芬尼根守灵夜指南》不是《芬尼根守灵夜》。但是,由于在文化研究里,分析渗透到对象的主干部分——也就是说,**我们先是对我们的报道人在干什么,或者他们以为自己在干什么得出我们自己的阐释,然后将之系统化**——所以,作为自然事实的(摩洛哥)文化与作为理论实体的(摩洛哥)文化之间的分界线往往模糊难辨。当后者被呈现为行动者视角的描述,表现了从暴力、荣誉、神性和正义到部落、财产、恩庇和酋长位置等万般事项的观念的时候,就尤其如此了。

总之,人类学书写本身就是阐释,而且还是第二阶乃至第三阶的阐释。(照定义来说,唯有"本地人"方可做出第一阶的阐释:那是**他的**文化。)[2] 它们因而是虚构作品(fiction),也就是在

fictiō的本义上说它们是"人为制作的东西""塑造成型的东西",不是说它们是虚假的、非真实的或者仅仅是"仿佛如此"的思想实验。对牵扯到1912年摩洛哥的一个柏柏尔人酋长、一个犹太商人和一个法国军人的复杂局面构建行动者导向的描述,显然是一种想象性行为,并不迥异于对(比方说)牵扯到19世纪法国的一个外省法国医生、他的没头脑的出轨妻子和她的玩世不恭的情夫的复杂局面构建类似的描述。后一种情况下,行动者被表征为不曾实存过,事件被表征为不曾发生过;而前一种情况下,行动者和事件都被表征为真实的,或者曾经是真实的。这个区别其实相当重要,实际上它恰好是包法利夫人难以领会的那种区别。但重要之处不在于她的故事是创作出来的,而科恩的故事只是据实记录。它们的创作条件和创作意图(且不说方法和品质)是不同的。但它们二者同样是一种fictiō("制造品")。

人类学家本该却不曾始终意识到,虽然文化存在于商栈、山间要塞和牧羊场,人类学却存在于书本、论文、讲座、博物馆展览或如今间或使用的影片中。意识到这一点,就会明了,表征方式和实质内容之间的分界线,在文化分析中如同在绘画中那样,是画不出来的;而这点似乎转而危及人类学知识的客观地位,因为这暗示它的源头不是社会现实,而是学术巧思。

这的确威胁到它,但这威胁是空架子。人类学叙述赢得注意,不依赖于它的作者捕捉住遥远之地的原始事实并将它们像一副面具或一件雕刻品那样带回国内的那种能耐,而依赖于他在多大程度上能够说清楚那里发生的事情,减轻从未知背景下冒出来的新奇行为所自然引发的迷惑——这都是些什么样的人啊?好吧,这提出了一些严重的证实问题,假如"证实"一词对这么软的一门科学显得太硬的话（我自己更偏爱"评估"一词），抑或可说提出了你如何分辨好叙述和坏叙述的问题。但那正是它的优点所在。如果民族志是浓描而民族志学者是正在从事这种描述的人，那么对于给定的任意浓描样品（不管它是田野日志的漫笔，还是马林诺夫斯基那种篇幅的专著）来说，决定好坏的问题是它是否区分开了递眼色和眨眼、真正的递眼色和模仿的递眼色。我们必须用以衡量我们的说明的中肯性和说服力的标准，不是一大堆未经解释的资料、极其淡薄的描述，而是带我们去触摸陌生人生活的科学想象力。正如梭罗说过的，不值得为了数清桑给巴尔有多少只猫而环游世界。

五

当前，这个命题——在我们开始探讨有着令我们感兴趣的属性的人类行为之前，就把它变得淡薄，这对我们没有好处——有时被逐步升级成更夸大的主张，也就是：既然只有那些属性令我们感兴趣，那么我们压根不必关注行为，顶多草草一瞥即可。这种论点认为，文化纯粹作为一种符号系统（口头禅是"按它自身的方式"）才会得到最有效的探究，这要靠把文化的诸要素隔离出来，明确说明那些要素中间的内部关系，然后以某种一般方式刻画全系统的特征——根据该系统围绕其组织起来的核心符号，只是其表层表现的深层结构，或者它建基其上的意识形态原则来刻画。探究事物的这一炼金术方法，尽管对何为文化的"习得行为"观和"心智现象"观是一种显著改善，也是当代人类学中某些最强大的理论思想的源头，但在我看来它是在跟一种危险赛跑

(而且愈发被它赶上)：将文化分析封闭起来，脱离了它的适当对象，即真实生活的非正式逻辑。从心理主义的缺陷中解救出一个概念，只是为了立即把它推入图式主义的缺陷中，这何益之有呢。

必须关注行为，而且要颇为精确地关注，因为正是通过行为流(或者说得更严谨点，社会行动之流)，各种文化形式才清晰表达出来。当然它们也在不同类型的人工制品和多样化的意识状态中得到表达，但这些东西是从它们在延续不辍的生活模式中发挥的作用(维特根斯坦大概会说是它们的"使用")，而不是从它们相互间的任何内在联系汲取其意义的。正是科恩、酋长、"迪马里上尉"在他们被彼此的目的(经营商贸、捍卫荣誉、建立统治)绊住时所做的事情，创造出我们的田园剧，因此那也是这出戏剧"所要说的"。不论符号系统"按它们自身的方式"可能是什么或在哪里，我们都是靠检视事件才得以从经验上接近它们，而不是靠把抽离出来的实体编排成统一的模式。

这进而意味着，融贯性不能当作检验文化描述的有效性的主要标准。文化系统必须具有最低限度的融贯性，不然我们就不会称之为系统了；经观察可知，它们通常有着远远高于底线的融贯性。但是要说融贯性，什么也比不过偏执狂的妄想或骗子的谎话。我们的阐释的力量不能像眼下常常被弄成的那样，仰仗于它们结合成一体的严密性，或者主张它们时的把握性。我想，要败坏文化分析的信誉，没有什么比形式秩序的完美刻画更得力的了，谁也不会十分相信那种秩序的实际存在。

如果人类学阐释是构建一种对所发生之事的解读，那么让它与所发生之事——与特定的一群人在此时或彼地之所言、之所为或之所遇，与世界的全部浩瀚事务——分割开来，就是将它与它的用途分割开来，使它变得空洞无物。对任何东西——一首诗、一个人、一段历史、一项仪式、一种制度、一个社会——的高明阐释，会把我们引入所阐释之物的神髓。当它做不到这点，而把我们引到别的什么地方，引到对它本身的简洁、对作者的聪明或者对欧几里得式秩序的优美的击节称赏时，它也许不无其内在魅力，但它不是我们手头这项任务——弄清楚关于绵羊的拉拉杂杂的一席话到底说的是怎么回事——所需要的。

关于绵羊的冗长叙述——它们先是被人假装偷走，又被作为赔偿转让于人，最后被政治没收——本质上是（或曾经是）一种社会话语，哪怕如我上文提起过的，是用多种言语而且言行并用地表达出来的话语。

科恩索要他的'ar，援用了商贸协定；酋长认可这一索赔，挑战了肇事者部落；肇事者部落承担起责任，给出了赔偿；法国人急于向众酋长和众商贩表明如今这里谁说了算，亮出了帝国手腕。就像在任何话语里那样，规范没有决定行为，实际说过的话本来可以不必说。考虑到赔偿要求在保护国当局眼里是不合法的，科恩原本可能选择不坚持索赔。出于相似的缘由，酋长原本可能否认赔偿要求。肇事者部落尚在对抗法国当局，原本可能下决心认定这次劫掠是"真的"，宁与一战，不与和谈。法国人要是多几分老练、少几分固执，就像他们后来在利奥泰元帅的领主托管下变成的那样，原本可能允许科恩保留他的羊，而对那种商贸模式的延续及其加诸法国权威的限制（像我们说的）眨一眨眼。还有别的可能性：马尔穆沙人本可认为法国人的行动是他们的奇耻大辱，是可忍孰不可忍，自己也走上政治异议的道路；法国人本可试图不但打压科恩,还要收拾酋长本人,让他更加服服帖帖;科恩本可推断出,夹在反叛的柏柏尔人和法军大兵之间,在阿特拉斯高地做买卖得不偿失,便退隐到治理得更好的市镇区域。实际上,随着受保护领地迈向真正的主权国家,这些事差不多都发生了,还走得稍远一点。但这里的核心问题不是描述摩洛哥发生过什么,没发生什么。(从这一简单事件出发,我们可以拓展到社会经验的无量复杂性。)核心问题是说明一篇人类学阐释表现为何物:勾画社会话语的曲线,把它固定成一种可检查的形式。

民族志学者"铭刻"社会话语;**他把它写下来**。这样一来,他把它从仅存在于发生之际的一种昙花一现的事件,转变成存在于其铭文中、可以重新翻阅的叙述。酋长早就死了,是在被"平叛"(用法国人的话说)的过程中遇害的;"平定"了他的人、那位"迪马里上尉",退了休守着他的纪念品,还生活在法国南部;科恩去年回到以色列的"家园"了,有几分是避难者,有几分是朝圣者,还有几分是垂死的族长。但是他们六十年前在阿特拉斯高原上对彼此"说过的话"(在我的扩展意义上),却被保存下来(虽然多有瑕疵),以供研究之用。关于行动的铭刻的这全套观念,是从保罗·利科那里借用并稍有歪曲的;他问道:"书写到底固定了什么?"

不是言说这件事,而是言说之"所说"(said),在此,我们通过言说之"所说",理解了构成话语目的的意图外化,正是由于这种外化,sagen(能说)想要变成Aus-sage(吐词发音,被说出的)。总之,我们所书写的是言说的 noema ["思想""内容""主旨"]。它是言说事件的意义,不是事件本身。*

这本身可不算最合适的"所说"——如果说牛津哲学家们竞相讲小故事,现象学哲学家们则竞相说大句子;不过它好歹把我们领向我们那个生成性问题的较为简明的回答:"民族志学者所为何事?"——他书写。[3]这看上去可能也不像是个惊人的发现,而对熟知最新"文献"的人来说,这个发现悖情逆理。但既然我们那个问题的标准答案一向是"他观察、他记录、他分析"(对该问题的一种"我来、我见、我征服"式观念),它可能具有比最初的一目了然更为深远的某些推论,其中并非最不重要的是:区分知识求索的这三个阶段也许实际上往往不可能;甚至作为自主的"操作",它们也许根本不存在。

上文提到过,我们所铭刻的(或试图铭刻的)不是未经加工的社会话语,所以局面变得更加微妙;除了极边缘、极特殊的情况之外,我们都不是行动者,因而我们无从直接进入那种话语,只能进入我们的报道人可以引导我们去理解的小部分话语。[4]这一点不像它听起来那么要命,因为其实并非所有克里特人都是说谎者,而且原本不必为了理解一些事而晓得一切事。但是它的确使得将人类学分析看作所发现事实的概念操作,看作一种纯粹现实的逻辑重构的观点似乎很站不住脚。陈列出意义的某些对称结晶体(那是从它们所处的物质复合体中提纯出来的),然后将它们的存在归因于某些自生的秩序原理、人类心智的普遍属性或者(往大里

---

* 这段话引自 Paul Ricoeur, *Hermeneutics and the Human Sciences* (Cambridge, 2016), p.161。参见利科:《解释学与人文科学》,陶远华等译,河北人民出版社1987年版,第207页;或《诠释学与人文科学》,孔明安等译,中国人民大学出版社2011年版,第161页。

说）某种先验的世界观(Weltanschauungen)，这是在伪称一种并不存在的科学，想象一种发现不了的现实。文化分析是（或应当是）推测意义所在，评估那些推测，并从较优推测里引出解释性结论，而不是发现意义的新大陆并图绘出它的无形地貌。

六

因此，民族志描述有三个特征：它是阐释性的；它所阐释的是社会话语流；所卷入的阐释行动在于试图将这等话语之"所说"从行将消亡的场合中拯救出来，用可供阅读的措辞将它固定下来。库拉已经消失或改变了，可是，且不论好坏，《西太平洋的航海者》还在。但是，这样的描述另外还有第四个特征，至少在我做来是这样：它是微观的。

这不是说，不存在对整个社会、文明、世界性事件等等所进行的宏观人类学阐释。相反，正是我们的分析向更广阔背景的这种延伸，连同那些分析的理论意蕴，为它们赢得了普遍关注，并证明我们的解析的合理性。再也没人真正在乎那些羊本身了，连科恩也不——好吧，科恩也许在乎。历史可能有其不显眼的转折点，"小屋子闹出大动静"；但这场小争执一定不是那种转折点。

它仅仅是说，人类学家典型地从极广大地知悉极细小的事情这一方向，去从事这样的较为宽广的阐释和较为抽象的分析。他面对着别人（历史学家、经济学家、政治学家、社会学家）在更重大背景下所面对的同样宏大的现实：(首字母大写的) 权力、变迁、信仰、压迫、工作、激情、权威、美、暴力、爱、声望；但他是在默默无闻的背景下——马尔穆沙那样的地方，科恩那样的生活——面对它们的，以致可以去掉它们的大写字母。这些太人性的永恒之物，"那些令我们人人畏惧的大字眼"，在如此平凡的背景下采取了一种平凡的形式。但那恰是优势所在。这个世界上，深言奥义已经够多了。

然而，怎样从类似于我们的羊故事的民族志微型画集——杂七杂八的评论和逸事——抵达民族、时代、大陆或文明的墙体般大小的文化风景画？这个问题不能靠含混地提到具体性和现实思维的优点就轻易蒙混过去。对于一门诞生于印第安部落、太平洋岛屿和非洲世系，随后壮志凌云的科学来说，这日渐成为一大方法论问题，而且多半应对失策。人类学家为了证明他们从地方真理向普遍见解的前进是有道理的，发展出一些模型，这些模型实际上要为削弱那种努力负责，其责任不下于它们的批评者——迷恋样本规模的社会学家、迷恋测量的心理学家、迷恋总计的经济学家——所能设计出来反对它们的任何东西。

这里的两种主要模型是："琼斯维尔即美国"式"小宇宙"模型，以及"复活节岛是测试用例"式"自然实验"模型。要么是一粒沙中见天国，要么是遥远彼岸深藏可能性。

"琼斯维尔即缩小的美国"（或"美国即放大的琼斯维尔"）的谬误太过昭彰，需要解释的唯一事情是：人们是如何想法子让自己相信它，还期望别人也相信它的？以为你可以在"典型的"小镇或村落里发现民族社会、文明或世界主要宗教等物的浓缩的或简化的本质，这种观念就是一派胡言。你在小镇或村落里所能发现的，只是(唉！)小镇或村落的生活。假如地方化的微观研究为了有更大的社会关联性而真的依赖这样的假定——它们以小见大——那它们本不会有任何社会关联性。

当然它们并非如此。研究的所在不是研究的对象。人类学家不研究村落（部落、市镇、邻里……），他们**在**村落**里**研究。你可以在不同地点研究不同事情，而有些事情，比如殖民统治对既定的道德期望框架有何影响，你最好在限定地区进行研究。但那并未让地点成为你正在研究的东西。我在摩洛哥和印尼的偏远省份苦思不已的问题，跟其他社会科学家在更中心位置苦思的问题并无不同，并且有着大致一样的确凿性——比如，人们对自身人性的强索不休的主张，如何以对群体自豪的再三强调铸就？你可以补充一个维度，在评估-解难式社会科学的当前氛围下急需的一个维度，但仅此而已。当你看见爪哇佃农在热带暴雨下翻土，或者摩洛哥裁缝在二十瓦的灯光下刺绣土耳其长袍的时候，如果你打算大谈特谈劳动群众所受的剥削，这的确有某种价值。但若以为这就把事情的全部交付给你了（并把你提升到某种道德优势地位，你可以由此蔑视道德上不够优越的人），这种想法是只有在丛林里待得太久的人才会抱持的念头。

"自然实验室"的观念同样有害，不光因为这种类比是错误的（在**没有任何参数可操纵**的地方，那是哪门子的实验室？），还因为它引出另一种观念：源于民族志研究的那些资料，比源于其他类型的社会探究的资料，更纯粹、更根本、更可靠或更少受条件制约（大家最爱用的词是"基本的"）。当然，文化形式的巨大自然变异不仅是人类学的巨大（而浪费）的资源，也是它极其深重的理论困境的根基：这样的变异怎样跟人类的生物统一性协调一致呢？但它不是实验变异，哪怕是隐喻性的，因为它发生的背景与之共变，不大可能将因变量 y 的变异与自变量 x 的变异分离开来，写出严格意义上的函数，虽然总是有人在尝试。

号称要表明特罗布里恩群岛上的俄狄浦斯情结是反向的、德昌布里部落的性角色是颠倒的、普韦布洛印第安人缺乏攻击性的那些著名研究（它们显示出一个特点：全是否定性的——"但不是在南方"*），无论其经验效度可能是或不是怎样的，它们都不是"科学地加以检验和证成的"假设。像别的任何研究一样，它们是阐释或误释，是以相同的方式达成的，也同样是内在地非决定性的；企图将物理实验的权威性赋予它们，这不过是方法论的障眼法。民族志发现不是享有特权的，只是特殊的：耳闻目睹的另一国度。以为它们是高（**或低**）于此的什么东西，既歪曲了它们，也歪曲了它们对社会理论的蕴意——那可比单纯的原始性要深邃得多。

耳闻目睹的另一国度：对远方的羊群袭夺的冗长描述（真正优秀的民族志学家会查明那些羊是什么品种）具有普遍关联性的原因在于，它们给社会学心智提供了赖以为食的有形原料。关于人类学家的发现，重要的是它们复杂的特异性、它们的环境相关性。正是凭借在有限背景下进行的主要是（尽管并非完全是）定性的、长期的、高度参与性的、几近着魔的细密爬梳式田野研究所制造的那种材料，当代社会科学饱受其苦的那些宏大概念——合法性、现代化、整合、冲突、克里斯玛、结构……意义——才能被赋予某种可感的实在性，那使得我们不但可能现实地、具体地**思考它们**，更重要地，还可能创造性地、有想象力地**用它们思考**。

民族志的微观性提出的方法论问题既真实又重要。但是把

---

* 这个短语的完整形式是"Yes, but not in the South"，语出英国学者、批评家斯蒂芬·波特，参见 Stephen Potter, *Some Notes on Lifemanship* (New York, 1951), p.43。波特将它的发明权归于庞德。稍加变通，它是在辩论中让对手难堪的一种通用策略。

某个遥远的地方认作茶杯里的世界,或者认作云室的社会学等效物,不是解决之道。要解决它,或者起码防止它恶化,我们需认识到,社会行动是对超越了它们自身的事物的注解,阐释从哪里来并不决定它可以被推向何处去。小事实谈出大问题,譬如递眼色谈出认识论,或羊群袭夺谈出革命问题,是因为它们被构成如此。

七

这最终将我们带向理论。对某物——文学、梦、症状、文化——的阐释性方法有个令人苦恼的罪过:它们往往抗拒——或被允许抗拒——概念的清晰表达,从而逃避系统化的评价方式。你要么领会一种阐释,要么不领会;要么理解它的主旨,要么不理解;要么接受它,要么不接受。它被禁锢在自身细节的直接性中,由是被呈现为自我证实的,或者更糟糕地,被呈现它的那人的据称很发达的敏感性所证实;用另一套不同于它自身的措辞来描述它之所言的任何努力,都被视为一种曲解,一种族群中心主义——用人类学家最严厉的道德恶语来说。

对于一个自称科学(不管多么心虚——虽然我本人对此绝不心虚)的研究领域而言,这恰恰是不行的。为什么一种文化阐释的概念结构就应该不如(比方说)一个生物学观察或物理学实验的概念结构那样可以系统阐述,从而也不那么容许明确的评价规则?这实在没有道理可讲,除非是说,可能用来表达这样的阐述的术语即便不是全然不存在,也近乎如此。我们因缺乏陈述理论的才智而沦落到暗示它们。

同时须得承认,文化阐释有一些特征使它的理论发展格外困难。首先,比起更能投身于富有想象力的抽象的那些科学,这里的理论需要更接近地面。在人类学中,只有推理的短距离飞翔才趋于有效,较长的飞翔往往堕入逻辑梦幻、形式对称的学术痴想。文化的符号学研究取向的宗旨,如我说过的那样,就是帮助我们接近我们的研究对象生活在里面的那个概念世界,以便我们能跟他们交流——在"交流"一词的某种延伸意义上。在洞悉一种陌生的符号行动世界的这种需要的拉力与文化理论中的技术进展需求之间,在领会的需要和分析的需要之间,因而存在着必然巨大的、本质上除之不去的张力。实际上,理论越发展,这张力越深沉。这是文化理论的首要条件:它不是自己的主人。由于它不能与浓描所呈现的直接性切割开来,它按它的内在逻辑塑造自身的自由就颇受限制。它奋力实现的那种普遍性,是出于它所做区分的精微,而不是出于它所做抽象的广大。

由此推知,我们对(抽象的)文化……诸种文化……某一文化……的知识,作为经验事实问题,其发展方式有一种特质:迸发性。文化分析不是沿着累积性发现的上升曲线而行,而是裂散为分离却连贯的一系列越来越有胆有识的突击。研究的确建立在其他研究的基础上,但这不是说它们在其他研究止步之处起步,而是说它们所知愈多,概念化愈好,因而能够更深刻地钻研同一事物。每一严肃的文化分析都是从头开始,在耗尽它的智性冲力之前止于其所欲抵达之处。从前发现的事实被动用起来,从前发展的概念被派上用场,从前构想的假设被付诸检验;但这种进步不是从已证定理迈向新证定理,而是从笨拙地寻索最基本的理解迈向一种言之有据的声称——我们获得了那种理解并超越了那种摸索。一项研究,如果比先前的研究更犀利(不管这可能表示什么意思），它就是一项进展；但它与其说是站在它们肩上，不如说是与它们并驾齐驱，被它们挑战也挑战它们。

尤其因为这个缘故，"散论"（essay）——不管是三十页长还是三百页长——似乎正是呈现文化的阐释及其支撑理论的自然文体，而人们若是在这个领域里寻找系统化的专论（treatise），才会迅即大失所望，纵使找到几篇，也只会更加失望。这里连综述性文章都很少见，而且几乎只有点编目的兴趣。重要的理论贡献不仅存在于具体的研究中（差不多所有领域皆然），还很难从这样的研究中抽离出来，整合到或可谓之"文化理论"本身的什么东西里。理论的表述在它们所支配的阐释之上盘旋，飞得如此之低，以致要是两相分离，它们就没有多大意义或无法引起多大兴趣。之所以如此，并非因为它们不是普遍的（假如它们不是普遍的，它们就不是理论性的），而是因为一旦与其运用不相关联地陈述出来，它们就似乎不是陈言即是空论。联系着某一民族志阐释活动而发展起来的一条理论出击路线，我们可以采纳它，移用到另一活动上，把它推进到更大的精确度和更广的关联度，事实上这个领域的概念进步就是这么取得的；但是我们写不出"文化阐释的一般理论"。或者不如说，我们写得出，但那大概无所取益，因为此处理论构造的必要任务不是将抽象规律编纂成典，而是使浓描成为可能，不是在个案之间进行归纳，而是在个案之内进行归纳。

在个案之内进行归纳通常（至少在医学和深层心理学里）被称作临床推断。这样的推断不是从一套观察资料开始，企图将它们归入某一统摄性规律之下，而是从一套（假定的）能指入手，试图置之于某个可理解的框架之内。测量是与理论预测相匹配的，而症状(即使在加以测量时)要被反复察看,找出理论上的独特之处——也就是说,它们是被诊断的。文化研究中,能指不是症状或症状群,而是符号行动或符号行动群。目的不在治疗,而在社会话语分析。但理论的运用方式是相同的,即搜寻出事物的隐晦意义。

于是我们被带到文化理论的第二个条件:它不是预测性的——至少在这个词的严格意义上。诊断者不预测(predict)麻疹;他断定某人得了麻疹,或者充其量**预料**(anticipate)某人很可能快要得麻疹了。这一局限当然真实不虚,但是常常被误解和夸大了,因为它被拿来表示文化阐释不过是事后回溯:就像老故事里的农夫那样,我们先射箭穿过篱笆上的洞,再在洞口周围画上靶心。几乎无可否认,到处都有许多那样的事情发生,有些还引人瞩目。然而须得否认,那并不是理论运用的临床取向的必然后果。

诚然,在理论表述的临床风格中,概念化被指引去完成的任务,是生成对手头已掌握的事态的阐释,而不是预报实验操作的结果或推论一个确定系统的未来状态。可是那不意味着理论只须符合既往的现实——或者说得更周密点,只生成对既往现实的有说服力的阐释;它还得挺过——在智性上挺过——将来的现实而不倒。虽然我们是在递眼色或袭夺羊群的实例发生之后,有时是很久以后,才表述了对它们的阐释,但是赖以做出这种阐释的理论框架,必须在新社会现象渐入视野的时候能够继续产生说得通的阐释。尽管我们是从对到底发生了什么事的普遍困惑状态——试图找到我们学步的步履——出发,超越明显而肤浅的描述,着手某项浓描的尝试,但我们不是(或不应是)智识上两手空空地着手的。理论观念不是在每项研究里全新地创造出来的；我说过，它们袭取自其他相关研究，去粗取精后被运用于新的阐释性问题。倘若它们对这样一些问题不再有用，往往就不再被人利用，或多或少为人所弃。倘若它们继续有用，滋育出新见解，它们就被精益求精，用之不辍。[5]

理论在一门阐释科学里如何运作的这样一种观点表明，实验或观察科学里出现的"描述"和"解释"之间的区别（无论如何只是相对的），在这里表现为"铭刻"（"浓描"）和"辨明"（"诊断"）之间的区别（更加是相对的）——前者是要写下特定社会行动对采取该行动的行动者所具有的意义，后者是要尽可能明确地陈述，这样获得的知识对它所自来的那个社会，以及越乎此，对社会生活本身，说明了什么。我们具有双重任务：一是揭示渗透我们研究对象的行为的那些概念结构，即社会话语之"所说"；二是建构一个分析体系，借助于它，那些结构的共通之处，由于它们是它们之所是而属于它们的特别之处，都将在人类行为的其他决定因素的映衬下醒目地显现。在民族志中，理论的职责是提供一套词汇，符号行动就它自身，亦即就文化在人类生活中的角色所不得不说的东西可以借此被表达出来。

除了涉及比较基础性的问题的三两篇定向性文章之外，理论在这本文集的各章里正是这样运作的。学院制造的一整套一般概念和概念体系，如"整合""理性化""符号""意识形态""精神气质""革命""认同""隐喻""结构""仪式""世界观""行动者""功能""神圣"，当然还有"文化"本身等，都被编织进浓描的民族志的躯体中，以期使区区事件具备科学说服力。[6]目的是要从细微的却被细针密线编织起来的事实中引出大结论，也是要把关于文化在构建集体生活中的作用的一般性论断与错综复杂的特异性情况严密交织在一起,从而支持那种论断。

因此,不但阐释要一直下沉到最直接的观察层次,这种阐释在概念上依赖的理论也是如此。我对科恩故事的兴趣,就像赖尔对递眼色的兴趣一样,确实源于一些非常普遍的观念。"言语的淆乱"模型不是我从科恩故事里得到的想法;它认为社会冲突不是在文化形式因缺陷、不明确、过时或被人忽视而停止运行时发生的事情,而像滑稽模仿的递眼色那样,是当这样的形式被不寻常的情境或不寻常的意图所迫、以不寻常的方式运转起来时发生的事情。这个模型是我承同仁、学生和前辈的指教,带入科恩故事的一个想法。

我们那段貌似单纯的"漂流瓶里的便条"不只是对犹太商贩、柏柏尔武士和法国殖民地总督的意义框架甚或它们的彼此抵触的描绘。它也是一种立论:重新制定社会关系模式就是重新安排所经验的世界的坐标。社会的形式就是文化的实质。

八

有一个印度故事——至少我听说的版本是个印度故事——讲的是一个英国人,别人告诉他,世界立于一座平台上,平台立于一头大象的背上,大象转而立于一只乌龟的背上。他问道(兴许他是民族志学者吧;那是他们的做派),那么乌龟立在哪里呢?另一只乌龟背上。那只乌龟呢?"啊,大人,后面就是一只接一只的乌龟,一路向下。"

真的,事情的状况就是如此。我不知道,对科恩、酋长和"迪马里"的遭逢的思考,在多长时间里会是有益的(说不定已经过期了),但是我的确知道,不论我思考多长时间,我都不会接近于对它的穷根究底。我在以下各章或别处写过的任何东西,也都不曾接近于穷根究底。文化分析是内在地不完备的。更糟的是,它钻得越深入,就越是不完备。这是一门奇怪的科学,它最生动有力的论断是它根基最不牢靠的论断,在这样的论断里,对手头问题获得某种理解即是在加重你自己和别人的怀疑:你不是很理解它。但是做个民族志学者就像那个样子——此外还有拿愚钝的问题纠缠机敏的人们。

逃避这一点有很多办法:把文化变为民间传说收集起来,把它变为一组特征清点数目,把它变为一群制度划分归类,把它变为一堆结构摆弄无厌。但它们**不过是**逃避而已。事实是,遵循一种符号学的文化概念和文化研究的阐释取向,就是遵循一种看法,它视民族志论断为"根本上可争论的"——借用 W. B. 加利如今很出名的说法。人类学——或者至少阐释人类学——是这样一门科学,它的进步不以某种共识的圆满为标志,而以争论的精细改进为标志。得到改善的是我们"疑义相与析"的精确性。

如果谁只听一面之词,他很难明白这一点。独白在此没什么价值,因为没有结论有待报告;这里只有讨论有待维持。如果本书所收各篇散论还有一点儿意义的话,那与其说在于它们所表达的,不如说在于它们所见证的:它们见证了对符号形式在人类生活中的作用的兴趣的剧增,不仅人类学如此,更普遍地,社会研究皆然。意义,那个捉摸不定、轮廓不清的假实体,过去我们一度乐得留给哲学家和文学批评家去摸索,而今它回到了我们学科的核心。连马克思主义者都在引用恩斯特·卡西尔,连实证主义者都在引用肯尼斯·伯克。

在这一切问题当中，我本人的立场一直是，努力地既反对主观主义，又反对玄言奥义；既让符号形式的分析尽可能紧密地结合着具体的社会事件和场合（即共同生活的公共世界），又这样来组织那种分析，使得理论表述和描述性阐释之间的关联不因诉诸黑科学而晦暗失色。我从来不会被一种主张打动：既然在这些问题上做不到彻底的客观性（当然没错），我们何妨放任自己的情感。正如罗伯特·索洛评论的，那就仿佛是说，既然完美的无菌环境实现不了，我们何妨在阴沟里做手术。另一方面，我也不会被这样一些断言打动，它们说：结构语言学、计算机工程或别的某种高级思维形态，将使我们无庸熟悉人们就能理解他们。能让文化的符号学取向最快地名声扫地的，莫过于听任它滑向直觉主义和炼金术的结合，不管那些直觉表达得多么雅致，那炼金术打扮得多么入时。

文化分析在寻找立于极深处的乌龟时，可能会与生活的坚硬表层——人们处处身陷其中的政治、经济和分层的种种现实——脱节，与那些表层所依托的生物和物质的必要因素脱节：这种危险是常在的。防备它，从而防备将文化分析变成一种社会学唯美主义的不二法门，是让这样的分析首先瞄准这样的现实和这样的必要因素。我就是照此去写民族主义，写暴力，写认同，写人性，写合法性，写革命，写族群，写城市化，写地位，写死亡，写时间，最重要的是，写特定的人民将这些东西置于某种可理解、有意义的框架之中的特定努力。

谛视社会行动的各符号层面——艺术、宗教、意识形态、科学、法律、道德、常识等——不是要逃避生活的存在困境，躲向去情感化的形式的某种澄澈之境,而是要跳进那些困境之中。阐释人类学的基本使命,不是回答我们的最深层问题,而是让我们能够获得其他人——在其他山谷看护着其他羊群——已经给出的答案,进而把它们纳入人类之所曾言的可供比较协商的记载中。　　33

第二部分

第二章 文化概念对人之概念的影响

一

法国人类学家列维-斯特劳斯在他探讨部落民观念问题的新作《野性的思维》(*La Pensée Sauvage*) 一书的末尾处指出：与我们一般想象的不同，科学解释并不在于化繁为简，而在于用一种更容易理解的复杂取代相对不大容易理解的复杂。我认为在谈到与人有关的研究时，这话可以再往前推进一步，也就是说，我主张用复杂的图景取代简单的图景，同时尽可能保留简单图景特有的明晰有力。

我觉得科学向来追求简洁优美这一理想；但是在社会科学中，往往只有当你违背这个理想时，才会有创造性的发展出现。科学的进步往往在于将一组过去认为简洁优美，但如今觉得过分简单到无法忍受的观念逐步加以复杂化。正是有了这种醒悟之后，可理解性，以及随之而来的所谓解释力，才开始立足在这样一种可能性之上，即用错综复杂而可理解之物取代列维-斯特劳斯所说的那种错综复杂却不可理解之物的可能性。怀特海曾针对自然科学提出过这样一句格言，"寻求简单性，但对它保持怀疑"；

而针对社会科学,他很有可能会说,"寻求复杂性,并理顺它"。

毫无疑问,文化研究仿佛正是依循这一格言发展起来的。一种关于文化的科学概念之兴起,就是或者至少密切关系到对于在启蒙时期占据支配地位的人性观的颠覆——无论支持或反对它的人如何各执一词,这种人性观就是简洁明晰的——并代之以一种不仅复杂得多而且远不那么明晰的观点。试图去澄清这一复杂难明的人性观,并为"人是什么"这个问题重构一套可理解的解释,奠定了自那以来关于文化的科学性思考的基石。人类学家们追寻过那种复杂性,并在他们未曾想见的宏大尺度上找到了它,如今他们为了将其理顺而陷入了迂回曲折的奋斗中,还根本看不到何处是个头。

所谓启蒙时代的人之观念,不用说就是认为,人与自然完全一致,而且人分享了自然科学——在培根的敦促以及牛顿的指引之下——在自然界里所发现的万物构造之普遍统一性。简而言之,就是认为存在一种人性,它就像牛顿的宇宙那般组织有序,绝对恒定不变,并且无与伦比的简单。或许它的部分法则不一样,但**确实是**存在法则的;它的不变性有点儿被地方样式的外套遮掩了,但它**确实是**不变的。

洛夫乔伊(我在此就是以他的权威分析为张本的)曾引用启蒙时代历史学家马斯柯的一段话,它以一种常见于小牌作家的直率表明了这种立场:

> 舞台设置[在不同的时空之中]确实改变了;演员们换了行头和扮相,但他们的内在运动依然生发自同样的人之欲望与激情,也依然导致了王国与民族的盛衰变迁。[1]

话说回来，我们没有理由轻视这种观点；也不能断言它在当代人类学思想中业已绝迹——虽说我刚刚才随意地用了"颠覆"一词。不管装扮成什么样、在什么样的舞台上，人就是人，这种观念并未被"遵循另一套习俗，就变成另一种动物"的观念取代。

然而，人性之"性"的启蒙概念虽然是一种倾向性，其中却含有一些比较令人难以接受的暗示，当中最主要的一点就是（这次用洛夫乔伊本人的话来说）："任何东西，只要它的可理解性、可验证性或事实上的确认仅限于特定年龄、种族、气质、传统或状况，[其本身]便不具备真理性或价值，或者对理性人来讲无论如何都是无足轻重的。"[2] 不同时代、不同地方的人在信仰和价值观、习俗和体制上存在的巨大差异和多样性，在本质上与对于人性的定义无关。它仅仅是添加物，甚至是扭曲物，覆盖并遮蔽了真正让人之所以为人的那些恒定的、一般的、普遍的成分。

因此，约翰逊博士在一段如今恶名昭著的话里写道，莎士比亚的天才在于，"他的戏剧人物，不依托专属于某个特定地点的、不通行于世上其他地方的风俗，不依托只适用于少数人的特殊学问或行业，也不依托于偶然昙花一现的风潮或一时的意见"。[3] 拉辛认为其古典主题的戏剧之所以成功，证明了"巴黎的品味……不异于雅典。那些深深打动了我的观众的事物，曾在另一个时代里令希腊最有教养的阶层垂泪"。[4]

像约翰逊这样标准的英国人或者像拉辛这样标准的法国人居然讲出这种话来，听来未免有几分滑稽。撇开这点不谈，这种观点的问题在于，无关乎时间、地点和环境，也无关乎学问或行业、昙花一现的风潮或一时的意见的恒定人性的意象，可能只是一种幻觉；而人可能是什么，或许与他身在何处、他是谁和他相信什么等深刻地交缠在一起，简直不可分开。正是对这样一种可能性的思考，推动了文化概念的兴起，也导致了相信"性相同"的(uniformitarian)人之观念的衰落。无论现代人类学主张过什么（它似乎在不同时候主张过差不多任何东西），它始终坚定不移地相信，不被特定地方风俗所塑造的人实际上不存在，也从未存在过，更重要的是，归根结底，这样的人根本不可能存在。同样，世上没有也不可能有一个后台，让我们得以在那里窥见马斯柯的演员们的"真面目"——穿着便服四处懒懒躺坐，卸下他们的专职，以不事雕琢的坦率展现出自发的欲望和主动的热情。他们或许会改变自己的角色、表演风格甚至他们参演的剧目；但是——莎士比亚本人无疑也这样说过——他们永远在表演。

这样的处境，使我们很难将人性中自然的、普遍的、恒定的部分与习俗的、地方的、可变的部分断然地一分为二。事实上，它向我们指出，画线本身就意味着歪曲了人的境遇，或至少是严重误述了它。

以巴厘人的出神状态(trance)为例。巴厘人在表演各种奇观行为，比如咬下活鸡的头、用匕首捅自己、身体狂舞乱动、喃喃说方言、完成令人叫绝的平衡绝技、模拟性交、吃大便等等时，都会陷入极端解离的状态，比我们大多数人入睡更轻易、更猝然。出神状态是所有仪式的核心部分。在某些仪式中，五十或六十个人会一个接一个倒下，进入那种状态（被一位观察者形容成"就像一串点燃的炮仗"），五分钟到数小时不等的时间过后醒来；他们对这段时间内自己的所作所为毫无意识，尽管完全失忆，仍坚信自己经历了人类所能拥有的最不同寻常的、带来深刻满足的体验。从这样的，以及人类学家所发现、调查和描述过的成千上万类似的事情中，我们可以得到什么启示？巴厘人是一种特异的存在，是南海的火星人？还是说，巴厘人本质上是和我们一样的，只是有一些奇异的，但其实是偶然的、我们碰巧没采纳的风俗？或者他们天赋异禀，或甚至本能地趋向于某些特定的而非其他的方向？又或者人性并不存在，人纯粹就是他们的文化所塑造的样子？

正是在所有这一切不尽如人意的阐释之中，人类学试图找到一种更切实可行的人之概念，它能将文化以及文化的变异性纳入考量，而不是将之视为恣意的幻想和偏见而一笔勾销，与此同时，它又不至于让作为学科指导性原则的"人类基本同一性"沦为一句空话。就对人的研究而论，从"性相同"的人性观向外迈出一大步，无异于离开伊甸园。认识到不同时空中的习俗差异不只是装束和外表、舞台设置和喜剧面具的问题，也就是认识到人性的多样性不仅是在其表现形式上，也是在其本质上。伴随这样的反思，某些牢固的哲学定锚被松开了，一场向危险水域的不安漂流于焉展开。

这场漂流之所以危险，是因为如果我们不再试图从习俗"背后"、"底下"或"之外"去寻找大写的"人"，转而从习俗"内部"去寻找小写的"人"，那么我们就会面临完全看不见他的危险。他要么不留痕迹地溶解到其身处的时空之中，成为他的时代的产物或十足的俘虏，要么成为托尔斯泰式大军里的一名应征士兵，陷入我们自黑格尔以来就深受其苦的这种或那种可怕的历史决定论当中。我们的社会科学曾经有过，在某种意义上现在依然有这两种偏差——一种在文化相对主义的旗帜下高歌猛进，另一种则挥舞着文化进化论的大旗攻城略地。然而，更常见的情况是，我们致力于通过在文化模式本身内部寻找一种人类存在的界定性因素来避开那两种偏差，这些因素尽管没有恒定的表现形式，但其特征却各具特色。

二

想要在其习俗的整体中找到人的位置，有好几个途径，它们分别采用不同的方法；但它们全部或者几乎全部都遵循一种共同的总体智识策略：为了一把抓住其痛处，我称之为关于在人类生活中的生物、心理、社会以及文化诸因素之间关系的"地层学式"（stratigraphic）概念。依据这种概念，人是由"诸多层级"组成的，每个层级都盖在下面的层级之上，同时支撑着上面的层级。当我们分析人的时候，我们剥开一层又一层，每个层级本身都是完整而不可化约的，揭露出与它截然不同的底下那层。撕下五彩斑斓的文化形式，我们将发现社会组织在结构和功能上的规律。再把这些也剥掉之后，我们将发现底下支撑着它们并使之可能的心理因素，即"基本需求"或诸如此类的东西。再剥掉心理因素，还剩下的就是整座人类生活大厦的生物性——解剖学的、生理的、神经的——根基。

这样一种概念化方式，除了能够确保既定学科的独立性和主权之外，它的吸引力在于似乎能使我们鱼与熊掌兼得。我们可以主张文化是人性中一种本质而不可化约的，甚至是首要的原料，而无须断言文化就是人的全部。文化事实可以放在非文化事实的背景前面来解释，而不需要把它融解到背景之中去，也不需要把背景融解到它里面来。人是一种按阶序层级化的动物、一种演化的积淀,在其定义中,每一个层级——机体的、心理的、社会的、文化的——都有各自无可争议的位置。为了理解人究竟是什么,我们必须将来自各个相关科学——人类学、社会学、心理学、生物学——的发现一层层叠加起来,就像一张云纹绸上的众多图案那样;一旦完成了这项工作,人类所独有的文化这个层级的首要性,以及文化本身就人到底是什么这个问题所能告诉我们的一切,自然就会浮显出来。在18世纪时,人的形象是脱掉了文化戏服的赤裸的推理者,而19世纪末到20世纪初的人类学家则把它替换为穿上了文化戏服的、变形了的动物。

在具体的研究和特定的分析层面上,这一宏大的策略首先落实为搜索文化中的普遍元素或经验中可见的一致之物,它们可以超越世上不同时空中的习俗的纷繁差异,而一直以差不多同样的形式在任何时空中出现;其次就是,一旦发现了这种普遍元素,便努力将它和人类生物学、心理学和社会组织方面业已确立的恒定因素关联起来。如果某些习俗可以被我们从世界文化杂乱无章的目录中筛选出来,视为一切地方性变异之间的共同点,而且,如果这些共同点能够以确定的方式与下文化(subcultural)*层面上的某些恒定的参照点联系起来,那么至少我们可以在这方面取得一定的进展:区分哪些文化特质是人类存在的本质,哪些不过是偶发的、边缘的或者修饰性的。以这种方式,人类学就能够决定人这一概念的文化维度,足以与生物学、心理学或社会学以类似的方式所提供的维度分庭抗礼。

---

* subculture一般译为"次文化""亚文化",意指非主流群体的独特文化。但格尔茨在本文中的用法有别于此,他用形容词形式subcultural表示文化之下的那些层级(机体、心理、社会等)。为免误会,特译成"下文化(的)"。

本质上说,这样的想法毫不新鲜。有一种观念叫万民公论(consensus gentium),它认为有些事物会被全人类公认为正确、真实、公正或吸引人,因此它们事实上就是正确、真实、公正或吸引人的,启蒙时期的人有这种观念,并且很有可能一切时代、一切地方的人都曾以这样或那样的形式抱持过这一观念。它属于那种我们迟早都会产生的想法。然而,现代人类学对它的发展——始于克拉克·威斯勒在20世纪20年代阐述的所谓"普世文化模式",继而是布罗尼斯拉夫·马林诺夫斯基于40年代初提出的"普世制度类型"清单,一直到G. P. 默多克在第二次世界大战期间和之后雕琢出来的一组"文化公分母"——确实为这个老观念增添了几许新意。借用克拉克洪的话来说(他或许是迄今为止最雄辩的万民公论理论家):"文化的某些方面之所以具有目前这种形式,仅仅是因为历史偶然性;而文化的另一些方面则是经过某些力量裁剪之后的结果,这种力量或许可以称为共性(universal)。"[5] 由是,人类文化生活被一分为二:其中一部分就像马斯柯的演员所穿的戏服那样,独立存在于人的牛顿式"内在运动"之外;另一部分则是那些运动本身的外烁。于是问题来了:这样一种介于18世纪和20世纪之间的折中观点,真的站得住脚吗?

能否站得住脚,取决于将文化一分为二的二元论能否成立并得到支持:一半是在经验上具有普世性、深植于下文化的现实之中的部分,另一半是在经验上分歧多变、不那么根深蒂固的部分。而要判断这套二元论能否成立,又要求:(1) 其所提出的普世性元素必须是实在的而非空洞的范畴;(2) 那些普世性元素必须具体地植根于特定的生物、心理或社会过程,不仅仅是含糊地关系到

"表面之下的现实";(3) 相较于数量更为庞大、显然更为次要的文化特殊性,那些普世性元素能令人信服地被视作人性之定义的核心元素。综合这三点来看,我认为万民公论路径是失败的;它非但没有更接近人类处境的诸种核心基础,反而远离了它们。

上述第一条要求,即其所提出的普世性元素应该是实在的而非空洞或近乎空洞的范畴,就不曾做到过,因为根本就不可能做到。比如说,宣称"宗教"、"婚姻"或"贫困"是经验共性,就和赋予它们以特定的内容存在逻辑冲突,因为说它们是经验共性就意味着它们有相同的内容,而说它们有相同的内容又意味着悍然不顾相反的事实。如果从一般意义上笼统地定义宗教——比如说它是人对实在的最基本取向——那么我们不可能同时给那一取向指定非常详尽具体的内容;对那些向天高举着刚从人牲的胸膛里生生挖出还兀自跳动着的心脏、陷入欣狂状态的阿兹特克人来说,构成他们对实在的最基本取向的东西,显然不同于向慈悲雨神舞出盛大的群体祈愿、喜怒不显的祖尼人。对于"真正实在"之物究竟是什么样子,印度教徒强迫性的仪式主义和无拘束的多神论所表达的看法,也显然有别于逊尼派穆斯林毫不妥协的一神论和严苛的律法主义所表达的。即便我们努力降到不那么抽象的层级,像克拉克洪那样宣称来世观念是普世性的,或者像马林诺夫斯基那样认为天意(Providence)意识是普世性的,同样的矛盾依然盘桓不去。为了使关于来世的概括对儒者、加尔文教派信徒、禅门信徒和藏传佛教信徒来说同样成立,我们就不得不用最宽泛的术语来定义它——确实是太宽泛了,无论它看起来有什么力量实际上也都蒸发殆尽了。天意观也是如此,它要能够囊括纳瓦霍人关于神人关系的观念和特罗布里恩人的相应看法。宗教如此,"婚姻"、"交易"以及其他一切被A. L. 克鲁伯贴切地称为"虚假的普世性元素"的东西,乃至像"避难所"这样具体可感的事物也莫不如此。任何地方的人都会结合生子,拥有某种"我的和你的"(mine and thine)的意识,用各种方式保护自己不受日晒雨淋,这不单没错,从某个角度看也并非不重要;但是,如果我们要为人画出一幅忠实传神的肖像,而不是刻画出一个"约翰·Q.公众"*那样没有任何信条的卡通人物,这种做法对我们就没有太大帮助。

至此,我的观点应该算是说清楚了,我希望稍后还会更加清晰。我的意思不是说除了说人是一种最具多样性的动物之外,我们不能对人生而为人的特质做出任何通论,也不是说文化研究对于揭开这类特质无所贡献。我认为,这样的通论不可能通过对文化普世性元素的培根式追求而获得,即对全世界各民族进行某种民意调查,以找到一种事实上并不存在的万民公论;更进一步说,我认为,这种努力本身刚好就会导致这整套研究路径刻意想要避免的那种文化相对主义。"祖尼文化推崇克制,"克拉克洪写道,"夸扣特尔文化鼓励个体的自我展示。这些是彼此对立的价值,但是通过遵循这些价值,祖尼人和夸扣特尔人表现出对一种普遍价值的忠诚;对自身文化的独特规则的推崇。"[6]这纯属绕弯子,但比起一般常见的关于文化普世性元素的讨论,它已经算是比较直白、不那么弯弯绕的了。说到底,如果我们被迫要在赫斯科维茨的"道德是普世性的元素,对美的愉悦以及某种真理标准亦然"这句话后头,和他一样紧接着说"但这些概念所采取的许多形式,

---

* 俗语,意为平均或典型的美国人。

不过是创造出它们的那些社会的特定历史经验的产物",那还有什么意义呢?[7]一旦我们摒弃了"性相同"论,即便只是像万民公论理论家那样部分地、迟疑不定地摒弃,相对主义就成了一种真正的危险;而要抵御这种危险,唯有通过直接而充分地直面人类文化的多样性,如祖尼人的克制和夸扣特尔人的自我展示,并认真地把它们吸纳到人的概念的整体之中,而不是靠含糊的同义反复和无力的陈腐之见绕开它们。

当然,要举出既有普世性又具有实质内涵的文化元素是极为困难的,这使得万民公论路径的第二个条件难以实现,也就是说,那些普世性元素很难被具体落实到特定的生物、心理或社会过程当中去。不仅如此,对文化因素与非文化因素之间关系的"地层学式"思路更有力地阻碍了这一"落地"过程:一旦文化、心理、社会和有机体被转化为相互分离的科学"层级",而且每个层级本身都是完整而自主的,就很难再把它们拉回到一块儿了。

要尝试做到这点,最常见的办法是借助所谓"恒定的参照点"。援引对这一策略的最著名的声明——塔尔科特·帕森斯、克拉克洪、O. H. 泰勒等人在20世纪40年代早期合撰的名为"迈向社会科学诸领域的一种通用语言"的备忘录,我们可以发现这些参照点:

> 在社会系统的性质中,在作为社会系统之组成部分的个人的生物和心理性质中,在他们生活和行动的外部环境中,在社会系统所必需的协调合作中。在[文化]中……这些结构的"焦点"从未被忽视,人们总是必须以某种方式"适应"或"考虑到"它们。

普世性的文化元素被设想为对这些不可规避的现实的成形化反应,是正视它们并与之妥协的制度化手段。

于是乎,分析的内容就是将假定的普世性元素与假设的潜存的必然性相匹配,努力展现出二者的搭配有某种高妙之处。在社会层面,这样的无可辩驳的事实会被提及,那就是所有社会为了存续下来,都必须再生产其成员身份或者分配物品和服务,因此某种家庭形式或交易形式就是普世性的。在心理层面,人们必诉诸类似于个人成长这样的基本需求(因而教育制度是无处不在的),或者像俄狄浦斯困境这样的泛人类问题(因此到处都有严父般的男神和慈母般的女神)。在生物学上,有新陈代谢和健康;在文化上,有餐桌礼仪和疗愈流程;诸如此类。其总的思路是,考察这样或那样的潜藏的人类必备条件,然后尽力揭示,文化中的那些具有普世性的方面就是——再次引用克拉克洪的比喻——按照这些条件"量身定做"而成的。

这里的问题并不在于这种叠合一般来讲是否存在,而在于它是否不过是松散而不确定的叠合。将某些人类制度关联到科学(或常识)告诉我们的人类必备条件,这并非难事,难的是以一种毫不含糊的形式申述这种关系。这不仅仅是因为几乎所有制度都服务于多重的社会、心理和有机体的需求(因此声称婚姻仅仅是对生育的社会需求的折射,或者饮食风俗是新陈代谢之必要性的折射,不啻自招讥嘲),更重要的是我们绝无可能以任何精确、可验证的方式申述层级间假定存在的关系。除了乍看之下的表象以外,在此没有人认真地尝试过将生物学、心理学甚至社会学的概念和理论应用于对文化的分析(当然也没有反向的交流,连这样的提议都没听说过),人们仅仅是将号称采择自文化和下文化层级的事实并置起来,让我们模糊地感觉到它们之间存在着某种关系——某种暧昧不明的"量身定做"。这里完全没有理论上的整合,只有各自孤立的发现之间纯粹的直觉性关联。循着这种层级论路径,即便是援引"恒定的参照点",我们也永远不可能在文化和非文化因素之间建构出真正的功能性交互关联,有的只是或多或少有点说服力的类比、对应、暗示和亲和性罢了。

然而,即便我上述的判断错了(必须承认,很多人类学家会这么看),换言之,就算万民公论路径真有可能生产出实质性的普世性元素,或者真能提出足以解释那些普世性元素的文化现象与非文化现象之间的特定关联,我们还是躲不开这个未决的问题:这样的普世性元素该不该被视为人的定义的核心成分?一种"最小公分母"式的人之观念到底是不是我们想要的?当然,这就是一个哲学问题而非科学问题了;但是,认为人之为人的本质最清晰地彰显于人类文化中那些具有普世性的特质,而不是那些专属于某些民族的特质,这样的观点是一种偏见,我们大可不必感到非认同不可。我们怎么捕捉到人的真实情态?是通过捕捉这类一般性的事实——比如任何地方的人都有某种类型的"宗教"?还是通过把握特定宗教现象的丰富内容——比如巴厘人的出神状态或印度人的仪式主义、阿兹特克人的人牲献祭或祖尼人的祈雨舞?"婚姻"是普世性的(假定它是的话),这件事在我们思考人是什么这个问题时能给我们的启发,和关于喜马拉雅地区的一妻多夫制、澳大利亚的那些奇妙的婚配规则或者非洲班图人繁复的彩礼系统等的事实能给我们的启发是否有同样的穿透力?"克伦威尔之所以是那个时代最典型的英国人,恰恰因为他是最怪异的"这句妙评或许跟这个话题也有关系。或许我们可以在一个民族的文化特殊性中——在他们的怪异之中——发现关于人的类属特征的最富有教益的启示；人类学这种科学对于建构——或重构——人的概念的主要贡献，或许就在于告诉我们该如何去发现它们。

三

在面对如何定义人的问题时，人类学家对文化特殊性退避三舍，躲进没有血肉的普世性，这主要是因为在面对极端多样的人类行为时，他们很难摆脱对历史主义的恐惧，生怕迷失在文化相对主义的涡流中，晕头转向到丧失一切固定支轴的地步。这样的恐惧也并不是没有噩梦成真过。鲁思·本尼迪克特的《文化模式》可能是这个国家出版过的最畅销的人类学书籍，它有一个非常奇怪的结论，即任何一个人类群体倾向于去做的事情，都值得另一个人类群体的尊重。或许没有什么比这更能说明，我们一旦完全沉湎于马克·布洛赫所说的"认识到奇异事物的那种亢奋"，将会陷入怎样的尴尬处境。但是，这种恐惧是庸人自扰。"除非一种文化现象具有经验上的普世性，否则它就无法反映出任何与人性相关的东西"这种观念，就和"因为镰状细胞缺血症不是普遍现象（谢天谢地），所以它不能告诉我们任何关于人类遗传过程的事"这样的观念一样不合逻辑。在科学中，问题的关键不在于这个现象是否具有经验上的共通性——若不然，贝克勒耳为何会对铀的特有表现产生那么大的兴趣？——而在于它们是否有助于揭示潜藏在它们底下的持久的自然过程。"从一粒沙里窥见天堂"并不是诗人的独门绝活。

一言以蔽之，我们需要在相异的现象中寻找系统性的关系，而非在相似的现象中寻求实质同一性。而为了有效地做到这点，我们必须摒弃以"地层学式"的概念来构想人类存在的各方面之间的关系，代之以一种综合的概念；也就是说，在那种概念里，生物的、心理的、社会的以及文化的因素能被当作一个统一的分析系统之中的变量。要建立起一种跨社会科学各学科的通用语言，所牵涉的不仅是术语的协调，或者等而下之地硬造出新的术语，也不是将一套单一的范畴强加于整个领域，而是将不同类型的理论和概念整合起来，以便我们将目前分散在不同专业领域中的发现凝聚起来，形成有意义的命题。

为了从人类学的阵营发起这样的整合，并由此获得更准确的人的形象，我想要提两点想法。第一，文化最好不要理解为具体行为模式，如习俗、惯用法、传统、习性丛等等的复合体（迄今为止状况大抵如此），而是理解为一组用于管理行为的控制机制，比如计划、方法、规则、指令（电脑工程师称之为"程序"）等。第二，人类恰恰是一种极端依赖这类非遗传的、身体外的控制机制——这类文化程序——指导自身行为的动物。

这些观念也并不是全新的，但近来人类学和其他科学（控制论、信息论、神经学、分子遗传学）当中的许多最新进展，除了给它们提供前所未有的经验支持之外，也使它们获得了更准确的表述。随着我们对文化及其在人类生活中扮演的角色的改观，关于人的定义也发生了变化，不再强调其行为在经验界中表现出来的跨时空共通性，转而强调行为背后的那些控制机制，凭借这些机制的作用，人的天赋能力的广度与不定性被缩减为他的实际成就的狭窄与特异性。终究，关于我们的人生，最重要的一个事实或许就是，人生下来都有能让我们过上一千种生活的自然禀赋，到头来我们却只活了这一种。

文化的这种"控制机制"论始于这样一个假设，人类思维基本上是社会性、公共性的——也就是说，它的天然栖息地是宅院、市场和城镇的广场。思考不是由"大脑中发生的事情"构成的（尽管在这里或其他地方发生的事情是它的必要前提），而是由G. H. 米德等人所说的"有意义的符号"之间的交通构成的——语言是这当中最主要的，但还有姿势、绘画、音乐和比如钟表这样的机械装置，以及珠宝之类的自然物——实际上就是脱离了其单纯的事实性、被用来赋予经验以意义的一切事物。从任一特定个人的角度看，这类符号大多是既定的。当他来到这个世上时它们已经在那儿了，而且会在他死后继续流通下去——只不过稍有些他或许有或许没有插过手的增删和局部改动。活着的时候，他使用它们，或其中的一部分，有时候是刻意而审慎的，大多数时候是自发而轻松的，但不管怎样，他总是怀着相同的目的：在他经历的事件上放置一个结构，为自己在——借用约翰·杜威生动的表达——"经验到的事物不断持续的进程中"确定方向。

人类太需要象征的光源来照见自己在世界中的处境了，因为天然地扎根在他体内的那些非象征的光源所能射出的光亮太过散漫。低等动物的行为模式至少在很大程度上是它们的生理结构自带的；遗传信息源将它们的行为控制在有限的变化范围中，动物的等级越低，这一范围越窄，作用也越彻底。至于人，与生俱来的禀赋是极端一般性的反应能力，尽管这使我们的行为具有更强的可塑性和复杂性，并且，在一些零星的场合下，当一切都如预期那样按部就班时，这可以增强行为的有效性，但这也使我们的行为很少被精确地律定。因此这就是我们立论的第二个方面：若没有文化模式——有组织的意义象征系统——的指引，人的行为将是无法调控的，只能是无意义的行为和爆发的情绪的一团混沌，他的经验实际上是无定形的。文化作为此类模式积聚起来的整体，不只是人类存在的装饰物，更是人类存在的基本条件——这是文化的特异性的首要基础。

在人类学中，支持这一立场的最生动有力的证据，来自我们在理解过去所谓"人之源起"(the descent of man) 问题——智人从一般灵长类动物中突现的问题——上的新进展，其中有三点格外重要：(1) 摒弃生理进化与文化发展相继发生的观念，支持重叠或互动的观点；(2) 发现导致现代人脱离其直系先祖的大多数生物变化都发生在中枢神经系统，尤其是大脑；(3) 意识到人就生理意义而言是一种不完全、未完成的动物，而使他与非人生物区别开来的，与其说是他绝对的学习能力（尽管的确很强），不如说是在他能够真正行动之前他**需要**学习什么样的东西以及学习多少的问题。接下来我将就这三点分别展开论述。

关于人的生物演化与文化发展的关系，传统上认为生物演化，无论从哪种意义上看，都在文化发展开始之前就已经完成了。也就是说，这一观点又是地层学式的：人类的生理存在通过惯常的遗传变异和自然选择机制进化到了某个节点，人的解剖学结构到达与现代人基本一致的状态了，然后文化发展才开始。在其种群发生史的某个特定阶段上，某种边际的遗传变化使他能够生产并传递文化，并且自那之后，他对环境压力的适应性反应几乎毫无例外都是文化的而非遗传的。随着他的足迹遍布全球，他开始在很冷的气候里穿上皮毛，在温暖的气候里裹一块腰布（或者什么都不穿);他并没有根据环境温度改变他的内在反应模式。他制造武器以延伸他先天的捕猎能力,煮熟食物来扩展可食用物的品种范围。故事继续讲道,一旦他跨过了精神上的卢比孔河[*],他开始能够靠传授向他的后代和邻人传递"知识、信念、法律、道德和习俗"(此处引用爱德华·泰勒爵士对文化的经典定义),能够靠学习从他的祖先和邻人那里获得这些,此时人就成了人。在那个魔法时刻之后,人科动物的发展几乎彻底依赖于文化积累,依赖于风俗习惯的缓慢发展,而不是像过去的年代那样,依赖于物理性的机体变化。

唯一的问题是,这样的时刻似乎从未存在过。根据最新的估算,向生存的文化模式的过渡花费了人属动物数百万年的时间才得以完成;拉得如此长久,它涉及的就不是一两个边际遗传变化,而是一长串复杂且环环相扣的变化。

从当前的观点来看,智人,即现代人,从他直接的前智人背景中演化而来,这明确始于近四百万年前,当时出现了如今家喻户晓的南方古猿——所谓东非和南非猿人;这一进程又随着智人本身的出现达到巅峰,而那仅仅是十万到三十万年前的事。因此,至少初级的文化活动,或者你愿意的话也可以叫它原型文化活动(如简单的工具制作、狩猎等等),似乎已经在某些南方古猿身上出现了。考虑到这点,我可以说在文化的起始和现代人类出现之间有远超一百万年时间的重叠期。精确的日期不是关键所在,我们只能尝试着推断它,并且进一步的研究会增减它;关键是存在

---

[*] 卢比孔河 (Rubicon) 是意大利北部的一条河流,公元前49年,恺撒率军跨过该河,与庞培展开决战。由于此举违背了罗马法的规定(将领不得带兵离开他受命的省份),故常被用来表示破釜沉舟、无路可退的处境。

这样一段重叠期,而且跨度相当大。人的种群发生史的最后阶段(起码到现今为止是最后)跟他的文化史的最初阶段发生于同一个大地质时期——所谓冰川期。人人都有生日,但是人没有。

这意味着,文化不是被添加在一种业已完成或者近乎完成的动物身上的东西,而是那一动物本身的生成过程中的要素,核心的要素。在这个冰川期中,缓慢而稳定得几乎像冰河移动一般的文化发展,改变了自然选择压力对于演化中的人属的平衡,以致在他的演化上扮演了核心的定向性角色。工具的完善,有组织的狩猎和采集的引入,真正意义上的家庭组织的出现,火的发现,以及对用来指引方向、交流和自我控制的富有意义的符号系统(语言、艺术、神话、仪式)的日益依赖(这是最重要的,尽管目前依然很难探寻其具体起源);这一切为人创造了他不得不去适应的新环境。随着文化一小步一小步地累积和发展,种群中最善于利用文化的个体,如高效的猎人、坚持不懈的采集者、灵巧的工具制造者、足智多谋的领导者等等获得了选择性优势,直到脑容量较小的原人南方古猿演化为脑容量较大的全人——智人。在文化模式、身体和大脑之间形成了一个积极的反馈系统,相互形塑彼此的进程,在这个系统中,工具使用的增多、手的解剖学变化和大脑皮层的拇指运动代表区的扩展之间的相互影响,仅仅是较为生动的一个例子罢了。借由委身于制造工具、组织社会生活、表达情绪等等所需的以符号为媒介的程序,虽然是不知不觉地,人决定了他自己的生物学命运的最终阶段。毫不夸张地说,尽管是毫不经意地,他创造了自身。

虽然如我提到过的,在人属的这个成形过程中,他的大体解剖学结构发生了许多重要的变化——头颅形状、齿系、大拇指尺寸等等，但迄今为止，最重要、最戏剧化的变化无疑发生在中枢神经系统中：因为正是在这一时期，大脑，尤其是前脑，激增到今天人类这种上重下轻的比例。这里的技术问题比较复杂，也颇有争议；但重点在于，尽管南方古猿的躯干和手臂的构形与我们并没有根本的差别，骨盆和腿的形状至少正在朝着我们的样子发展，可是它们的脑容量并不比类人猿大多少——换言之，大约是我们的三分之一到一半。真正使人从原人中明确区分出来的，明显不是总体的身体形态，而是神经组织的复杂性。文化性变化与生物性变化的这个重叠期似乎就在于神经系统发展的高度集中，或许还牵连着（手上的、直立行走的等等）各种行为的精细化，而这些行为所需的基本解剖学基础——活动的肩膀和手腕、加宽的髂骨等等——早已牢固确立了。这本身或许并不出奇；但是与我之前所说的结合起来，它对于人是什么样的动物提示了一些论断，在我看来，它们不仅与18世纪的论断相距甚远，而且迥异于仅仅十到十五年前的人类学观点。

直截了当地说，它提示了根本没有独立于文化之外的人性这种东西存在。没有文化的人不会是戈尔丁的《蝇王》中那种聪明的野蛮人，被丢回到其动物本能的残忍智慧中；也不会是启蒙时期的尚古主义所说的那种合乎自然的君子人；甚至也不会是古典人类学理论所暗示的那种天赋本领，却不知为何未能自知的类人猿。他们将会是一群无能的怪物，几乎没什么有用的本能，可以辨识的情感更是寥寥无几，并且毫无智能：心智"废人"。由于我们的中枢神经系统，尤其是给它带来深重诅咒和无上荣耀的新大脑皮层，在很大程度上是通过与文化的互动逐步发展起来的，因此，如果没有充满意义的符号系统提供指引，它将无法指导我们的行为或组织我们的经验。我们在冰川期所遭遇的,就是我们不得不放弃详尽的遗传基因控制所具有的规律性和精确性,代之以更一般化的(尽管当然同样真实的)遗传基因控制所具有的灵活性和适应性。于是,为了提供行动所需的附加信息,我们就越来越严重地依赖文化资源——有意义的符号的累积储备。因此,这些符号不仅仅是对我们的生物、心理和社会存在的表达、工具或某种关联物,而且是这种存在的前提。没有人就没有文化,信哉;但是同样地,也更重要地,没有文化就没有人。

综上所述,我们是不完全或未完成的动物,不得不通过文化来使自己得以完全或完成——并且不是通过一般性的文化,而是通过具有高度特定形式的文化:杜布人的和爪哇人的,霍皮人的和意大利人的,上层阶级的和下层阶级的,学术的和商业的。我们经常强调人类强大的学习能力和可塑性,但其实更关键的是,人类极端依赖某一种类型的学习:概念的获得,对特定符号意义系统的理解和应用。河狸建造水坝,鸟儿筑巢,蜜蜂定位食物,狒狒结成社会群体,老鼠交配,所有这些行为依据的学习形式都立足于编码在基因里的指令,然后由适当的外部刺激模式激活:物理的"钥匙"插入了有机体的"锁眼"。但是,引导人建造大坝或避难所,定位食物,结成社会群体或者寻找性伴侣的,是编码在流程图和蓝图、狩猎的谚语口诀、道德系统和审美判断中的指令:概念结构形塑着无定形的天赋。

正如某位作家简练地指出的,我们生活在"信息的鸿沟"中。在我们的身体所告诉我们的东西和我们为了正常活动所必须知道的东西之间,有一个必须由我们自己来填补的真空,而我们用来填补这个真空的,就是文化所提供的信息(或错误信息)。在人类的行为中,为内置程序所控制的部分与文化控制的部分之间的边界模糊而且摇摆不定。无论从哪一点看,有些行为是完全内控的,比如,我们不需要文化指导我们学习如何呼吸,就像鱼不需要学习如何游水一样。另一些则几乎无疑是文化的:没有人会尝试从遗传层面解释为什么有些人信任计划经济,有些人则信任自由市场,尽管这或许是好玩的尝试。毫无疑问,几乎所有复杂的人类行为都是这两个层面交互作用的、非叠加的结果。我们的语言能力无疑是内置的,但我们说英语的能力则无疑是文化的。因令人愉悦的刺激而微笑,因令人不舒服的刺激而皱眉,这肯定在某种程度上是由遗传决定的(连类人猿都会在闻到有毒气味时面容扭曲);但我们也同样肯定,嘲弄的微笑和戏谑的皱眉绝大多数是文化的产物,好比巴厘人对疯子的定义就是没来由地发笑的人(像美国人那样),这或许就足以证明这一点。在我们的基因制定的基础草案(说话或笑的能力)和我们的实际所为(比如用某种特定的音调说英语或在一个微妙的社交场合中露出谜之微笑)之间,存在着一套复杂的意义符号,它引导我们将前者转化为后者、将草案转化为行动。

一如我们的神经系统本身,我们的观念、价值、行动甚至情绪都是文化的产物——没错,它们脱胎于我们先天的取向、能力和性情,但依然是人造产物。沙特尔大教堂是石头和玻璃组成的。但它不仅仅是石头和玻璃;它是一座大教堂,但它又不仅仅是一座大教堂,而是在特定的时期,由特定社会的某些成员建造的特定的教堂。为了理解它意味着什么,感知它到底是什么,你需要了解的东西不只是石头和玻璃的类属性质,不只是所有大教堂的一般共性,你还需要理解——在我看来这一点至关重要——有关上帝、人与建筑之间关系的一套特定概念,因为它支配了这座大教堂的创造,并最终体现在这座大教堂身上。它和人并无不同:他们一个个也都是文化的造物。

四

启蒙运动和古典人类学对人加以定义时,各自采纳的路径不管表现出多少差异,却有一个共同点:它们本质上都是类型学的。它们致力于打造作为一种模型、原型、柏拉图所说的理念或亚里士多德所说的形式的人的形象,与之相对,每个具体的人,比如你、我、丘吉尔、希特勒、婆罗洲的猎取敌人首级之人,都不过是其映象、畸变或近似。在启蒙运动那里,为了发现这种本质类型的元素,要把文化的外衣从现实的人身上脱下来,然后才看见剩下的东西,即自然的人。而在古典人类学那里,为了发现那些元素,需要将文化提取公因数,然后才看见显现出来的东西,即公论的人。无论哪一个,最后都和解决科学问题的一切类型学路径走向了相同的结果:个体间的差异和群体间的差异沦为次要。个体性渐渐被视为反常,独特性被视为偶然的偏差,偏离了对真正的科学家来说唯一合法的对象:存在于表面之下的、恒常的规范类型。这一路径再怎么得到精心阐释和机敏辩护,在其中,活生生的细节依旧被浸没在僵固的刻板类型里:我们追寻形而上学的实体,为了大写的"人"的利益,牺牲了我们事实上遭遇的经验实体——小写的"人"。

然而,这种牺牲是毫无必要的,也是徒劳无功的。在一般理论性理解和情境式理解之间,在综观和细察之间,不存在任何对立。事实上,评判一种科学理论——乃至科学本身——依据的正是它从特定现象中抽取一般性命题的力量。欲知人究竟是什么,唯有先了解复数的人是什么——其最重要的特质就是多样性。正是通过理解这种多样性,知晓其涵盖范围、特质、基础以及含义,我们才能构建一种人性观,它高于统计学的影子而低于尚古主义的梦想,兼具实质性和真实性。

文化概念对人之概念的影响便在于此——这下终于回到了本章标题。当文化被视作控制行为的一组符号装置,视为体外的信息源时,它就可以在人内在地可以成为什么和他们实际上一个个地真正成为什么之间搭建桥梁。成为人就是成为个体的人,而我们是在文化模式的引导下成为个体的,那模式即是历史造就的意义系统,我们根据它赋予我们的生活以形式、秩序、要旨和方向。我们所卷入的文化模式不是一般的而是特定的——不只是"婚姻",而是一套关于何为男人女人、伴侣应该如何彼此相待、何为般配的婚姻等话题的特定观念;不只是"宗教",而是信奉业报轮回、斋月仪礼或牛牲实践。人不单单被其内在能力所定义,如启蒙运动所做的那样,也不单单被他的实际行为所定义,如当代社会科学一心寻求的那样;定义它的,是两者之间的关联,是前者向后者的转化,他的类属潜力凝聚为他的特定表现。正是在人的**生涯**(career)中,在其特有的进程中,我们得以窥见他的本性,无论多么微茫,并且尽管文化不过是决定这一进程的元素之一,它绝不是最微不足道的元素。正如文化过去将我们形塑为一个单一的物种——无疑如今依然在形塑——它也将我们形塑为分立的个体。这一事实,才是我们共有的东西,而非任一恒常的文化底下的自我,或者普遍承认的跨文化公论。

奇怪的是——尽管细想一下也不那么奇怪——我们的很多研究对象似乎比我们人类学家更清楚这一点。比如在爪哇（我在那里做了很多研究），人们会淡然地说"做人就是做爪哇人"。小孩、乡巴佬、傻帽、疯子和悍然无耻的背德者都被称为 ndurung djawa，意思是"还不够格的爪哇人"。相对地，一个能够依照高度复杂的礼节系统行事，拥有对音乐、舞蹈、戏剧、织物设计的细腻审美领悟，敏于回应栖居在每个人内向意识的静寂之中的神灵的微妙劝勉的，如此"正常的"成年人则被称为 sampun djawa，即"够格的爪哇人"，也就是真正的人。成为人不仅仅是会呼吸，而且还需要你会控制呼吸，通过类似瑜伽的技术，以便在吐纳之间听到真主念出他自己的名字——"hu Allah"。不仅仅是会说话，而且是在恰当的场合，用适当的语气和适当的迂回方式说恰如其分的话。不仅仅是吃，而是偏好以某种方式烹调食物，并且在进食时遵循严格的餐桌礼仪。甚至不仅仅是感受，而是感受到某种爪哇人所特有的（且本质上无法翻译的）情绪，如"耐心""超脱""认命""尊敬"等。

在这里，成为人不是成为任何人；它意味着成为一个特别的人，并且当然每个人都不一样：用爪哇人的话说，"不同的田土，不同的蚂蚱"。在同一个社会内部，也同样能看到种种差异：一个种稻米的农民和一个公务员成为人和爪哇人的方式，自然有所不同。这不是宽容和道德相对主义的问题，因为不是每一种方式都同样受到推崇；比如当地华人的做人方式就饱受诟病。我要说的重点是，有许多不同的方式存在；现在我们转向人类学家的视角，可以说，正是在对平原印第安人的勇气展演 (bravura)、印度人的执迷、法国人的理性主义、柏柏尔人的无政府主义、美国人的乐观主义等案例(罗列出这一连串标签并不表示我认为它们所言不虚)进行系统性的审视和分析的过程中,我们才会发现做一个人是或者可能是怎么回事。

简言之,若想要面对面地遭遇人性,我们必须绕过误导性的标签,绕过形而上学类型,绕过空洞的相似性,而落实到细节,以便不但紧紧抓住不同文化的本质特征,也抓住每一文化内部的不同种类个体的本质特征。在这个领域中,通向概括性、通向科学所具有的启示性的简明性的道路,绕不开对特殊的、情境性的、具体的事物的考量,但这种考量必须经过我提到过的几种理论分析的组织和引导,诸如对生理的演化、神经系统的运作、社会组织、心理过程、文化模式形成的分析,尤其是要在这些理论分析的交互影响的组织和引导下进行。也就是说,正如任何真正的"探险"那样,这条道路必然要穿过令人生畏的复杂性。

"让他独处一小会儿",罗伯特·洛威尔写道,但此处的他不是我们可能猜想的人类学家,而是另一位古怪的人性探索者纳撒尼尔·霍桑:

> 让他独处一小会儿,你会看见他
> 垂着头,思索,再思索,
> 眼睛牢牢地盯住某个碎片,
> 某块石头,某株寻常的植物,
> 再普通不过的东西,
> 仿佛它就是线索。
> 困惑的眼睛抬起,
> 隐秘,挫败,不满于

沉思真实而微末之物。[8]

垂头看着自己的碎片、石头、寻常的植物，人类学家也在苦苦思索真实而微末之物，在那里边匆匆而恍惚地窥见了——或者自以为窥见了——他自己的令人不安、变幻不定的形象。

第三章　文化的生长与心智的演化

> "心智是它自己的场所"这一陈述,照理论家们对它的可能解释,是错误的,因为心智甚至不是比喻性的"场所"。相反,棋盘、讲台、学者的书桌、法官席、卡车司机的座位、工作室、足球场等才真是心智的场所。这些是人们或智或愚地工作和游戏的地方。"心智"不是藏在一道看不透的屏幕后面工作或娱乐的另一个人的名字;不是人们干活或游戏的另一个场所的名字;不是用来干活的另一件工具的名字,也不是用来游戏的另一套装备的名字。
>
> ——吉尔伯特·赖尔

一

在行为科学的学术史上,"心智"(mind)这一概念扮演了奇怪的双面角色。有些人认为这类科学的发展就是将物理科学的方法直线延伸到有机体领域,他们把它用作一个魔鬼之词,所指称的是达不到某种相当英勇的"客观主义"理想的那一切方法和理论。诸如洞见、理解、概念性思维、意象、观念、感受、反思、幻想之类的术语,被污名化为心智主义的(mentalistic),亦即"被意识的主观性所污染的",而诉诸这些概念的行为则被严谴为科学精神力的可悲败落。[1]相反,另一些人认为研究对象从物质转向有机体——尤其是人类——就必然意味着对理论路径和研究流程的深度修正,他们倾向于把"心智"用为一个警示性的概念,更多地用它来指出理解上的种种缺陷而非补救它们,强调实证科学的种种限度而非扩展它们。对这类思想者来说,它的主要功能是为他们的一种根深蒂固的信念提供定义模糊但直观有效的表达,即人类经验中包含着被物理理论(公平起见,还有以物理理论为模型的心理和社会理论)所忽略的重要秩序维度。谢林顿构想的"赤裸心灵"意象便是这一立场的缩影:它指"生命中一切有重要意义的东西,如欲望、狂热、真实、爱、知识、价值",它徘徊"在我们的空间世界中,比幽灵还要幽灵"。这就如同传闻中的巴甫洛夫的一种做法是相反立场的缩影一样:他曾对那些胆敢在他实验室里提起心智主义词语的学生课以罚金。[2]

事实上,除了少数例外,即便在它被禁用的时候,"心智"一词也压根不是一个科学概念,而是一种修辞。更准确地说,它不是用来定义一个过程,而是用来传达(有时候甚至是利用)一种恐惧,即一方面对于主观主义,另一方面对于机械主义的恐惧。克拉克·赫尔严肃地提醒我们,"即便充分意识到拟人化的主观主义的性质及其危险","最审慎、经验最丰富的思考者也很可能无力抵御它的诱惑",并促使我们采用这样一种策略来进行"预防",即将一切行为看得像是一条狗、一只白鼠或者一个机器人(这是最安全的)所做的。[3]另一方面,与之针锋相对的是,戈登·奥尔波特声称他在此种路径中看到了对人类尊严的威胁,并抱怨说,"我们一直以来遵循的模型缺乏长程的取向,而那恰是道德的本质……沉溺于机器、老鼠或婴儿,这导致我们夸大了人类行为那些边缘的、信号导向的或者遗传的特征,[并]轻忽了那些核心的、未来导向的或者符号性的特征"。[4]面对关于这一纠缠着人的研究的幽灵的如此矛盾的说法,无怪乎最近有一群左右为难的心理学家,他们既想提出对人类行为的定向方面的令人信服的分析,又想满足科学的客观性典则,结果忍不住采取了一种垂死挣扎的策略:自称为"主观行为主义者"。[5]

就心智概念而言,这种情势是极端不幸的,因为这样一个非常好用而又没有其他精准对应词的观念——古老的"心灵"(psyche)一词或许是唯一例外——却变成了考验用词(shibboleth)。考虑到令这一术语瘫痪无力的恐惧在很大程度上是毫无根据的,是牛顿革命所引发的唯物主义与二元论之间的虚假大内战的最后余波,它就显得尤为不幸了。正如赖尔所言,机械主义是个用来吓人的妖怪,因为对它的恐惧源于这样一种荒唐的假定,即说同一事件既受机械法则支配又受道德法则支配是矛盾的,这就好比说一个高尔夫球手不能既符合弹道学定律,又遵守高尔夫规则,同时还能优雅地比赛。[6]但是,主观主义也是个假想的妖怪,因为对它的恐惧有赖于一个同样奇异的假设:由于我没法知道你昨晚梦见了什么、你在回忆一连串无意义音节时在想什么或者你如何看待婴儿原罪说(除非你选择告诉我),所以我对这些心智事实在你的行为中扮演何种角色所做的任何理论化尝试,都必然基于一种错误的"拟人化"类比,是把我关于这些因素在我自己的行为中扮演何种角色的知识(或者我自以为了解的知识)强加于人的表现。

"形而上学家和神学家经年累月地编织有关［心智］的神话，以至于他们最终相信了彼此的幻想"，拉什利这句刻薄的评语只有一点不够准确，那就是它没提到还有很多行为科学家也忙于同一种集体臆想。[7]

为了把"心智"重建为有用的科学概念，一个最常被提到的方法，就是将其转化为动词或分词："心智就是心智化（minding），是作为一个整体、一个连贯单元的有机体的反应……［这一观点］将我们从一种贫瘠无能的形而上学的词语羁绊中解放出来，使我们得以在将会结出硕果的田野里自由地播种、收获。"[8]但是，这种"治疗"需要你接受像"名词是用来命名人、地点以及事物的词语"这种从一开始就错了的课堂知识。事实上，把名词当作表示倾向性的词，亦即指称能力、倾向而非实体或行为的字眼来用，是（日常的和科学的）英语的一种合规的、必要的惯例。[9]如果要废弃"心智"一词，那么"信念""希望""慈善"也得被废弃，同样，"原因""力""引力"，以及"动机""角色""文化"也都会被一并取消。"心智就是心智化"或许还行，"科学就是科学化"勉强可以忍受，[10]但"超我就是超我化"就有点古怪了。更重要的是，尽管笼罩在心智概念上的迷雾部分源于错误地将它类比为用以命名人、地点或事物的名词，但主要还是来自比单纯的语言根源更深层的源头。因此，将心智一词动词化压根不能让它免于"贫瘠无能的形而上学"的伤害。和机械主义者一样，主观主义者也是妙计百出的人，一种神秘的行动可以径直取代掉神秘的实体了事，比如搞个什么"内省"（introspecting）之类的。

从科学的角度来看，若将心智等同于行为，即"作为一个整体……的有机体的反应"，其结果就是使它成为一种无用的冗余，就像把它等同为"比幽灵还要幽灵"的一个实体那样。以为将一种现实转化为另一种现实要比将它转化为非现实更合乎情理,这种看法是不对的:一只兔子,不管它是魔法般地被变成了一匹马,还是被变成了人头马,都是一样彻底地消失了。"心智"一词表示一类技能、倾向、能力、趋势、习惯;用杜威的话讲,它指"活跃的、饥渴的背景,伺机而动,随时准备扑向被它碰上的一切"。[11] 如是,它既非一项行动,也不是一个东西,而是呈现于某些行为和事物中的一群倾向的组织化系统。正如赖尔指出的那样,如果一个笨拙的人意外绊倒了,我们不会认为将他的行为归结于其心智活动是恰当的,但如果一个小丑故意绊倒了,我们会认为对其恰当的描述应该是:

> 小丑的聪慧或许展露在他踉跄磕绊的丑态中。他跌跌撞撞,如同一个笨拙的人,只不过他这么做是刻意为之,经过了多次彩排,挑选了一个黄金时机,处在孩子们能够看到他的好位置,还要注意不伤到自己。看客们为他故作愚拙的本领鼓掌叫好,但他们鼓掌叫好的对象不是什么额外的"在他的头脑里"完成的隐蔽表演。他们称赞的正是他可见的表演,但不是因为它是任何隐蔽的内在原因的结果,而是因为它是一种技能的操演。那么,既然技能不是行动,所以它既不是可见的行动,又不是不可见的行动。认识到表演是一种技能的操演,实际上就意味着根据一种没法用照相机单独拍下来的因素去欣赏它。至于在一场表演中操演的技能为何没法用照相机单独拍下来,原因并不在于它是神秘的或是鬼一

样的事件,而在于它根本不是事件。它是一种倾向,或者一群倾向的复合体,而倾向是一种完全不能用可见或不可见、可记录或不可记录来加以逻辑分类的因素。大声说话的习惯本身不是大声的或安静的,因为它不是那种可以用"大声的"或"安静的"来断定的项;出于同样的理由,头痛的易感性本身也不是不可忍受的或可以忍受的;与此相同,在外显的或内隐的活动中操演出来的各种技能、格调和爱好等,其本身也不是外显的或内隐的、可见的或不可见的。[12]

类似的论点亦适用于物。传说有个中国人,由于房子意外着火,把猪给烧熟了,但就算他确实把它吃了,我们也不会把那烤猪称为"烹饪的",除非是比喻性地这么说,因为它并非"烹饪知识"这种心智能力运作的结果。但是,如果现在受了教育的这个中国人故意又放火烧了他的房子,从而又烧出了这样一头猪,那么我们就可以说它是"烹饪的",因为它的确出于那种心智能力,不管多么粗笨。这样的判断是经验性的,可能会犯错;一个人可能当真跌了一跤,而我们认为他是在扮演小丑,或者我们以为一只猪纯粹是被意外烧死的,但其实它是被刻意烤熟的。不过,重点在于:当我们将心智归于一个有机体时,我们谈论的不是有机体的行动,也不是它的产物本身,而是它做出特定类型的行动、造就特定类型的产物的能力和倾向。这种能力和倾向,当然是我们从他的确在某些时候会做出这样的行动、造就这样的产物这一事实中推论出来的。这里不涉及任何超越物质世界的东西;它只是点出,缺乏倾向性词汇的语言将会令科学地描述和分析人类行为变得极为困难,严重阻碍它的概念性发展。这就好比有一种语言(如阿拉佩什语),只能以比如说"一、二、二加一、一只狗(也就是'四')、一只狗加一、一只狗加二、一只狗加二再加一、两只狗……"这种方式来计数,这令计数变得如此困难,以至于人们发现要数两只狗加两只狗再加两只狗(亦即"二十四")以上的数字实在太累,于是在表述一切更大的数目时直接统称为"很多",由此阻碍了数学的发展。[13]

更进一步看,有了这种一般性概念框架,我们完全不需要还原主义假设就可以同时讨论决定人类心智生活的生物、心理、社会和文化的诸要素。这是因为我们在某方面的能力或者做某种行为的倾向,它不是实体或行为表现,因此简直难于还原。在赖尔的小丑例子里,我可以说——无疑是错的——他的跌跌撞撞可以还原为一连串条件反射,但是我不能说他的技能也可以这么还原,因为在说他的技能时,我仅仅是想表明他能够(can)跌倒。要替换"小丑能够跌倒",写下这句话是可行的,尽管有过分简化之嫌:"(这个生命体)能够(产生所描述的系列反射)。"但是,我们无法将这句话中的"能够"去掉,除非替换成"做得到"(is able to)、"有能力"(has the capacity to)等词汇,但这么做不是还原,而仅仅是把动词形式变为形容词或名词形式这样一番非实质性的转化而已。在分析技能时,我们所能做的就是,展示它们是如何依赖于(或者不依赖于)多种因素——复杂的神经系统、被压抑的表现欲、像马戏团这样的社会机构的存在,或者借由模仿笨拙愚行来达到嘲讽目的这种文化传统的存在。一旦用以表明倾向性的谓词被科学描述所接纳,它们便不会因所用描述"层级"的转换而被消除。不仅如此,一旦承认了这个事实,我们就可以把一大群假难题、伪课题以及不切实际的恐惧一股脑儿丢开。

规避掉人为制造的悖论这一招在心智演化研究这个领域里妙用无穷，也许胜过了它在其他一切领域里的表现。对人类心智起源的全部研究在过去背负了几乎所有的古典人类学谬误，诸如民族中心主义、对人类独特性的过分关注、想象性重构的历史、文化的超有机体概念、先验的演化阶段等等，以致名声不佳，或至少是备受冷落。但是，合理的问题不会因为谬想的答案而变得无效。人类如何获得他现在的心智当然是一个合理的问题。至少对人类学而言，以倾向性谓词回答"何为心智？"这一问题，其最为重要的优势之一，就是它能让我们重启一个经典的课题，但又不必让经典的争议沉渣泛起。

二

在过去的半个世纪里，关于人类心智演化有两种流行的观点，各有其不足。第一种是这个论题：弗洛伊德谓之"原初的"(primary)人类思维过程，即替换、反转、凝缩等，在种群发生学意义上先于他谓之"继发的"(secondary)那些过程，即定向的、经过逻辑组织的、推理的过程等。[14]而在人类学的疆界内，这一论题立足于如下假设：我们完全有可能辨认文化模式和思维模式。[15]根据这一假设，有些族群缺乏现代科学的那些文化资源，不像西方至少在某些语境下能把它们有效运用于定向推理(directive reasoning)，所以他们被认为缺乏进行这些资源所服务的那些智力活动的能力，就好比阿拉佩什人被困在"一"、"二"和"狗"的组合里是缺乏数学才能的结果而不是其原因。我们还可以再接着给上述论点加上一个无效的经验概括,即部落民族运用他们所仅有的不管多么贫瘠的文化资源去进行智力活动的经常性、持续性和周密性都不及西方各民族,如此一来,"原初过程的思维在种群发生学意义上先于继发过程的思维"的论点只需要再加上这么一个最终的错误就大功告成了,即将部落民族视为人类的原始形式——"活化石"。[16]

第二种关于人类心智演化的观点正是为了回应这套谬论而生。这种观点认为:一方面,以本质上现代形式存在的人类心智是获得文化的前提;另一方面,文化的生长本身对心智演化的影响微乎其微:

> 鸟类放弃了走路的两肢,得到了双翼。通过改造一部分旧能力而增添了一种新能力……相反,飞机给予人一种新能力却无须削弱甚至消除我们原本拥有的任何能力,它不会引起任何可见的身体变化和心智能力的改变。[17]

但是,这种论点蕴含着两条推论。一是人类心理统一性(psychic unity)学说,这一主张随着人类学研究的不断展开而拥有了越来越多的经验论据;二是文化出现的"临界点"理论,它已越来越站不住脚。人类心理统一性学说正好是原始思维论的反面,就我所知,如今几乎没有一个有声望的人类学家会严肃地质疑它。它声称,不管人类现存的种族如何分歧,其思维过程的根本性质没有任何本质差异。如果现代形式的心智的存在被认为是获得文化的前提,那么当代所有人类群体普遍拥有文化这一事实,使得心理统一性学说成了纯粹的同义反复。但不管它是不是真的同义反复,它在民族志和心理学方面得到的支持性证据可谓势不可挡。[18]

至于文化出现的临界点理论,它假定人类发展出获得文化的能力是灵长类动物种群发生史上一次突发的、属于全有或绝无类型的事件。[19]在新兴的、不可复原的人类化历史上的某一特定时刻,某个先兆性的,但从遗传或解剖学上说或许微不足道的器官变化出现了,大概在大脑皮层结构上,于是有一只动物获得了其父母所不具备的"交流、学习、教导、从离散的感觉和态度所构成的无尽链条中归纳出通则"的倾向,并"由此开始得以充当接收者和传播者,并开启了那种积淀物即文化"。[20]文化随着他而诞生,并且一经诞生便独立于人类更进一步的机体演化之外,全然按照自己的步调向前发展。作为现代人类最独特的心智属性的生产和使用文化的能力,其创生的整个过程被构想为边际性的量变引发根本性的质变的过程,一如温度逐步下降但始终保持流动性的水在零摄氏度时突然冰冻,或者在地面滑行的飞机获得足够的速度而离地升天那样。[21]

但是,我们在这里讨论的不是水也不是飞机,问题在于我们是否可以在"濡化"(enculturated)的人和"未濡化"的非人中间划出一道清晰的界限,或者如果我们必须做个类比的话,一种更合乎史实的类推难道不会更恰当吗——就像现代英国从中世纪英格兰无间断地演进而来?在体质人类学的框架内,随着那些首见于南非但如今已在各地出土的南方古猿化石被日益纳入人科动物的演化世系之中,我们还能否用"好像他突然从上校擢升为准将,并且有一个授衔日期"这样的方式谈论人类之出现,对此的质疑声一浪高过一浪。[22]这些可追溯到三四百万年前的晚上新世和早更新世阶段的化石,呈现出令人吃惊的原始的与进化的混搭拼贴的形态学特征,其中最突出的是其骨盆和腿部的形态高度类似现代人,而脑容量却不比今日的猿类大多少。[23]学界最初倾向于认为,这种"类人的"两足运动系统加"类猿的"大脑的组合,表明南方古猿代表一种偏离了人科和猩猩科动物的畸形而不幸的发展路线,但当代学界则遵循以豪厄尔斯的结论为基础的共识,认为"最早的人科动物(hominids)是一种脑袋很小、刚开始直立行走、原南方古猿型的人猿超科动物(hominoids),而我们一般所说的'人'代表了这一群体经过次生的适应性演化后的形式,他变得有了更大的大脑以及形态相同但有所改良的骨骼"。[24]

现在,这些或多或少直立行走、有着小脑袋的人科动物,双手从行走中解放出来,开始制造工具,并很有可能开始捕猎小型动物。但要说他们能凭借500立方厘米的大脑发展出媲美澳大利亚原住民的文化,或者拥有现代意义上的语言,是不大可能的。[25]因此,南方古猿似乎是一种古怪的"人",他显然有能力获得文化的某些元素,诸如简单的工具制作、零星的"狩猎",或许还拥有比当下的类人猿更发达但还不算真正的语言的交流系统等,但除此之外就没有了。这一状况令"临界点"论的有效性受到了严峻的挑战。[26]事实上,由于智人大脑的体积约等于南方古猿的三倍,人类绝大部分大脑皮层扩张都出现在文化"肇始"之后,而非在那之前;假如我们认为文化能力是一种像水结冰那样在量上希微但在质上突变所产生的一次性结果,那么这就很难解释了。[27]如今,不仅用授予官阶这样的比喻来形容人的出现具有误导性,而且"我们还能不能再谈'文化的出现'也同样可疑,因为这么说就好像文化和'人'一样,也是突然一下子冒出来的"。[28]

既然悖论标志了逻辑前件的错误，那么，前述论题——认为心智演化和文化积累是两个彻底独立发生的过程，前者在后者开始之间基本已告完成——的两条推论似乎一真一假，则表明它本身就是错误的。果真如此的话，我们就有必要找到某种方法，让我们得以在抛弃这一论题的同时又不危及心理统一性学说，要是缺了后者，"我们就不得不把历史学、人类学和社会学的大部分东西扔进垃圾堆，重新开始以一种心身相关的基因遗传学来解释人及其变种"。[29]我们必须既能否定（群体）文化成就和天赋心智能力之间在如今存在任何有意义的关系，又能肯定在过去确实存在这种关系。

要想完成这项怪异的双头任务，看似只需要一个简单的小技巧，但它实际上是一个重要的方法论再定向，即选择一种把时间切分得更细的时间轴，以此将智人从始新世的原人猿超科动物（protohominoid）演化而来的阶段划分细致。一个人认为文化能力是或多或少突发的、转瞬的事件，还是缓缓前进、持续发展的过程，这显然（至少部分地）取决于时间尺度上的基本单元的大小；如果像地质学家那样用"宙"（eons）来度量，那灵长类动物的整个演化过程看起来就会像是一次无分化的骤然质变。事实上，对临界点论的反对，或许可以更准确地说是对时间尺度选取不当的不满，这套时间尺度设定的基本间隔太大，与近年来演化史所追求的精细分析不相匹配，就像一个生物学家蠢到以十年为间隔来研究人的成熟过程，以致人看起来像是从童年一举跃入成年，完全跳过了青春期。

这种对时间考量的漫不经心的态度，有一个很好的例子，隐含在最常被引用来支持"是质上之别而非量上之异"的那种人类文化观中；也就是，拿人与他尚存的最接近的物种，即猩猩科动物（尤其是黑猩猩）相比较。人会说话，会使用符号，能获得文化，但是——这种论证接着说——黑猩猩不能（推而广之，其他一切禀赋较差的动物皆然）。因此，从这点来看，人类是独一无二的，就心智而论，"我们面对的是一系列飞跃，而不是一个逐步上升的连续体"。[30]但是，这种观点忽略了一个事实，即尽管猩猩科动物或许是最接近人类的物种，可"接近"是个弹性很大的词，如果放在一个从演化观点来看切合实际的时间尺度上衡量，他们根本没那么接近，双方最后一个共有的祖先最晚就是晚上新世（最早可能是晚渐新世）的类人猿，自那之后，体质上的差异开始以前所未有的速度不断加大。黑猩猩不会说话这一事实颇有意味，也很重要，但由此下结论说语言是一个全有或绝无的现象，这等于是将一百万到四千万年的时间塌缩成一瞬，必定会像我们的生物学家搞丢了青春期那样，丢掉前智人的整个人科演化路线。若谨慎运用，对现存的动物进行跨物种比较是推断一般演化趋势的一种合理的、事实上不可替代的手法；但是，正如光的有限波长限制了物理测量上的可能辨别力那样，人类尚存的最近亲属充其量是远房表亲（而**不是**祖先）这一事实，限制了我们测量人猿超科动物在演化脉络上发生的变异的精度——如果我们完全拘泥于现存形式之间的反差的话。[31]

反之，如果我们把人科动物的种群发生学铺展在更恰当的时间尺度上，把注意力聚焦于自人猿超科动物向各方扩展以来，尤其是自上新世末期南方古猿出现以来，在"人类"这支演化脉络上发生的事件，那么我们就有可能对演化性的心智成长展开更精细的分析。最关键的是，这样一来我们可以很清楚地看到，文化的积淀不仅早在机体的发展停止之前就已经上路了,而且很有可能在塑造那一发展的最后阶段上扮演了积极的角色。尽管千真万确地,飞机的发明没有引发可见的人体变化和(天赋)心智能力的改变,但石器和粗切具就不一样了,似乎紧随它们而来的,不仅是更加直立的身形,减少了的齿列,更以拇指为主导的手,还有人类的大脑扩张到目前的尺寸。[32] 因为工具制造鼓励手工技能和预见能力,它的引入必然会使选择压力发生转移,以至有利于前脑的迅速发展,同样也极有可能刺激了社会组织、交流以及道德规范的发展——我们有理由相信这些发展也出现在文化与生物变迁的这一重叠期。这种神经系统的变化也并不仅是数量上的;神经元连接及其运作方式上的改变或许比单纯的数量增加还更重要。然而,撇开细节不谈——其中大部分依然有待确认——重点在于,现代人的天赋的类属构造(这在过去较单纯的年代里曾被称为"人性")似乎是文化与生物合力的产物,因为"把我们的大部分构造想作文化的结果可能是比较正确的,而不是设想那些身体构造与我们相像的人缓慢地发现了文化"。[33]

更新世因其在气候、地貌和植被上的极速而极端的变化,长久以来一直被视为有着适宜人类高速、高效演化的理想条件的时期;不仅如此,现在我们认为,这也是文化环境对自然环境在适应选择上的补充作用日益提高,致使人科动物以前所未有的速度加速演化的一个时期。冰川期似乎不仅是眉骨扁平化和下颚缩小的时代,也是最能勾勒出人类的形象的那些人类存在特征几乎全面形成的时期:彻底"以大脑为重的"神经系统,以乱伦禁忌为基础的社会结构,以及创造和使用符号的能力。这些独有的特征不是像很久以来所假定的那样逐一形成的,而是在复杂的交互影响中一起浮现的：这一事实在解释人类心智时异常重要，因为它意味着人的神经系统不仅仅让人能够获得文化，更是积极要求人那么去做，这样它才能运转起来。文化的作用不只是补充、发展和延伸在逻辑和遗传上都先于它而存在的那些基于机体的能力，它似乎就是这些能力本身的构成要素。无文化的人可能不会是有天赋却未能实现的类人猿，而是彻底没头脑而致毫无行动能力的怪物。智人的那颗像极了卷心菜的大脑是在人类文化的框架内发展而成的，它没法在文化之外存活。[34]

事实上，这种躯体现象与超躯体现象相互创造的关系，在整个灵长类动物发展期间似乎都有着关键的重要性。认为所有（现存或已灭绝的）亚人科动物 (infrahominid) 都拥有真正的文化——这里指狭义上的文化，即"意义和符号的一个有序的系统……个体据之定义自己的世界、表达感受、做出判断"——这当然很值得怀疑。[35]然而如今已被充分证明的是，类人猿和猴子是彻头彻尾的社会动物，它们在隔离状态下无法达至情绪上的成熟，无法通过模仿式学习获得绝大多数最重要的行为能力，也无法发展出独特的、种内个体间可变异的集体社会传统并将其作为非生物性遗产代代相传。[36]正如德沃尔在总结现有资料时所说的那样，"灵长类动物确确实实拥有一个'社会大脑'"。[37]所以说，最终发展为人类神经系统的那个东西的演化过程，早在它受到文化力量本身的影响之前，就已经实实在在地受到社会力量的塑造了。[38]

然而，从另一方面说，否定社会文化过程和生物过程在前智人阶段各自独立，也并不等于拒斥心理统一性学说，因为随着更新世晚期智人几乎遍布全球，那时曾经存在过的其他所有人属种群尽数灭绝，人科动物支系的种系分化事实上已告终止。因此，自现代人出现之后，尽管无疑发生过一些微小的演化变异，但所有现存民族构成了一个单一的多型物种（polytypical species），就其本身而论，解剖学和生理学上的变化幅度极小。[39]生殖孤立机制弱化了，个体的性不成熟期延长了，文化积淀得很深厚了，以致它作为一项适应性因素的重要性几乎完全支配了它作为选择性因素的角色：这三项联合起来，导致人科动物演化率锐减，人类各次群体之间天赋心智能力的一切重要变异的发展似乎都被排除了。随着智人无可辩驳的胜出以及冰期的结束，机体的变迁和文化的变迁之间的联系，即便不是完全切断，至少也极大地弱化了。从这个时期开始，人类世系的机体演化开始变得慢慢悠悠，而文化的增长则依然在持续不断地加速。因此，我们不必为了保留"就其[天赋的]学习、维持、传递、变革文化的能力而言，不同的智人群落必须被视为同等能干的"[40]这一得到经验证实的概括，要么假定一种非连续的、"种类差别"的人类演化模式，要么假定文化在人科动物的任何发展阶段中都扮演一种非选择性角色。心理统一性可能不再是同义反复，但它依然是事实。

三

近来行为科学界有一项比较鼓舞人心的进展——虽然它姗姗来迟得有点奇怪——那就是生理心理学正尝试从长期沉迷于反射弧问题的状态中清醒过来。"感觉冲动穿过突触的迷阵到达运动神经的顶点"这样一幅相沿成习的图景如今终于要被改写了，早在二十五年前，它最著名的鼓吹者就已指出它甚至不足以解释一只麻雀或牧羊犬的行为的整合性层面，更不用说解释人的那个层面了。[41]对它的问题,谢林顿提出的解决方案是,假定有一个幽灵心智把一切都统合到一起了(就像赫尔的解决方案是一个同样神秘的自动交换机)。[42]但是今天,重心被放在一种更可检验的构造上,即一种有节奏的、自发的、中枢处理的神经行为模式,叠加在它上边的是周边刺激构型,从它那里发出的是权威的效应器的命令。这一新观点是在"主动的有机体"的旗帜下推进的,还受到卡哈尔和德诺的闭合回路分析的支持,[43]它强调大脑和次属的神经元群如何持续地筛选知觉对象、固化经验并下令回应,以此产生精密的模块化的行为模式:

> 中枢神经系统的运作是一桩层级分明的事,高层次的功能并不直接涉及神经元或运动单元之类的终端结构单元,而是靠激活较低阶的模式来发挥作用,后者有其相对自主的结构统一性。感官输入也是如此,它不会将自身投射到运动神经元的终末路径上,而是通过影响、扭曲并以某种方式改造先在的、既定的中枢协调模式来运行,然后这些模式又将这些扭曲传动到更下层的效应模式上,以此类推。这样一来,最终的输出便是对这些内在地执行的刺激模式的扭曲和修改一层一层向下传递的结果,那些扭曲和修改绝不是输入的复制品。输入的结构并不能产生输出的结构,而仅仅是修改了自有其结构组织的内在神经活动。[44]

关于自主激发、分层组织的中枢神经系统的这套理论的进一步发展,不仅保证让谢林顿的牧羊犬把山坡上四散的羊群聚拢起来的这种敏锐能力在生理学上显得不那么神秘,而且也应当显示出它在为构成人类心智的技能和习性复合体提供一套可信的神经学支撑上是有价值的;遵循逻辑论证的能力或者被要求发言时忍不住心慌的倾向,所需要的生物机体上的支持不只是(条件的或非条件的)反射弧。正如赫布指出的那样,心智的"高等"和"低等"演化水平这个观念,本身似乎正好暗示了在中枢神经系统的自主性程度上有可堪比较的层级:

> 当我说种系发生学发展的特征之一,是给某些圈子所说的自由意志提供了越来越多的证据时,我希望我没有吓到生物科学家,当年我还是学生的时候,它也被称为"哈佛法则",大意是断言任何受过良好训练的实验动物,在受控刺激下,可以做出它高兴做的任何事情。用更学术的话说,越高等的动物越不受刺激约束。大脑活动较少被传入的刺激彻底控制,因此也更难根据动物身处的环境对其行为做出充分的预判。从动物在对多种刺激做出反应之前"按兵不动"一段时间的能力中,也从目的性行为这种现象中,我们可以看出观念性行为扮演了更为重要的角色。越高等的大脑,自主性活动越多,对于把**哪一个**传入的活动整合进"思想的河流"——控制着行为的那种支配性的、持续不断的活动——也有更大的选择性。传统上,我们会说实验对象对环境的这部分"感兴趣",对那部分"不感兴趣";根据这种说法,越高等的动物兴趣范围越广,并且一时的兴趣在行为上扮演着更大的角色,这意味着它们

会对什么刺激做出回应以及用什么形式回应就更加难以预测了。[45]

这些总的演化趋势,即集中注意力、延迟反应、兴趣多样化、维持目标以及一般来说积极应对复杂的当下刺激等等能力的提升,在人的身上达到了顶峰,使其成为主动的有机体当中最主动的,也是最不可预测的。使上述能力在身体上成为可能的那些过程,被克拉克洪和默里贴切地称为大脑活动里的"统御过程"(regnant processes),它们的极端复杂性、灵活性和综合性,不过是至少可以追溯到腔肠动物的一套明确的种系发生学发展过程的结果。[46]像水母、海葵这类低等动物,缺乏一个中枢神经聚集体——一颗大脑,因此这些动物躯体的各部分相对独立地运作,各自拥有一组感觉的、神经的和运动的组成要素,但它们依然表现出惊人的神经活动内置模块性:白天接收到的强刺激可能会在接下来的夜晚转化为运动;某种珊瑚虫在实验时受到过量的刺激后,会连续几分钟拼命发出冷光,暗示存在某种"疯狂"(berserking)状态;有规律的刺激通过某种尚难理解的"记忆"形式,可能引发不同肌肉之间的协调活动,并在一段时间后导致行为的模式化重现。[47]在高等无脊椎动物(甲壳类动物等等)那里,多重路径、分级的突触电位以及触发回应全都出现了,使得像龙虾的心脏那样对内在功能的精确的定向质控制成为可能;然而随着低等脊椎动物的登场,外围的感觉元素和效应器元素以及两者之间的神经传导——大名鼎鼎的反射弧——才基本臻于完善。[48]最后,神经回路设计中的根本创新——闭环、高等环路叠加在低等环路之上等等——或许是在哺乳动物到来时方才完成的,当时至少已经实现了前脑的基本功能分化。⁴⁹从功能上说,整个过程似乎是内源性神经活动相对稳定的扩张和分化过程,以及随之而来的之前各自为政、独立运作的局部过程的日趋集中化。

然而,在哺乳动物种系分化时期,尤其是在灵长类和人科动物发展时期,究竟发生了哪种类型的神经演化?这显然更不明确,也更有争议。一方面,杰拉德认为,这种变化几乎纯粹是数量上的,即神经元的绝对数字的增长,反映在大脑尺寸的剧增上:

> 能力的进一步增长在灵长类一支上显著可见,在人类身上达到巅峰,这源于单纯的数量增长,而不是单元或模式的改进。大脑尺寸的增大对应于更丰富的行为表现,甚至对特定的区域或功能(比如舌头运动区和语言功能),这也是常见的事;我们不太清楚它是如何运作的。有数字的绝对增长,却没有次级的分工特化(这的确也发生了),这看起来似乎不能产生新能力,只能强化旧能力,但情况并非如此……在大脑中,解剖上的神经元总量的增加,提高了生理上的神经元储备的上限,因而能容许选择的更大多样性与分解和组合的更大丰富性,这表现在可塑的、有识力的行为上。⁵⁰

然而,布洛克对上述观点提出尖锐的批评,尽管他同意高等动物和人类的神经系统在已知的神经生理学机制或结构上没有重要区别;他指出,我们亟须找到尚未发现的神经系统运行的参数,即"成团的神经元之间生理关系的突现层级",以此来解释高级生命体行为之微妙:

尽管我们不能明确指出高等中枢的神经元机制中出现的崭新元素究竟是什么，我们依然难以假定它们技能的大增可以单单归因于数量的增长和它们之间联结数的增长，除非这本身就带来了新的特质和机制。许多人显然大致这么假定，神经元的数量是演化过程中提高行为复杂性，乃至引出容许新行为层级出现的一种群聚效应的主要因素……[但是]似乎显而易见的是，神经元数量与行为复杂性的相关性是如此之低，以至于解释不了什么，除非我们加上一个真正关键的部分：某些类型的神经元（目前不可确定），或者——实则是同一回事的——某些类型的有着重要后果的新特质或神经元体系结构，是发展的重要基石……我不相信我们当前的这种推测性的神经元生理学足以解释行为。推进演化发展的主要因素不仅仅是细胞和连接的数量……我们的希望在于发现神经元系统的新参数。[51]

站在一个局外人的角度看，这场争议最令人吃惊之处或许在于，双方某种程度上都对自家论调的纯正版本显得有些不安，并隐晦地表达不满，也就是说，一定程度上他们自己似乎也觉得它不尽可信。一方承认大脑尺寸与行为复杂性之间的关系的准确性质尚不明朗，同时小声说出对"次级的分工特化"的保留态度；另一方则对发达神经系统中新机制的明显阙如坦率地表示困惑，同时又抱有希望地对"突现的特质"嘟嘟囔囔。事实上，双方是有某种共识的，那就是，把哺乳类心智能力的长期增长单纯地归因于神经元总数的增长是不足取信的。但差别在于：一方强调大脑尺寸的增加与更丰富的行为表现之间无论如何的确存在对应关系，以此掐灭怀疑；而另一方则强调我们漏掉了足以对这种对应关系予以满意解释的某种东西，以此加重怀疑。

　　这一议题或许终究能像杰拉德建议的那样，通过计算机电路研究的进展而得以廓清，因为计算机电路确实是凭单纯增加相同元件而得以提高了表现；或者如布洛克建议的那样，借由对神经细胞间化学差异分析的进一步精细化而得以廓清。[52]但更有可能的是，解决这个问题的康庄大道在于，摒弃对高等哺乳动物神经运行的完全先天论的概念化——这似乎隐藏在这两种取向当中。扩张的前脑，发达的社会组织形式，以及（至少在南方古猿掌握工具以后）文化的制度化模式，这三项特征在灵长类身上同时出现，表明依序处理生物的、社会的、文化的各参数这种标准操作流程（也就是认为第一项先于第二项，第二项先于第三项）是不明智的。恰好相反，这些所谓层级应该被视作相互关联的，并被结合起来加以考虑。假使可以做到这一点，我们要在中枢神经系统里寻找的那种新特质，即那种能作为灵长类动物，尤其是人类的复发性神经兴奋的自主性区域的惊人发展之身体基础的新特质，就会极端不同于前述的先天论和序列观会要求我们去寻找的那种特质——假如我们认为那些自主性区域"在逻辑上和基因上先于"社会和文化，那就得找到某种能够决定一切的先天生理参数。或许我们对神经元要求太多了；如果说要求得不是太多的话，那至少也该说是要求错了东西。

　　事实上，就人类而论，其中枢神经系统有一个最突出的特点就是它的相对不完整性，借此，当它在自生参数独自限定的范围内运作时，就能够具体规定行为。总体上说，动物越低等，就越倾向于用一系列内在关联的表现行为来回应"有威胁的"刺激,这些行为合起来构成了一种相对刻板化的——但**不**是说非习得的——"战"或"逃"反应。[53]但是,人类对这类刺激的内在反应往往是一种弥散的、可强可弱的"恐惧"或"愤怒"兴奋性,伴随着少量——如果有的话——自动预定的、明确规定的行为序列。[54]一如受惊吓的动物,受惊吓的人类可能会逃跑、躲藏、咆哮、伪装、平息,或者在绝望的恐慌中发动攻击;但是,就人类来说,这类外显行为的精确模式化主要受文化模板而非遗传模板所引导。在一向有助于判断的性领域(这里的行为控制在种系发生学上从性腺遗传优势进向脑垂体遗传优势,继而进向中枢神经系统遗传优势),从固定行为序列转向泛化的性唤起,转向"灵活性和可变性不断增加的性模式"的一种类似演化趋势非常明显;人类性生活名不虚传的文化变异似乎是这种趋势的逻辑延伸。[55]所以说,这里出现了一个明显的悖论,即持续不断的中枢神经系统的活动既有不断提高的自主性、层级分化的复杂性和统御性,又同时越来越少受到中枢神经系统的结构本身(即内在的)完整而细密的规定。这一切都暗示,在生物变化和社会文化变迁重叠的时期,神经演化发生了某些较为重要的进展,它们可能包含了某些特质的出现,那些特质既能强化中枢神经系统的行为能力,同时又能削弱其功能自足性。

从这个立场看,那种广为接受的观点似乎错得相当离谱,它以为心智的运作本质上是一种颅内过程,只能凭借该过程使人得以发明的各种人造工具来从旁辅助或扩展。恰恰相反,由于统御性神经过程根据内在参数给出一种具体而微、充分具有适应力的规定是不可能的,人类大脑的运作本身就完全有赖于文化资源;

这些资源因而就不是心智活动的附属物，而是其组成部分。事实上，作为一种外显的、公共的行为的思考，涉及对客观材料的有目的的操控，它或许是人的基本条件；而作为一种内隐的、私人的行为的思考，则不涉及对这类材料的操控，它就是一种派生的但并非无用的能力。观察学童学习计算的过程可以发现，相较于在纸上加加减减、摆弄算筹或者像猪宝宝那样数手指和脚趾头，在大脑里做加法是一种更精致的心智成就。朗读相对于默读是比较基本的成就，后一种能力实际上直到中世纪才出现。[56]有个关于言说的类似观点也经常被人谈到；除了在一些不那么天真的时刻而外，我们都像福雷斯特笔下的小老太一样，直到我们明白自己说了什么，才知道自己在想什么。

上面最后一个观点会不时招来这样的反驳，即"比较研究的证据以及关于失语症的文献，都明确地认为思考先于言说，而不是以言说为前提"。[57]尽管这种反驳本身没错，但这不影响本文采取的总体立场——人类文化是人类思维的要素而非附属物。我有几点理由。第一，逊于人类的动物有时候掌握推理的效率之高令人难以置信，根本不需要说话，但是这并不能证明人类也能做到。这就好比，老鼠可以不靠模仿式学习或练习的中介就进行交配，但是这不能证明黑猩猩也能做到。第二，患失语症的是那些曾经学会了说话并且学会了把言说内化，然后失去（更常见的是部分失去）了前一能力的人，而不是压根不曾学会说话的人。第三，也是最重要的一点，"发声说话"这一特定意义上的言说，完全不是被抛入既存文化环境中的个人所能获得的唯一公共工具。海伦·凯勒通过对马克杯、水龙头这类文化产品的操纵，结合（萨利文小姐）对其手部触觉有目的的模式化，从而学会了思考；一个前语言期的儿童,通过把配对的积木排成平行的两排,发展出了序数概念;这些例子都表明,关键是要有一套外显的符号系统,不管哪种类型都行。[58]尤其是对人类来说,将思考视为一种本质上私密的过程,就等于彻底忽视人在推论时实际上在做什么:

> 形象思维不多不少就是建构环境的形象,然后以快过环境的速度运转该模型,并预测环境将表现得与模型一致……要解决一个问题,第一步在于建构[环境的]"相关特征"的模型或形象。这些模型可以用很多东西建构起来,包括身体某些部分的器官组织,如果由人建构的话,也包括纸、笔或者实际的人造物。一旦这个模型建构起来,它就可以在各种假定的条件或限制下加以操纵。然后,有机体可以"观察"这些操纵产生的结果,并将它们投射到环境中,使预测得以可能。根据这种观点,当飞机工程师在风洞里操纵新飞机的模型时,他是在思考。当驾驶员用手指在地图上划出一条路线时,他也在思考,这里手指被当作汽车相关方面的模型,而地图则是道路的模型。这类外部模型经常被用来思考复杂[的环境]。而用来进行内隐式思考的形象,则依赖于形成模型所必备的有机体的物理-化学事件之可供支配性。[59]

这种观点认为,反映性思维不是由发生在头脑中的事件组成的,而是由象征模型的状态和过程与外在世界的状态和过程之间的匹配组成的;它的进一步意涵是,启动心智活动的是刺激的短缺,中止它的则是刺激的"发现"。[60]在交通图上滑动手指的驾驶员之所以这么做,是因为他缺少关于如何抵达目的地的信息,一旦他得到了这些信息,他就会停手。工程师在风洞里做实验,测试他的模型飞机在人为造成的各种空气动力学条件下会有何种表现,一旦他知道了结果,他就会终止实验。某人在口袋里搜索硬币,是因为现在他手上没有,当他找到一个时,就会停止搜索——或者,当他得出结论认为整件事是徒劳无益的,因为碰巧他的口袋里没有硬币,或者因为这搜索"得不偿失",故而是不经济之举的时候,当然也会住手。[61]撇开动机问题(涉及另一种意义上的"因为")不谈,定向推理始于困惑,而终于追问的放弃或者困惑的解决:"反映性思维的功能是……将一个被体验为某种晦涩不明的境况……转变成清晰、连贯、和谐、明确的境况。"[62]

总的来说,在定向推理这一特定意义上的人类思维,有赖于以能够生产(发现、选择)有机体所需(无论出于何种目的)的环境刺激的方式操纵某些类型的文化资源;它是对信息的搜寻。由于有机体从其遗传来源所获得的信息具有高度的一般性,这种搜寻势在必行。动物越低等,越不需要在行为表现之前先从环境中找到尽可能详细的信息;鸟类不必在学习飞翔之前建造风洞来测试空气动力学原理——那些它们已经"知道"了。我们经常用人类可以学习如此纷繁多样的事物来表达人的"独特性"。大体上讲,这种表达并没有错,尽管猴子、鸽子甚至章鱼时不时会证实它们能学会做很多好像"唯人能之"的事情而把我们吓一跳。但是,强调人类**不得不**学习如此繁多的事物,这或许有着更为根本的理论重要性。人们经常指出,由于人是"胎生的"、"家养的"、通常不灵活的,因此,离了文化,人在身体上是行不通的。[63]但鲜少被人提及的是,离了文化,他在精神上也行不通。[64]

这一切不仅适用于理解人类思维的智性方面,也同样适用于情感方面。赫布在其一系列书籍和论文里发展了一个有趣的理论,认为人类的神经系统(低等动物的亦然,只是程度相应更低一些)要求有相对持续的最佳既存环境刺激串流,作为合格的行为表现的先决条件。[65]一方面,人的大脑"不像依靠电动机运转的计算机器,不能在没有任何输入的情况下无限期待机;相反,若要它有效运转,就必须以持续而且多样的输入使它保持预热和工作状态,至少在它醒着的时候得如此"。[66]另一方面,鉴于人类极强的内在的情绪敏感性,这样的输入不能太强烈、太多样化、太扰人,因为那样的话,就会发生情绪崩溃以及思维过程的彻底瘫痪。无聊和歇斯底里都是理性的敌人。[67]

因此,由于"人类既是最理性的动物,也是最情绪化的动物",对那些会令人恐惧、令人愤怒、诱惑人心等等的刺激加以谨慎的文化控制——借由禁忌、行为的均质化、用熟悉的概念对陌生的刺激加以迅速的"合理化"等等——对于防止持续的情感不稳定,即极端情感间的持续摆荡来说是必要的。[68]但是,如果缺乏相对强烈的、适度持久的情绪激活,人也不能有效行动,所以,同样不可或缺的是这样一些文化机制,它们确保人能现成地获得足以维持那种激活状态的持续变化的感官经验。禁止在明确规定的环境(例如葬礼)之外公开展示尸体的制度化规范,可以保护我们这种高敏感动物免于死亡、身体残败所引发的惊恐;观看或参与赛车(并非总是在赛道上发生)则会令人开心地激发同一种恐惧。奖品争夺战会引发仇恨的情绪;严密地制度化的人际友善则缓和了这种情绪。人世间显然有无止境的邪淫招数来挑起色欲冲动；但是，借由坚定地把直白的性行为锁进私密表现的领域，这些冲动不致失控而走向暴乱。

但是，和上述这些过于简化的例子所暗示的相反，想要过上一种可行的、有序的、表述清晰的情绪生活，这不仅仅是精巧的工具控制的问题，某种聪明的情感水利工程的问题。相反，它涉及将特定、明确、决定性的形式赋予一般、弥散、持续发生的身体感觉流；涉及在我们内在地受其制约的感觉流转之上施加可辨识的、有意义的秩序，因此我们可能不仅会感受，而且知道我们感受到的是什么，并据此采取行动：

> [正是]心智活动……主要决定了一个人面对周遭世界的首要方式。纯粹的感觉——一会儿是痛苦，一会儿是愉悦——不会有任何统一性，只会以初级的方式改变身体对未来痛苦和愉悦的接受性。被回忆的和被预料的、被害怕的或被寻求的，甚至被想象的和被回避的感觉(sensation)，才是对人类生活极为重要的。正是想象力形塑的知觉，赋予我们如我们所知的外部世界。正是思维的连贯性，将我们的情绪反应系统化为拥有独特情感色调的态度，并为个人激情圈定范围。换言之，由于我们的思维和想象，我们不仅拥有情感，而且拥有一种**情感生活**。[69]

在这个环境下，我们的心智任务从收集外部世界那些事件的模式本身的信息，转向决定那个事件模式的情感重要性或情绪含意。我们考虑的不是解决问题,而是澄清情感。但不管怎么说,文化资源的存在,恰当的公共符号系统的存在,对这类过程正像对定向推理过程那样不可或缺。因此,"心情"(moods)、"态度"(attitudes)、"情绪"(sentiments)等等——这些是状态或条件意义上的,而非感觉或动机意义上的"情感"(feelings)——的发展、维系和消解,跟定向"思维"一样不构成人类身上某种大体属于私密的活动。使用交通图使我们能够精确地从旧金山一路抵达纽约;阅读卡夫卡的小说帮助我们形成针对现代官僚体制的一种可辨识的明晰态度。我们在风洞中获得了设计飞行器的能力;我们在教堂中发展出体会虔心敬畏的能力。儿童"心"算之前用手指计算,"心中"感受到爱之前皮肤上先感受到。不只观念是人类身上的文化产品,情绪亦然。[70]

人缺乏内在情感的特异性,因此,获得对他的神经系统的最优刺激流是一项非常复杂的操作,远不止于在"过"和"不及"两极间行权折中。毋宁说,它涉及对通过感觉器官进入的事物进行精细的定性调控;再一次地,这是主动地寻求所需的刺激,而不是观望等待。在神经层面上,这种调控的实现是通过中枢神经系统的传出冲动(efferent impulses),后者会改变感受器的活动。[71]在心理层面上,这同一过程或许可以根据知觉的态度控制(attitudinal control of perception)来描述。[72]但是要点在于,对人而言,若是缺乏情绪的符号模型所提供的指导,无论统御领域还是心理定势都不可能足够精确地形成。为了下定决心,我们必须知道我们对事物有何感觉;为了知道我们对事物有何感觉,我们需要关于情感的公共意象,而这些只有仪式、神话和艺术能够提供。

四

"心智"这个词指涉有机体的某一性情倾向集合。计数能力是一种心智特征;习惯性的乐呵呵也是;还有贪婪——尽管我不大可能在此讨论动机问题。因此,心智进化的问题既不是构想失当的形而上学所制造的虚假课题,也无关乎发现在生命史的什么节点上无形的灵魂(anima)被添加到有机体的材料上。它是要追溯有机体身上某些类型的能力、性能、趋向和习性的发展,并且勾画出这些特征的存在所依赖的因素或者因素类别。

人类学的最新研究表明,这种流行观点是不正确的:人的心智倾向从遗传学来说是先于文化的,他的实际能力代表了这些先在倾向借助文化手段所取得的放大或延伸。[73] 人类生物进化的最后阶段发生在文化成长的初始阶段之后,这个明显的事实意味着,"基本的"、"纯粹的"或者"无条件的"人性(从人的先赋构造的意义上说)在功能上太过残缺不全,几乎无法运转。工具、狩猎、家庭组织,以及后来的艺术、宗教和"科学",从身体上塑造了人类;因此,它们不仅是他存活下去所必需的,也是他的存在性实现(existential realization)所必需的。

这一修正的人类演化观的运用,会引出这样的假说:文化资源是人类思维的构成要素而非辅料。当动物在种系发生史上从低等发展为高等时,它的行为特征表现为对当下刺激的反应越来越具有主动的不可预测性,这一趋势在生理学上受到中枢进行的神经活动模式日趋增加的复杂性和统御性的显著支持。直到低等哺乳动物的层级,自主中枢领域的这一成长起码有很大部分可以根据新神经机制的发展加以解释。但是，在高等哺乳动物中，我们尚未发现这样的新机制。尽管可以想象，单单神经元数量的增加本身可能最终就足以解释人类心智能力的大放异彩，但是大容量的人脑和人类文化同时出现而非相继出现，这一事实表明，神经结构演化中的最新进展在于某些机制的出现，它们既令更复杂的统御领域得以维系，也令这些领域越来越不可能由内在（先赋）参数充分决定。人类神经系统不可避免地有赖于公共符号结构的获得，以建构其自身的自主、持续的行为模式。

这转而意味着，人类思维首先是根据共同文化的客观材料做出的一种外显行为，其次才是一桩私密事件。从定向推理和情感表达这两方面的意义而言，也从它们融入了动机之中来说，人类心智过程的确发生在学者书桌或足球场上，在工作室里或卡车司机的座椅上，在车站月台、棋盘或法官的审判席上。尽管孤立论认为文化、社会组织、个体行为或神经生理学作为封闭系统自成一体，但是，对人类心智的科学分析上的进步，需要几乎所有行为科学联合行动，这样一来，每一门科学的发现都将迫使其他各门的发现持续地受到理论重估。

第三部分

第四章　作为一种文化体系的宗教

> 企图说话而又不说一种具体的语言是不可能的,同样,企图信仰宗教而又不信仰某种具体的宗教也是不可能的……因此每种现存的、健康的宗教都有其突出的风格。它的力量在于它那特殊的、令人惊奇的启示,以及这种启示内容带给生活的偏见。它所展示的远景及它所提出的神秘,是人要住进去的另一个世界;而那另一个世界——不管我们是否期望完全飞升进去——就是我们所说的信仰某一宗教的真正含义。
>
> ——桑塔亚那,《宗教中的理性》

一

第二次世界大战以来完成的关于宗教的人类学研究,拿来和第一次世界大战前后问世的同类研究做个比较,它的两项特征让我大感惊异。其一,它没有任何重大的理论进展。它还在靠前辈留下来的概念资本混饭吃,除了经验上更丰富一点之外,对其几乎无所增益。其二,它是从范围很狭窄的思想传统里汲取它所用的那些概念的。这一思想传统包括涂尔干、韦伯、弗洛伊德和马林诺夫斯基等人,任一特定研究都追随这当中的一两个超凡人物的路数,只是在灵动的心智放肆创想的天性驱策之下,或是在越来越多可靠的描述性材料的逼迫之下,才做一点边边角角的修正。然而,几乎没有人想过要到别的领域,比如哲学、历史学、法学、文学或是这些人眼中"更硬的"科学之中,去寻找分析性的观念。而且在我看来,这两项奇怪的特征不是互不相干的。

如果人类学的宗教研究真的陷入了一种普遍停滞的状态,那我不免怀疑,就经典的理论主题生产更多的细微变奏,是否会让它重新开动起来。但是,针对这样一些众所公认的命题,如祖先崇拜支持着长老的司法权威,成丁礼是确立性别身份和成年地位的手段,仪式群体的划分反映了政治上的对立,或是神话为社会制度提供了宪章并为社会特权提供了合理化的根据等,每多一个拘泥于细节的恰当案例,就很可能最终让很多人——业内的或业外的——相信,人类学家像神学家那样全神贯注于证明不可置疑之事。在艺术界,这种郑重重复公认大师的成就的做法被称为因袭主义(academicism);我认为用这个名称来指谓我们的毛病也很贴切。唯有放弃从展示习以为常的技能中得来的甜美的成就感(套用下里奥·斯坦伯格的隽语),迫使自己去面对费解到足以触发新发现的问题,我们才有望成就与20世纪前二十五年的那些伟人的巨著比肩的作品,而不仅只是它们的投胎转世。[1]

达到这个目标的方法,不是放弃社会人类学在宗教这个领域里的既定传统,而是要将之扩大。在我看来,那些支配了我们的思想竟至让它眼界狭隘的人物,至少有四项贡献,它们构成了一切有用的宗教人类学理论都无可避免的出发点:涂尔干对神圣事物之性质的讨论,韦伯的同情式理解(Verstehenden)这套方法论,弗洛伊德的个人仪式与集体仪式平行观,以及马林诺夫斯基对宗教与常识之区别的探讨。但它们只是出发点而已。要超越它们,我们必须将它们放置在比它们本身的涵盖面要宽广得多的当代思想语境之中。这样一种操作的危险是显而易见的:专断的折中主义、肤浅的理论贩卖以及全然的知识混乱。但是,除此之外,至少我看不出有任何其他的路子能够逃脱贾诺威茨针对人类学这整个学科所指出的"老本领的包袱"。[2]

在着手扩大我们的研究所凭借的概念库时,我们当然有可能朝很多的方向前进;在一开始的时候,最重要的问题,或许就是避免像斯蒂芬·李科克的骑警那样同时四面出击。就我本人来讲,我将把精力集中于发展我——效法帕森斯和希尔斯——称为宗教分析的文化维度的这一个方面。[3]如今,"文化"这个词在社会人类学圈里已经声名狼藉了,因为其所指对象太多样,而且屡屡在被使用时故意保持含糊。(然而,它为何要因为这些理由而承受比"社会结构"或"人格"更多的骂名,我并不完全了解。)但不管怎么样,我所尊奉的文化概念既没有多重的指涉对象,而且至少在我看来,也没有任何特别模糊不清之处:它指一套从历史上传下来的、体现于象征中的意义的模式,一套以象征形式表现出来的传承性概念的体系,人们用它来沟通、延续和发展他们关于生活的知识和对于生活的态度。当然,"意义""象征""概念"等单词是迫切需要解释的,而这正好就是我们进行拓宽、扩大和延展的入手处。朗格说,"意义的概念,尽管含义分歧多端,却成为我们这个时代最具支配性的哲学概念",她还说,"记号、象征、指称(denotation)、指谓(signification)、沟通……就是我们[知识上]的常备用具"。[4]如果她这两句话是对的,那么,或许社会人类学,特别是其中关于宗教研究的部分,是到了该明白这一事实的时候了。

二

既然要处理意义这个问题,且让我们以一个范式来破题:神圣象征发挥了一种综合功能,将一个民族的精神气质和他们的世界观融合起来——前者包括他们的生活之底色、性格和质地,其道德和美感的风格与情绪,后者包括他们认为事物的纯粹实相是什么样子,他们最广泛全面的秩序观念。一个群体的精神气质会在其宗教信仰和实践中显得在知识上合情合理,因为它被呈现为代表了一种生活方式,而这种生活方式是与其世界观所描绘的事物之本然实相相适配的。同时,那套世界观又显得在情感上是可信的,因为它被呈现为事物之本然实相的形象,那"实相"被安排得井然有序,顺应了这种生活方式。上述的对峙和相互确认有两项根本效应。一方面,它把道德上和美感上的偏好描绘为具有一套特定结构的世界隐然强加于人生之上的给定条件,仿佛它们只是在无可改变的现实状况面前的常识,从而将这些偏好加以客观化。另一方面,它引用感人至深的道德与审美情操为其真理的经验性证据,支持了这些关于世界之体相的既定信念。宗教象征模塑了一种特定的生活方式与一种特定的(尽管通常是潜在的)形而上学之间基本的一致性,从而让二者都能借用对方的权威来维系自身。

措辞姑置不论,这番话或许是得到公认的。宗教按照其所见的宇宙秩序来调整人的行为,并且将宇宙秩序的形象投射到人类经验的层面，这样的观念实话说一点也不新颖。但是，学界几乎不曾以经验性的方法研究过这个特定的奇迹究竟是如何办到的，所以我们对此所知寥寥。我们只知道这个奇迹被年复一年、周复一周、日复一日地完成，有些人几乎是一小时而又一小时地完成的；我们有海量的民族志文献足以证明这点。然而我们没有一套理论框架能够为它提供一套分析性的解释，就像我们能够为宗族裂变、政治继替、劳动交换或儿童社会化所提供的那种解释。

所以，且让我们把我们的范式缩小成一个定义，因为，尽管大家都知道定义确立不了任何东西，但如果这个定义是经过足够审慎的思考而建立的，它本身就能够提供一个很有用的思考方向或者对思考方向的校正，以至于对它本身进行深入的分解，就足以成为发展和把控新颖的探索路线的有效方法。它具有一种很有用的明晰性：它不像絮絮叨叨的散文那样表达立场——这种文体总是易于用修辞取代论证，尤其是在这个领域。闲话少说，言归正传。**宗教**是：

(1) 一个象征体系，用以 (2) 在人的心中确立强有力的、弥漫性的和持久的情绪和动机，其做法是通过 (3) 系统阐发关于存在的一套普遍秩序的观念，并且 (4) 给这些观念罩上一层真实性的光辉，致使 (5) 那些情绪和动机显得特别地现实。

一个象征体系，用以……

"象征"一词在此承担着这么大的分量，所以我们首先必须多多少少精确地断定这个词究竟指什么。这不是件简单的事，因为"象征"跟"文化"很像，也一向被用来指涉许多不同的事物，而且经常同时指涉很多东西。

有些人用这个词来指一切对某人指谓某种别的事物的东西，比如乌云是即将降临的一场雨的象征性先兆。另外一些人则只用它来指那些明显习俗性的标志，比如红旗是危险的象征，白旗是投降的象征。还有些人将之限于那些以隐晦和比喻的方式来表达不可言传之意的东西，所以诗歌里有象征而科学里没有，而象征逻辑（symbolic logic）*就是命名不当。然而，还有另外一些人用它来指能够作为某种观念之载具的一切物体、行动、事件、性质或关系，而这种观念就是该象征的"意义"——这就是我在本文中要依循的路径。⁵比如六这个数，无论它是写出来的、想象的、用一排石头摆出来的，或甚至是敲击输入到计算机程序带上的，都是一个象征。而十字架亦然，无论它是被谈到、被描绘、被忧虑地展现在空中，还是被深情地比画在脖子上。一大张名叫"格尔尼卡"的绘画帆布，一块被称为杵灵嘎（churinga）的着色石头，"reality"这个词，或甚至是"-ing"这个词素，它们也都是象征，或者至少是象征的要素，因为它们都是观念之可见可闻的表达，是以可知可感的形式固定下来的经验抽象物，是观念、态度、判断、想望或信念的具体体现。因此，要着手研究文化行动——象征体系在其中形成了实在内容的行动——就不能放弃社会分析，而去追求柏拉图笔下的影子洞穴，进入一个属于内省的心理学或更糟糕的玄想哲学的心灵主义世界，永远在"认知""情感""意欲"和其他

---

* 这个词通常译为"符号逻辑"，因为 symbol 可以译为"象征"，也可译为"符号"。但由于象征是这整段的主题，为义理一贯起见，只好译为不常见的"象征逻辑"。

隐晦不明的东西所构成的迷雾之中流连忘返。文化行动，即象征形式的建构、领悟和利用，和其他一切社会事件并无二致；它们就像婚姻一样公开，像农业一样可以观察。

不过，它们的确并非完全相同的东西；或者更准确地说，社会事件的象征维度与心理维度类似，可以从那些作为经验整体的事件当中理论性地抽绎出来。此外还有一项差别，那就是——借用肯尼斯·伯克的话说——盖一栋房子和画一栋房子的建筑设计图的差别，读一首关于结婚生子的诗和结婚生子，当然完全不是一回事。[6] 就算盖房子可能会按照设计图来施工，或者——虽说这个情况不大可能出现——真有人被一首诗鼓动了去生孩子，但我们还是得强调，不要把跟象征打交道和跟物或人打交道混淆在一起，因为物和人本身不是象征，不管他们多么频繁地发挥象征的功能。[7] 无论文化、社会和心理的维度在房子、农场、诗和婚姻的日常生活里多么深刻地相互交融，在分析时把它们区别开来，并且在其中两个维度的常态化背景下析离出另一个维度的普遍特征，是很有用的。

就文化模式也就是象征的体系或丛结而言，对我们来讲第一重要的普遍特征就是，它们是外在的信息源。我用"外在"一词，意思只是指它们和基因之类的东西不同，在那个有着共同理解的主体间世界里，存在于个人机体本身的边界之外；所有的人都诞生于那个世界，在其中追求不同的事业，直到死亡让他们退出这个依然继续运转的世界。至于"信息源"一词，我单纯只是指它们就像基因一样，为人们提供了蓝图或范本，让他们能用来给外在于他们的过程赋予确定的形式。就像一个DNA链中的碱基排序为结构复杂的蛋白质的合成提供了一套编码程序、一套指令或者一份配方，于是就形塑了机体的功能，文化模式也为社会和心理过程的开启提供了这样的程序，从而形塑了公开的行为。虽然这两种情况中涉及的信息种类及其传输方式天差地别，但基因与象征的比较远非烂大街的"社会遗传"那一类不贴切的类比。它真的是一种实质性关系，因为相较于低等动物，遗传程序控制的过程在人身上高度泛化，这才让文化程序控制的过程这么重要；只因人类行为受到内在信息源决定的程度较低，外在信息源才至关重要。河狸只需要找到恰当的地点和合适的材料就能建起一个水坝，因为它的生理构造形塑了它的程序模式。反观人类，人的基因对建筑这个行当没有任何指示，人甚至还需要首先对筑坝是怎么回事有个概念，而他只能从某个象征来源获取这一概念，比如说一份蓝图、一本教科书或者某个已经知道怎么建水坝的人所讲的一段话，当然他也可能通过摆弄图形的或语言的元素而自主获知水坝是什么、怎么建的概念。

  这一点有时候会呈现为如下形式的论点：文化模式是"模型"，是象征的集合，这些象征彼此之间的关系，"仿照"、"模仿"或"模拟"物理的、有机的、社会的或心理的系统中的实体、过程或者其他任何事物之间的关系，以后者为"模型"。[8]然而，"模型"这个词有两种意义，一是"属于"(of)，二是"为了"(for)，尽管二者是同一个基本概念的不同层面，但为利于分析起见，还是非常值得我们花功夫加以区辨的。首先，"属于"这层意思强调的是去操纵象征的结构，使之或多或少逼近到与此前已确立的非象征体系相仿的程度，好比我们借由发展出一套水力学理论或者构想出一个流程图来理解水坝的作用。这套理论或图表就是把实物上的关系转化成模型，把实物上的关系结构提纲挈领地表达出来，使之变得可以理解；这就是一个**属于**(of)"现实"的模型。其次,"为了"这层意思强调的是以象征体系所表达的关系去操纵非象征体系,好比我们按照一套水力学理论所隐含的说明书或是从一套流程图导出的结论来建一座水坝。在这种情况下,理论是一个模型,它指导我们去组织实物上的关系；这就是一个**为了**(for)"现实"的模型。以上论点对于心理的、社会的系统,以及对我们一般不会称为"理论"而是称为"教义"、"旋律"或"仪式"之类的文化模型来讲,其适用性没有任何不同。基因和其他非象征性信息源只是**为了**模型而非**属于**模型,文化模式与之不同,有一种内在的双重面向：它们一方面按照社会和心理上的现实来塑造自身,同时又反过来以自身来塑造社会和心理现实,从而赋予现实以意义,即客观的概念形式。

事实上,正是这种两面性,使真正的象征跟其他各种指谓形式区分开来。正如基因的例子所示,**为了**模型在整个自然界中俯拾即是；只要有模式的传播存在,那很简单,就必须要有这样的程序。在动物界,印记学习(imprint learning)或许是最令人印象深刻的例子,因为这种学习指的就是一个模型动物在一个学习动物面前自动表现出一套恰当的行为系列,相应地,学习动物则同样自动地召唤出并稳定地表现出一组遗传性地内置于其体内的特定反应。[9]一只发现了花蜜的蜜蜂与另一只正在找花蜜的蜜蜂之间的沟通之舞,则是另一个稍微有点不同、编码更为复杂的案例。[10]克雷克甚至曾经提出说,最早从山泉汇入大海的那一股涓涓细流,为后来更大量的水冲出了一条细小渠道,它也发挥了某种**为了**模型的功能。[11]相反,**属于**模型,不管它是语言的、图像的、机械的还是自然的等等,其作用都不在于提供信息源以模塑其他的过程,而是再现那些已经模式化了的过程,以一种不同的媒介来表达其结构;这样的模型就罕见得多了,而且在目前存世的动物中,或许只有人类才会运用这种模型。人类思想的本质在于,它能理解一组过程、活动、关系、实体等事物与作为前者之纲要方案的另一组事物之间的结构一致性,那个纲要方案能够被视为前者的一种再现或概念化——也就是前者的一个象征。象征性表述使之成为可能的**为了**模型和**属于**模型间的可相互转换性,是我们人类心智的独特性质。

> ……在人的心中确立强有力的、弥漫性的和
> 持久的情绪和动机,其做法是通过……

就宗教的象征和象征体系来说,上述的可相互转换性是显而易见的。大平原印第安人在追求灵视时体现的耐力、勇气、独立、坚忍和热切的意愿,正是他赖以奋力求生的那同一些耀眼的品性:在成就一种天启感时,他也奠定了一种方向感。[12]马努斯人(Manus)的降神会可能反复磨炼一个人,让他意识到自己背弃过的义务、掩盖起来的过失,以及随着坦白忏悔而来的公开耻辱,这与藏在财产意识特别旺盛的马努斯社会所赖以维系的那种责任伦理底下的,正是同一些情感:要想获得赦免,须先淬炼良心。[13]凝定地注视着灯焰的爪哇神秘主义者的那种自律,能让他获致他心目中的神明开示,也不断地训练着他对情绪表达进行严格的控制,而这正是想要践行清净淡泊生活方式的人所必备的能力。[14]一个人要把个人守护神、家庭守护神或者一位无所不在的神的概念看作现实之特性的纲要性表述,还是看作据以生产出具有这种

特性的现实的范本,这似乎大抵是任意的,全看他此刻想把焦点置于**属于**模型还是**为了**模型上。此中涉及的具体象征——在荒野中突然显形的这个或那个神话人物,挂在屋椽上审视着一切的已故家长的头骨,或者是无声吟诵着谜语似的古诗的一个空洞的"寂静之音"——也可以指向任何一个方向。它们既表现了,也形塑了这个世界的风气。

它们形塑世界风气,是通过在信奉者当中催生出一组独特的习性(趋向、能力、癖好、技能、习惯、易发性、倾向),而这组性情将为信奉者的活动之流及其经验的质地赋予一种长期的特征。"习性"(disposition)一词所描写的不是一项行动或一则事件,而是在特定环境下进行一项行动或发生一则事件的可能性:"当说一头牛是反刍动物,或者一个人是吸烟者时,并不是说这头牛正在反刍或这个人正在吸烟。说它是一头反刍动物,意指它倾向于不时地反刍,而说他是一名吸烟者,意指他有吸烟的习惯。"[15]同样,说某人是虔诚的,不是说他正在做我们会称为虔敬行为的某件事,而是说他有做这种行为的倾向。同理,大平原印第安人的耀眼表现、马努斯人的怀咎自惭、爪哇人的清净淡泊,也都在他们各自的语境中构成了虔敬的实质。以这种观点来看我们一般称为"心智特征"或者(若讳言笛卡尔主义的话)"心理力"(psychological forces)的概念(这两个词本身都是相当难以反对的),其优点在于能把这两个概念从一切隐晦而不可企及的私下情感领域里拉出来,置于光天化日之下,和玻璃的脆弱性、纸张的可燃性以及(回到隐喻上来)英格兰的潮湿等等可观察的事物同列。

就宗教行动来讲(默默熟记一则神话和让某人的手指在关节处脱位都一样是宗教行动),它会诱发两种略有不同的习性:情绪和动机。

动机是一种持续性的趋向，是在某些类型的情境下做某些类型的行动、体验某些类型的感觉的一种长期意向。以上这句话里提到三次的"类型"，是非常异质的而且界限相当模糊的种类：

> 一听说某人虚荣自负［即有追求浮华虚誉的动机］，我们就预期他会表现出一定的举止，比如大谈自己的种种、努力钻营以跻身名流社交圈、拒绝批评、求取出头露脸、避不参与关于他人的功绩优长的谈话等等。我们预期他会沉湎在自身功成名就的玫瑰色白日梦里，避免回忆过去的失败，并为了再往上爬做各种谋划。所谓虚荣，就是倾向于表现出这些以及其他无数类似的作为。当然，我们也预期这个虚荣的人在一定的情境下会感到痛苦和雀跃；我们会预期当某位名流忘了他的名字时，他会有一种尖锐的沮丧感，而在听到他的竞争对手的不幸遭遇时，他会感到心情畅快、步履轻盈。但是，比起自吹自擂这种公开的行为或做白日梦这种私下的行为，刺痛和畅快感并不更算是虚荣的直接指标。[16]

一切的动机都与此相仿。作为一种动机，"耀眼的勇气"包含了在荒野中禁食、单枪匹马闯敌营、一想到打仗时第一个棒击敌人就激动得发抖等这些持续的倾向。而"道德上的谨慎戒惧"，则包含了履行繁剧的诺言、在严苛的公众谴责面前招认隐秘的罪恶、在降神会里出现了含糊和泛化的指控时感到自己有罪等这些根深蒂固的趋势。至于"冷静的凝定",则包含了在一切困境中保持泰然自若、对于就算是蕴藉的情感表现也感到嫌恶,以及沉涵于对无特色之物的虚空玄想等这些持久的倾向。所以说,动机既不是行动(即意向性行为),也不是情感,而是做出特定类别的行动,或者拥有特定类别的情感的可能性。当我们说一个人很虔诚,也就是有较强的宗教动机的时候,至少有一部分就是这个意思——虽然只是部分。

至于另外一部分的意思,就是指这个人在恰当的刺激下具有沉入某些情绪的易感性,我们有时候会将这杂多的情绪混在一起,统称为"崇仰的"、"庄严的"或"敬拜的"等情绪。然而,这些笼统的标签其实掩盖了相关习性在真实经验中的巨大歧异,并且实际上往往把它们同化于我们自己的宗教生活多半具有的那种异乎寻常的肃穆色调。在不同的时间和空间里,神圣象征所引发的情绪千差万别,从狂喜到忧思、从自信到自怜、从无可救药的玩心大炽到槁木死灰般心如止水,可谓琳琅满目——这还没说到世上许多的神话和仪式所蕴含的情欲之力呢。世上不是只有一种能被称为虔诚的动机,同样也不是只有一种能被称为敬拜的情绪。

情绪与动机之间主要的差别,可以这么说:动机是矢量特质,而情绪只是标量特质。动机具有一个投射的方向,它描绘的是特定的整体路径,朝向特定的、通常是暂时的圆成而前进。但情绪只有强度的变化:它没有朝向可言。它从特定的环境中喷薄而出,而非相应于任何的目的:就好比雾,只是沉沉浮浮;又好比香味,只是弥漫或消散。当出现时,它覆盖一切:一个人悲伤时,万事万物都显得阴郁;一个人高兴时,万事万物都显得灿烂。所以,尽管一个人有可能同时是虚荣的、勇敢的、恣意的和独立的，他不大可能同时既有玩兴又萎靡不振，既欢喜又忧郁。[17]再者，动机或多或少会持续很长一段时间，情绪却只是频繁程度不等地复发，出于通常很难了解的原因而来来去去。不过，对我们而言，情绪与动机之间最重要的差别或许在此：动机是相对于它号称能助成的那个目的而"被赋予意义"的，而情绪则是相对于据说造成它出现的条件而"被赋予意义"的。我们以动机的圆成来诠释动机，而以情绪的源头来诠释情绪。我们说一个人因为想要成功而勤奋不懈；一个人由于知晓核毁灭挥之不去的威胁而忧心忡忡。就算是在做终极性的诠释时，情况也是一样。当慈善被包裹在上帝的旨意这一概念中时，它就成了基督徒的慈善；当乐观主义被建立在一种关于上帝之本性的特殊观念上时，它就成了基督徒的乐观主义。"既然'现实'的运作是机械性的，所以它是可胁制的"这一信念，给了纳瓦霍人勤勉刻苦的理由；而"无论'现实'如何运作，它都是威力无边而且极其危险的"这个信念，则给了他们习惯性恐惧的理由。[18]

……系统阐发关于存在的一套普遍秩序的观念，并且……

激发并界定了我们所辨别出的宗教习性的，和把那些习性置于宇宙框架中的，是同一群象征或象征体系，这一点应该说没什么值得惊讶的。因为，我们说某一特定的敬畏情绪是宗教的而非世俗的，无非就是说它源于人们心存一种像玛纳(mana)那样的弥漫一切的灵气的观念，而不是源于对大峡谷的游览，此外还能是什么别的意思吗？同样，说某个特定的禁欲主义案例是宗教动机的一个范例,除了意谓它指向的是涅槃之类的绝对目的,而非减肥之类的有限目的,我们还能是什么别的意思?如果神圣象征不在激发出人类的习性的同时,还表达出普遍的秩序观念——无论它有多么隐晦、难以名状或无系统性——那么宗教活动或宗教体验在经验上的区别性标记就没有了。我们的确能说一个人把高尔夫球"当宗教",但他不能只是热烈追捧高尔夫球,每个周日都去打高尔夫球;他还必须把高尔夫球视为某种超越真理的象征。在威廉·斯泰格的漫画里,年青男子含情脉脉地凝视着妙龄少女的眼睛喏嚅道,"艾瑟儿,你有某种魔力,让我有种宗教的感觉",他和大多数青少年一样,是头脑迷乱的。任何一种特定的宗教就现实的根本性质予以肯定的东西,可能是含混的、浅显的或甚至经常是倒错的;但是,只要这个宗教不只是我们通常称为道德论(moralism)的一堆公认实践与合乎规矩的情感的集合,它必然要肯定某种东西。假如今天有人要给宗教下一个最简约的定义,那可能不是泰勒的名言"对神灵的信仰"——尽管厌倦了幽微复杂的理论的古迪最近鼓励大家回到泰勒这句话——而更有可能中选的,应是萨尔瓦多·德·马达里亚加所说的"'上帝不疯狂'这条相对朴实的教义"。[19]

当然,宗教肯定的通常远远多过这个:正如詹姆斯所言,我们相信一切我们能够相信的,而且只要有可能,我们就会相信一切。[20]我们最不能忍受的事情似乎是对我们的构想能力的威胁,那暗示我们创造、掌握和使用象征的能力可能辜负了我们;如果这事真的发生了,那么就像我之前指出的,我们将比河狸还要无助。人类先赋的(也就是被遗传程序控制的)反应能力的极端一般性、弥散性和可变性,意味着若没有文化模式的帮助,人类将是机能上未完成的,不只是像遭受物质剥夺的儿童那样不幸地无法实现其全部潜力的有天赋的类人猿,而且是一种不定型的怪物,既没有方向感也没有自我控制的能力,不过是痉挛性的冲动和暧昧不清的情绪汇聚成的一团混乱。人对象征和象征体系的依赖是如此之深,以至于他的生物生存力都取决于它们,于是,一旦他感受到就算是最微弱的征象,显示它们或许终究无能应对经验的某个方面的时候,他的心里就会升腾起最深重的焦虑:

> [人]能够以某种方式去适应他的想象力所能处理的一切事物;但他无法应付混乱无序。因为他的典型功能和最强资产就是概念化,他最大的恐惧就是遇见他无法解释的事物——一般称为"诡异"的事物。它未必是个新东西,我们的确会遭遇新事物,只要我们的心智能够自由地运作,我们马上就会借助最接近的类比来"理解"它们,尽管可能只是很初步的理解;但是若处在心理压力下,就算最熟悉的事物也有可能突然变得混乱无序,给我们带来惊恐。因此,我们最重要的资产,一直是我们在自然界里、在地球上、在社会中,以及在我们的所作所为中的一般**取向**(orientation)的象征:我们的世界观(Weltanschauung)和人生观(Lebensanschauung)的象征。结果,在原始社会中,日常仪式被包含在共同的行动中,在进餐、洗浴、生火等日常活动中,也在纯粹的仪典中;因为他们始终感觉到有必要一再强调本部落的精神,并认识本部落在宇宙中的处境。在基督教的欧洲,教会要求人们每天下跪(某些宗派甚至要求每个小时下

跪),以表现——如果不是冥思的话——他们对于终极概念的皈信。[21]

至少在三个方面,混乱无序——不仅没有诠释,更没有**可诠释性**的一堆杂沓的事件——威胁要打断人的常态:他的分析能力的限度,忍耐力的限度,以及道德洞察力的限度。只要迷惑、苦难以及棘手的伦理两难的意识变得足够强烈,或是持续得够久,就会对"人生是可以理解的"以及"用心寻思,我们就能有效把握自己人生的方向"这样的立场构成极端的挑战,而这种挑战是一切希望持续存在的宗教,无论是多么"原始"的宗教,都必须多少尝试去面对的。

在这三个课题当中,现代社会人类学家探索得最少的就是第一个(尽管有一则著名的例外,那就是埃文思-普里查德关于谷仓塌在某个阿赞德人头上而不是其他人头上的经典性讨论)。[22]就算是把人们的宗教信仰视为一种尝试,试图把异常的事件或经验——诸如死亡、做梦、神游症、火山爆发或婚内出轨——拉进至少有可能解释的范围内,似乎都有泰勒主义的味道,甚至更糟。但这似乎真是事实:至少有些人——很可能是大多数人——受不了任由没弄明白的分析问题不明不白下去,而只是以哑然的惊讶或木然的冷漠坐视世界景观的比较奇怪的那些特征,不试图去发展出一些观念来解释这些特征如何可能与更为平常的经验判断相调和,不管这些观念有多么不切实际、逻辑不通或者头脑简单。人的解释性装备,即他用以绘制经验世界地图的那些众所公认的文化模式(常识、科学、哲学思辨、神话等)的复合体,一旦长期不能解释亟需解释的事物,就可能陷入一种深刻的不安;自从我们相当正确地废弃了将宗教信仰视为拟科学的这种观点,这种解释失灵的趋势之广,引发的不安的程度之深,超出了我们有时所想象的。说到底,就算是英勇的无神论的大祭司罗素勋爵也曾经说过,尽管上帝存在与否的问题从未困扰过他,但一些数学公理的模糊性简直要让他精神发狂。此外,爱因斯坦对量子力学的深刻不满,是基于他(无疑是宗教性地)无法相信,(用他自己的说法)上帝会拿宇宙来掷骰子。

但是,这种对于明晰性的追求,以及当经验现象有可能顽固地保持暧昧不明的现状时陡然涌起的形而上焦虑,也可见于低微得多的思想层次。确实,我在自己的田野调查过程中遇见的一些报告人着实大大出乎我的预料,令我震惊:更倾向于泛灵论的他们,竟表现得仿佛是泰勒主义的信徒。他们似乎不断地用他们的信仰来"解释"现象;或者,更准确地说,他们说服自己,好让自己相信那些现象在既定的事物图式里是可以解释的。他们几乎不大执着于他们所提出的那些灵魂附体、情绪失衡、违犯禁忌或者施行巫术的假说,随时可以弃之如敝屣,改用其他属于相同类型的,但就该情形的事实来看让他们觉得更说得通的假说。他们不准备干的,是在完全没有其他可替代的假说时抛弃一种假说,即把事件晾在那儿不做任何解释。

不仅如此,对于跟他们自己的生活,甚至跟任何人的生活都没有直接现实关系的现象,他们也采用这样一种游移不定的认知立场。有一个木匠,他的房子里忽然在短短几天内(甚至有人说是在几小时内)长出了一株形状特异的硕大毒蕈,于是方圆几里内的人都跑来看,每个人都做出了某种解释,有泛灵论的(animist),有泛生论的(animatist),也有不属此二者的。但重点是,我们很难说那株毒蕈有任何拉德克利夫-布朗所说的社会价值,或者以某种方式与具有社会价值的什么东西有关联,并可能代表着它,好比安达曼岛人的蝉。[23]毒蕈在爪哇人的生活中扮演的角色跟在我们的生活中差不多,而且在一般正常状况下,爪哇人对毒蕈的兴趣和我们的无异。这株毒蕈很"怪""奇特""诡异"——aneh,如此而已。而怪、奇特、诡异的东西就必须被解释——或者,再说一遍,它**可以被解释**这个信念必须被维持住。人不会对一株长得比其他正常毒蕈快五倍的毒蕈无所谓地耸耸肩。在最宽泛的意义上讲,这株"奇特"的毒蕈确实对那些听闻此事的人有意涵,而且是关键的意涵,那就是它威胁了他们最一般的理解世界的能力,提出了一个让他们不舒服的问题:他们拥有的那些关于自然界的信念究竟行不行?他们所运用的真理标准究竟对不对?

这也不是说,只有或者主要是反常事件的骤然爆发使人产生了不安的感受,人们的认知资源才会被证明为无效,或者说,这种直觉只会以剧烈的形式出现。更常见的是,在试图掌握自然、自我和社会的某些面向,把某些暧昧难明的现象拉进文化上可以表述的事实的领域里时,人们会一再碰到某些牢不可破的困难,因此感到长期的不适,于是对此提出了比较稳定的诊断性象征流。正是那些位于公认知识所构成的相对固定的疆域之外的事物,隐约显现为实际生活的常规活动的恒常背景,把平常的人类经验安置在一种形而上关怀的恒定脉络里,并勾起"我或许漂浮在一个荒谬世界里"这样一种朦胧的、内心深处的怀疑:

> [在雅特穆尔人(Iatmul)中,]这种典型的知识探索的另一个主题,就是水面上的涟漪和波浪的性质。有

一种隐秘的说法,认为人、猪、树、草等世上一切的物体都只是波浪的花纹。实际上大家对此似乎意见一致,尽管它或许和再生理论有所矛盾——后者主张亡者的灵魂会像一阵雾那样被东风吹到河上,然后进入死者的儿媳妇的子宫里。就算真有其事,涟漪和波浪是如何产生的这个问题还有待解决。宣称以东风为图腾的氏族对此的说法很明确:东风用她的蚊扇造成了波浪。其他一些氏族则把波浪人格化,说它们其实是和风没关系的一个人(空屯马力,Kontum-mali)。还有其他氏族也提出了种种不同的理论。有一次,我带着一些雅特穆尔土著到海边,发现其中有一个人独自坐着,全神贯注地盯着海。当天没有风,但还是有缓慢的海浪拍岸。在他的氏族的图腾祖先当中,有一个人格化的裂缝鼓,他们相信这位曾经沿河顺流而下漂到大海的祖先,就是波浪的起源。他盯着在没有刮风的天气里不断涌起然后拍碎在滩头的波浪,见证着他的氏族神话的真理。[24]

第二种经验上的挑战是苦难的问题,在它面前,特定生活模式所具有的意义可能瓦解成一团混乱的无实之名(thingless names)和无名之实(nameless things)。它被研究,或者起码是被描述得多一些,这主要缘于关于部落宗教的作品把大量的注意力倾注到或许可说是部落宗教的两个主要焦点上:疾病和丧葬。但是,虽然对围绕着这些极端情境的情绪氛围有着谜似的兴趣,除了极少数的例外,比如林哈特最近关于丁卡人的占卜的讨论,概念发展上鲜有超过马林诺夫斯基所提出的那种粗糙的信心类型

(confidence-type) 理论者：该理论说，宗教"给在经验界里没有出路的那种情境和死胡同打开一个逃脱之门，让人借由仪式和信仰逃遁到超自然的界域里去"，以此帮助人熬过"情绪压力很大的情境"。[25] 这种被纳德尔皮里阳秋地称为"乐观主义神学"的论点，当然是严重不足的。[26] 在宗教的发展历程中，它困扰人的程度或许不逊于它鼓舞人的程度；它经常强迫他们无暇眨眼地与他们生来就多灾多难这一事实迎面对峙，也经常把他们投射到某种天真的童话世界，在那里——马林诺夫斯基又来了——"希望绝不会落空，心愿绝不会骗人"，由此他们得以躲过这样的对峙。[27] 或许除了基督教科学派这个唯一的例外，几乎没有哪个宗教传统——无论是"大传统"还是"小传统"——不曾强有力地肯定生命苦涩这一命题，有些宗教甚至将这一命题崇高化：

> 她是一位年迈的 [巴-伊拉，Ba-Ila] 妇女，出身于一个世系缅远的家族。勒煞 (Leza)，即"困厄者"，对她的家族伸出魔掌。在她还年幼的时候，他就杀了她父母，然后在数年之间，她所有的亲人都死了。她告诉自己："我一定要保住那些坐我大腿上的。"然而，事与愿违，连她的孙子都先她而逝……于是，她下了殊死的决心去找上帝，要问祂这一切有什么意义……她于是开始远行，走过了一个又一个国家，心中一直想着："我要到大地的尽头，在那里找到一条通往上帝的路，然后问祂，'我究竟对你做了什么，使得你用这种方式折磨我？'"她一直找不到大地的尽头，但是尽管失望，她并没有放弃她的求索。当她穿过又一个异国时，他们问她："老太

太,您为什么来这里?"她答道:"我在寻找勒煞。""寻找勒煞! 为什么?""兄弟们,你们哪里知道啊! 在你们这个国家里,可有人像我一样吃过那么多的苦?"他们又问她:"你受了什么苦?""就这样啊! 我孑然一身。就如你们所看见的,我就是一个孤独的老婆子;这就是我的苦!"然后,他们答道:"是的,我们看到了,你就是这样的! 没有朋友和丈夫? 你和其他人究竟有什么不同呢? 困厄者就骑在我们每个人的背上,我们甩不掉他。"她没能实现她的愿望;她心碎而死。[28]

作为一个宗教问题,苦难的问题自相矛盾地不是如何去规避苦难,而是如何去承受它,如何使肉体的痛苦、个人的损失、世俗的挫败或者对他人临终大苦的无助默祷,变成某种受得了、挺得住的事情,某种照我们说来可承受的事情。那位巴-伊拉妇女正是在这方面的努力——或许是必然,或许不是——失败了,她真的不知道如何去感受自己的遭遇,如何去受苦,终于迷茫和绝望而死。韦伯所说的意义问题的较为理智的方面是要肯定经验之终极的可解释性,而其较为情感的方面则是要肯定经验之终极的可忍受性。宗教一方面将我们表述分析性思想的象征资源的力量系在关于现实之总体形貌的一套权威概念上,另一方面也将表达情感——心绪、情操、热情、感情、感觉等——的(同样是象征性的)资源的力量系在关于现实之普遍的声调、其固有的底色和脾性等的一套类似概念上。对于那些能够拥抱宗教象征的人,只要他们还能够拥抱那些象征,它们就能提供一种宇宙性的保证,不仅保证了他们理解世界的能力,更能在理解之余,赋予他们的感受一种准确性,赋予他们的情感一个确切说明,使他们能够愁苦地或欢快地、怖沮地或淡然地忍受这个世界。

让我们从这个角度来考量名闻遐迩的纳瓦霍治疗仪式——它通常被称为"唱"。[29] 唱是一种宗教性的心理剧。纳瓦霍人有约莫六十出不同的唱以应对不同的目标,但它们实际上全都致力于排除某种身体或精神上的疾病。每一出唱有三个主要演员:"歌者"或治疗师,病人,以及作为一种应答的合唱的病人亲友。所有的唱的结构,也就是戏剧的情节,都差不多,主要分为三幕:对病人和观众的净化;由反复的唱诵和仪式举措构成的一段陈词,以表达让病人恢复安泰("和谐")的愿望;病人与圣人的合而为一,从而"痊愈"。净化仪式的内容包括强迫出汗、催吐等,以把疾病从病人身上赶走。唱诵的词不可胜数,主要是简单的祈愿句,如"愿病人安康","我全身都在康复中",等等。最后,病人与圣人合一,从而更一般地与宇宙秩序合一,这是通过一幅沙画的作用来实现的,它描绘了处于某个恰当神话情境当中的圣人。歌者将病人放在沙画上,先碰触神像的脚、手、膝、肩、胸、背和头,然后再碰触病人的相应部位,这就把神与人的身体合一表演出来了。[30] 唱的高潮是这样的:整个治疗过程或可比拟为——赖卡德说——一场精神上的渗透,人身上的疾病和神的法力从各自的方向穿透这层仪式的膜,后者就消除了前者的危害。疾病随着冒汗、呕吐和其他的净化仪式而渗出体外;而健康则随着纳瓦霍病人在歌者的媒介下碰触神圣的沙画而渗入体内。显然,唱的象征体系聚焦于人类苦难的问题,它试图借由将问题放在一个意义丰富的语境中并提供一套行动模式来应对它,凭借该模式,那问题能够被表述清楚,一旦表述清楚了就能被理解,一旦被理解了就能被忍受。唱的撑持效果(既然最常见的疾病是肺结核,在大多数的情况下它也只能撑持而已),最终有赖于它能够给予病人一套词汇,让病人得以把握他的痛苦的性质,并将之联系到更大的世界。就好比在其他宗教传统中的一幅耶稣受难像,对佛陀从他父亲的宫殿出走的故事的一次背诵,或者《俄狄浦斯王》的一次演出,唱主要关注于呈现一个真正的人的特定具体的形象,借此使人能忍耐、有足够的承受力,去对抗强烈且无法消除的剧痛所引起的情绪上的无意义性的挑战。

苦难的问题很容易过渡到邪恶的问题,因为如果苦难足够严酷的话,它通常——尽管不总是——也会显得在道德上是不应得的,至少在受难者看来。然而它们不完全是同一回事。我认为韦伯在概括基督教神正论东渐的困境时没能彻底认清这一事实,因为他受一神教传统的偏见影响太深,在那种传统里,人类经验的各种不同面向都必须被设想为出自某个单一的、唯意志论的源头,所以人的痛苦直接映现出上帝的仁慈。苦难问题关心的是对我们把自己"纪律松弛的情绪小分队"整编到某种军纪严明的秩序里去的能力的那些威胁,而罪恶问题则关心对我们做出严谨的道德判断的能力的那些威胁。罪恶问题所牵涉到的,不是我们的象征资源是否足以驾驭我们的情感生活,而是那些资源是否足以提供一套可行的伦理判准、规范指引来驾驭我们的行动。此处的烦恼在于事物的实然与其应然(如果我们的是非观念能站住脚的话)之间的差距,在于我们认为不同人所应得的和我们眼见他们实得的之间的差距,即下面这首深刻的四行诗所总结的现象:

雨淋到义人身上,

也淋到不义之徒;
但是雨水多浇义人,
因为不义之徒有义人的伞保护。

假如说这似乎太过轻薄地表达了以稍有不同的形式驱动了《约伯记》和《薄伽梵歌》的那个问题,那么,下面这首古典爪哇诗歌,这首几乎所有的六岁以上的爪哇人都知道、都会唱而且经常引用的诗歌,将这个关键点——道德规定和物质回报之间的差距,"是"与"应当"之间的表面不一致——表述得更为雅驯:

我们亲历了一个无序的时代,
其中人人都心神错乱。
可是谁若不堪与疯狂同流,
不肯人为亦为,
他将无缘分赃,
结果饿死沟壑。
是的,神啊;错的就是错的:
那些忘怀的人多幸福,
而那些记得又有睿见的人更福乐。

宗教上的深刻老练也不必就是神学上的自觉。对难解的伦理悖论的关注,对自己的道德洞察力在道德经验面前力不从心而感到的忧虑,在所谓原始宗教的层次上,就跟在所谓文明宗教的层次上一样活跃。在此,林哈特笔下的丁卡人关于"世界的分割"的那套观念是个很有用的例子。[31]和许多民族一样,丁卡人也相信"神"所居住的天与人所居住的地曾经是连在一起的,天比地略高一点,中间有一条绳索相连,所以人可以随心所欲地在这两个领域间移动。那时没有死亡,而第一个男人和第一个女人每天只被允许吃一粒小米,其实他们需要的也就只有这么多。有一天,那个女人——当然是她——出于贪婪而决定种植比容许他们吃的要多的小米,于是,在她急急忙忙努力种植的时候,不小心用锄头柄打到了神。神很生气,切断了绳索,退到如今那高高在上的天上,把人留在地上为食操劳,受病、死之苦,并体验与他的存在之源、他的创造者分离的滋味。这个莫明熟悉的故事之于丁卡人的意义,实际上恰如《创世记》之于犹太人和基督徒的意义那样,不是说教性的而是描述性的:

> 评论过这个故事的那些[丁卡]人,有时会明白地表示他们的同情是在人及其困境这边,并提请人们注意,促使神收回与祂亲近之利的那一过失是多么琐屑不足道。用锄头打着了神的景象……经常引发一定的滑稽感,仿佛这个故事被任性地处理得太过孩子气,以致无法解释归因于这件事的后果。不过,很清楚的是:神人相离故事的旨归,不在于对人的行为提出一个有教育意义的道德判断,而是要去呈现时下的丁卡人都清楚的一种整体情况。如今的人——就如第一个男人和第一个女人后来变成的样子——是积极的、自我肯定的、探索的、渴求的动物,但他们也受制于痛苦和死亡,受制于无力、无知和贫穷。生活危机四伏;人类的算计通常被证明是错的,而且人一定经常从经验中学习到,他们行

动的结果往往背离他们的预期,或是难谓公平公正。从人的标准来看相当轻微的一次冒犯,却导致了神人相离,这呈现出衡平的人类判断与据认为最终控制着丁卡人人生际遇的神权的作为之间的反差……在丁卡人看来,道德秩序最终是按照某些原则构筑起来的,这些原则通常让人捉摸不透,经验和传统能部分地揭示它们,但人的行动无法改变它们……所以说,神的抽身这则神话反映了如人们已知的那些存在事实。丁卡人置身于一个大体上不受他们控制的宇宙,其中的事件可能会与哪怕最合理的人类预期相左。[32]

因此,邪恶的问题,或者也许应该说**关于**邪恶的问题,与迷惑(或关于迷惑)的问题和苦难(或关于苦难)的问题,本质上是同一种问题。一些怪异费解的经验事件,不明不白、无意义的且无可缓解的剧烈痛苦,还有谜一般的无可问责的严重不公,在在都激起令人难受的怀疑,怀疑这个世界以及在这当中的人生,或许根本没有真正的秩序可言——经验上没有规律性,情感上没有形式,道德上没有一致性。所有的宗教都会对这种怀疑做出同样的回应:利用象征表述出这样一种真正的世界秩序意象,这个意象能够解释甚至赞颂人类经验中已感知到的模糊、迷惑和悖论。这么做不是为了否认那些无法否认的事情——比如有些事件没有得到解释、人生多苦、雨淋在义人的身上等等——而是要否认有不可解释的事情、人生令人无法忍受、正义是个幻象。或许正如林哈特所言,构成道德秩序的原则确实经常让人费解,就像人们经常无力对反常的事件做出完全满意的解释,或者往往找不到表达情感的有效形式。至少对宗教信徒而言，重要的是，这种费解性能够得到说明，它不是缘于这样的原则、解释或形式不存在，也不是缘于人生是荒谬的，或者发掘经验的道德、知识或情感意义的尝试是徒劳的。丁卡人可以承认（他们实际上是坚决认定）充斥在他们的真实人生当中的道德模糊与矛盾，因为他们认为这些模糊和矛盾不是终极性的，而是"神"人相离神话所描绘——或者如林哈特所说，"逸想"(images)——的现实的道德结构之"理性的""自然的""合乎逻辑的"结果（放在这里的形容词可以随意选择，因为没有任何一个形容词能真正充分达意）。

意义问题在其逐渐融合的各面向中（这些面向实际上在每一特定情况中如何逐渐融合，在分析的、情感的和道德的无力感之间有什么样的相互作用，在我看来，是这整个学科领域当中最突出的比较研究课题，但除了韦伯之外还没有人触及过），都是要肯定或至少是承认凡人逃不开无知、痛苦和不公正，同时，又要否定这些非理性是整个世界的特征。要同时做到这种肯定和否定，凭借的就是宗教的象征体系，一套把人的存在界域与被设想为把它安顿于其中的更广大界域联结起来的象征体系。[33]

……给这些观念罩上一层真实性的光辉，致使……

然而，此处引发了一个更深刻的问题：上述的否定如何能让人相信？宗教信徒如何从多有阅历的失序的困惑感知，转变为对于根本秩序或多或少安心的认定？"信仰"在宗教的语境里究竟是什么意思？人类学对宗教进行分析的尝试会引发诸多问题，而这个问题或许就是其中最麻烦的一个，因此，它也是宗教人类学者最常规避掉的问题。它通常被贬谪到心理学这个名声不佳的、被放逐的学科,社会人类学者总是把他们在一套变质的涂尔干主义框架下无法应付的现象推诿给它。但这个问题不会走开,它不"只是"心理学的问题(任何社会性的事物皆然),而且,只要还没对这个问题发起攻势,宗教人类学理论就名不副实。我们试图在王子出缺的情况下演出《哈姆莱特》已经够久的了。

在我看来,要开始对这个议题下手,最好先坦白承认:宗教信仰的关键不是培根式的日常经验的归纳——如果是这样的话,我们全都应该是不可知论者——而是先验地接受了彻底转变那种经验的权威。迷惑、痛苦和道德悖论的存在,亦即意义问题的存在,是驱使人信仰神、魔、灵、图腾原则或者食人行为的法力的事物之一(别的还包括席卷人的美感或炫目的权力感),但它不是那些信仰立足的基础,而是它们最重要的应用场域:

> 我们指出世界的状态来作为教义的例示,但绝不会把它当作教义的证据。所以贝尔森展示了一个原罪的世界,但原罪并非用以解释像贝尔森所说的那些事件的假说。我们借由揭示一条特定的宗教信念在总体宗教观念中的位置来将它合理化,我们借由引述权威来把一条宗教信念当作整体加以合理化。我们接受权威,因为我们在世界上的某个地点发现了它,我们在那里做礼拜,我们在那里接受某种外在于我们的至上权力的主宰。我们不礼拜权威,但我们接受界定了这一礼拜性的权威。所以某人或许在归正会(Reformed Churches)的生活里发现了礼拜的可能性,并接受《圣经》的权威;但

也有可能在罗马教会发现同样的可能性,并接受教皇的权威。[34]

这当然是一个基督徒对此事的陈述,但我们不能因人而废言。在部落宗教中,权威系于传统意象的说服力;在神秘宗教中,权威系于超感官体验的绝然力量;在克里斯玛宗教中,权威系于一个超凡人格催眠似的吸引力。但是,在宗教问题上,接受一个权威性的判准要优先于天启,因为天启被认为是接受的后果,这种优先性之彻底,不亚于经文或僧侣问题上的类似优先性。在我们或可称为"宗教视角"的东西的底下,基本公理是放诸四海皆准的:要知道,必须先信。

但是,谈论"宗教视角",言下之意是谈论众多视角当中的一个。视角就是指一种观看的模式,广义的"观看"意味着"辨明"、"领会"、"理解"或"掌握"。它是一种看待人生的特殊方式,一种诠释世界的特殊姿态,好比当我们谈到一种历史视角、一种科学视角、一种美学视角、一种常识视角,甚或体现在梦境或幻觉中的怪诞视角时那样。[35]于是我们来到了这两个问题面前:首先,被当作一种类别来考量、据认为区别于其他视角的"宗教视角"究竟是什么?其次,人是如何逐渐采纳它的?

如果我们把宗教视角放在另外三种人们用以理解世界的主要视角——常识的、科学的和美学的——的背景下观察,它的特殊性格就会显得特别清晰。常识作为一种"观看"的模式,正如许茨所指出的,其特征在于简单地接受世界及其客体和过程,认为它们就是看上去的那样子——这有时被称为朴素实在论;也在于实用的动机,一种作用于世界、使之屈服于个人的实用目的的愿望，一种驾驭世界或（在实在不可能办到这点的情况下）与世界相调适的愿望。[36] 日常生活的世界本身当然是文化的产物，因为它是由代代相传下来的关于"顽固的事实"的象征概念加以框定的，是我们行动的既定场景和给定对象。就像珠穆朗玛峰一样，它就在那儿，而要对它做的事情，如果有人觉得需要对它做点什么的话，那就是去攀登它。科学视角里没有的，恰恰就是这种既定性。[37] 审慎的怀疑和系统的探索，悬置实用动机而偏爱超然观察，尝试以正式的概念——它与常识的非正式概念之间的关系越来越有疑问——去分析世界，这些都是试图科学地掌握世界的标志。至于那在"美学态度"的标签之下或许已被最细腻地审视过的美学视角，其内涵是对朴素实在论和实用兴趣的一种不同的悬置，这种悬置不是质疑日常经验的可信证明，而仅仅是忽视那种经验并热切地凝思于表象之上。它是一种对于表面的全心投入，一种对于事物"自身"的聚精会神："艺术错觉的功能不是'使人相信'……而是正好相反，使人与信念脱钩——抛开'这是那把椅子''那是我的电话'等等的通常意义，而静观其感觉性质。认识到我们面前的事物在世界中没有实用的意义，我们才能够专注于其表象本身。"[38] 就像常识的和科学的（或历史的、哲学的和艺术的）视角那样，这一视角、这一"观看方式"不是什么笛卡尔式神秘过程的产物，而实际上是借助奇异的准物体——诗、戏剧、雕塑、交响乐——诱发、促发、事实上创造出来的，那些准物体从坚实的常识世界中分离出来，获取了只有纯粹表象才能获得的一种特别说服力。

宗教视角与常识视角的不同之处在于，如前文已指出的，它超越日常生活的那些现实，提升到能修正和完善它们的更广大现实上，而且它最典型的关注点并非作用于那些更广大的现实，而是接受它们、皈信它们。它不同于科学视角之处在于，它对日常生活的现实的质疑是基于它所认定的更广泛的、非假设性的真理，而不是出于一种制度化的怀疑主义，后者把世界的被给定性分解成一大群或然性的假说。它的通关密语不是断除牵连(detachment)，而是承诺委身(commitment)；不是分析，而是相遇。至于宗教视角和艺术视角的差别，在于它不致力于离弃整个关于事实性的问题，不刻意制造一种假象和幻觉的气氛，而是深化对事实的关注，并极力创造出一种超现实性的氛围。正是这个意义上的"真正的真"，才是宗教视角所凭借的，才是作为一个文化体系的宗教的那些象征活动致力于生产、强化的，并且只要有可能的话，还致力于使之不可被世俗经验中不谐和的揭秘所破坏。再重复一遍：从一个分析的观点看，宗教行动的本质就是以一种有说服力的权威灌输一套特定的象征丛结——包含它们表述的形而上学以及它们推荐的生活方式。

　　这终于把我们带到了仪式的话题。因为，正是在仪式——神圣化了的行为——中，对于"宗教的观念是真实不欺的""宗教的指引是正确无误的"的这种坚信，才以某种方式产生出来。唯有通过某种仪典的形式——就算那形式简单到不过就是诵读一段神话、叩询一则神谕或是装饰一座坟墓——神圣象征在人心中激起的情绪与动机，以及它们为人表述的存在秩序的普遍观念，才得以交汇并互相强化。在仪式中，生活的世界和想象的世界在一套单一的象征形式的作用下融合，变成了同一个世界，因而使人的现实感产生了特异的转化——这就是本文篇首引语里桑塔亚那所要表达的。无论神力的介入在信仰的产生过程中扮演或不扮演什么角色（这也不是科学家能够以某种方式置喙的事情），对宗教的皈信在人这个层面上的出现，正是——至少主要是——源于宗教仪轨的具体行为的脉络。

不过，虽说任何宗教仪式，无论它看起来多么像是自动自发的或者习俗性的（如果它真是自动自发的或纯粹习俗性的，那它就不是宗教的），都有精神气质和世界观的这种象征融合，但真正塑造了一个民族的精神意识的，主要还是一些比较复杂精细，通常也比较公共化的仪式，它们一方面能卷入广泛的情绪和动机，另一方面能卷入广泛的形而上观念。借用辛格所引进的一个很有用的词，我们或可称这些完全成熟的仪典为"文化表演"，并且注意到它们不只为信徒呈现了宗教生活中的性情方面和观念方面的汇聚点，也为冷眼旁观的观察者呈现了那两方面之间互动的最便利检视点：

> 每当马德拉斯的婆罗门（就此事来说，非婆罗门也一样）想要对我展示印度教的某个特征时，他们总是向我提到或者邀我参观一场特定的仪式或是典礼，无论它是属于生命周期礼仪、庙会，还是属于一般的宗教与文化表演领域。在访谈和观察过程中反思这一点时，我发现关于印度教较为抽象的概括（我自己总结的和我听说的皆然），一般都能直接或间接地凭这些可观察到的表演来加以检验。[39]

当然，并非所有的文化表演都是宗教表演，而且要在宗教性的文化表演与艺术性的甚或政治性的文化表演之间画一条分界线，实际上也不是那么容易的，因为象征形式像社会形式一样，可以服务于多重目的。但重点是，稍加释义一下，印度人——"或许所有的民族都一样"——似乎认为他们的宗教"被包裹在他们[可以]向访客和他们自己展示的这些各自独立的表演中"。[40]然而展示的方式对这两类见证者是极端不同的，这一点似乎常被那些主张"宗教是人类艺术的一种形式"的人忽略。[41]在"访客"看来，宗教表演理所当然地只能是某种特殊宗教视角的演示，因此能对它进行美学的鉴赏或科学的解剖；但对参与者而言，它还是那一宗教视角的践履、物质化和实现——不仅是属于他们所信者的模型，也是为了信仰所信者的模型。在这些具有可塑性的戏剧中，人们在描绘信仰之时获得了信仰。

作为一个切题的例子，且让我讲讲巴厘岛的一个引人注目的戏剧的文化表演。在这场戏里，一个名叫阑答(Rangda)的可怕的女巫和一个名叫巴龙(Barong)的可爱的怪兽进行了一场仪式性打斗。[42]上演这出戏的场合，通常但并非一定是在死亡庙的庆典上。戏的内容主要是戴面具的舞蹈，其剧情是女巫——被描绘成一个瘦骨嶙峋的老寡妇、娼妓以及吃婴儿的恶魔——来到当地散播瘟疫和死亡，但遭到了怪兽——被描绘为一种介乎笨拙的熊、傻愣的小狗和趾高气扬的中国龙三者之间的四不像——的反抗。由单独一名男子扮演的阑答，是个奇丑无比的人物。她的眼睛从她的前额暴突而出，像是两个肿起来的疖子。她下颌的牙齿变得如象牙一般，弯起来翘到了她的脸颊上，上颌的犬齿则暴出到她的下巴外。她的黄头发像打结的网子，没光泽地披散下来。她的乳房干瘪、松垂，边沿长着毛发，其间挂着一串串五颜六色的肠子，像香肠似的。她血红的长舌是一条火的河流。跳舞时，她张开死白的手，向前伸出螯一般的十英寸长的指甲，发出令人丧胆的金属质感的尖锐笑声。巴龙则完全是另一幅景象，由一前一后两个男子扮演，像舞狮似的。*他那毛发蓬松的牧羊犬外套上挂着黄金和云母装饰，在昏暗的灯光下闪闪发亮。他还装饰着鲜花、彩带、羽毛、镜子和一撮用人发做的可笑的胡须。他也是个妖怪，眼睛也一样突出，也会在面对阑答或其他冒犯了他的尊严的人时，似乎很凶狠地猛咬他长满尖牙利齿的嘴；但那串挂在他弯得离奇的尾巴上叮当作响的铃铛，到底是大幅弱化了他的可怖形象。若说阑答是一副邪恶的形象，那巴龙就是一副滑稽的形象，而他们之间的碰撞，就是恶徒和丑角之间的一次（胜负未分的）碰撞。

  无法化解的怨毒和低俗的喜剧之间这种怪异的对立贯穿了整场表演。阑答抓着她的魔法白布，四处蹒跚，一会儿停下来思考或犹豫，一会儿又突然摇摇晃晃地前行。她上场的时刻（当她从一小段石阶顶上的两扇门当中现身时，观众首先看到的是她那双有着可怖的长指甲的手）是极度紧张的一个时刻，至少在一个"访客"看来，仿佛每个人都被吓破了胆，马上要惊慌逃窜。当她在伴奏的甘美兰乐队的叮当狂响中厉声斥责巴龙时，她自己似乎也因恐惧和仇恨而疯掉了。她可能真的会狂暴行凶。我曾几次亲眼见到阑答一头冲进甘美兰乐队，或者在彻底失去神志的状态下发狂地四处跑，直到被六七个旁观者合力制服和唤醒；人们还听说过许多故事，讲述狂暴的阑答使全村陷入惊恐数小时，还有阑答的扮演者由于这种经验而从此精神错乱。但是巴龙，虽然他

---

* 此处原文为"in vaudeville horse fashion"，指欧美的一种杂耍表演形式，类似于我国的舞狮。

也和阆答一样具有玛纳似的神力（巴厘语称之为sakti），他的扮演者也会进入出神状态，可他似乎很难严肃起来。他和几个妖怪随从（他们以自身突兀的恶作剧给观众增添了欢乐）嬉戏，当乐手正在演奏铁琴的时候躺在琴上，或者用他的脚打鼓，前半身和后半身分别朝两个不同的方向走，或者把他分节的身体扭成蠢笨的麻花状，拂去身上的苍蝇，或是嗅空气里的香味，并不时因为自恋自负发作而昂首阔步。这一对比不是绝对的，因为阆答偶尔也会制造短暂的笑料，比如当她假装去擦亮巴龙外套上的镜子的时候，而巴龙则在阆答出现后变得严肃许多，紧张地对她龇牙咧嘴，最后还直接攻击了阆答。可笑的和可怖的成分也并非一直严格分开，比如：整套过程的某一部分有个怪异的场景，几个小魔女（阆答的徒弟们）把一个死产婴儿的尸体抛来抛去，引来观众哄笑；还有一个同样怪异的场景，一个孕妇受到一群盗墓贼虐待，她歇斯底里地一忽儿哭一忽儿笑，这看上去莫名地极为可笑。恐怖和谐谑这一对主题最纯粹的表达，就在那两个主角身上，也在他们为夺取支配权而展开的无止境、不分胜负的斗争之中，但这对主题是被曲意精致地交织在这出戏的整个机理当中的。它们——更准确地说是它们之间的关系——才是要义所在。

在此没有必要试图穷尽地描述阆答-巴龙演出。这类表演在细节上出入很大，它们都是由几个结合得不怎么紧密的部分构成的，无论如何其结构都很复杂，要概述谈何容易。就我们的目的而言，必须强调的重点就是，对于巴厘人来说，这种戏剧不只是有待一睹的奇观，更是个有待演出的仪式。这里没有把演员和观众分开，把所描绘的事件放到一个不可进入的幻象世界的那种审美距离；直到全套的阆答-巴龙交战落幕之前，举办演出的群体的大多数——常常近乎全部——成员都会被卷入其中,不只是在想象层面,更是在身体层面。在贝洛提供的一个案例中,我算出有七十五人以上——有男有女,还有小孩——在某个时间点上投入了这场活动,至于其他有三四十人投入的案例,更属稀松平常。作为一种表演,这出戏像是一场大弥撒,而不像《大教堂谋杀案》的一场演出:它是要把人拉近,不是让人作壁上观。

这种进入仪式本身的现象的发生,部分是凭借它所包含的许多支持性角色的作用,比如小魔女、妖怪和各种传说与神话人物等,这些角色都是挑选村民充任的,但主要还是凭借全民之中极大一部分人所具有的一种超常发展的心理解离能力的作用。不论在哪里举行,每场阑答-巴龙斗争都不可避免地有三四个到几十个观众被某个妖怪附体而陷入暴躁的出神状态,"就像鞭炮一个接一个爆炸似的",[43]然后抄起匕首,冲上去加入打斗。群体性的出神像瘟疫般蔓延,把一个个巴厘人从他通常栖居的平凡世界投掷到阑答和巴龙所居的那个极不平凡的世界里去。在巴厘人看来,进入出神状态就是跨过了一道门槛,过渡到另一种存在秩序中去——爪哇语的"出神"叫nadi,这个词来自dadi,后者通常翻译为"变成"(to become),但也可以被更简单地翻译成"是"(to be)。甚至不管出于什么原因没跨过这道精神门槛的那些人,也会被卷入这样的进程,因为他们必须竭力防止那些出神者的疯狂行动彻底失控——如果他们是常人,就靠身体强制,若是僧侣,就靠洒圣水和念咒语。在阑答-巴龙仪式的高潮时刻,随着越来越少的一群未出神者极力要压制越来越多的一群出神者(这似乎总是成功的),它徘徊在群体性狂暴的边缘,或者至少看起来是如此。

125

在这种表演的标准形式中——如果能说有标准形式的话——它是以巴龙的露面开始的,他欢腾雀跃,得意洋洋,仿佛是对接下来要发生的事情做着一般性的预防。随后登场的可能是作为这场表演之基础的、与这则故事相关的一些神话场景(似乎每次都不大一样),直到巴龙和阑答相继上场。他们的打斗开始了。巴龙把阑答赶回到死亡庙的大门口,但他没有能力把她彻底驱走,反而又被她赶回到村子里。终于,当阑答似乎要决定性地获胜之际,几个出神的男人陡地站起,拿着匕首冲进场中帮助巴龙。但就在他们逼近阑答时(她正背对他们冥想),她突然转向他们,挥动手里的魔力白布,把他们迷倒在地不省人事。然后阑答迅速撤退到(或被抬进)庙里,躲开激动的群众,瘫倒在地;否则,我的报告人说,假如群众看到她处于无助的状态,可能会杀了她。巴龙在那些匕首舞者间逡巡,对着他们叩齿或是用胡须摩挲他们来把他们唤醒。随着他们回到"意识"中——但还在出神状态——他们为了阑答的消失而怒不可遏,由于无法攻击到她,他们满怀挫败感地调转匕首,指向自己的胸膛(由于他们在出神状态中,这不会造成伤害)。这时通常会爆发彻底的大混乱,群众当中会有很多人,有男有女,同时在院子各处陷入出神状态,冲了出来,刺自己,相互扭打,吞吃活鸡或粪便,痉挛似的在泥中打滚,等等;而那些没有出神的人,则努力夺下他们手上的匕首,使他们至少守住起码的秩序。适时地,出神者们逐一陷入昏迷状态,直到僧侣的圣水把他们唤醒,这场大战也就结束了——结果又是一个彻底的僵局,阑答既没有被征服,也没有征服。

要寻找这个仪式的意义,一个可能的地方就在于它据称表现出来的一系列神话、传说故事和明确信念。然而,这些东西不仅是多方面的,而且是多变异的——有些人认为阑答是湿婆神的恶妻杜伽(Durga)的转世;有些人主张她是11世纪爪哇宫廷传说里的人物马罕德拉达塔王后(Queen Mahendradatta);还有些人认为她是女巫的精神领袖,就像婆罗门僧侣是俗人的精神领袖一样。至于巴龙究竟是谁(或"什么"),人们的观念也一样有分歧,甚至更为模糊——但这个问题在巴厘人对这出戏的理解中似乎是次要的。一个村民正是在真实表演的语境中直接遭逢这两个人物,方才得以把他们认作真正的现实,至少对他来讲是如此。因此,他们不是任何东西的代表或表现,而是存在物本身。当村民们进入出神状态,他们本身就变成——nadi——那些存在物本身所在界域当中的一部分。所以,问一个曾经**是**阑答的人是否认为阑答是真的——我就曾经干过——会让人怀疑你是个白痴。

因此,对潜存于仪式所体现的宗教视角之下的权威予以接受,就是仪式践行本身的结果。借由一组独特的象征来诱发一套情绪和动机(一种精神气质)并定义一幅宇宙秩序的形象(一种世界观),表演使宗教信仰的**为了模型**和**属于模型**这两个面向,变得只是相互换位而已。阑答不单召唤起恐惧(还有仇恨、反感、残酷、恐怖以及色欲——尽管我未能讨论这一表演中关于性的面向),她也描绘了它:

> 要解释女巫这个人物在巴厘人的想象世界中所享有的魅力,必须认识到女巫不只是激发恐惧的人物,她就是恐惧本身。她那长着可怕的长指甲的手,不是真用来抓握她的猎物的,尽管扮成女巫来玩耍的小孩子确实会做出抓握姿势把手蜷起来。女巫本身敞开双臂,掌心

朝外,手指用力向后张,做出巴厘人称为 kapar 的姿势——他们用这个词来形容一个人从树上掉下来时猝然受惊的反应……唯有当我们看见女巫自己害怕、惊恐时,才有可能解释她的吸引力,以及她跳舞时围绕着她的那种伤感性:毛毛糙糙的,令人悚然的,满口獠牙而茕茕孑立的,不时发出高声的怪笑。[44]

至于巴龙,他也不仅是制造笑料而已,他更是巴厘岛版本的喜剧精神的化身,即戏谑、好出风头的癖好以及对于优雅情调的夸张爱好的一种独特混合。这种喜剧精神和恐惧一道,或许就是巴厘人生活中最具支配性的动机。因此,阑答和巴龙之间永恒反复并且无可避免地归于平手的斗争,对于有信仰的巴厘人来说,既是一种普遍宗教观念的表述,也是合理化甚至强迫人接受那种表述的一种权威性的经验。

……那些情绪和动机显得特别地现实

但是谁也不会始终活在宗教象征所表述的世界里,即便圣人也不会,绝大多数人只能偶尔徜徉其间。正如许茨所说,常识的对象和实用的行动所构成的日常世界,才是人类经验中最重要的现实——它之所以最重要,是因为我们最坚实地扎根在这个世界里,我们几乎不可能质疑其内在的实在性(无论我们会如何深切地质疑它的某些部分),而且它的压力和要求是我们最难以逃脱的。[45]一个人,甚至一大群人,可能对审美不敏感、对宗教不关心,也没能力去追求正式的科学分析,但不可能彻底缺乏常识而还能生存下来。因此，宗教仪式所激发的性情倾向的最重要影响（从人的观点看），就在于仪式本身的范围以外，它们反射回来，渲染了个人对赤裸裸的事实所构成的既定世界的观念。大平原印第安人对灵视的追求，马努斯人的忏悔自白，或爪哇人的神秘修行，它们各自所赋有的特殊底色，弥漫到了这些民族远超宗教领域之外的各个生活领域里，给他们印上了一种独特的风格，也就是一种支配性的情绪以及一种典型的举止。阑答-巴龙的战斗所描绘的那种邪恶和谐谑的交织，推动了一大群巴厘人的日常行为，这些行为大多和那场仪式本身一样，具有一种以偏执的戏谑来勉强遏制住直白的恐惧的气息。宗教之所以有社会学上的趣味，并不像粗俗的实证主义会说的那样是因为它描绘了社会秩序（就算真是如此，它也描绘得非常不明晰、非常不完整），而是因为它像环境、政治权力、财富、法律义务、个人情感还有美感那样，塑造了社会秩序。

宗教视角与常识视角之间的来回运动，实际上是社会场景中比较显见的经验事件之一，却也是最为社会人类学家所忽略的事件之一，虽然几乎所有的社会人类学家都曾目睹过它无数遍。宗教信仰通常被表述为个人的一种同质的特征，就如同他的住处、他的职业角色、他在亲属关系中的位置等等。但是，在仪式场合当中的宗教信仰，那种将整个人吞没并传送到另一种存在模式当中去的宗教信仰，与在日常生活当中作为对仪式体验的褪色的回忆和反思的宗教信仰，严格来讲不是同一回事。不了解这一点，已经导致某种混淆，尤其是和所谓原始思维问题有关的混淆。比如说，列维-布留尔与马林诺夫斯基关于"土著思维"性质的争议，大部分就来自缺乏对这一区别的完整认识；那位法国哲学家关注的是，当野蛮人采用一种明确的宗教视角时，他们的现实观会是什么样子，而那位波兰-英国民族学家关注的则是，当他们采用一种严格的常识视角时，他们的现实观会是什么样子。[46]这两位或许都模模糊糊意识到了他们所说的其实不是一回事，但他们误入歧途之处在于，没能清楚地解说这两种形式的"思维"——或者，要是我来说的话，会说是这两种象征表述模式——是如何相互作用的。所以，尽管列维-布留尔在后记里做了免责声明，但他笔下的野蛮人依然仿佛住在一个完全由神秘遭遇所构成的世界里，而尽管马林诺夫斯基强调宗教的功能重要性，他笔下的野蛮人则仿佛住在一个完全由实际行动所构成的世界里。他们不知不觉地变成了还原论者（观念论者和唯物论者都可能是还原论者），因为他们没能理解到人可以或多或少轻易地、经常性地在看待世界的截然不同的方式之间游移，这些方式不是彼此接续的，而是被文化鸿沟分隔开的，要跨越这种鸿沟，必须同时从两个方向上进行克尔恺郭尔式的飞跃：

> 多得不胜枚举的不同种类的震撼经验，就像我可以赋予其实在特征的有限意义域那样多。举些例子：睡着后跃入梦中世界的震撼；当剧场的幕布拉起，转换到舞台表演的世界之中去时，我们所经历的内在转化；当我们面对一幅画时，若我们将自己的视野局限于画框之内，使画框成为进入画中世界的门径，此时我们的态度所发生的急剧转变；听一个笑话的过程中，如果我们暂时准备把笑话里的虚构世界当作真实并予以接受，而我们那与之关联的日常生活世界则呈现出愚蠢可笑的特

征，此时我们的窘迫放松下来，开怀大笑，孩子把心思投注到他的玩具上，从而转换到游戏世界里去；等等。但各式各样的宗教经验也属于这种震撼的例子——比如说克尔恺郭尔所谓向宗教领域的飞跃的"瞬间"经验——此外还有科学家决定以一种无涉利益的［分析］态度来取代对"此世"事务的一切热情参与。[47]

因此，在纯粹的宗教和应用的宗教之间，在遭遇号称的"真正的真"和凭借这种遭遇似乎带来的某种启示去看待日常经验之间，存在着质的差异，一种经验的而非先验的差异；承认和探索它，会使我们比一种原始神秘主义理论或原始实用主义理论更趋近于理解，当一个博罗罗 (Bororo) 人说"我是一只长尾小鹦鹉"的时候，或者当一名基督徒说"我是一个罪人"的时候，他们究竟是什么意思。那神秘主义理论让日常世界隐没到一团怪异的观念的云雾里去了，那实用主义理论则把宗教拆解成了一堆有用的虚构。长尾小鹦鹉的例子，我引自珀西，就是个好例子。[48]因为，正如他所指出的，我们既不好说那个博罗罗人真的认为自己是一只长尾小鹦鹉（因为他并没有要和别的长尾小鹦鹉交配），也不好说他的陈述是假的或无意义的（因为，很显然，他给出的并不是——或至少不只是——像"我是个博罗罗人"那样能被肯定或否定的类成员身份主张），同样也很不好说这在科学上是假的但在神话上是真的（因为这将直接导出讲求实际的虚构这个概念，后者是内在地自我矛盾的，因为就在它给"神话"授予真理称号的同时，它又否定了该称号）。更融贯地看，似乎有必要将这个句子理解为在两种不同的"有限意义域"的语境中各有不同的意义，一个是构成宗教视角的意义域，另一个是构成常识视角的意义域。在宗教视角里，我们这位博罗罗人"真的"是一只"长尾小鹦鹉"，若有合适的仪式环境的话，当然也可能和其他的"长尾小鹦鹉""交配"——和像他那样的形而上小鹦鹉，而不是在平常的树上飞来飞去的那些形而下小鹦鹉。在常识视角里，从下述意义上讲他是一只小鹦鹉：(我假定) 他是一个把长尾小鹦鹉当作图腾的氏族的成员，考虑到宗教视角所揭示的现实的根本性质，此一氏族成员身份会导出某些道德的和实际的后果。一个说自己是长尾小鹦鹉的男子，如果他是在普通的对话中说的，那他是在说，正如神话和仪式所展示的那样，他周身都被长尾小鹦鹉的性质所穿透了，而且这项宗教事实有某些关键性的社会意涵——我们长尾小鹦鹉必须团结起来，不能彼此通婚，不能吃世间的长尾小鹦鹉，等等，否则就是跟整个宇宙作对。正是这样把身边的行动安置在终极的语境中，使得宗教在社会上拥有庞大的势力——至少常常如此。它经常极端地改变呈现给常识的全部景观，经此一变，宗教实践所引发的情绪和动机本身显得极其实际——既然事物"真的"是如此这般，那它们就是唯一合理的情绪和动机。

一个人，借由仪式"跃入"(这个意象跟实际情况相比或许体育味太重了些——用"滑入"也许更准确一点) 宗教观念所界定的意义框架中去，待仪式结束后又回到常识的世界，这样他就被改变了——除非那种经验没能得到理解，这有时会发生。既然他被改变了，常识的世界也被改变了，因为常识的世界从此被视为只是一种更广大的真实的局部形式，后者会修正和补全它。

但是这种修正和补全，并不像一些"比较宗教"学者会主张的那样，有着举世一致的内容。宗教赋予日常生活的那些偏见的性质，是随所涉宗教而变的，也随着信徒渐渐接受的特定宇宙秩序观念在他身上所引发的特别倾向而变化。在"大"宗教的层次上，人们承认——有时甚至过分热心地坚持——有机的独特性。在最简单的民间宗教和部落宗教的层次上，宗教传统的个殊性经常被瓦解成一些干涩的类型，诸如"泛灵论""泛生论""图腾崇拜""萨满教""祖先崇拜"以及其他各种枯燥的范畴，通过它们，宗教民族志学者把他们的材料弄得死气沉沉；但是即便在这里，我们还是能清楚地看到，不同的人群由于他们相信自己体验到的真相而表现出极具个性特征的行为。平静的爪哇人会在充满罪咎感的马努斯岛上感到格格不入，恰如积极进取的克劳人在冷静的爪哇岛上会感受到的一样。就世上的所有女巫和仪式丑角而言，阑答和巴龙当然不是恐惧和娱乐的普遍化比喻表达，而是彻底独一无二的表达。人的信仰就像人本身一样多彩多姿——若把这句话颠倒过来说也同样站得住脚。

正是宗教体系对社会体系（以及人格体系）的影响的这种特异性，使得我们不可能对宗教在道德面或功能面的价值做出一般性评估。一个刚从阿兹特克人牲献祭仪式下场的人，表现了具有他的特征的那些情绪和动机，肯定相当不同于刚刚放下克奇纳神（Kachina）的面具的人。甚至就在同一个社会里，人们从一场魔法仪式和从一场会餐里"学到"的关于生活根本模式的东西，也会对社会和心理功能的运行产生很不同的效果。科学地撰写有关宗教的著述在方法上的主要难题之一，就是要同时把乡村无神论者的声音和乡村布道者的声音，还有它们那些更老练复杂的等效物统统甩到一边，以便让特定宗教信仰的社会与心理含意能够清晰、中立地浮现出来。做到了这一点的时候，关于宗教是"好还是"坏","有正功能"还是"有反功能","强化自我"还是"产生焦虑"等总体性问题,就会像虚构的怪物——它们本身就是——一般消失,剩下的只有对特殊案例的特定评价、估计和诊断。当然,那些很难说不重要的问题也依然会存在,比如说,这个或那个宗教的断言对不对,这个或那个宗教的经验是真是假,或者真的宗教断言和真的宗教经验究竟有没有可能存在,等等。但是在科学视角给自己强加的限制之内,这样的问题我们连问也不可问,就更不用说回答了。

三

在人类学者看来,宗教的重要性在于,一方面它能够充当个人或群体关于世界、自我及二者间关系的一套普遍而独特的观念的源泉(即宗教的**属于**模型面向),另一方面它又充当根深蒂固而且同样独特的"心智"倾向的源泉(即宗教的**为了**模型面向)。然后,这些文化功能又导出了宗教的社会与心理功能。

宗教概念散播到其特定的形而上学语境之外,就为各式各样的经验——知识上的、情感上的、道德上的——提供了一套一般观念框架,使之能被赋予有意义的形式。基督徒把纳粹运动放在"人类的堕落"的背景下审视,虽然这并不能在因果性上解释什么,却将它放在了道德的、认知的甚至情感的意义语境中。阿赞德人把谷仓塌在一位朋友或亲戚的头上这件事,放在一个具体而且相当特别的巫术观念背景下来审视,从而规避了不确定论的哲学困境和心理压力。爪哇人在改造过的舶来概念 rasa ("感官-口味-感觉-意义")里发现了一个工具,使他能以一种新鲜的眼光去"看"舞蹈、味觉、情感和政治的现象。一套宇宙秩序的大纲，一套宗教信念，也是对社会关系和心理事件所构成的世俗世界的一套注解，它使它们能够被把握。

不过，这样的信仰不仅是注解，也是模板。它们不单以宇宙性的语汇来阐释社会和心理过程——在这种情形下，它们也许是哲学性的而不是宗教性的——它们还塑造了社会和心理过程。原罪的教义里也深藏着一套受推许的生命态度、一种反复出现的情绪和一套持久的动机。阿赞德人从巫术概念那里学到的，不仅是了解到表面上的"意外事件"根本就不是意外，还有要对这些虚假意外做出反应，去仇恨那个造成意外的罪魁祸首，并对他进行恰当的反制措施。rasa不只是一个关于真、美、善的概念，同时也是一种备受推崇的体验模式、一种无情的离弃、各种心如止水的超然、一种无可撼动的平静。一种宗教取向所产生的情绪和动机，给一个民族世俗生活的那些实在特征打上了一层衍生的、月色般的光晕。

因此，要追索宗教之社会与心理角色，主要并不在于寻找特定的仪式行动与特定世俗社会纽带之间的相关性——虽然这些相关性当然确实存在，而且也非常值得继续研究，特别是如果我们能针对它们发明出什么新东西来说的话。更重要的在于理解，人们对于"真正的真"的观念——无论它有多么隐晦——以及这些观念所激发的性情倾向，究竟如何影响他们对于合理性、实际性、人道性和道德性的意识。它们的影响究竟多广（因为宗教的作用在许多社会似乎相当有限，在另一些社会却穿透一切），多深（因为有些个人或群体似乎只要世俗世界能进行下去就行，宗教只是轻披在身上的装饰，而其他一些人却很较真地把信仰应用于一切场合，无论多么枝末的场合），多有效（宗教所推荐的与人们实际做的两者之间的鸿沟有多宽，随着文化之不同而千差万别）——这些都是比较宗教社会学和心理学的关键课题。就算宗教体系本身的发展程度，似乎也有极大的差异，而且这差异不是能放在一个简单的演化基础上来衡量的。在一个社会中，对终极真实之象征表述的精巧水平，可以达到超凡的复杂度和系统联结度；而在社会方面同样发达的另一个社会，这样的表述可能还停留在真正原始的水平，几乎不超过一堆破碎的准信念 (by-beliefs) 和彼此不相干的意象，或是一堆神圣的映象和精神的象形文字。我们只需想一想澳大利亚原住民与布须曼人 (Bushmen)，托拉查人 (Toradja) 与阿洛人 (Alorese)，霍皮人 (Hopi) 与阿帕切人 (Apache)，古印度人与古罗马人，或甚至意大利人与波兰人，就能看出，即便是在复杂程度类似的社会之间，宗教的体系性与明晰度也不是一个常量。

因此，人类学的宗教研究要分两步走：第一步，针对构成宗教之本体的诸象征所体现的意义体系做出分析；第二步，把这些体系与社会结构过程和心理过程关联起来。我对当代社会人类学关于宗教的研究之所以这么不满，不是因为它关注第二阶段，而是因为它忽略了第一阶段，于是就把最需要厘清的问题当作理所当然的事。祖先崇拜在规范政治继替方面扮演的角色，祭享在界定亲属义务方面扮演的角色，拜神在排定农事方面扮演的角色，卜问神明在强化社会控制方面扮演的角色，或者成丁礼在推进人格成熟方面扮演的角色，等等，讨论这些问题当然绝非不重要的工作，我并不是在主张放弃它们而代之以浅薄的神秘哲学——对异文化宗教信仰的象征分析很容易沦为这种东西。但是，如果把关于祖先崇拜、动物献祭、神灵崇拜、占卜或成丁礼的最一般的、常识的观点当作宗教模式,然后就试图去讨论前述那些课题,在我看来没有多少成功的希望。只有当我们拥有一套对象征行动的理论分析,和如今我们对社会和心理行动的理论分析在精致程度上差堪比拟时,我们才能够有效地处理宗教(或艺术,或科学,或意识形态)在其中扮演了支配性角色的社会与心理生活的那些方面。

第五章 精神气质、世界观与神圣象征分析

一

宗教从来就不只是形而上学。无论是哪个民族，其崇拜的形式、载体和对象都弥漫着一种深厚的道德严肃性的光辉。神圣性在它之内处处生出一种先赋义务感：它不仅鼓励虔诚，更是要求虔诚；它不仅诱导理智的赞同，更迫使情感的委身。无论是被表达为玛纳、梵天还是三位一体，那超凡脱俗、遗世独立的存在无可避免地被认为对引导人类行为具有深远意义。宗教从来不只是形而上学，也从来不只是伦理学。其道德生命力的源头据认为在于它忠实表达了现实的根本性质。人们觉得，极具强制力的"应该"来自全面的事实性的"是"，就这样，宗教把对人类行为的极为特殊的要求，建基于人类存在的极为一般的环境中。

在新近的人类学讨论里，某一给定文化的道德（和审美）面向，即那些评价性元素，通常会用"精神气质"(ethos)一词来概括，而其认知和存在的面向，则用"世界观"(world view)一词来指称。一个民族的精神气质就是指他们生活的色调、性格和特质，它的道德和审美的风格与基调；它是对于他们自身和那一生

活所反映的世界的深层态度。他们的世界观是他们对事物之纯粹真实状况的描绘，是他们对自然、自我和社会的概念。它包含了他们最具综合性的秩序观念。宗教信仰和宗教仪式彼此对照并相互确认：一方面，世界观所描述的世界实相暗含着一种生活方式，精神气质因再现/代表了这一生活方式而变得在理智上是合理的；另一方面，这种生活方式是事物实存状态的本真表现，世界观因被呈现为这样的实相而变得在情感上是合意的。一个民族所抱持的价值观与他们在其中发现了自身的普遍存在秩序之间，存在一种有意义的关系，证明这一点是一切宗教的必要元素，无论那些价值观或那种秩序被构想成什么样子。不管宗教还可能是什么别的东西，它至少部分地是保存丰富的普遍意义的一种努力（含蓄的、直观感觉到的那种，而非明言的、有意构思的那种），每个人都根据那普遍意义去阐释他的经验，组织他的行为。

不过，意义只能"贮存"在诸如十字架、新月或羽蛇等象征之中。在那些与它们有共鸣的人看来，这些在仪式中被戏剧化或在神话中被讲述的宗教象征，不知怎的让人觉得它们似乎总结了他们所知的重要事项：关于世界的运行之道，这种道所支持的情感生活的特质，以及人在其中行动的应然之道。因此，神圣象征将本体论、宇宙论与美学、道德关联起来：它们独一无二的力量，就来自它们据称能在最根本的层次上将事实与价值等同为一，能给纯粹的现实赋予无所不包的规范性意涵。在任何一个文化中，这种综合象征的数量都是有限的，而且虽然从理论上讲，一个民族可以构造出一套独立于任何形而上所指对象的完全自主的价值系统，一套不涉及本体论的伦理学，但实际上我们似乎从未发现这样的民族。这种将世界观和精神气质在某个层次上加以综合的倾向,即便不是逻辑上必然的,至少也是经验上强制的;即便不是哲学上有理的,至少也是实用上普遍的。

为了例证这种存在与规范的融合,容我引述詹姆斯·沃克记载的一位奥格拉拉族(Oglala,即苏族,Sioux)报告人的一段话——那是我在保罗·拉丁那本被忽视的经典著作《哲学家原始人》里发现的:

> 奥格拉拉人相信圆形是神圣的,因为大神让自然界中除了石头之外的所有事物都是圆的。石头是破坏的工具。太阳和天空、大地和月亮都和盾牌一样圆,尽管天空深得像个碗。所有会呼吸的活物都像植物的茎一样是圆的。大神让所有事物都是圆的,所以人类应该把圆形看作神圣的,因为它是除了石头以外一切自然物的象征。而且,圆形也是世界的边缘的象征,所以它也象征了在世界里游荡的四风的边缘。于是它也象征了年。白天、夜晚,还有在天上做圆周运动的月亮。所以,圆是这些时间划分法的象征,因此也就象征了一切时间。
>
> 基于这些理由,奥格拉拉人把他们的帝皮*搭成圆形的,把他们的营地圈排成圆形的,并在举行一切庆典时坐成圆形。圆形还象征了帝皮和庇护所。如果有人用一个没有任何分断处的圆形物做装饰,它就应被理解为世界和时间的象征。[1]

---

* 帝皮(tipi),印第安人居住的圆锥形帐篷。

这是对善与恶之间的关系,以及二者根植于现实之本性的一种精妙的表述。圆形与非圆形、太阳与石头、庇护所与战争被分割成一对对析取性的类别,而且具有了美学、道德和本体论上的意义。这一陈述的合乎逻辑的表达是非典型的:对于绝大多数奥格拉拉人而言,圆形,不论是存在于自然界里的,画在水牛皮上的,还是在一场太阳舞中表演出来的,都不过是一个未经审视的、鲜明的象征,它的意义是直觉感受到的,而非来自有意识的解释。但不论解析与否,象征的力量显然就在于它的无所不包,在于它使经验有序化的丰硕成果。神圣的圆形,一个有道德意涵的自然形状,这个观念每当被运用在奥格拉拉人所生活的世界中时都会一再产生新的意义;它不断地将他们经验中的种种元素拼合在一起,使它们不至于像一摊彻底纷纭歧异的碎片,并因而无法理解。

人的躯干和植物的茎,月亮和盾牌,帝皮和营地圈,它们共同的圆形赋予它们一种构想得很模糊但感受得很强烈的意涵。而且,这一有意义的共通元素一旦被抽取出来,就能为仪式的目的所运用——比如烟杆在和平庆典中象征了社会团结,抽烟者们慎重地沿着完美的圆形轨迹来传递烟杆,形状的纯粹性引来神灵的恩赐。或者,它也能被用来从神话上解释道德经验中特有的悖论和反常,比如从圆石头上看到善对恶的改造力。

二

宗教体系是由一簇被编织入某个有序整体之中的神圣象征组成的。对于其信奉者来说,这样一套宗教体系似乎是在传导真正的知识,即关于人生必须、必然据以度过的那些基本条件的知识。具体而言,在这些象征不受历史的或哲学的批判的地方(世界上大多数文化都是这种情况),忽视神圣象征所表达的道德-审美规范或生活方式悖于常俗的个人,与其说会被认为是邪恶的,不如说会被认为是愚笨、迟钝、无知甚至疯狂的——在极受唾弃的情况下。在我做过田野调查的爪哇,幼童、傻子、乡巴佬、疯子以及大奸大恶之徒都被说成是"还不够格的爪哇人"(not yet Javanese),而还不够格的爪哇人,就是还不能算是人。有悖伦理道德的行为被称为"背离常俗"(uncustomary),较严重的罪行(乱伦、妖术和谋杀)通常会以假定的理智的堕落来解释,而针对轻微一些的罪行,犯错者会被批评为"不懂规矩",而且表示"宗教"和表示"科学"的是同一个词。道德因而带有一种简单的现实主义、一种实践智慧的色彩;宗教对合宜的行为的支持,靠的是描绘出这样一个世界,合宜的行为在那里显得不过是常识。

它只不过是常识,因为在精神气质和世界观之间,在被认可的生活方式和被假定的现实结构之间,据设想存在一种简单的、根本的一致性,所以双方相互补足,为彼此赋予意义。比如在爪哇,这种视角被概括成当地人屡屡提到的一个概念,那就是tjotjog。tjotjog意为"适合",好比钥匙对锁、灵药对疾病、解法对算术题、男人对他娶的女人(要是不"适合"则会离婚)的关系。如果你我意见一致,那我们tjotjog;如果我的名字的含意与我的性格相合(而且还能带来好运),那这个名字就是tjotjog。美味的食物、正确的义理、良好的礼仪、惬意的环境以及满意的结果都是tjotjog。从最宽泛、最抽象的意义上说,若两项事物的一致形成了一种互相耦合的模式，它能分别赋予二者它们本身所没有的某种意义和价值，那它们就tjotjog。这蕴含了一种对位的 (contrapuntal) 宇宙观，它看重的是分立的元素之间有怎样的自然关系，以及怎样安排能让它们鸣奏出和弦、避免不和谐音。在和声里，最终正确的关系是固定的、确切的而且可知的，而宗教一如和声，究其根本是一种实践科学，就像从声音中造就音乐那样，从事实中造就了意义。就其特殊性而言，tjotjog是格外爪哇化的观念，但认为唯有当人的行动顺应宇宙状况时人生才获得其真义，这种观念却相当普遍。

在不同的文化里，神圣象征所表述的生活方式与基本现实之间的那种对位法是不一样的。纳瓦霍人所崇尚的冷静沉着、坚持不懈、庄重惕厉的德行，与那种有着宏伟巨力、机械般的规律并且十分凶险的大自然的图景互补。在法国人看来，一种逻辑律法主义 (logical legalism) 是对下述观念的反应：现实是理性地构成的，第一原理是清晰、准确且不容改动的，所以人只需要辨明、熟记它们并将之推理适用于具体实例即可。在印度教徒看来，人现世行为的性质自动决定了他来生转世时会有怎样的社会和灵性地位，这种先验的道德决定论借由与种姓绑在一起的仪式性责任伦理而得以完备。不管是规范面还是形而上学面，就其本身而言，都是任意专断的，但两者合起来之后，就会形成一个具有某种奇特必然性的格式塔；纳瓦霍人世界里的法国式道德观，或者法国人世界里的印度教道德观，只会显得是异想天开，因为这样一来它们便失去了在原语境中自然性和纯粹现实性的气息。这样一种道德观的权威性的首要来源，正是这种事实性的气息，这种不过是对真正合理的生活方式的描写的气息。一切神圣象征都断言，顺应现实地生活是对人最好的；它们的差别在于它们为现实构建的景象不同。

不过，神圣象征渲染的不仅是正面价值，同样也有负面价值。它们不仅指向善的存在，也指向恶的存在，并且指向两者间的冲突。所谓恶的问题，就是如何从世界观层面来表述存在于自我之内和自我之外的破坏性力量的真实性质，如何解释凶杀、歉收、病痛、地震、贫困以及压迫，好跟它们达成某种和解。如印第安人的那些宗教和某些版本的基督教那样，宣称恶从根本上说是不真实的，这只是对恶的问题的一种解决方案而已，而且相当少见；更常见的情况是，恶的现实性被肯定地接受和特征化，而且面对它的一种态度——无奈承受、积极地对抗、享乐地逃避、自责忏悔，或者卑微地乞怜——会被责令当成合理恰当的而予以接受，这要考虑到它的本性来定。非洲阿赞德人认为，所有自然的不幸（如死亡、疾病、歉收）都是由于某人憎恨另一个人，然后机械性地通过巫术来施行，他们对恶的态度是直接而实际的：要对付恶，就要凭着信实可靠的占卜去找出那个巫师，然后用久经考验的社会压力方法迫使他放弃攻击，如果不行，就用有效的复仇法术杀了他。在美拉尼西亚的马努斯岛，人们认为出现疾病、死亡和破财源于隐匿的罪行（通奸、偷盗、说谎）触犯了家神的道德感，与此相伴的是对公开认罪和悔改的强调，即视之为对付邪恶的合理方式。在爪哇人看来，邪恶源自不加钤束的强烈情感，可以用超脱和自制来抵御。由此可见，一个民族所崇尚的东西和所惧怕、厌恨的东西都被描绘在其世界观里，被象征化在其宗教里，反过来又被表现在其生活的整个质地里。其精神气质的独特之处不仅体现在它所称颂的高贵上，同样也体现在它所谴责的低贱上；它的罪恶和它的美德一样是有风格的。

因此，宗教支撑社会价值的力量在于宗教象征表述一个世界的能力，这个世界把那些价值以及阻碍它们实现的力量当作基本元素。它体现了人类想象力构筑现实图景的能力，用马克斯·韦伯的话说，在此图景里"事件并非只是存在和发生，而是蕴含着某种意义，并且因为那个意义而发生"。对于这种价值观的形而上学基础的需求程度，每个文化和每个个人都不一样，不过，渴望为自己信奉的东西寻找某种事实根据的倾向似乎确实是普世皆同的；无论在哪个文化里，都没有几个人能满足于纯粹的约定论。不论宗教所扮演的角色会如何因时代、个体和文化而异，融合了世界观和精神气质的宗教，总是能为社会价值体系提供它若要获得强制性就必须具备的条件：一种客观性的外表。在神圣的仪式和神话里，价值观被刻画为一个具有特定结构的世界隐然强加于人生之上的条件，而不是人类的主观偏好。

三

被各民族奉为神圣的象征（或者象征复合体）千差万别。比如澳大利亚原住民繁复的成年礼、毛利人深奥费解的哲学故事、因纽特人戏剧性的萨满展演、阿兹特克人残忍的人牲献祭、纳瓦霍人偏执狂似的治病仪式，以及波利尼西亚各族群的盛大社宴——这所有的（还有许多其他的）模式对各相关民族而言，似乎都最有力地概括总结了他们对生活所知的一切。通常一个民族也并非只有一种象征复合体：比如马林诺夫斯基笔下著名的特罗布里恩人，就既关注园艺仪式也关注贸易仪式。在一个像爪哇文明——那里印度教、伊斯兰教和本土原生宗教[*]都保有强大的影响力——这样复杂的文明里,我们可以在几个象征复合体里任选一个来揭示精神气质和世界观之整合体的某一方面。但要尽可能清楚且直接地洞见爪哇人的价值观和形而上学之间的联系,最便捷的路径或许就是简要分析一下爪哇人生活中最根深蒂固、发展最完善的艺术形式之一,它同时也是一种宗教仪式:哇扬(wajang),即皮影戏。

这种戏的名称源自其所用的皮偶,它们由光滑平整的皮革剪成,涂上金、红、蓝、黑等色,然后在一面白幕上投射出大的影子。被称为达郎(dalang)的人偶操控者坐在白幕前的垫子上,头顶上方悬挂着一盏油灯,身后则是一支甘美兰打击乐队。他的面前横放着一根香蕉树干,上边插着那些人偶,每个人偶系结在一根玳瑁手柄上。一场演出会延续一整晚。随着戏剧的进展,达郎会根据需要从树干上取下人物替换手里的,一手将人偶举过头顶,置于光源和屏幕之间。与达郎在屏幕同一侧的人——传统上只有男人能坐在这里——可以看到人偶本身,也可以看到人偶的影子升起并占据它们背后的屏幕;而在屏幕另一侧的人——女人和孩子们——则只能看到人偶的影子。

哇扬的故事多半取材于印度史诗《摩诃婆罗多》中的桥段,稍加改编便放进爪哇的情境里(有时候也会演出《罗摩衍那》中的故事,但不太流行)。这一组剧里主要有三群人物,第一类是以湿婆及其妻杜伽为首的男神和女神。与希腊史诗相似,这些神远不是一律正直的,反而处处显出人的弱点和人的激情,并且似乎

---

[*] 此处原文为 pagan,这个词过去通常译为"异教",充斥着基督教自我中心主义的意味。为避免继续传播此种错误的意识,故改以意译为"本土原生宗教"。

对俗世的事物格外感兴趣。第二类是国王和贵族，他们理论上是现今爪哇人的祖先。般度五子(Pendawas)和持国百子(Korawas)是两个最重要的贵族集团。般度五子就是著名的英雄五兄弟坚战(Yudistira)、怖军(Bima)、阿周那(Arjuna)以及一模一样的双胞胎无种(Nakula)与偕天(Sadéwa)，此外还有毗湿奴(Visnu)的化身之一黑天(Krisna)常伴他们左右，负责指引和保护他们。持国百子是般度五子的堂兄弟，他们篡夺了般度五子的噶思提纳(Ngastina)王国。哇扬的主题就是针对这个国家的夺权之战，按《薄伽梵歌》所载，这场争战在亲戚之间的俱卢大战(Bratajuda)达到高潮，最后以般度五子击败持国百子告终。第三类则是爪哇人在原有的印度人物阵容之外新创的人物，即既伟大又卑微的小丑瑟玛尔(Semar)、佩得鲁克(Petruk)和伽仍(Garèng)，他们一直陪伴在般度五子身边，曾经是般度五子的仆人和侍卫。瑟玛尔是佩得鲁克和伽仍的父亲，完全一副普通人的外表，但其实是一个神，身份贵为众神之王湿婆的兄弟。这个形象粗陋、笨手笨脚的傻瓜却又是所有爪哇人自始至今、直到永远的守护神，所以他或许可谓整套哇扬神话里最重要的人物。

　　哇扬的典型行动类型也分三种：一是"交谈"的桥段，即敌对的两群贵族对峙着，讨论他们之间的问题(达郎独自为所有戏中人物配音)；二是"交战"的桥段，即外交失败后，两群贵族开战(达郎将皮偶相互敲击，同时脚踢响板来表现战斗的声音)；三是俚俗喜剧的桥段，小丑们除了嘲讽贵族也相互嘲讽，此外，若主演的达郎很机灵，也会借机嘲讽观众或是当地的当权者们。一般来说，这三种桥段会被布置在整晚演出过程的不同时段。舌战类的场景多半安排在开头部分，喜剧类居中，战争类靠后。从九点至午夜,诸多王国的政治领袖彼此对峙,由此阐明故事大纲:一位哇扬男主人公想要迎娶邻国国王的女儿,或者一个被征服的国家想要自由,诸如此类。从午夜到凌晨三点左右,某种难题开始出现:比如另有他人也想迎娶公主,帝国主义国家拒绝给予殖民地自由,等等。最终,这些难题在最后一部分得到解决,在拂晓时分,免不得以一场男主人公大获全胜的战争画上句点——随后便是为最终圆满的婚姻或自由解放所做的短暂庆祝。受过西方教育的爪哇知识分子经常把哇扬比作奏鸣曲:以主题的呈示为开头,接着是它的展开和复杂化,最后以它的解决和再现收尾。

西方的观者会立马想到另一个可比较的对象,那就是莎士比亚的历史剧。冗长而正式的宫廷场景,那里信使们来来往往,穿插着发生在树林里或路旁的简短、令人屏息的过渡场景,双线情节,小丑们说着粗俗却深明大义的大白话,谐谑地模仿那些张口闭口荣誉、正义、责任之类高尚修辞的大贵族们的行为模式,最后是像什鲁斯伯里(Shrewsbury)之战和阿金库尔(Agincourt)之战那样的一场决战,让战败者虽败犹荣——这一切都让人想起莎士比亚的历史剧。但是,撇开两者在封建道德准则方面的表面相似不论,哇扬所表达的世界观终究难谓与伊丽莎白时代的世界观一致。给人类行动提供主场景的,并不是那些做官的、掌权的人主宰的外在世界,而是情感和欲望所支配的内心世界。现实不是向自我之外而是在自我之内去寻求的;结果,哇扬所戏剧化呈现的并非哲学化的政治学,而是玄学化的心理学。

在爪哇人(或者至少那些在思想上依然深受公元2—15世纪爪哇的印度教-佛教时期的影响的人)看来,主观经验之流,从其现象学的一切直观性来领会的话,总体上呈现出宇宙的缩影;在流动的思维-情绪的内在世界深处,他们看到了被反映出来的终极真实本身。对这种内观式世界观最为透彻的表达,是爪哇人从印度人那里借用过来并特别重新加以诠释的一个概念——"拉沙"(rasa)。拉沙有两种主要含义:"感觉"和"意义"。当作"感觉"解时,拉沙就是爪哇传统上讲的五种感觉——视、听、说、嗅、感——中的感,它涵括了在我们的五感说里区分开来的三个方面:舌头的味觉、肢体的触觉以及"心"里的悲和喜之类的情绪性"感受"。香蕉的口味是它的拉沙,推撞是拉沙,疼痛是拉沙,激情亦然。当作"意义"解时,拉沙被应用于一封信、一首诗乃至平常话语中的字词,以指涉在爪哇人的沟通与社交中十分重要的那种藏在字里行间的间接、隐晦的暗示。它也同样被应用在一般的行为上:指涉舞蹈动作、礼貌姿态等的含蓄寓意或言外之意式的"感觉"。不过,它的这第二种语义也意指"终极意义"——人唯有凭借神秘的修行才能企及的最深层意义,揭示这种意义必将吹散笼罩着世俗存在的一切迷雾。我的一位最能言善道的报道人曾说,拉沙和生命一样;凡活着的都有拉沙,凡有拉沙的都活着。要想翻译这句话,唯一可行的方法就是用两种方式来表达它:凡活着的都会感受,凡能感受的都活着;还有:凡活着的都有意义,凡有意义的都活着。

通过赋予拉沙以"感觉"和"意义"的双重含义,爪哇人当中比较爱好玄想的那些人发展出了一套针对主观经验的高度复杂的现象学分析,其他一切事物都可以和主观经验连起来。因为"感觉"和"意义"根本上是一回事,所以**主观上**获得的终极宗教体验就无异于**客观上**发现的终极宗教真理,对内在知觉的经验分析同时也产生出对外在现实的形而上学分析。这一点一旦得到认可——而且实际做出的鉴别、分类、联系通常都既精微又详尽——那么无论是从道德或是从审美的角度思考人类的行动,其典型方式都是根据当事人的情感生活。不论这一行动是作为自己的行为而从内部加以审视,还是作为他人的行为而从外部加以审视,都是如此:一个人的感觉越精致,他的领悟就越深刻,他的道德品质就越高尚,他的外在——诸如衣饰、举止、言谈等——就越优美。因此,对自身情感经济的管理便成为个人的头等要务,其他一切最终都要借此方能被合理化。性灵开悟的人可以很好地保持心理平衡,并且不懈地致力于维持其平和静定。用一个常被提及的比喻来说,他的内心生活必须如同一泓清澈见底的平静池水。因此,个人最近的目标就是情绪的静止,因为激情是粗糙的感觉,只适合孩童、禽兽、疯子、原始人和外邦人。而他要凭借这种静止以企及的终极目标,则是灵知(gnosis)——对终极的拉沙的直接了悟。

爪哇人的宗教(或者至少说它的这一种版本)因而是神秘主义的:借由精神上的戒律,在作为纯粹拉沙的自我的深处发现神明。相应于此,爪哇人的伦理学(和美学)是非享乐主义的情感中心主义:情绪宁定,即情感的某种平静无波,一种奇怪的内心静止,是被珍视的心理状态,被认为是真正高贵品性的标志。人必须尝试着超越日常生活的情绪,以企及藏于众生底蕴的真正的感觉-意义。毕竟,乐与苦其实是一回事。你大笑时会流泪,哭泣时也会。再者,它们必然是互为因果的:现在快乐,过后忧愁;现在忧愁,过后快乐。理智、审慎的"智者"努力寻求的不是快乐,而是平静超然,使他得以超脱在欢愉与沮丧之间无穷尽的往复循环。类似于此,几乎构成了整套道德规范的爪哇礼节,就聚焦于防止惊扰他人心境平衡而设的禁制,比如禁止突然的动作、大声的言语,以及一切惊人或反常的行为等,因为这些行为会反过来导致其他人也举止反常,从而搅扰自身的平衡。在世界观方面,有和瑜伽类似的神秘修行功法(冥想、凝视蜡烛、重复念诵一些指定的字词),还有一些关于情绪及其与疾病、自然物、社会制度等等之间关系的奥秘难解的玄想理论。在精神气质方面,道德规范强调服装、言谈、动作上的克制,强调对于自己和他人情绪状态上的细微变化有细致的敏感性,还强调行为上高度稳定的规律性和可预测性。有句爪哇谚语说:"如果你要去北方,那就一路向北。不要朝东、朝西、朝南拐弯。"由此可见,宗教和伦理、神秘主义和礼节都指向同一个目标:能抵御内外干扰的一种超然平静。

但和印度不同,这种平静不是通过出离俗世与社会来获得的,而是必须在世间成就的。它是现世的——甚至是实用性的——神秘主义,我们从下面这段拼合而成的引文里可窥见一斑,当中的两名爪哇小商贩是某个神秘社团的成员:

> 他说这个团体旨在教人不要把太多的心力花在世俗事务上,不要过于在意日常生活。他说要做到这点很不容易。他觉得自己妻子就不大能做到,他的妻子也这么认为。好比说,她还是喜欢骑摩托车,但他却无所谓,骑也行,不骑也可以。要花很多时间学习和冥想。比如说,你必须做到这点,这样当有人来买布的时候,你就不会在乎他到底买不买……而且你不能让自己的情绪真的陷入做买卖里头去,而是要一心想着神。这个社团想带大家信奉神,避免被日常生活羁绊太深。

……他为什么要冥想？他说那就是为了让内心平和，让你内心平静，你就不容易觉得烦乱。比如说，如果你在卖布，就可能因为把进价六十卢比的一块布卖了四十卢比而心烦意乱。更是有人来店里而我正心绪不宁，那我就没法卖他任何东西……我说，嗯，那你为什么要跟人聚会，而不是待在家里冥想呢？然后他说，哦，首先你不应该借退出社会来达到平和；你应当留在社会中和人打交道，只是同时在内心保持平和。

哇扬通过很多方式表现了神秘主义-现象学的世界观和以礼节为中心的精神气质之间的这种融合。第一，它通过一套明晰的图像志最直接地表现出来。般度五子通常被解读为象征着五感，人必须要把五感凝聚为一股完整的心理力量，才能获得灵知。冥想要求五感紧密"合作"，就像凡事同心协力的英雄五兄弟一样。或者，皮偶的影子被等同于人的外在行为，皮偶本身则是人的内在自我，所以对人或对皮偶来讲皆然，可见的行为模式是潜在的心理真实的直接结果。皮偶的设计有着明显的象征含义：怖军的围裙上有红、白、黑三色，红色通常被认为代表勇气，白色代表纯洁，黑色则代表意志的坚忍。负责伴奏的甘美兰乐队所弹奏的各式曲调，每个都象征一种特定的情绪；与之类似的还有达郎在演出的不同节点所唱诵的诗歌，如此等等。第二，上述融合还常以寓言的形式出现，比如在怖军找寻"净水"的故事中。在得知净水可以让他坚不可摧后，怖军踏上了寻水的征程，并在途中斩杀了许多怪物。后来，怖军遇到一位与他小指一般大小且模样跟他自己完全相同的神，结果，在钻进这位如自己的镜像一般的小神的嘴里以后，他在神的体内看到了整个世界，每个细节都完整无缺。随后，他从神的嘴里出来，神告诉他世上没有"净水"这种东西，他的力量之源就蕴藏在自己体内，于是他就去冥想了。第三，不时有人以类比来解读皮影戏中的道德寓意：达郎对皮偶的绝对控制类同于神对人的控制；礼貌的致辞和野蛮的战争之间的交替被说成与现代国际关系相类，在这种关系里，只要外交官们还在继续谈判，和平就占上风，而一旦谈判破裂，接着就是战争。

不过图像、寓言或道德类比，都不是哇扬表达爪哇式综合的主要手段；因为哇扬作为一个整体，一般被视为不过是同时从道德和事实两方面对个体主观经验的戏剧化呈现：

> 他[一位小学教师]说哇扬的主旨在于描绘一幅关于人内在思想和感受的图景，给内在感受赋予一种外在形式。他说，讲得更具体点，它描绘了人心之中永恒的矛盾——他想要做什么与他觉得自己应当做什么之间的矛盾。好比说你想偷什么东西，好，就在这时你心中有个东西告诉你不该这么做，约束你、控制你。想做什么事的那个叫作意志(will)，约束你的那个叫作自我(ego)。所有这些趋势每天都在威胁着要摧毁一个人，要破坏他的思想并扰乱他的行为。这些趋势就叫作"勾达"(goda)，意思是纠缠或戏弄某个人或某个事物的东西。比如说，你去一家咖啡店，有人正在用餐，他们邀你一起，于是你心中会纠结——我该和他们一起用餐吗……不了，我早就吃过了，再吃就撑坏了……可是这些菜看起来又着实诱人……等等……等等。

149

哦,在哇扬里,持国百子就代表了各种纠缠戏弄、愿望等等,也就是"勾达",而他们的堂兄弟般度五子与黑天则代表了自制力。这部戏表面上演的是争江山。之所以如此,是为了让这些故事在旁观者眼中显得真实,这样就可以用具体的外在元素来代表拉沙中的抽象元素,那些外在元素会吸引观众,让他们觉得像是真的,还能传达拉沙的内在讯息。比如说,哇扬充斥着战争,打不完的战争,这种战争实际上想要表现的是每个人在其主观生命中永无休止的冲突——卑鄙的冲动和净化的冲动之间的冲突。

再一次地,这种表述比大多数人的表述更具自我意识;普通人"爱看"哇扬,但不会明确诠释它的意义。但是,正如圆将奥格拉拉人的经验组织起来,而不管个别的苏族人能否解释圆的意义或者有没有兴趣这么做,哇扬的神圣象征——音乐、人物、剧情本身——也为普通爪哇人的经验赋予了形式。

比如说,般度五子中的三位哥哥,通常被认为展现了围绕着爪哇的这种或那种中心德行而生的三种情感-道德两难困境。长兄坚战同情心过甚。他无法有效地管理自己的国家,因为只要有人索要他的土地、财富和食物,他就会由于怜悯而施舍出去,结果导致自己丧权失势、穷困潦倒或忍饥挨饿。他的敌人不断利用他的仁慈来欺骗他,逃避他的责罚。另一方面,怖军则是固执专一、心志坚定的人,一旦有了某种打算,他就会不达目的誓不罢休;他心无旁骛,不会在中途放弃或怠惰——用爪哇话说就是他"一路向北"。结果,他经常鲁莽轻率,陷入原本可以避免的难题。三哥阿周那为人极其公正而好义。他的优点来自他与邪恶对抗,庇护人民免于不公正的侵害,能沉着勇敢地捍卫正道。不过他缺乏怜悯心,对犯错之人毫不同情。他用神授的道德规则来衡量人类的活动,所以经常以正义之名行冷漠、严酷乃至残暴之事。这三种德行的两难困境的解决之道都一样,那就是神秘的洞见。凭借对人类真实处境的真正理解,即对终极拉沙的一种真正觉知,坚战的慈悲、怖军的行动意志以及阿周那的正义感方能被糅合成一个真实的道德愿景,这种愿景给身陷滔滔浊世的人带来情感上的超然与内心的平和,却又容许甚至要求人在这样一个世界里为秩序与正义而斗争。戏中的般度五子精诚团结,不断地相互取长补短,清楚地展示了这种统一的力量。

然而,说到底,瑟玛尔这个似乎聚集了诸多矛盾的人物——既是神又是小丑,既是人的守护神又是他的仆役,既有最精微的内在灵性又有最粗野的外在面目——又是什么呢?我们再次联想到莎翁历史剧,就这个案例而言,想到了福斯塔夫*。瑟玛尔是这出戏的主角们的象征性父亲,他和福斯塔夫一样身材臃肿、举止滑稽,并且通达人情世故;此外,他也和福斯塔夫一样,似乎以他有力的非道德主义对整出戏所肯定的价值观提出了一番总体性批判。或许,这两个人物提供了一种警示,不论宗教狂热分子和道德绝对论者们的那些过度自满的断言怎么吹,人类的世界观不可能做到完全允执厥中并包罗万物,而且在一切绝对、终极知识的伪装背后,依然保留着这样一种意识:人类生活是非理性的,而且这种非理性是无法限制的。瑟玛尔提醒高贵典雅的般度五子不要忘记自己

---

* 福斯塔夫(Falstaff),莎士比亚《亨利四世》和《温莎的风流娘儿们》中的人物,是个身材肥胖、机智诙谐又爱吹牛的骑士,既和蔼友善又纵情声色。

卑微的、动物的起源。他抗拒任何这样的企图：借着逃逸到绝对秩序的神圣世界，即给心理学-形而上学的永恒冲突画上最终的休止符，来把人变成神，终结这个自然偶发性的世界。

在一出哇扬里，湿婆化身为一位秘教导师降临大地，以求调停般度和持国两个阵营，安排两者间的和平协商。事情进行得很顺利，唯独瑟玛尔不同意。于是湿婆唆使阿周那去杀掉瑟玛尔，这样就能让般度和持国两边言归于好，结束无休无止的争斗。阿周那并不想杀害他所喜爱的瑟玛尔，可是又想为两群堂兄弟之间的分歧找出一个公正的解决方案，于是他还是前去谋害瑟玛尔。瑟玛尔说：我一直追随你左右，忠心地侍奉你、爱护你，如今你竟这样对我？这是整出戏中最悲怆的一段，阿周那深感羞愧，但为了忠于自己的正义观，他坚持要完成自己的职责。于是瑟玛尔说：既然如此，那我自焚吧。他燃起一堆篝火站了进去。但是他并没有死，而是摇身变成他的神形，并且打败了湿婆。随后，持国和般度之间战事又起。

或许不是所有的民族都能这么清楚地意识到，非理性的调子在任何世界观里都是必然存在的，因此恶的问题本质上是不可能解决的。但是，无论是以骗子、小丑、巫术信仰还是原罪观念的形式出现，这些对人类自欺欺人的宗教或道德永无谬误论的象征性警示，或许是灵性之成熟的最确凿标志。

四

近年来，将人视为象征化、概念化、寻求意义的动物的这种观点，在社会科学和哲学领域中越来越普遍，不仅为针对宗教本身的分析，也为我们理解宗教和价值观之间的关系开出了一条全新的路径。理解经验、赋予经验以形式和秩序的强烈欲望，显然在现实性和紧迫性上丝毫不亚于我们更为熟知的生物性需求。既然如此，似乎没必要继续将宗教、艺术、意识形态等象征性的活动仅仅阐释为薄薄的一层伪装，意在遮掩什么别的更真实的东西。相反地，它们是在为一个在它不能理解的世界里便生存不下去的生物体提供方向。套用肯尼斯·伯克的话，如果象征是涵摄情境的策略，那么我们就要更多地注意人们如何定义情境以及如何应对情境。此一强调并不意味着要将信仰和价值观从它们的心理和社会背景中移出，而移入"纯粹意义"的境域里，但这的确意味着我们应该更侧重于以明确用来处理象征材料的概念来分析这类信仰和价值观。

　　本文所用的精神气质和世界观这两个概念是模糊而不精确的；但愿它们能成为一套更为充分的分析框架的原型理论或先驱。不过，其至就凭它们，人类学家也正在开始发展一种研究价值观的新路径，它能厘清而非混淆对行为的规范调控所涉及的关键过程。这样一种经验取向的、理论上更精到的、强调象征的价值观研究路径，几乎必然导致的结果之一，就是试图根据某些理论来描述道德、审美及其他规范活动的种种分析的衰微，那些理论不是基于对这些活动的观察，而是仅凭逻辑思辨。如同被飞行学理论判定为飞不起来却依然飞得很好的蜜蜂，或许绝大部分人类一直都在从事实性的前提推导出规范性的结论（也从规范性的前提推导出事实性的结论，因为精神气质和世界观之间的关系是循环的），根本不理会专业哲学家们对"自然主义谬误"所做的那些精致的、在他们自己看来完美无瑕的反思。这样一种价值理论的研究取向，把目光转向真实的人在真实的社会里按照真实的文化去生活，从中寻找其刺激和验证的行为，它能让我们远离那些抽象而且酸腐的论点，不再毫无新意地一遍遍反复炒那区区几种经典的立场，而转向关于价值观是什么及其如何运作的洞见的日新月异的过程。这项对价值观进行科学分析的事业一旦顺利启动，对伦理学的哲学讨论很可能会更鞭辟入里。这一过程不是用描述性的伦理学取代道德哲学，而是为道德哲学提供一种经验基础，以及一套比亚里士多德、斯宾诺莎或 G. E. 摩尔可用的稍微先进些的概念框架。人类学这样一门特殊的学科在价值观分析中的角色不是取代哲学研究，而是使它更有现实关联性。

第六章 仪式和社会变迁:一个爪哇案例分析

功能主义,无论是与拉德克利夫-布朗的名字连在一起的社会学路数的那一种,或是与马林诺夫斯基连在一起的社会心理学路数的那一种,就像在人类学关注的众多领域里那样,已日渐主导了最近关于宗教在社会中的角色的理论探讨。社会学路径(或者用英国人类学家比较喜爱的说法:社会人类学路径),起始于涂尔干的《宗教生活的基本形式》以及罗伯逊-史密斯的《闪米特人宗教讲座》,强调信仰尤其是仪式赖以强化个人之间传统社会纽带的方式;它着重关注一个群体的社会结构是如何通过它所依凭的潜在社会价值的仪式性或神话性象征化,而得以增强和久存的。[1]至于社会心理学路径,弗雷泽和泰勒或许算是先驱,但马林诺夫斯基的经典著作《巫术、科学与宗教》阐述得最明晰;它强调宗教对个人的作用——它如何满足他对一个稳定的、可理解的、可强行驾驭的世界的认知和情感需求,以及如何使他能够在面对自然的偶然性时保持内心的安全感。[2]这两种路径共同使我们愈发详尽地理解了形形色色的社会中的宗教的社会和心理"功能"。

然而,功能主义路径最薄弱之处在于分析社会变迁。正如一些作者曾指出的那样，它强调平衡的系统、社会稳态 (homeostasis) 和无时间性的结构图景，因此偏爱处于稳定均衡下的"整合良好"的社会，并倾向于突出一个民族的社会惯例与习俗的正功能方面而非其负功能后果。[3]在宗教分析中，这种静态的、非历史的路径，引发一种对仪式和信仰在社会生活中的角色的过于保守的看法。尽管克拉克洪[4]和其他人就巫术之类的宗教实践的"得与失"提出过警示性的评价，但人们依然持续倾向于强调宗教模式的协调、整合和心理支持的方面，而非其破坏、分裂和心理扰乱的方面；倾向于表明宗教保护社会和心理结构的方式，而非其毁坏或改造该结构的方式。有时变迁得到探讨，就像在雷德菲尔德关于尤卡坦的著作中那样，但它在很大程度上是从逐步解体这一方面被分析的："似乎与孤立和同质性的弱化'相伴而来'的尤卡坦文化变迁，被认为主要是三方面的变迁：文化瓦解、世俗化与个体化。"[5]然而，只要我们对自身的宗教史有点粗浅的知识，我们就无法苟同宗教普遍扮演着这样一种纯粹"正面"的角色。

本章的论题是，功能理论无力探究变迁问题的一个主要原因在于，它无法同等地看待社会过程和文化过程，总是不可避免地忽略其中之一，或者牺牲一个使其变为另一个的简单反映或"镜像"。要么文化被视作完全是社会组织形式的衍生物，这是英国结构主义者和许多美国社会学家的典型取向；要么社会组织形式被视作文化模式的行为体现，这是马林诺夫斯基和许多美国人类学家的取向。无论是哪种情况，较为次要的那个术语往往都会退出动力因素的行列，留给我们的要么是一个大杂烩式的文化概念（"……复杂的整体"），要么是一个无所不包的社会结构概念（"社会结构不是文化的一个方面，而是在特定理论框架下操弄的给定民族的整个文化")。⁶ 在这种情况下,由于文化模式未能完美契合社会组织形式而产生的推动社会变迁的因素,基本上是无法阐明的。E. R. 利奇最近评论说:"我们功能主义者并非真是原则上'反历史的';我们只是不知道如何让历史材料符合我们的概念框架。"⁷

要修正功能论的那些概念,使之能更有效地处理"历史材料",不妨先尝试分析性地区分人类生活的文化和社会层面,并将它们看作可以独立变化但又彼此依存的因素。尽管只是概念上可分的,但如此一来,文化和社会结构就将被视为可以有很多种彼此整合的方式,而简单的同构模式只是其中的极限情形——通常只有在这样的社会才可能出现:它长期保持稳定,使得社会和文化层面有机会紧密地相互调适。在大多数社会中,变迁是一种典型的而非反常的现象,我们会预期在两者之间发现有点极端的间断。我认为正是在这些间断之中,我们将会发现变迁的一些基本驱动力。

区分文化和社会系统的一个(但绝非唯一的)好办法,就是将文化看作一套有序的意义和符号系统,据此社会互动得以发生,而将社会系统看作社会互动模式本身。⁸ 在一个层次上,存在着信仰、表现性符号和价值观的框架,人们根据该框架来定义他们的世界,表达他们的情感,做出他们的判断;在另一个层次上,存在着持续不断的互动行为过程,我们将该过程反复出现的形式称为社会结构。文化是人类用来解释其经验和指导其行动的意义构造;社会结构则是行动采取的形式,是实际存在的社会关系网络。因而文化和社会结构只不过是对同一现象的不同抽象。一个着眼于社会行动对于实施行动者的意义,另一个则着眼于它对某个社会系统的功能运行的贡献。

　　文化和社会系统各自特有的整合类型的鲜明对比,能让我们更明晰地看到两者间区别的性质。这就是索罗金所说的"逻辑-意义整合"和他所说的"因果-功能整合"之间的对比。[9]文化特有的逻辑-意义整合,是指在巴赫赋格曲、天主教教义或者广义相对论中看到的那种整合;是风格的统一,逻辑蕴含的统一,意义和价值的统一。而社会系统特有的因果-功能整合,是指在有机体中发现的那种整合,所有器官组合成一个单一的因果之网;每个器官都是"维持着体系运转"的引起反响的因果环上的一个元素。由于这两类整合不是同一的,而且一个采取的特定形式并不直接蕴含着另一个将要采取的形式,因此双方之间天然地存在着不协调与张力,不仅如此,二者还与第三种元素——通常称为人格结构的个人之内的动机整合模式——之间存在着不协调与张力:

　　这样去设想的话,社会系统就只是一个完全具体的社会行动系统的结构形成的三方面之一,另外两方面是个体行动者的人格系统以及内嵌于他们行动中的文化系统。我们必须将这三者中的每一个都视为行动系统诸元素的独立组织焦点,亦即不能在理论上把其中任何一个还原为另一个的术语,或者另两个之组合的术语。每一个对另外两个都是不可或缺的,也就是说,没有人格和文化就不会有社会系统,依此类推皆然。不过这种相互依赖、相互渗透截然不同于可还原性,后者是指某一类系统的重要属性和发展过程,在理论上可以从我们对于另一类或另两类系统的理论知识中**推导**出来。行动参照框架是这三者共有的,这一事实使它们之间有可能进行某些"转换",但在本文试图提出的理论层面上看,它们并不构成一个单一的系统,尽管在某些其他的理论层面上看它们可能证明是这样的。[10]

我将尝试把这种比较动态的功能主义路径应用于一个没能适当运行的特定仪式案例,借以证明此一分析路径的功用。我将尽力说明,对仪式模式中"逻辑-意义"的文化层面与"因果-功能"的社会结构层面不加区分的那种路径,何以无法充分解释这场仪式的失效,而做了这种区分的路径,又何以能更加明晰地分析故障的原因。我还将进一步论证,这样一种路径能够避免过于简单化地看待宗教在社会中的功能角色,即认为宗教的角色仅仅是维持结构;它代之以一种更为复杂的观念去看待宗教的信仰和实践与世俗社会生活之间的关系。历史材料能够与这种观念融为一体,宗教的功能分析也因此扩展得能够更充分地处理变迁过程。

背　景

接下来要讲述的这一实例,是在中爪哇东部小镇莫佐克托(Modjokuto)举行的一场葬礼。一个十岁左右的小男孩,本来跟姨父、姨母住在一起,突然间死了。他的死亡带来的,并非依照旧例的匆忙、克制却又严谨、高效的爪哇式丧礼和葬礼,而是很长一段时间的显著的社会紧张和严重的心理不安。那套信仰和仪式的复合体,世世代代以来曾托着无数爪哇人平稳度过有人离世后的那段艰难日子,现在突然间丧失了一贯的效力。想要弄明白它为何会失效,就得对20世纪头几十年来发生在爪哇的一系列社会和文化变迁有一定的知识和理解。这场被搅乱的葬礼实际上只是一个缩影,反映了更广泛的冲突、结构的瓦解以及未遂的重新整合,它们各以其形式体现了当代印尼社会的特征。

爪哇的宗教传统,特别是爪哇农民的宗教传统,是印度教、伊斯兰教和东南亚本土宗教元素的混合体。在基督纪元的最初几个世纪里,随着黙武的庞大王国在种植水稻的内陆盆地的崛起,印度教和佛教的文化模式传到了爪哇岛上;而后在15和16世纪,北部海岸城市繁盛起来的国际海上贸易,则带来了伊斯兰教文化模式的扩散。在深入农民大众的过程中,这两种世界性宗教渐渐与往往潜藏在整个马来西亚文化区底下的泛灵论传统相融合,于是形成了神话和仪式均衡调和的一套体系,印度教的男女诸神、伊斯兰教中的先知和圣人以及本土的各种神灵鬼怪都能在其中找到恰当的位置。

这一宗教调和里的核心仪式就是一场被称为斯拉梅坦(slametan)的社群宴会。在几乎所有具有宗教意义的场合,如生命周期的过渡时刻、岁时节日、作物生长周期的某些阶段以及迁居等等,都会举行斯拉梅坦,其形式和内容也大致相同,它们既是给神灵的供奉,也是加强在世者社会整合的共餐机制。膳食由特别准备的多道菜肴组成,每道菜肴象征某一特定宗教观念,一个核心家户里的女性成员烹调好后,将其摆放在起居室中央的垫子上。这户人家的男性家长邀请八到十户邻近家户的男性家长前来赴宴,绝不可舍近而求远。主人会先发表讲话,解释此次宴会在宗教上的目的,之后是简短的阿拉伯语唱诵,接着每个人匆忙地、几乎偷偷摸摸地吞下几口食物,将剩余食物装进香蕉叶篮子中,带回去和家人共享。据说,神灵们会从食物的气味、点燃的熏香和穆斯林的祷告中汲取供养;而参与宴会的人则会从食材和社会互动中获得养分。这种安静而平淡的小仪式有两重效果:一是安抚了神灵,二是强化了邻里团结。

功能论的惯用原则非常适合分析这样的模式。可以轻而易举地说明,斯拉梅坦就是精心安排来"调节终极价值态度"的,那是以地域为基础的社会结构的有效整合所必需的,也是用来满足农民人口常有的对思想一贯性和情绪稳定性的心理需求的。爪哇村庄(每年举行一两次全村规模的斯拉梅坦仪式)大体上是由一些在地理上邻接,但自主意识很强的核心家户组成的,这些核心家户在经济和政治上的相互依赖,大致都一如在斯拉梅坦中所呈现的那样,是有限制且被明确界定的。劳动密集的水稻和旱季作物种植过程,需要特定技术协作模式的长久维持,也迫使本来很自足的各家户抱持一种共同体意识——斯拉梅坦明显致力于强化的一种共同体意识。如若我们再考虑到,出自印度教-佛教、伊斯兰教和"泛灵论"的各种观念元素和行为元素如何被重新诠释和平衡,以形成一种独特且近乎同质的宗教风格,那么社群宴会的模式与爪哇农村生活的状况之间的密切调适功能,就更加显而易见了。

但事实上,在过去五十年间的爪哇,除了最与世隔绝的地方之外,无论是村庄社会整合的简单地缘基础,还是其文化同质性的调和基础,都已被日益侵蚀。人口增长、城市化、货币化、职业分化等等因素一同削弱了农民社会结构的传统纽带;伴随这些结构变化而来的各种教义潮流,则扰乱了早先时期所特有的宗教信仰与实践的简单统一性。部分由于爪哇社会的日趋复杂,民族主义、马克思主义和伊斯兰教改革等意识形态兴起，这些思潮不仅影响着既是其最初发轫地也一直是其最大据点的大城市，也深刻影响了较小的城镇和村庄。事实上，爪哇近来的很多社会变迁，其特征或许可以贴切地刻画为这样一种情势的转变：个人之间（或家庭之间）的基本整合纽带，原来是从地缘接近来表达的，现在变成从意识形态的志同道合来表达。

在村庄和小城镇，这些重大的意识形态变化主要伪装成两股势力日益扩大的分裂而表现出来，一方坚持突出本土宗教调和中的伊斯兰教面向，另一方则坚持突出印度教和泛灵论的元素。诚然，自从伊斯兰教传入后，这些亚传统变体之间就存在某种差异；有些人一直特别擅长阿拉伯语唱诵或是特别精通伊斯兰教法，而另外一些人则娴熟于较具印度教风格的神秘实践或专精于本地治疗术。不过，只要基本的仪式模式（即斯拉梅坦）得到衷心支持，爪哇人对于相去甚远的宗教观念的不拘一格的包容态度就能缓和这些差异；它们激起的不管什么社会分歧，大体上都会被乡村和小城镇生活那凌驾一切之上的共性所掩盖。

然而1910年后，伊斯兰现代主义（以及对它的强烈保守抵触）和宗教民族主义开始在较大城市的富于经济和政治经验的商人阶级中萌生，这强化了较为正统的那些民众觉得伊斯兰教是排他的、反调和的一套教义的情绪。同样，世俗的民族主义和马克思主义出现在这些城市的公务员和日益壮大的无产阶级当中，增强了调和模式中前伊斯兰的（即印度教-泛灵论的）元素，这些群体倾向于把这些元素奉为抗衡纯粹主义的伊斯兰教主义的力量，其中有些人甚至把它们用为一套普遍宗教框架，在里面塞进他们更为具体明确的政治理念。一方面，出现了一批较为自觉的穆斯林，他们将自己的宗教信仰和实践更明确地归本于国际性、普世性的穆罕默德教义；另一方面，也出现了较为自觉的"本土派"，他们试图从自身继承的宗教传统材料——削弱偏伊斯兰教的成分——当中发展出一种普遍化的宗教体系。第一类人叫作桑特里 (santri)，第二类人叫作阿班甘 (abangan)，他们之间的对立日益尖锐，终至成为整个莫佐克托地区时下最主要的文化区分。

尤其是在城镇里，这种对立扮演着关键角色。由于没有水稻种植技术上的需求迫使家庭之间必须合作，加上城市生活的复杂性降低了传统的村落治理形式的效力，宗教性的村落模式的社会支持基础被严重削弱。当每个人谋生的行当——司机、商贩、店员或工人——或多或少独立于邻居的生计时，他对邻里共同体的重要性的感觉自然会降低。更加分化的阶级体系、更官僚化和非个人化的治理形式、异质性更强的社会背景，所有这些都会导致同样的结果：不再强调严格的地缘纽带，而偏爱广泛的意识形态联结。对城里人而言，桑特里和阿班甘之间的区分变得益发尖锐，因为它成了他的基本社会参照点；它不再只是信仰上的歧异，而成了他社会认同的象征。他要交哪一类朋友，加入哪一类组织，追随哪一类政治领导人，他或者他的儿子娶哪一类人，这一切都会受到他在这个意识形态分歧点上何去何从的强烈影响。

因而，城镇里——尽管不限于城镇——出现了一种新的社会生活模式，它是根据一套改易过的文化分类框架组织起来的。这种新模式在精英阶层中已经发展得相当成熟了，但在普通市民那里，它还在形成之中。尤其在"甘榜"(kampongs)，也就是爪哇普通城镇人所居住的、小竹屋杂乱局促地挤在一起的街边社区，你会发现一个过渡性的社会，传统的乡村生活形态正在稳步瓦解，而新的形态正在稳步重建。在这些进城农民（或者进城农民的儿子和孙子）聚居的飞地上，雷德菲尔德的民间文化持续地被转化为他的城市文化，只是后者的特征不能用诸如"世俗的"、"个体化的"或"文化解组的"这类消极和剩余的词语来准确描述。甘榜正在发生的情况，与其说是传统生活方式的破坏，不如说是新生活方式的建设；这些下层阶级邻里中常见的尖锐社会冲突，不单表明了文化共识的丧失，更表明了一种未竟全功的追寻，要追寻更普遍化、更灵活的信仰和价值新模式。

在莫佐克托，一如在印尼大部分地方那样，这一追寻大多发生在群众政党的社会环境内，也发生在妇女俱乐部、青年组织、工会和与它们有正式或非正式关联的其他团体中。这类政党有好些个（尽管最近［1955年］的大选使它们的数量锐减），个个都是由受过教育的城市精英——公务员、教师、商人、学生等等——领导的，都要与别的政党竞争半乡半城的甘榜居民的政治忠诚，以及广大农民阶级的政治忠诚。几乎无一例外地，它们要么诉诸桑特里的立场，要么诉诸阿班甘的立场。在这复杂的党派和团体格局中，与我们此处直接相关的只有两个：一个是以伊斯兰教为基础的大党马斯友美（Masjumi），另一个是坚决反对穆斯林的政治宗教派别佩尔迈（Permai）。

马斯友美党或多或少算是战前伊斯兰改革运动的直接继承者。至少在莫佐克托，它是由桑特里派的现代主义知识分子领导的，代表一种回归《古兰经》的伊斯兰教流派，它有社会意识，反对经院派，有几分拘谨古板。和其他穆斯林党派一道，它也支持在印尼建立一个"伊斯兰国家"来取代目前的世俗共和国。然而，这一理想的含义并不完全明晰。马斯友美党的敌人指责他们妄图建立一个不容异己的中世纪神权国家,到时候阿班甘和非穆斯林将会遭到迫害,被逼着恪遵伊斯兰教教法的规定;而马斯友美党的领导人则宣称,伊斯兰教在本质上是宽容的,他们想要的只是一个明确以穆斯林教义为本的政府,一个在法律上能与《古兰经》和圣训的教导相协调的政府。无论如何,作为该国第一大穆斯林政党的马斯友美党,是桑特里共同体的价值观和愿望在全国和地方两个层级上的一大代言人。

就全国层面看,佩尔迈并不怎么起眼。尽管它是个全国性党派,但规模着实不大,只在几个相当有限的区域里有些势力。不过,它恰好在莫佐克托地区有点分量,既然缺乏全国性的影响范围,就弥补以地方性的影响强度。本质上,佩尔迈是马克思主义政治和阿班甘宗教模式的混合。它把相当鲜明的反西方主义、反资本主义和反帝国主义立场,与将农民宗教调和的一些较为典型的散漫主题予以形式化和普遍化的尝试结合起来。佩尔迈的集会既遵循斯拉梅坦模式,其中充斥着香火和象征性食物(但没有伊斯兰唱诵),也遵循现代议会的程序;佩尔迈的小册子里包含着历法的和数字命理的占卜体系和神秘教义,也有对阶级冲突的分析;佩尔迈的演讲很关心阐释宗教和政治的概念。在莫佐克托,佩尔迈还是一个医疗崇拜团体(curing cult),有自己独特的医疗方式和符咒,有暗号,还有对领导人社会政治著作的某些段落的谶纬式解释。

不过,佩尔迈最为显著的特征是其强硬的反穆斯林立场。他们指责伊斯兰教是不适合爪哇人的需求和价值观的舶来品,并呼吁回归"纯粹"和"原初"的爪哇信仰——似乎是指清除掉伊斯兰教色彩较强的成分之后的本土调和宗教。相应于此,这个教派-政党还在全国和地方层面同时发动了一场运动,提倡世俗化的(即非伊斯兰教的)婚姻和丧葬仪式。照当时的形势,除了基督徒和巴厘岛的印度教徒之外,所有人都必须通过穆斯林的仪式才能使他们的婚姻合法化。[11] 葬礼是个人的事情,但历史悠久的调和宗教使其与伊斯兰教的习俗深深交缠在一起,以至于实际上几乎不可能做到一场真正非伊斯兰教的丧礼。

在地方上,佩尔迈采取两种行动来提倡非伊斯兰教的婚礼和葬礼。其一是向地方政府官员施以高压,要求他们准许这类仪式活动;其二是向自己的成员施加高压,要求他们自愿遵循摒弃了伊斯兰教成分的仪式。就婚礼来说,成功的机会几乎是被预先排除了,因为中央政府的法令束缚着地方官员的手脚,即使是高度意识形态化的教派成员也不敢公然举办"非法的"婚礼。若法律不变,佩尔迈几乎没什么机会改变婚姻形式,尽管在有阿班甘思想的村首支持下,曾经有过几次举行民间婚礼的流产的尝试。

葬礼的情况有些不同,因为它牵扯到的是风俗而非法律。在我进行田野工作期间(1952—1954年),佩尔迈和马斯友美之间的紧张程度急剧升高。这部分缘于印尼第一次大选的临近,部分缘于冷战的作用。它也受到一些特别事件的影响,比如:有报道称佩尔迈的全国领袖曾公开指称穆罕默德为伪先知;一名马斯友美领导人在附近的地区首府发表演讲,指责佩尔迈企图在印尼养出一代杂种;还有惨烈的村首选举,差不多是桑特里与阿班甘的两派对决。结果,夹在中间、忧心忡忡的当地分区长官召集了所有的莫丁(Modins)——村落宗教官员——开会。除了其他许多职责外,莫丁传统上是负责主持葬礼的,他指挥整个仪式,在安葬的技术细节上指导哀悼者,引领《古兰经》的唱诵,并在墓地为逝者念一段固定的悼词。分区长官指示各位莫丁（他们多是村里的马斯友美头领），如果有佩尔迈的成员去世，他们只要记下死者的名字和年龄就回家去，不要参加葬礼。他警告说，如果不照他的话去办，一旦闹出麻烦，他们自行负责，他是不会出来帮手的。

这就是1954年7月17日的形势，当天，在我所居住的莫佐克托地区的甘榜里，一位活跃且忠诚的佩尔迈党员卡尔曼（Karman）的侄子帕伊坚（Paidjan）突然死去。

葬 礼

爪哇葬礼的气氛，不是撕心裂肺的死别，不是痛不可抑的呜咽，甚至也不是形式化的哭丧。相反地，这是一种平静的、不露感情的、近乎懒洋洋的放手，是对一段再无可能的关系的一种简短的仪式化放弃。眼泪是不被赞许的，肯定是不被鼓励的；该努力的就是完成仪式，而不是沉湎在悲伤之中。葬礼上琐碎而忙碌的工作，与四面八方拥来的街坊邻里进行的礼数周到的正式社交，长达近三年、断断续续举行的一系列斯拉梅坦仪式——这种爪哇仪式系统的整个势头，应该能让人在没有剧烈情感波动的情况下安然度过悲伤。葬礼和葬礼后的仪式，据说会让悼亡者产生一种所谓伊克拉斯（iklas）的感觉，即一种意志坚定的冷酷，一种"不在乎"的离断、凝定状态；也会让邻里群体产生所谓鲁昆（rukun）的感觉，即"社群的和谐"。

实际的丧礼本质上不过是另一个版本的斯拉梅坦，为适应丧葬的特殊需求量身定做。当死讯在该区域传播开来时，邻里人人都得放下手头的工作，立刻前往死者家里。女人们端来一碗碗米饭,那是专为斯拉梅坦仪式而煮的;男人们开始刻制木头坟标和挖墓穴。不久莫丁赶来,开始指导各项活动。亲戚们会用特定仪式制备的水来清洗尸体(他们会毫不畏惧地将尸体放在腿上,以显示他们对死者的感情和他们的自制力);然后将尸体用平纹细布裹好。在莫丁的指挥下,约有十二个桑特里对着尸体,唱诵五分钟或十分钟的阿拉伯语祷文;之后,在各种仪式行动的过程中,尸体被礼仪队伍送到墓地,在那里按照规矩下葬。莫丁在墓旁为死者念一段悼词,提醒他身为虔诚的穆斯林应尽的职责;然后葬礼就结束了,一般距离死亡不过两三个小时。葬礼本身结束后,丧家会在死者过世后的第三、第七、第四十和第一百天在家中举行斯拉梅坦宴会;再后是一周年祭和两周年祭的斯拉梅坦宴会;最后是第一千日的斯拉梅坦宴会,人们认为尸体至此已化作尘土,生者和死者的鸿沟已不可跨越。

　　以上就是帕伊坚过世时启动的仪式模式。天刚破晓(他死于四五更天),姨父卡尔曼给他住在附近城市的父母发了一封电报,用典型的爪哇人的方式告诉他们孩子病了。这种托词是想让他们逐步意识到死亡的事实,从而减轻丧子对他们的打击。爪哇人认为,伤害情感的不是挫折的严重性,而是它突然降临、使毫无心理准备的人感到"吃惊"的程度。人最怕的是"震惊"而不是痛苦本身。接着,卡尔曼预料孩子的父母会在几小时内到家,就派人去请莫丁来开始举行仪式。这么做是基于如下想法:等到孩子父母回来后,他们除了参与下葬就没别的什么事了,如此也可以再次免于不必要的精神紧张。最迟到十点钟,一切都会结束;这是件令人难过的事,但仪式减轻了伤痛。

　　不过,后来莫丁告诉我,当他来到卡尔曼的房子,看到展示着佩尔迈政治象征的招贴画时,他告诉卡尔曼他没法举行这个仪式。毕竟,卡尔曼属于"另一种宗教",而莫丁自己并不知道它的正确下葬仪式;他只知道伊斯兰教的。"我不想玷辱你的宗教,"他好心说道,"相反,我对它抱着极大的尊重,因为伊斯兰教里没有不宽容。但是我不了解你们的仪式,基督徒有他们自己的仪式和他们自己的专家(地方牧师),而佩尔迈是怎么做的呢?尸体是要烧掉还是怎样?"(这是在狡猾地暗示印度教的火葬习俗;显然地,莫丁在这次交谈中获得了极大的愉悦。)莫丁告诉我,卡尔曼对这一切感到相当苦恼,似乎也非常惊讶,因为尽管他是佩尔迈的活跃分子,但他也是个相当纯朴的人。他显然从未想过党里反对穆斯林葬礼的鼓动,有一天会成为一个具体的问题,也没有想过莫丁会拒绝主持仪式。莫丁总结道,卡尔曼其实并不是个坏人;他只不过是被他的领导骗了。

离开了那时很焦躁的卡尔曼以后,莫丁直接去找分区长官,问他自己是否措置得当。长官在道义上不得不肯定他的做法,莫丁吃了定心丸,回到家里,却发现卡尔曼和村里的警察等着他,原来绝望的卡尔曼去找了村警求助。这位村警和卡尔曼颇有私交,他告诉莫丁说,根据古老的习俗,他应该不带偏见地为所有人举行下葬仪式,不管他是不是刚巧赞同那些人的政治立场。但已经获得分区长官亲口支持的莫丁则坚称那不再是他的责任。不过,他建议说,如果卡尔曼愿意的话,他可以去村首办公室签署一份公开声明,加盖政府公章,并由村首当着两个见证人的面签字,声明他卡尔曼是一名虔诚的穆斯林,并希望莫丁依据伊斯兰教习俗埋葬这个男孩。听到这种让他正式放弃自己宗教信仰的建议,卡尔曼勃然大怒,冲出了房子。这对爪哇人来说是很不寻常的行为。他对下一步怎么办毫无头绪,又回到家里,这时他愕然发现男孩的死讯已经传开,邻里都已经聚集了起来,等着参加葬礼。

就像莫佐克托镇上大多数甘榜一样,我居住的甘榜里既有虔诚的桑特里,也有热烈的阿班甘(还有两派的不那么热情的拥护者),他们有点随意地混居在一起。在城镇中,人们被迫随遇而安,居不择邻;在乡下则相反,整个邻里,甚至整个村子仍然倾向于由几乎清一色的阿班甘或桑特里组成。在甘榜,大多数桑特里都是马斯友美党员,大部分阿班甘则是佩尔迈的追随者。这两个群体在日常生活中的社会互动少之又少。大多数阿班甘是小手工业者或体力劳动者,他们每天傍晚聚在卡尔曼的路边咖啡店闲聊,这是典型的爪哇小城镇和乡村生活方式;而桑特里则大部分是裁缝、商人和小店主,通常也为了同样的目的聚在某个桑特里开的小店里。但是,撇开缺乏密切的社会纽带不论,这两群人都还是感觉,在葬礼上展示地方上的团结是不可回避的义务;在爪哇的所有仪式中,葬礼可能承载着最大的出席义务。住在丧家周围某个粗略划定的半径范围内的每个人都被期望来参加葬礼;这一次,人人都来了。

知道了这个背景,下面的事情就不令人惊讶了。当我八点左右来到卡尔曼家时,我发现院子两侧有两群男人,绷着脸,愁闷地各自蹲着;屋内,就在还穿着衣服的尸体旁边,闲坐着一群女人,紧张兮兮地,窃窃私语着;空气中弥漫着一种怀疑和不安的气氛,和通常那种准备斯拉梅坦仪式、清洗遗体以及招呼客人的平静忙碌完全不同。阿班甘聚集在靠近屋子这一边;卡尔曼蹲在那里,茫然望天;本镇的佩尔迈主席苏佐科(Sudjoko)和书记萨斯特罗(Sastro)坐在椅子上,心不在焉地张望(只有他们两人不是这个甘榜的居民)。大约三十码开外,在一棵椰子树的狭窄树荫下,桑特里们挤作一团,悄悄聊着眼下的困局以外的各种话题。这几乎一动不动的场景,就像一部电影放到一半就停住了的时候一样,让人联想起在熟悉的戏剧中的意料之外的幕间休息。

过了大约半小时,几个阿班甘开始漫不经心地劈砍木头制作坟标,几个女人因为无所事事也开始拼插供奉用的小花篮;不过很显然,仪式受阻暂停了,也没人知道接下来要做什么。紧张感慢慢加重了。人们焦急地看着太阳在天上越升越高,或者瞥一眼面无表情的卡尔曼。有人开始小声抱怨这糟糕的状况("最近一切都成了政治问题",一位八十岁左右的传统派老人对我抱怨,"连死也要死出个政治问题来")。最后,在九点半左右,一位名叫阿布(Abu)的年轻桑特里裁缝,决定在情况彻底恶化之前做点什么:他站起来,向卡尔曼做了个手势——这是整个上午出现的第一个严肃的起作用的行动。于是卡尔曼从沉思中醒来,穿过院子中间的无人空地去和他说话。

事实上,阿布在这个甘榜里有着非常特殊的地位。尽管他是个虔诚的桑特里,忠诚的马斯友美党员,但他和佩尔迈团体有较多接触,因为他的裁缝店就在卡尔曼的咖啡店后面。尽管日夜不离缝纫机的阿布不算是这个团体的成员,但他经常在距离他们二十英尺的工作台前和他们交换意见。诚然,在宗教问题上,他和佩尔迈成员之间存在着一定程度的张力。有一次,当我问起他们的末世论信仰时,他们语带嘲讽地让我去找阿布,说他是个专家;他们公开拿他们认为荒谬绝伦的伊斯兰教来世论来取笑他。尽管如此,阿布和他们还是有某种社会联系的,所以由他来打破这个僵局,也许是很合理的。

"已经快到中午了，"阿布说，"事情不能总是这样悬着。"他建议派另外一个桑特里乌马尔（Umar）去莫丁那里，看看这会儿能否劝他过来；也许他现在已经冷静一点了。与此同时，他本人可以开始动手清洗和包裹尸体了。卡尔曼回答说他会考虑一下，然后回到院子的另外一侧，和两位佩尔迈领导人商量起来。用力地比画、点头几分钟后，卡尔曼回来简单说道："好吧，就这么办。""我知道你的感受，"阿布说，"我只做那些非做不可的事情，尽量不要伊斯兰教的东西。"于是他把桑特里召集拢来，进了屋子。

首先要做的是脱下死者的衣服（他还躺在地上，因为没人能下定决心去搬动他）。但此时尸体已经僵硬，衣服只能用刀割下来，这一不同寻常的程序令每个人大为烦恼，尤其是聚在周围的女人们。最后桑特里们设法将尸体弄到外面，并架起了洗浴的围挡。阿布问道，有没有人自愿来清洗尸体；他提醒他们，神会认为这是个善举。然而，那些通常应当承担这项工作的亲戚此时已经深受震撼，心乱如麻，无法鼓起勇气按照习俗将孩子放在自己的大腿上。又是等啊等啊，人们感到绝望，面面相觑。最后，卡尔曼那群人中的一员（但不是亲戚）帕克·苏拉（Pak Sura）将男孩抱到了自己的腿上，尽管他明显感到害怕，不断低声念着护身咒。爪哇人对他们这种快速丧葬习俗的一个解释就是，放任死者的灵魂在房屋周围徘徊是非常危险的。

然而在开始清洗前，有人提出一个问题：一个人是否足够？通常不都是三个人吗？没人说得清楚，包括阿布；有些人认为，尽管通常是三人，但这不是强制性的，另一些人认为必须要有三个。焦灼地商量了约莫十分钟后，男孩的一个堂兄和一个不沾亲的木匠，一咬牙去给帕克·苏拉搭手。阿布竭尽全力扮演莫丁的角色,向尸体洒了几滴水,然后尸体清洗就开始了,动作漫无章法,用的也不是圣化过的水。然而这活一做完,程序又停了下了,因为没人确切知道,按照伊斯兰教法,该如何用那些小棉垫堵住尸体的孔窍。卡尔曼的妻子,也就是死者的姨妈,显然再也忍不住了,她突然彻底失控嚎啕大哭,在我所经历的十几次爪哇葬礼中,这样的情感流露仅此一次。这一事态发展弄得大家更加心烦意乱,甘榜的女人们大都拼命地安慰她,但无济于事。大多数男人们依然在院子里坐着,表面上安详平静,面无表情,但从一开始就出现的尴尬不安,似乎正在转为可怕的绝望。"她那样哭可不好,"几个男人对我说,"这不合适。"这时候莫丁来了。

　　但他还是固执己见。此外,他还警告阿布,他的行为会给他招来永恒的惩罚。"如果你在仪式上犯了错,"他说,"你将不得不在审判日向真主解释。那是你的责任。对穆斯林来说,丧葬是一件严肃的事情,必须由了解教法的人来依法施为,而不是依照个人的意志。"随后,他向佩尔迈的领导人苏佐科和萨斯特罗建议,由他们来主持葬礼,因为作为该党的"知识分子",他们肯定知道佩尔迈所遵循的丧葬习俗。大家满怀期望地望着两位领导人,他们坐在椅子上没有起身,想了一阵子,但最终还是有些气恼地拒绝了,说他们真不知道该怎么做。莫丁耸了耸肩,转身走开了。这时,一位旁观者,也是卡尔曼的朋友,建议他们干脆直接把尸体抬出去埋了,不用管这整套仪式了;事情再这么拖下去会非常危险。我不知道这条可圈可点的建议是否本可被采纳,因为就在这个关头,孩子的父母到了甘榜。

　　他们似乎相当镇静。他们并不是不知道孩子已死,因为那位父亲后来告诉我,他在收到电报的时候就起了疑心;他和妻子一到这里就做好了最坏的打算,差不多放弃希望了。他们走进甘榜,看到所有的邻居都聚在一起,就晓得他们的担心很有道理。卡尔曼的妻子本来哭声渐消,一看到男孩的妈妈走进院子,立刻冲出安慰她的人群,尖叫着冲去抱住她的姐姐。一刹那间,两个女人坠入了疯狂的歇斯底里,众人冲上来将她们拉开,分别拖到甘榜相反两侧的房子里。她们的哀号丝毫没有减弱,紧张的议论又起,意思是在男孩的灵魂附在某人身上之前,应该赶紧将葬礼进行下去,什么形式都行。

但这位母亲坚持要在包裹尸体前看看孩子的遗体。起初父亲是禁止的,愤怒地命令她停止哭泣——难道她不知道这样的行为会让孩子通往彼世的道路变得阴暗吗?但她十分坚持,于是跌跌撞撞地,她被他们带到卡尔曼屋子里的停尸处。女人们试图不让她靠得太近,但她突然挣脱,开始亲吻孩子的生殖器周围。几乎转瞬之间,她就被丈夫和女人们拽开了,尽管她尖叫着说她还没结束;他们将她拖进了后屋,在那儿她痴痴地待了半响。过了一会儿,男孩的尸体终于裹好了,莫丁的态度也松动了些,指出了小棉垫应该放置的位置。那位母亲则似乎已经完全不知所措了,开始在院子里走来走去,和每一个人(跟她都素昧平生)握手,一边说着:"原谅我的错,原谅我的错。"她再次受到强行约束;人们说:"冷静点!想想你的其他孩子吧。难不成你想跟着儿子进坟墓吗?"

现在尸体既已裹好,有人就建议立即送到墓地去。此时,阿布走到死者的父亲跟前,他显然觉得这位父亲而今取代了卡尔曼的位置,成为整个仪式的合法负责人。阿布解释说,莫丁是政府官员,不方便亲自来接洽,但莫丁想知道,他希望孩子怎么埋——按伊斯兰教的方式还是其他方式?这位父亲有点惶惑地说:"当然是伊斯兰教的方式。我不大懂宗教,但我不是基督教徒,说到死亡,葬礼还是该按伊斯兰教的方式。彻底伊斯兰教的。"阿布又解释说,莫丁不能直接来接洽,但他阿布是"自由的",高兴做什么就做什么。他说他曾经竭尽所能地帮忙,在这位父亲到来之前,也一直小心翼翼地避开任何伊斯兰教的方式。气氛搞得如此紧张实在是太糟糕了,政治分歧造成这么多麻烦,他为此感到很抱歉。但毕竟,葬礼的所有事情都必须弄得"明明白白",而且"合理合法"。这对孩子的灵魂很重要。此时,桑特里们有点欢喜地向尸体唱诵祷文,接着尸体被抬到墓地,按通常习俗埋葬了。莫丁发表了通常的墓前讲话——是专为夭折的儿童所做的修改版,这场葬礼至此终于完成了。亲属和女人们都没有去墓地;当我们回到房子时,已经是正午过后很久了,斯拉梅坦终于开席了,而帕伊坚的灵魂应该也已经离开甘榜,踏上了通往另一个世界的旅程。

三天后的晚上,举行了第一场悼念性的斯拉梅坦,但结果不仅没有一个桑特里参加,而且这场悼念仪式也变成了佩尔迈的政治-宗教礼拜会。卡尔曼以传统风格开场,用高雅爪哇语宣布这是纪念帕伊坚之死的斯拉梅坦。佩尔迈的领导人苏佐科立刻打断他,说:"不,不,不对!在葬礼后第三天的斯拉梅坦上,人们通常只是吃东西,然后为死者唱诵一段长长的伊斯兰祷词。我们肯定不会那样做的。"接着他开始了一场冗长、枝蔓的演讲。他说,每个人都需要知道本国的哲学宗教基础。"假如这个美国人(他指着我;他对于我在场感到很不高兴)过来问你:这个国家的精神支柱是什么?可是你不知道——你不感到羞耻吗?"

他就以这样的调调说下去,对苏加诺总统的"建国五原则"做了一种神秘主义的阐释,在此基础上,逐步建立起当前国家政治结构的一整套基本原理;那五原则即一神教、社会公正、人道主义、民主和民族主义,是这个新兴共和国的官方意识形态基础。在卡尔曼和其他人的辅助下,他提出了一套微观-宏观世界对应理论,据此,个人无异是国家的微小版,而国家则不过是个人的放大。若欲国家有序,个人也必须有序;两者相互蕴含。正如总统的建国五原则是国家的基石,所以五感也是个人的基石。两者的协调过程是相同的,这就是我们一定得明白的。这场讨论持续了将近半小时,内容广泛地涉及了宗教、哲学和政治问题(包括显然是针对我而发的,关于处决罗森伯格夫妇的议论)。

我们停下来喝了杯咖啡,就在苏佐科将要再度打开话匣子的时候,之前一直静静地、呆呆地坐在那儿的帕伊坚的父亲突然开腔了。他的语调轻柔,带着一种奇怪的、机械的平板腔调,几乎像是在和自己理论,但不抱多少成功的希望。"我为我粗野的城市口音道歉,"他说,"但是我真的很想说点什么。"他祈求他们的原谅;要不了多会儿,他们就能继续讨论了。"我一直努力对帕伊坚的死做到 iklas [即'超然''认命']。我相信该为他做的一切都已经做了,而他的死不过就是发生过了的一件事。"他说他之所以还待在莫佐克托,是因为他还不能面对他所住地方的邻人,不能面对必须告诉他们每个人发生了什么事。他说他的妻子眼下也要 iklas 一点了,虽然这好难。他一直对自己说这是神的旨意,但这太难了,因为时下的人们对事情不再意见一致了;公说公有理,婆说婆有理,很难弄清谁是对的,可以相信谁。他说他很感谢所有来参加葬礼的莫佐克托人,也很抱歉这事搞得一团糟。"我不是虔诚的宗教徒,我不是马斯友美,也不是佩尔迈。但我希望孩子照老规矩下葬,但愿没有伤害到任何人的感情。"他再次强调自己努力做到 iklas,告诉自己这就是神的旨意,但是真的好难,因为这年头事情真是一团乱麻。很难明白这孩子为什么就该死。

这样公开袒露个人情感对爪哇人来说是极不寻常的,在我的经验中仅此一遇,形式化的传统斯拉梅坦模式中简直没有它(也没有哲学或政治讨论)的位置。在场的每个人都被那位父亲的话深深震撼,全场一片痛苦的静默。最后苏佐科又开始讲话了,但这次他详细描述了男孩之死。帕伊坚如何先是发烧,卡尔曼打电话给他苏佐科,请他来诵念佩尔迈咒语。但是男孩并未好转。最后他们把男孩带到医院一位男护士那里打了一针,但他的情况还是在恶化。苏佐科很生动地描述了男孩吐血、抽搐痉挛然后死去的场景。"我不知道为何佩尔迈咒语不管用,"他说,"咒语在过去是奏效的,但这次没有,我也不知道为什么;这种事情是你想破脑袋也解释不了的。有时管用,有时偏就不行。"随后又是一阵静默,接着是十分钟左右的政治讨论,之后我们就散了。那位父亲第二天回家去了,我后来再也没有被邀请参加任何一场斯拉梅坦。当我大约四个月后离开田野时,卡尔曼的妻子还没有从那一经历中完全恢复过来,甘榜里头的桑特里和阿班甘之间关系愈发紧张,谁都不知道,下次哪户佩尔迈家庭死了人会发生什么事。

分　　析

马林诺夫斯基写道:"在宗教的所有根源中,生命的最高和最终危机——死亡——是最为重要的。"[12]他认为,死亡在活着的人心中激起了爱和恨的双重反应，即迷恋和恐惧的深刻情感矛盾，这威胁着人类生存的心理和社会基础。生者因对死者的爱而被拉近于他，但又因死亡所造成的可怖巨变而被驱离于他。丧礼以及之后的悼念活动，都是以这一组矛盾的欲望为焦点而展开的，既想要在死亡之后保持和死者的联结，又想要立刻、彻底地打破这种联结，并确保活下去的意志压倒绝望的倾向。丧礼仪式既防止生者因惊恐而仓皇逃离现场的冲动，也防止跟随死者一起进坟墓的相反冲动，由此维持人类生活的连续性：

> 正是在此，就在情感力量的作用之中，在生命和最终的死亡这一至高困境之中，宗教走了进来，挑出了积极的教义，令人宽慰的观点，以及登仙不死、独立于身体的灵魂和死后生命依然延续等等在文化上富有价值的信仰。在死亡的各类仪式中，在纪念逝者和与之交流中，以及在对祖先鬼魂的崇拜中，宗教为救赎信仰赋予了实体和形式……它对整个群体所发挥的功能也是完全相同的。死亡的仪式将生者与尸体、死亡之地紧紧联系起来，巩固人们对灵魂存在、灵魂有赐福的影响力或降灾的恶意、生者有举行一系列悼念或祭祀仪式的义务的信仰——借助这一切，宗教对抗着恐惧、沮丧、士气颓丧等离心力，并为重聚群体已动摇的团结和重建群体士气提供了最强有力的手段。简言之，宗教在此确保了传统战胜受挫的本能的纯粹消极反应。[13]

上述那类个案显然对这种理论提出了一些难题。不仅传统和文化充其量只算勉强战胜了"受挫的本能",那场仪式也似乎是在撕裂社会而不是在整合社会,是在扰乱人心而不是在治愈人心。对此,功能主义者已经准备了一个现成的答案,它有两种形式,端看你遵循涂尔干传统还是马林诺夫斯基传统:社会分裂或者文化堕坏。快速的社会变迁已经搅乱了爪哇社会,这反映在分裂的文化上;正如传统乡村社会的统一状态反映在统一的斯拉梅坦上那样,甘榜的破裂社会也反映在我们刚才见证的那场丧礼仪式中的破裂的斯拉梅坦上。或者换一种说法,文化衰败导致了社会分裂;充满生命力的民间传统的消失,削弱了个体间的道德纽带。

在我看来,不管用哪一套词语来表达,这个论点都有两个错误:它将社会(或文化)冲突等同于社会(或文化)分裂;它否定文化和社会结构各自的独立角色,将一个看作另外一个的附带现象。

首先,甘榜的生活不是简单地失范的。尽管同我们自身的社会一样,它也以激烈的社会冲突为特点,但在大多数方面它仍然运转得相当有效。如果政府的、经济的、家庭的、分层的和社会控制的各种制度,运作起来都像帕伊坚的葬礼那样糟糕,那甘榜的确会是个让人住着很不舒服的地方。然而,尽管一定程度上存在城市剧变的某些典型症状,比如日益增加的赌博、小偷小摸、卖淫等,甘榜的社会生活显然还没到崩溃的边缘;我们在丧礼过程中看到的那种压抑的怨恨和深刻的不确定性,并没让日常社会交往步履艰难。莫佐克托的这个半城市化的邻里,在大多数时间里,对大多数成员来说,提供了一种能活下去的生活方式,尽管它在物质上处于不利地位,而且具有过渡性质;人们能对爪哇的村落说的话,大概也就是这么多,尽管有些多愁善感泛滥在对乡村生活的文学描写之中。事实上,最严重的破坏性事件似乎都汇集在宗教信仰和实践上,诸如斯拉梅坦、节日、治疗、巫术、礼拜团体等等。宗教在此似已成为紧张的中心和根源,而不仅是社会其他方面的紧张的反映。

但它成为紧张的来源,并不是因为对继承下来的信仰和仪式模式的皈信弱化了。围绕着帕伊坚之死的冲突之所以会发生,正是因为所有的甘榜居民都对丧礼分享一种共同的、高度整合的文化传统。对于斯拉梅坦是不是正确的仪式,邻居是否有参加的义务,或者仪式所依据的超自然观念是否有效等问题,民众都没有争议。对居住在甘榜的桑特里和阿班甘来说,斯拉梅坦仍然保有作为真正的神圣象征的力量;它仍然为面对死亡提供着一套意义框架——在大多数人那里,甚至是唯一的意义框架。我们不能将这场仪式的失败归因于世俗化、怀疑主义的滋长或是对传统的"救赎信仰"失去兴趣,正如我们不能将其归因于失范一样。

我认为,我们不得不将之归因于社会结构("因果-功能")维度上的整合形式与文化("逻辑-意义")维度上的整合形式这两者之间的断裂,它不是导致社会的和文化的分裂,而是导致社会的和文化的冲突。用更具体的、虽然有点像警句的话来说,困难就在于甘榜居民在社会上是城里人,但在文化上依然是乡下人。

我已经指出,爪哇的甘榜呈现为一种过渡型社会,其成员都"介于"比较充分地城市化的精英和比较传统地组织起来的农民之间。他们参与的社会结构形式,大多是城市的形式。高度分化的职业结构出现,取代了乡村中几乎纯农业的结构;那种半世袭的、传统的乡村政府(曾作为个人与理性化中央政府官僚体系之间的一种人格化的缓冲),实质上消失了,被更有弹性的现代议会民主制取代；一个多阶级社会的演化，使得甘榜不同于乡村，甚至无法成为一个潜在自足的实体，而只能是一个依附的局部——所有这一切都意味着甘榜人生活在一个非常城市化的世界里。就社会层面而言，他们的世界是一种"社会"(Gesellschaft)的存在。

但在文化层面也就是意义层面上，甘榜居民和村民之间的差异要小得多；而他们和城市精英分子之间的差异又大得多。甘榜人所尊奉的信仰、表达和价值模式，即他们的世界观、精神气质、伦理道德或其他一切，与村民们所奉行的只有些微差别。身处一个复杂得多的社会环境中，他们明显地紧紧抓住曾指引他们或其父母度过乡村社会生活的那些象征符号不放，正是这一事实引发了围绕着帕伊坚的丧礼的心理和社会紧张。

仪式的混乱是由于仪式的意义对参与者有一种基本的歧义。最简单地说，这种歧义在于，构成斯拉梅坦的那些象征同时具有宗教和政治的蕴意，负载着神圣和世俗的内涵。走进卡尔曼院子里的人，包括卡尔曼自己，都不确定自己是参与死生大事的神圣化关怀，还是参与世俗化权力争斗——所以那位老人（其实他是个守墓人）才会向我抱怨说，如今连死都成了政治问题；所以村警会指责莫丁拒绝主持帕伊坚的丧礼是出于政治偏见而不是宗教偏见；所以当质朴的卡尔曼所信奉的意识形态陡然变成了他在宗教实践上的障碍时，他会那么震惊；所以阿布会在两种意愿之间左右为难，一方面愿意为了促成和谐的葬礼而搁置政治分歧，另一方面为了自己的救赎而不愿轻慢自己的宗教信仰；所以悼念仪式会在政治抨击和对已发生之事的恰当解释的沉痛寻索之间摆荡——总之，正因如此，当斯拉梅坦宗教模式试图带着"积极的教义"和"在文化上富有价值的信仰""走进来"时，它跌跌绊绊的。

正如前面所强调的，目前存在于桑特里和阿班甘之间的严重分歧，在很大程度上源于20世纪印尼民族主义社会运动的兴起。在孕育这些运动的大城市里，它们最初有很多种形态：商人社团抗击华人的竞争；劳工工会反抗种植园剥削；宗教团体试图重新界定终极概念；哲学讨论俱乐部试图澄清印尼的形而上学和道德观念；学校联合会极力想要复兴印尼教育；合作社试图建立新式的经济组织；文化团体则致力于印尼艺术生活的复兴；当然，还有政党致力于建立对荷兰统治的有效抵抗。然而，随着时间的推移，争取独立的斗争越来越多地吸纳了所有这些本质上是精英的群体的能量。不管各群体原来的特别目的是什么——经济重建、宗教改革、文艺复兴等等——它们都浸没到一种弥散的政治意识形态里；它们全都越来越关心一个目标，那就是所有更深远的社会和文化进步的先决条件——自由。到1945年革命开始时，政治领域以外的观念重述已经明显变弱，而生活中的大多数面向则变得高度意识形态化，这样的趋势一直持续到了战后。

在乡村和小城镇的甘榜，早期特定阶段的民族主义只有微弱的影响，但随着运动趋于统一并走向最终的胜利，群众也开始受到影响，而且如我指出过的，这些影响主要是通过宗教象征来传导的。高度城市化的精英要缔结与农民之间的纽带，不是凭借在乡村背景下没什么意义的复杂政治和经济理论，而是凭借那里已有的概念和价值观。由于精英之间的主要分界线在于，有些人将伊斯兰教义作为吸引群众的全部基础，另一些人则将本土调和传统的普遍化哲学精致化并当作基础，因此，桑特里和阿班甘很快就变成了乡村里的宗教兼政治的范畴，用以指称关于如何组织正在浮现的独立社会的这两种弥散取径的追随者。当政治自由的取得加强了派系政治在议会制政府中的重要性时，至少在地方层级上，桑特里-阿班甘的分歧就成了一条主要的意识形态轴线，围绕着它生发出各政党间勾心斗角的过程。

这种发展的结果是，政治论辩和宗教抚慰竟可用同样的语汇来进行。唱诵《古兰经》既是对神的赞歌，也是政治忠诚的表态；烧香既表现了一个人的神圣信仰，也表现了他的世俗意识形态。如今，斯拉梅坦往往表现出这样一些特点：大家焦虑地讨论仪式中的各项元素，讨论它们的"真正"内涵为何，争辩某一特定做法是必需的或是可选的；阿班甘对桑特里抬眼祈祷感到浑身不自在，而桑特里则对阿班甘念保护咒浑身不舒服。在丧葬方面，正如前文所述，传统的象征既使个人团结起来面对社会损失，又提醒他们注意彼此的差异；既强调凡人终归一死和无端的苦难等属于全人类的广泛主题，又突出派系对立和党派斗争等专属当地社会的狭隘主题；既强化参与者共同抱持的价值观，又"调谐"他们的敌意和怀疑。仪式本身变成政治冲突的事情；用以将死亡和婚姻神圣化的那些形式被转变成重要的党派争执点。在这种暧昧的文化情境下，住在甘榜的普通爪哇人发现，他们越来越难以确定针对特定事件的恰当态度，选择适合给定社会环境的某给定象征的意义。

政治意义对宗教意义的这种介入的必然后果也发生了：宗教意义反过来介入了政治意义。由于在政治和宗教语境中使用了相同的符号，人们通常认为党派斗争不仅牵涉到议会政治角力的寻常的兴衰成败、民主政府中免不了的派系交易，还牵涉到基本价值和根本原则的决定。尤其是甘榜民众，他们倾向于把共和形式的新政府所明确制度化了的公开权力斗争，看作争取把某一套宗教原则官方化的权利的斗争："如果阿班甘当选，那《古兰经》教师就会被禁止上课"；"如果桑特里当选，我们就得每天祈祷五次"。为竞选官位而产生的正常冲突，被"几乎一切都系于一线"这种观念加重了："我们要是赢了，国家就是我们的了"，这一观念认为获得了权力的群体就有权——像某人所说的那样——"给国家打下他自己的基础"。于是，政治就带上了某种神圣的仇恨的意味；就因为这样子造成的巨大压力，莫佐克托郊区的一个村庄的一项村落选举实际上不得不举行了两次。

可以这样说，甘榜人困在了他的最终的和最近的观念之间。他被迫用他陈述对世俗权力的要求、政治权利和抱负的一套相同语汇，去表述他的本质上属于形而上学的观念，表述他对诸如命运、痛苦、邪恶等根本"问题"的回应，所以他不管是要操办一场社会上和心理上有效率的葬礼，或是要平顺地举行一场选举，都会遇到困难。

但仪式不只是意义模式；它也是一种社会交往形式。因此，将一种宗教模式从分化相对较弱的乡村背景引入城市环境的那种尝试，除了造成文化上的歧义之外，也引发了社会冲突，仅仅因为这一模式所展现的那种社会整合与一般社会的主要整合模式不相一致。甘榜人在日常生活中维持团结的方式，截然不同于斯拉梅坦认为应该采取的那种方式。

正如前面所强调的，斯拉梅坦本质上是一种以地缘为基础的仪式；它假定家庭间的基本纽带就是住宅毗邻的那种纽带。一群邻居相比于另一群邻居，被认为是重要的社会单元（政治上、宗教上、经济上皆然）；一个村庄相比于另一个村庄，一个村庄群相比于另一个村庄群,都是如此。在城镇,这种模式已经大体上改变了。重要的社会群体是由多重因素界定的——阶级、政治信仰、职业、族群、籍贯、宗教倾向、年龄、性别还有居住地。新的城市组织形式是由来自不同背景的互相冲突的力量之间的一种谨慎平衡所构成的:阶级差异被意识形态的相似性软化;族群冲突被共同经济利益软化;政治对立——如前例所示——被住处的亲近性软化。不过,在这一切的多元制衡当中,斯拉梅坦仍然保持不变,完全无视城市生活中的主要的社会和文化分界线。对它而言,一个人的基本分类性特征就是他住在哪儿。

因此,一旦遇上诸如生命周期的过渡、节日、重病等需要神圣化的场合,人们必须采用的宗教形式不是顺应社会平衡而动,而是与之格格不入。斯拉梅坦忽视最近发明出来的那些社会隔离机制,它们能在日常生活中把群体冲突控制在固定范围内;它也无视新发展出来的那些社会整合模式,它们能相当有效地平衡对立群体间的矛盾张力。人们被硬塞进一种他们宁愿躲开的亲近关系中;仪式的社会预设("我们大家都是文化上同类的农民")与实际情况("我们是不同的几类人,尽管我们的价值观严重分歧,却只好住在一起")之间的鸿沟导致了深深的不安,帕伊坚的葬礼不过是这种不安的极端例子罢了。在甘榜里,举行斯拉梅坦越来越像是在提醒人们:他们想要通过一场戏剧性的操演来加强的那种邻里纽带,已不再是最坚决地把他们连在一起的那种纽带了。后者包括意识形态的、阶级的、职业的和政治的纽带,这些歧异的纽带再也不能被恰当地归结于地缘关系之中。

总而言之,帕伊坚丧礼的混乱,或许可追溯到一个单一的根源:文化的意义框架和社会互动的模式之间的不一致,它是由于与农民的社会结构相适应的一套宗教象征体系却存留在城市环境中。静态的功能主义，无论是社会学式的还是社会心理学式的，都不能析离出这种不一致，因为它不能区分逻辑-意义的整合与因果-功能的整合；因为它认识不到文化结构和社会结构不仅是彼此的反映，还是独立却依然相互依存的变量。我们唯有凭借一种更动态形式的功能主义理论，才能把社会变迁的驱动力说清楚。这种功能主义要能够把这一事实考虑进来：人需要活在他能赋予某种意义的一个世界里，他觉得他能领会它的基本要义，但是这种需要经常背离他维持一个正常运作的社会有机体的那种并存的需要。将文化视为"习得行为"的这一弥散概念，将社会结构视作平衡的互动模式的这一静态观点，以及这两者必然在某种程度上（除了在"失序"状态中）互为对方的简单镜像这一言明或未言明的假设——这套概念工具委实太过原始，以致无法解决帕伊坚的那场不幸却极具启发性的丧礼所提出的那类问题。

第七章　当代巴厘的"内部改宗"

> 各民族都有储藏其魔法信仰和惯例的杂物间,其中许多遗存物都是温良美妙的,保持了该文明的连续性。但愿现代唯物主义思想不会将它们一扫而空,使马来文化空洞乏味。
>
> ——理查德·温斯泰德,《马来魔法师》

现在我们时常听人说起亚非新兴国家的政治和经济现代化,却很少听说宗教现代化。当宗教没有被彻底忽略的时候,它往往不是被看作所需进步的僵化而陈腐的障碍,就是被看作受到腐蚀性急剧变迁力量威胁的那些宝贵文化价值的四面楚歌的保护者。人们很少关心宗教发展本身,或关心在正经历着全面社会革命的那些社会的仪式和信念体系中出现的有规律转变。我们至多有一些对既定的宗教信奉或归属在政治或经济进程中所起作用的研究。但是我们对亚洲和非洲宗教本身的看法却很古怪地静止不变。我们预料它们非盛即衰,却不预料它们会变迁。

巴厘也许是东南亚储藏这种温良美妙的魔法信仰和惯例最为丰富的杂物间,对它的研究几乎普遍采用这样的方法取向,因而在狂想的文化好古癖和沉闷的文化唯物论之间进行选择的进退两难,就似乎是尤为严酷的一种困境。我想在这篇短文里表明,这个困境很可能是一种虚假困境,而且即使巴厘宗教生活的根本性质被全盘转变,巴厘文明的连续性也能够得到保持。我还要进一步指出,有少许暗弱飘忽的迹象显示,这样的转变实际上已经开始了。

宗教理性化的概念

在马克斯·韦伯的比较宗教学巨著中,这位德国社会学家区分了世界历史上两种理想化、两极化的宗教类型:"传统"宗教和"理性化"宗教。虽然这种区分有点过度概括,表述也不充分,但它仍不失为我们讨论真正宗教变迁的过程的有用起点。[1]

这一对比的轴心在于宗教观念和社会形式之间关系的差异。传统宗教观念(韦伯也称之为魔法观念)僵硬地把既有社会惯例刻板化。它们以一种几乎是一一对应的方式跟世俗习惯捆绑起来,将"各领域的人类活动……都拉入象征魔法的圈子里",由此确保日常生活之流在固定的、明确框定的航线内稳稳流淌。[2]然而,理性化的宗教观念没有这样深入地跟日常生活的具体细节缠结在一起。它们跟后者是"分离的",在它们"之上"或"之外",而体现了这些观念的仪式和信念体系与世俗社会的关系,不是亲近的、未经检验的,而是疏远的、存疑待定的。理性化宗教有多理性化,就有多自觉和世故。它对世俗生活的态度可能是不同的,从高雅儒教的顺从接受,到禁欲清教的主动掌控;但它绝不是天真懵懂的。[3]

伴随着宗教领域和世俗领域之间关系的这一差别,宗教领域自身的结构之内也有了差别。传统宗教包含一大批极具体地加以界定、仅松散地加以组织的神圣实体,以及乱纷纷一大堆太过讲究的仪式行为和鲜明生动的泛灵论形象,这些实体、行为和形象能够独立、局部而直接地介入几乎任何一类实际事件。这样一些体系(因为它们真是体系,尽管缺乏形式的整齐)零敲碎打地对付宗教长久关心的那些事情——韦伯称之为"意义问题",如邪恶、苦难、失意、迷惑等。它们会在这些问题的每一特殊事例——每一次死亡、每一次庄稼歉收、每一次不吉利的自然或社会事件——出现时,根据象征的适宜性,从它们的神话和魔法的乱糟糟的武器库中,选择这件或那件兵器,利用起来适时地解决问题。(相同的策略也会用于较少防御性的宗教活动——庆祝人口延续、兴旺和团结之类。)正如传统宗教对根本精神问题的处理之道是离散的、不规则的,它们的典型形式也是如此。

另一方面,理性化宗教更加抽象,逻辑上更连贯,也表述得更笼统。意义问题在传统体系里只是含蓄、零碎地得到表达,在这里却得到了涵盖性的阐发,唤起了全面性的态度。它们被概念化为人类存在本身的普遍而固有的特质,而不被视作这起或那起特定事件的形影不离的面向。借用英国人类学家埃文思-普里查德的一个经典例子来说,人们不再仅仅这般发问:"为什么粮仓倒下来砸伤了我的兄弟,而不是别人的兄弟?"而会问:"为什么好人命不长,恶人却势焰熏天?"[4]或者,为了避开基督教神义论的俗套,不问"用什么手段我才能找出是谁对我兄弟施了魔法,造成粮仓倒塌砸伤了他",而问"一个人怎样才能知道真相";不问"为了报复巫师,我必须采取哪些特别行动",而问"有什么样的根据可以证明对作恶者的惩罚是正当的"。当然，那些范围有限的具体问题仍然存在，但是它们被归到更宽广的问题之下，因而引出了后者的更加贻人深忧的暗示。而且随着更宽广的问题被这样突出而一般性地提出来，以同样广泛、普遍而确凿的方式回答它们的需要也出现了。

所谓世界性宗教（韦伯论证说），恰恰就是作为对尖锐地浮现出来的这类需要的反应而发展起来的。犹太教、儒教、哲理婆罗门教以及古希腊理性主义（尽管从表面看来它似乎压根不是宗教），各自从无数的地方崇拜、民间神话和临时性的次要信仰中脱颖而出，后者的力量对相关社会里的某些重要群体已开始失效。[5] 人们（主要是宗教知识分子）感到仪式和信念的传统混合体已不孚人望，同时，意义问题以明确形式浮上意识表面，这似乎在不同情形下都属于传统社会模式里广阔得多的失序的一部分。此等失序（或者是孕育了源自这最先的四大宗教的后来那些世界性宗教的种种失序）的详情，就不需我们费神了。重要的是，宗教理性化进程似乎处处都是被社会秩序基础的彻底动摇引发的。

被引发，不是被决定。因为深重的社会危机并不总是带来深刻的宗教创造性（或者任何创造性），而当这样的创造性出现的时候，它所循的路线也是多种多样的。韦伯对中国、印度、以色列和西方诸宗教的总体性的宏大比较，建立在以下观点之上：它们代表了异型的理性化方向，代表了脱离魔法实在论的可能进路所组成的有限集合当中的对比性选择。这些不同体系的共同之处，不是它们的启示的具体内容——它会随着它的影响范围的扩大而加深它的特殊性——而是它赖以得到编排、阐发的形式模式或一般样态。在所有这些宗教里，神性意识从原来把它混茫地散布开去的那些树精和园林魔法中聚拢而来，就像无数散乱的光线被透镜聚焦到一点那样，从而被集中到一个有核心的（虽然未必是一神论的）神圣概念上。用韦伯的著名术语来说，世界被祛魅了：神性的所在从日常生活的房梁、墓地或交叉路口转移了，某种意义上被置于另一个领域，那里住着耶和华、逻各斯、道或梵。[6]

随着可说是人神之间的"距离"的这种陡然拉大，远为周到而谨严地维持他们之间的纽带就变得必要了。由于人们不再能够通过全局性地穿插在整个普通生活世界里的无数具体而几近反射性的仪式姿态来理解神圣，他们就势必要建立一种更加普遍而广泛的人神关系，除非他们想要彻底抛弃对神圣的关切。韦伯看到了建立这一关系的两种主要途径。一是构建一种有意系统化、条理化的法律-道德法典，它包含据称是神借由先知、圣书、奇迹显示等传达给人的道德命令。二是直接与神产生个人性、经验性的接触，这要凭借神秘主义、内观、审美直觉等手段，常常要求助于各种高度组织化的精神和智识修炼，比如瑜伽。第一种方法当然典型地是中东的（虽然并非专属），第二种典型地是东亚的（虽然也并非专属）。然而，不管这是不是仅有的两种可能途径（似乎未必是），它们的确以自觉的、有条理的、显然连贯的方式，弥合了——或试图弥合——圣俗之间的巨大鸿沟。对信奉它们的那些人而言，它们维持了人与远去的神之间的有意义的纽带感。

然而如同韦伯的所有两极对比一样，"传统的"和"理性的"（它的反面不是"非理性的"，而是"未理性化的"）之间的对比，在理论上划分得有多分明，在事实上就模糊得有多彻底。尤其是，一定不可假定，无文字人民的宗教完全缺乏理性化要素，而有文字人民的宗教彻头彻尾地理性化了。许多所谓原始宗教显示出大量自觉批判的成果，而在宗教思想达到了极高的哲理复杂化水平的一些社会里，传统类型的大众宗教狂热仍轰轰烈烈。[7]不过，相对而言，世界性宗教相比氏族、部落、村庄或民间的"小"宗教，表现出更高的概念普遍化、更紧密的形式一体化以及更明确的教义意识，这一点几乎毋庸置疑。宗教理性化不是要么全有要么全无的过程，不是不可逆转的过程，也不是不可避免的过程。从经验上看，它是一个现实的过程。

传统的巴厘宗教

由于巴厘人从宽泛意义上说是印度教徒，有人可能预料，他们的宗教生活至少有很大一部分想必非常理性化了，而且在大众宗教狂热的寻常湍流之上，想必存在着道德神学或神秘神学的发达体系。不过实情并非如此。哪怕是在祭司中间，巴厘宗教也是具体的、以行动为中心的，与日常生活的细节交织得难解难分，很少（假如有的话）受到古典婆罗门教或其佛教后学的哲理复杂化或一般性关怀的触动，[8]尽管很多人相反地对它做了过度理智化的描述。它对意义问题的处理方法仍然是含蓄、有限而片段性的。世界仍然是施魅的，而且（暂时撇开最新的一些萌芽）缠绕的魔法实在论之网几乎全然如故，只是被个别的疑虑和反思在这里或那里损坏一点。

一套发达教义的这一缺席，多大程度上是由于本土（即前印度教）要素持续存在，或是由于大约15世纪后巴厘相对隔绝于外部世界，随之出现了巴厘文化的地方主义化，又或是由于巴厘社会结构非同一般地能够维持一种坚守传统的形式，这是一个待决的问题。在爪哇，外来势力的压力从不间断，而传统社会结构的适应力所剩无几，这里不只有一套，而是有多套相当理性化的信仰和崇拜体系，让人清醒地感觉到宗教的多元、冲突和繁复，那是对巴厘来说很陌生的东西。[9] 因此，假如谁像我似的在爪哇做过研究后再来到巴厘，那么这种无论是怀疑还是教条的近乎杳然无踪，这种对玄学的漫不经心，恐怕会立刻引起他的注意。此外还有多得惊人的仪式活动。巴厘人总是在不停地编织复杂的棕榈叶供品，制备精美的仪式膳食，装饰各种庙宇，大规模地列队行进，或者突然陷入出神状态，他们似乎太忙于宗教实务，顾不上思考（或操心）宗教本身。

不过，再一次地，说巴厘人的宗教不是条理井然地安排好的，并不是说它压根没有安排。它不但浸透着一种始终如一、极富特色的格调（一种持之以恒的剧场风格，非长篇大论不能尽述），而且它的那些组成要素还簇集成若干分界较为明晰的仪式复合体，它们转而展现出对严格意义上的宗教问题的明确处理之道，后者并不因其含蓄而显得更不合理。这些复合体当中，也许最为紧要者有三：(1) 寺庙体系；(2) 社会不平等的神圣化；(3) 死亡和女巫膜拜。由于相关的民族志详情在文献里唾手可得，我对它们的描述不妨粗率一点。[10]

1. **寺庙体系**是批发方式的一种标准范例，借助于它，传统宗教的不同部分通过它们所处的社会结构而缠绞在一起了。这些寺庙简直有好几千座，尽管它们一概是按大致相同的露天庭院方案建造起来的，却各自聚焦于界定得相当明确的众多关切之事当中的某一桩：死亡，敦睦邻里，团结亲族，农业丰收，种姓自豪，政治忠诚，等等。每个巴厘人都属于多座寺庙，从两三座到十来座不等；每座寺庙的会众是由使用同一块坟场、住在同一个街坊、耕种同一片田地或者彼此有其他联系的那些家庭组成的，这样的成员身份及其所涉及的繁重的仪式义务就颇为直接地加强了巴厘人日常生活由以构筑而成的那类社会关系。

就像庙与庙之间建筑大同小异那样，与不同寺庙相关联的宗教程式从性质上看几乎都是纯然礼仪性的。对于教义或者所发生之事的普遍化解释，它们差不多了无兴趣，充其量有一丁点。重点在于正统做法，而不是正统说法——关键是仪式的每个细节都应当准确、合式。如果出现了不当之处，会众中的某个成员就会不自觉地陷入恍惚状态，从而成为神灵选中的信使，他在胡言疯语中宣布了错误所在，错误纠正了以后他才会苏醒过来。但是观念方面就远不如这般要紧了：礼拜者经常连庙里供的哪路神仙都不知道，对丰富的象征所蕴含的意义不闻不问，对别人可能相信或不相信什么也漠不关心。你可以相信实际上你想要相信的几乎任何事情，包括相信这整个活动很令人厌烦，甚至可以把这种想法说出来。但是假如你不履行你所负责的仪式职责，那你不仅将被彻底逐出寺庙会众群体，还将被整个共同体排斥。

甚至礼仪的举行也笼罩着一种古怪的外在化氛围。最主要的这种礼仪在各庙的"生日"当天举行，每二百一十天一次；那一天，神灵会从他们位于本岛中心的大火山顶上的洞府下凡来，钻进供奉在庙宇祭坛上的神像里，住上三天，然后打道回府。诸神降临之日，会众组成欢乐的队伍，去村口迎接他们，载歌载舞以悦神，再将他们护送到庙里，进一步款待他们；诸神返程之日，有类似的队伍相送，尽管更悲伤一点，更内敛一点。但是，第一天和最后一天之间的仪式，大多只有庙祝独自操办，会众的主要义务就是制作无比繁复的供品送去庙里。第一天有个重要的集体仪式，在会众以手加额向神灵致以传统的印度教鞠躬礼时，圣水会洒到他们身上。可是即便在这看似圣典的仪式中，每户人家也只需有一人参加即可，而被派作代表的往往是妇女或青少年，男人们一般对此满不在乎，只要有几滴魔水保佑性地落在自家代表身上就行了。

2. 社会不平等的神圣化一方面围绕着婆罗门祭司职位展开，另一方面围绕着盛大典礼展开，巴厘的众多国王、王公、贵族举办那些盛典来表现和加强他们的权势。在巴厘，社会不平等的符号化，高等地位的符号化，始终是超村落政治组织的枢纽。自古以来，国家形成过程中的基本动力就更多是分层性的而非政治性的，更多关心地位而非治国术。充当了铸就巴厘政治体的根本动力因素的，不是朝着更高水平的行政、财政甚或军事效率发展的决心，而是对典礼性地表现社会地位上的微妙等级差别的极度重视。政府权威被迫甘拜下风，极不牢靠地依赖于更被看重的社会阶层间的声望差别；威权主义的寡头集团用以施展其权力的实际政治控制机制，发展得远不如传统文化精英用以展示其精神优越性的机制（即国家仪式、宫廷艺术和贵族礼节）那么出神入化。

因此，如果说寺庙主要与平等主义的村落群体相关联的话（也许把它们组织起来的根本结构原则就是，在寺庙环境之内，会众成员间的一切社会等级差别都是不相干的），祭司职位和上层种姓的壮观典礼则将贵族和农民结合成不加掩饰的不对称关系。

虽说婆罗门种姓的任何男性成员都有资格成为祭司，但是只有少数人接受了长期的培养和净化，而这是实际任职的前提条件。[11]尽管没有司祭团这样的组织，每个祭司都是独立行动的，但全体祭司却紧密地认同于贵族阶级。统治者和祭司据说像"亲兄弟"般并肩而立。任何一方若无另一方相帮都会垮台，统治者会垮台是因为缺少克里斯玛力量，祭司则是因为缺少武装保护。即使在今天，每个贵族家庭也都与某个祭司家庭有一种共生纽带，后者被认为是前者的精神配对；在前殖民时期，不但宫廷在很大程度上是被祭司操控的，而且若无当地统治者的许可，任何祭司都不能就任圣职，若无祭司的拥立，任何统治者都不能合法地登基。

在平民或低等种姓这边，每个祭司都"拥有"许多信徒，是由不同的贵族家庭在不同时候分拨给他，然后一代代传下来的。这些信徒即便不是全然随机分布的，至少也散布得极其宽广，譬如说甲村有三个，邻近的乙村有四个，丙村又有几个，如此等等；这么做的缘由，明显是贵族阶层希望维持祭司阶层的政治弱势。于是，随便在哪个村里，一个人跟他的邻居通常要倚靠不同的祭司来满足他们的宗教需求——其中最重要的是获得圣水，它不仅是寺庙典礼的必备之物，也几乎是一切重要仪式的必备之物。唯有婆罗门祭司才能直接告请神灵将水圣化，因为只有他才具备安全地与卷入进来的惊人魔力打交道的精神力量，而这源于他的苦行修炼和纯洁种姓。因此祭司们与其说是道地的祭司，不如说是专业魔法师：他们既不服侍神灵，也不阐明神意，而是通过一知半解的梵语吟唱和漂亮地程式化的庄严姿态来利用神灵。

祭司的信徒们会称他为siwa（湿婆），这个称呼源自他在仪式上神灵附体的那些时段附在他身上的那位大神；他则称他们为他的sisija，大意即"受庇护人"；就这样，区分了高等种姓和低等种姓的分层社会差异，被象征性地类比于祭司和俗人间的精神差异。赋予等级以宗教性的表现和支持的其他手段,即贵族的盛典,则利用了政治性而非仪式性的庇护关系(即劳役)的建立,来强调极端社会不平等的正当性。在这里,重要的不是典礼活动的内容,而是这一事实:某人有权力动员人力资源来制造这样的奢华表演。

这些典礼一般说来重点围绕着生命周期事件(如锉牙、火化等),它们会在颇长时间内卷入大量臣民、属众等的集体付出,所以不但构成了政治忠诚和整合的象征,而且构成其实质。在前殖民时代,这等盛会的筹办和举办所消耗的时间和精力,似乎比其他一切国家活动(包括战争在内)加在一起还多,因此某种意义上可以说,政治系统的存在是为了支持仪式系统,而不是反过来。尽管经历了殖民主义、占领、战争和独立,这种模式在很大程度上保留了下来——用科拉·杜波依斯的隽语来说,绅士依然是"农民之伟大的象征表现",而农民依然是绅士之虚荣的命脉所系。[12]

3. **死亡和女巫膜拜**是巴厘宗教的"阴暗"面,虽然它渗透到日常生活的差不多每个角落,给原本平静的似水流年平添一种焦虑的气氛,但是它最为直接而鲜活地表现在阑答和巴龙这对奇特的神话人物之间醉狂的仪式性搏斗上。阑答是众女巫的凶恶女王、年老的寡妇、残花败柳的妓女、谋害儿童的死亡女神之化身,假如玛格丽特·米德所言不误的话,还是嫌弃孩子的母亲的象征性意象;在她身上,巴厘人塑造了一个绝对魔鬼的强力形象。[13]巴龙是个有几分可亲又有点儿滑稽的神祇,样子和举止都像是介于笨拙的熊、呆傻的狗和高视阔步的中国龙之间的某种东西;在他身上,巴厘人近乎戏谑地再现了人类的强大和软弱。这两大神魔各自都身怀巴厘人谓之sakti的玛那一般的法力,他们的正面交锋势必以半斤八两的僵持收场,而这尽管出于其魔法的具体性,却也并非没有某种终极意义。

　　阑答和巴龙间战斗的实际表演,通常——虽然并非必定——是在某个亡灵庙的"生日"庆典上。一个村民(男子)跳舞扮演阑答,戴着狰狞的面具,穿着可厌的服装;另外两个人,一前一后像舞狮似的,跳着舞扮演优雅的巴龙。这巫婆和龙都入了魔,从寺庙庭院的两头警惕地相对而行,周围是咒骂、恐吓和越来越浓的紧张气氛。起初巴龙是孤军奋战,但是不久,有些观众开始不由自主地陷入迷狂中,抓起短剑冲去帮他。阑答挥舞着她的魔布,向巴龙及其帮手逼近。她奇丑无比,令人骇怖,虽然他们恨她恨得咬牙切齿,巴不得把她撕成碎片,却不禁节节后退。当她受阻于巴龙的sakti,然后转身避其锋芒时,她突然变得妖娆惑人(至少我的报道人是这么说的),他们眼巴巴地从后面向她奔去,有时甚至企图从她身后骑到她身上;但是,就在她回头的刹那,他们一碰到她的魔布,就止不住地昏迷过去了。最后她全身而退,没有被打败,但起码被遏止住了;而巴龙那些极度受挫的帮手爆发出狂野的自毁之怒,拿短剑刺自己的胸膛(这伤不了人,因为他们处在迷狂中),四处扑倒在地,抓住活的鸡仔生吞,等等。从阑答最初现身之前的战战兢兢的长时间期盼,到这最后化为一团无用的暴力和堕落的大狂欢,整个演出有一种随时要堕入无边的恐慌和疯狂的毁灭之中的极其令人不安的气氛。显然它断不至如此,但是伴随着拼命想要最低限度地控制局面的那群迷狂者的越发衰弱,那种千钧一发的惊恐感哪怕对纯粹的旁观者而言也是完全无法抵御的。理智和非理智、爱欲和死亡本能、神性和魔性之间的分界线薄如蝉翼,几乎再没有比这表现得更戏剧化、更有力的了。

巴厘宗教的理性化

自穆罕默德以来，除了巴哈教和摩门教等少数影响有限的奇特突变之外（暂且将法西斯主义等所谓政治宗教当作两可事例不予考虑），再也不曾兴起过任何新的理性化的世界性宗教。结果，世界上任何部落或农民社会的人民，但凡在某种程度上脱去了他们传统宗教的外壳，差不多都是通过改信这个或那个大型传道宗教（基督教、伊斯兰教或佛教）而实现理性化的。然而对巴厘来说，这样的进路似乎被排除了。在这岛上，基督教传教士从来不曾取得多大进展，而且由于他们被认为跟名誉扫地的殖民政权有瓜葛，而今他们得手的机会似乎愈加渺茫。巴厘人也不大可能大批地转变成穆斯林，虽然在印尼人们普遍信奉伊斯兰教。他们作为一个族群，强烈地意识到自己是穆斯林海洋里的一座印度教孤岛，对此深以为傲；他们看待伊斯兰教就像一个公爵夫人看待一只臭虫。在他们眼里，变成基督徒或穆斯林大概无异于不再做巴厘人；实际上，偶或一见的改宗者如今仍被视为不但抛弃了巴厘宗教，还抛弃了巴厘本身，也许连理智都抛弃了——甚至非常宽容、见过世面的人也这么看。基督教和伊斯兰教可以影响这个岛上的进一步宗教发展，但是它们几乎毫无机会去控制那些发展。[14]

但是，巴厘社会秩序的那些基础的某种全面动摇，即便不是已经开始发生，起码也是计日而待了，这从各方面看都很明显。一个统一的共和国兴起了，巴厘作为组成部分被圈在其内，这带给该岛现代的教育、现代的政府形式和现代的政治意识。大为改善的交通通信设施让巴厘人日益意识到外部世界的存在，对外接触大增，也给他们提供了新颖的标准去衡量他们自身的文化和其他文化的价值。城市化的加强、人口压力的加大等不可阻挡的内部变迁，使得社会组织的传统体系要一成不变地维持下去变得愈发艰难。公元前5世纪在希腊和中国发生的事情，即世界的祛魅，似乎行将在20世纪中叶的巴厘发生，只不过是在迥异的历史背景下，有着迥异的历史意义。

看起来巴厘人有望经由一种"内部改宗"过程，将他们的宗教系统理性化，除非事情发展过快，让他们完全无法保持其文化遗产——这当然真有可能。就那些印度宗教而言，他们很久以来一直在名义上归附于它们，却也几乎彻底断绝了跟它们的教义精神的联系；现在，他们一般性地、并非不加批判地遵循它们的准则，似乎接近于造就一种自觉的"巴厘教"，就其哲学层面而言，它将在所提问题的普遍性和所给答案的全面性上直逼世界性宗教。

至少问题正在被人提出来，尤其是被年轻人。受过良好教育和受过少许教育的18—30岁的年轻人，构成了印尼革命的意识形态先锋，他们当中业已出现一些分散但很分明的迹象，展现出对宗教问题的自觉兴趣，他们的长辈或者入世较浅的同辈人似乎在很大程度上仍然认为那些问题是无意义的。

比如，有天晚上，在我所住村庄的一场丧礼上，蹲在庭院里"守护"尸身的八个或十个年轻人就爆发了舌战，对这样的问题进行了一番十足的哲学性讨论。如同我描述过的传统巴厘宗教的其他方面一样，葬礼仪式主要是由精细、琐碎、忙忙碌碌的大量常规活动组成的，不管死亡可能激发出对终极问题的什么关怀，也都完全淹没在熙来攘往的仪式中了。这些年轻人只是最低限度地介入这一切活动,必要的仪礼大多交由长辈们去做,但是他们自发地卷入对宗教本身的性质的刨根究底的探讨中。

他们一来就提出了一个同样困扰着宗教信徒和宗教学者的问题:你如何分辨在哪一点上,世俗习惯止于此,而宗教——真正的神性——始于此?这繁琐葬礼上的所有事项都是真正必要的对神灵的致敬,都是真正神圣的事情吗?抑或其中许多不过是人类习俗,是出于盲目的习惯和传统去做的?设若如此,你又如何才能区别这两者?

有人提出了一种看法:有些做法明显关系到把人聚拢起来、强化他们之间的纽带,比如全村人共同制作抬尸担架,或者亲族群体整理遗体等,它们属于习俗,因此不是神圣的;而另一些做法直接关系到神灵,比如家人向死者的灵魂鞠躬致敬,用圣水净化尸身等,它们才真正属于宗教。另一个人辩称,有些元素广泛出现在仪式活动中,从出生仪式到死亡仪式,在寺庙里也在阗答表演中,几乎处处可见它们的身影(圣水再次成为好例子),它们是宗教性的;但那些只是偶一为之或者局限于一两种仪式的元素,就不是宗教性的。

然后讨论转向了宗教本身的有效性基础——这类讨论经常会变向。有个人受了点马克思主义的影响,抛出一种社会相对主义:各安其居,各乐其俗——他引证的是这个熟语的印尼语形式。宗教是一种人造物。人想出了上帝,然后给他起了名。宗教是有好处、有价值的,但是不具任何超自然的有效性。张三的信仰在李四眼里就是迷信。实际上,一切归根结底都不过是习俗罢了。

这招来一片非议、质疑和诧异。作为回应,村首的儿子提出一种简朴的、非理性的信仰立场。思想争论跟信仰毫不相干。他内心里明白神灵的存在。信仰是第一位的,思想是第二位的。像他本人那样真正虔诚的人,就是知道神灵真的降临到庙宇了——他能感觉到他们在场。另一个人更偏于知性,他差不多当即树立起一套复杂的寓意符号学来解决这个问题。锉牙象征着人变得更像神灵,更不像动物,因为动物有尖牙。仪式甲表示甲的意思,乙表示乙的意思;颜色甲代表公正,乙代表勇气,等等。看似没有意义的东西其实充满了隐秘的意义,只要你掌握了个中密钥。这是个巴厘的神秘学信徒。还有一个人更倾向于不可知论,但他不是不信教者,他向我们展示了中庸之道。这些事情不在人的理解力之内,所以你不能真正思考它们。我们只是不知道。最优策略是一种保守策略——对你耳闻的一切事情半信半疑。那样你就不会走极端。

这一晚的很多时光就这样消磨过去了。显然这些年轻人是韦伯主义者而不自知,尽管除了村首的儿子是附近镇上的政府职员外,其他人都是农民和铁匠。他们一方面关心将宗教与一般社会生活分离开来,另一方面又希望设法将此世与彼世、世俗与神圣之间的差距予以弥补,那差距就是通过某种刻意的体系化态度、某种普遍性承诺而被拉开的。这里有信仰的危机,有不大掩饰的对神话的打破、对根基的动摇。

相同类型的新宗教性也正开始在礼拜仪式的背景下到处浮现。在很多寺庙典礼上,尤其是越来越多地由婆罗门祭司亲自主持的典礼上(过去的通例是他只管提供圣水给低种姓的寺庙祭司使用),一些年轻男性(也有少量年轻女性)会众成员正展现出近乎虔信的狂热。原来只允许一个家庭成员代表全家去跪拜神灵,现在全家人都去参加,拥向祭司,好让更多的圣水洒到身上。原来这种圣礼通常在喧闹的环境里进行，孩子们大呼小叫，成年人胡侃闲聊，现在他们要求一种静穆的气氛，并如愿以偿了。事后他们谈论圣水，不是从魔力的角度，而是用情感主义的措辞，说他们内心的不安和疑惑在圣水沾身的时候"冷静"下来了，还说到他们直接、当下地感受到神灵的在场。对于这一切，年长的人、更传统的人简直茫然不解，他们冷眼旁观，用他们自己的话来说，就像一头牛看着一支甘美兰乐队，满眼是大惑不解（但绝无敌意）的惊愕。

然而，在较为个人性的层面上的这样一些理性化进展，如果想要持续下去的话，就需要在教义和信条层面上的相应理性化。这事实上正在发生，一定程度上仰仗了几家新近创立的出版公司的作用，它们正试图对古典的棕榈叶文献——婆罗门祭司阶层自命有学问，靠的就是它们——加以学术性整理，将其翻译成现代巴厘语或印尼文，从道德-象征方面加以解释，并以廉价版发行以便渐增的识字大众阅读。这些公司也在出版印度作品的译本（包括印度教的和佛教的），从爪哇引进神智学书籍，甚至还印行了巴厘作者所写的关于他们宗教的历史和意义的数种原创著作。[15]

同样，受过教育的年轻男性是这些图书的主要买主，但是他们常常在家里朗读给家人听。对它们，尤其是对巴厘古抄本，人们兴致勃勃，连颇为传统的人群亦然。我买了些这类图书，散放在我们在村里的房子里。这时我们的前廊就成了一个读书中心，成群结队的村民会来到这里，一坐就是几个钟头，念书给对方听，不时点评几句它们的含义，而且几乎总是会评论说，仅仅是自革命以来，他们才获准看这样的读物，在殖民时期，上层种姓完全阻止了它们的散播。因而这整个过程代表着宗教性的读写能力超越传统的祭司种姓向民众普及,对前者来说,那些读物无论如何更像是魔法秘籍而非宗教圣经;从根本意义上说,它也代表着宗教知识和理论的通俗化。破天荒第一次,至少有一些普通巴厘人正开始感觉到,他们能够对他们的宗教所为何事有所理解,而且更要紧的是,他们需要也有权获得这样的理解。

在这种背景下,看上去似乎自相矛盾的是,这一宗教读写能力和哲学-道德阐释运动背后的主力军竟然是贵族阶层,或者其中的一部分人;而整理和翻译那些抄本、创办公司刊行它们的,肯定是贵族成员——通常又是年轻的成员。

但这矛盾只是表面上的。前文提到过,贵族阶层的传统地位多依赖于典礼基础,很多传统典礼活动就是旨在造成对他们的卓越性和统治权的本能反应式接受。但是如今,对卓越性的这种简单假定正变得日见其难。它正遭到印尼共和国的经济和政治变迁以及与之相伴的彻底民粹主义的意识形态的暗中削弱。虽然巴厘仍然存留了许多大型典礼活动,虽然统治阶级继续用仪式的奢华来主张其优越性,但庞大的火葬仪式和超大的锉牙仪式的日子似乎到头了。

因而在贵族中的敏锐之士看来,凶兆已历历在目:假如固执地把他们的统治权建立在完全传统的基础上,那他们很快就会丧失它。今天,权威不只需要用宫廷典礼排场来证明它的正当性,它还需要"理由"——主义。通过重新阐释古典巴厘文献,重新建立跟印度的思想联系,他们正力图提供的东西恰恰就是主义。过去依靠仪式习惯的,现在得依靠理性化的教义信条。"新"文献的内容所聚焦的主要关切点,即多神论和一神论的调和、"印度-巴厘"宗教里"印度"成分和"巴厘"成分的相对重要性的权衡、礼拜行为中外在形式与内在内容的关系、对种姓等级的历史-神话起源的追溯等，全都服务于将传统的、等级制的社会体系置于明显知性的背景中。全体（或部分）贵族自任以新巴厘教的领导者角色，以便保住他们更全面的社会统治地位。

然而，如果从这一切当中只看到一种马基雅维利主义，那就既高看了这些年轻贵族，又低看了他们。他们顶多只是对自己在做什么有部分自觉，而且像我刚刚说到的那些村庄神学家一样，他们也至少部分地出于宗教动机，而不是政治动机。"新印尼"引发的种种转型，对旧精英打击之重，不下于对巴厘社会里的其他任何群体，因为它们质疑了他们对自身天命的信念的基础，从而质疑了他们对现实的本质的看法，他们设想那一天命是扎根于那种现实之中的。他们受到威胁要被夺去权力，这在他们看来不只是社会性的问题，还是宗教性的问题。所以他们对教理的突然关心，某种程度上就是为了从道德和形而上学方面证明自身的合法性（不仅在广大民众眼里，也在他们自己眼里），也是为了在急剧变化的社会环境中至少保住既定的巴厘世界观和价值体系的精华。如同其他许许多多宗教革新者一样，他们同时是改革派和复古派。

除了宗教关怀的增强和教义的系统化之外，这一理性化过程还有第三个方面：社会-组织方面。一种新"巴厘教"若要兴旺发达，它不但必须有一种普遍的内心改变和明确的圣典编纂，还得有一种较为正式地组织起来的制度结构，赋予它社会性的实体。这本质上是一种教会需要，它正开始围绕巴厘宗教与民族国家的关系问题，特别是它在共和国宗教部里的地位（或没地位）问题转动。

宗教部由一位正式内阁成员领导，中心在雅加达，但全国很多地方都分布着办事处。它完全被穆斯林把持，主要活动就是修建清真寺，出版《古兰经》及其注疏的印尼文译本，任命穆斯林全权证婚人，资助《古兰经》学校，传播有关伊斯兰教的信息，等等。它有个精心设计的官僚机构，里边有专为新教徒和天主教徒（他们大多基于分离主义的理由抵制它）而设的部门，它明确视这两种宗教为独特的宗教。但是巴厘宗教被扔进了笼统的剩余类当中，这个类别最好被译成"蛮夷的"，即异教的、野蛮人的、原始的等等，其成员在宗教部没有任何真正的权利，也得不到它的任何帮助。根据穆斯林的"有经人"和"愚顽教"之间的经典区分，这些"蛮夷的"宗教被视为对真虔诚的威胁和改宗的捕猎对象。[16]

巴厘人自然对此表示异议，不断吁请雅加达承认他们的宗教是与新教、天主教和伊斯兰教平等的第四大宗教。苏加诺总统本人算半个巴厘人，他和其他不少国家领导人对此同情归同情，但是迄今为止承受不起得罪政治势力强大的正统穆斯林的后果，所以摇摆不定，没有给予什么有效支持。穆斯林说，巴厘印度教的信徒全集中在一个地方，不像基督徒分散在印尼各处；巴厘人则指出，雅加达和爪哇其他地方都有巴厘人社群，南苏门答腊也有（巴厘移民），并举最近东爪哇一座座巴厘人寺庙拔地而起为例。穆斯林说，你们连经书都没有，怎么可能是世界性宗教呢？巴厘人回答说，我们有始于穆罕默德之前的经文抄本和碑铭。穆斯林说，你们信仰多神，崇拜石头；巴厘人说，上帝是唯一者，但有多个名号，"石头"是上帝的载具，不是上帝本身。少数更加老于世故的巴厘人甚至宣称，穆斯林不愿接纳他们进入宗教部的真实原因，就在于害怕一旦"巴厘教"成为官方认可的宗教，许多仅仅名义上是穆斯林、实则精神上仍旧完全是印度教-佛教信徒的爪哇人,会纷纷改宗,而"巴厘教"会在伊斯兰教的受损中迅速壮大。

不管怎样,双方僵持不下。于是,巴厘人建立了他们自己的独立的"宗教部",由地方提供经费,试图借此重组他们极为核心的一些宗教制度。到目前为止,主要的举措集中在对婆罗门祭司任职条件的规范化上,大体上说收效一般。"宗教部"希望,祭司角色应凭借其宗教知识和智慧,而不能主要依靠其世袭的方面(当然他们并不质疑世袭方面本身),或者依靠所举办的仪式的令人叫绝。它希望确保祭司们懂得经文的意思并能将它们与当代生活联系起来,他们应该道德高尚,至少完成了某种程度的正规学业,等等。官员们说,我们的年轻人不会再仅仅因为某人是婆罗门就追随他,我们必须使他成为道德和思想都令人起敬的人物,一位真正的精神向导。为了达到这一目标,他们正在试图对神职授任施加某种控制,甚至于要设立资格考试,还试图通过召集某一地区的所有祭司开会,让全体祭司成为一个更团结一致的社团。"宗教部"的代表也在各村庄间巡回,发表一些教育演说,以申论巴厘宗教的道德意义、一神教的优点和偶像崇拜的危害等等。他们甚至试图整顿寺庙体系,确定系统化的寺庙分类,也许最后要特别尊显其中一类(最可能是村庄的起源庙),使之成为一种普遍模式,堪与清真寺或教堂模式相媲美。

不过这一切还多半停留在纸上谈兵阶段,尚不可断言对巴厘宗教制度结构的切实重组实际上已经发生了。但是如今,巴厘的每个摄政政府都有"宗教部"的办事处,由一位拿薪水的婆罗门祭司领导(定期领薪的"官方"祭司职位本身就有几分革命意味),协助他的还有三四个办事员,他们大多也是婆罗门种姓的成员。一所宗教学校已经建立起来，它独立于"宗教部"却受其支持；甚至还有一个小规模的宗教政党成立了，它以一位高等贵族为核心，致力于推进这些变革。这么看来，至少宗教科层化的微弱兆端是明显可见的。

宗教论难的加强，宗教读写能力的普及，以及重组宗教制度的尝试，所有这些会产生什么结果，还有待观察。从许多方面看，现代世界的大潮似乎跟这些进展所预示的那种宗教理性化动向背道而驰，也许巴厘文化终将被淹没，变得空洞乏味，而淹没它的正是温斯泰德所担忧的那种"现代唯物主义思想"。但是，当这样一些大潮——如果它们并非纯属幻景的话——流过根深蒂固的文化形构时，其影响经常远不如我们预料的那么大，而被困扰的青年、受威胁的贵族和被唤醒的祭司的三角联盟，尽管目前还很弱小，其更生潜力却不容小觑。在当今巴厘，曾引起世界史上的根本宗教转型的那同一类社会和思想过程，似乎至少已初现端倪，不管其盛衰或最终后果如何，它们的历程不得不说是有启发性的。密切注视这个独特小岛在今后几十年间发生的事情，能让我们以过去的历史绝不可能给予我们的一种具体性、直观性，去洞悉宗教变迁的动力。[17]

第四部分

第八章　作为一种文化体系的意识形态

一

现代思想史上的一个小小讽刺是,"意识形态"一词本身变得彻底意识形态化了。这个概念原本不过是指一套政治倡言,兴许有点唯智主义和不切实际,但至少是理想主义的(如某人——也许是拿破仑——所称,是"社会罗曼司"),如今,不妨引用《韦伯斯特词典》的话说,它变作了"构成一套政治-社会纲领的那些统合性的主张、理论和目标,经常带有虚假宣传的言外之意;例如,法西斯主义在德国被改弦易辙,以适应纳粹**意识形态**",这可是要吓人得多的事业。哪怕有些著作以科学之名,自称是在使用该词的中性含义,它在其中的使用效果也往往依然是明显具有辩驳性的:比如,萨顿、哈里斯、凯森和托宾的《美国企业准则》,从很多方面看都是一部杰作,它断言,"如果某人自己的观点被说成是'意识形态',那么他跟莫里哀的有名戏剧人物[*]发现自己一辈子都在说些无聊的话一样,没理由感到沮丧或委屈",但它随即话锋

---

[*] 指莫里哀戏剧《贵人迷》中的茹尔丹先生,下文还会提及。

一转，罗列了意识形态的主要特点——偏见、过度简单化、情绪化的语言、迎合公众成见。[1] 起码在共产主义集团（对思想的社会角色的一种有些独树一帜的观念在那里被体制化了）以外，没人愿意自称意识形态信从者，或者不加申辩地容许别人这么称呼自己。这熟悉的戏仿性的范例如今几乎可以普遍应用："我有社会哲学，你有政治意见，他有意识形态。"

曼海姆追溯了意识形态概念自身逐渐成为它所指涉的那个主题的一部分的历史过程；社会政治思想不是源自超脱的反思，而"总是密切关联着思想者的现有生活境遇"，对这一点的认识（或者也许只是一种承认）似乎以庸俗的利益斗争玷污了这样的思想，本来，思想自诩超越了利害。[2] 但更具当下重要性的问题是，它这样被吸收进自己的所指中，是否全然破坏了它的科学功用？它既已成为一种指责，是否还能依旧是一个分析性概念？在曼海姆那里，这个问题是他全部研究的意图所在，用他的话来说，即构造一种"非评价性的意识形态概念"。然而他越是与之搏斗，就越是深深地被它的歧义所吞没，直到在他初始假定的驱使下，连他的观点也被提交给社会学分析，最后众所周知地，他落入一种伦理的和认知的相对主义，那是他本人都感到不自在的。这一领域后来的研究克服了一些倾向性或盲目经验性，就此而言，它们已运用了一系列还算精巧的方法论手段，来避开或可谓之曼海姆悖论（因为就像阿喀琉斯与龟的那道谜题一样，它也恰好冲击到理性知识的基础）的那种处境。

如同芝诺悖论对数学推理的有效性提出（或至少表述）了扰人心神的疑问那样，曼海姆悖论也就社会学分析的客观性提出了那样的疑问。很大一部分的现代社会学思想的斯芬克司之谜，以及它的敌人的趁手兵器,就是意识形态止步而科学起步的地方(如果有这样的地方的话)在哪里。无偏性主张被人变着名头推进着:对非个人性研究程序的恪守,学术人与当下的直接相关事务的制度性隔离和他对中立性的职业承诺,精心培养的对自身偏见和利益的觉察与纠正。这些主张遭遇了对程序的非个人性(和有效性)、隔离的坚实性、自我觉察的深刻性和真诚性的否认。研究美国知识人中间的意识形态成见的一位分析家有点神经质地得出结论说:"我觉得,许多读者会断定,我的立场本身就是带有意识形态的。"[3] 不管他的其他预言命数如何,这个预言是千真万确的。虽然一门科学的社会学的到来已经被再三宣布过了,它的存在却远不是获得了普遍承认,即便是在社会科学家本身当中;对客观性主张的抗拒,没有哪里像在意识形态研究中那么厉害。

　　这种抗拒的若干根源在社会科学的辩护性文献里被反复列举。主题的价值负载性也许是被援引得最多的:人们不愿意让他们认为极富道德意义的信念被人不动感情地加以检验,无论那目的多么纯粹;如果他们本人是非常意识形态化的,他们就会觉得实在无法相信,对社会和政治信念的关键问题采取一种漠不关心的"客观"方法,不是学术的假模假样还能是什么。经常被提及的还有:意识形态思想(它实际上是在复杂的符号之网中表现出来的,而那些网络既充斥着情感,轮廓线又模糊难辨)的内在的难以捉摸性;一项公认的事实——自马克思以降,带有意识形态的诡辩之词常常披上"科学的社会学"的伪装;地位稳固的知识人阶层的防卫心理,他们将科学地探究思想的社会根源视为对其地位的威胁。要是这一切都解释不了,那总还可能再次指出,社会学是一门年轻的科学，它新近才建立起来，来不及达到一定的制度坚实性水准，以维持它在某些敏感领域所追求的探索自由。所有这些论点无疑都有某些正当性。但不大被人想到的——出于一种奇怪的选择性忽略，不厚道的人会指控它是带有意识形态的——是这样的可能性：问题的很大部分在于社会科学自身之内缺乏概念的缜密，而人们如此强烈地抗拒对意识形态加以社会学分析，乃因为这样的分析其实根本说来是不充分的；它们所用的理论框架明显不完备。

这一章里我要尝试表明实情就是如此：社会科学尚未发展出一种真正非评价性的意识形态概念；这一失败与其说是源于方法论的违规，不如说是源于理论的简陋；这种简陋主要表现在拙于将意识形态本身作为一种实体、作为文化符号的一种有序体系来处理，而不是表现在辨识它的社会和心理背景上（涉及这些方面时，我们的分析机器就完善多了）；故此，逃离曼海姆悖论的出路就在于完善一种概念装备，它能更老练地探究意义。说白了，我们需要更准确地理解我们的研究对象，免得蓦然发现我们原来很像爪哇民间故事里的那个"傻小子"，他妈叫他去找个安静的媳妇，他带回家来一具死尸。

二

如今盛行于社会科学中的那种意识形态概念是一种彻头彻尾的评价性（亦即贬损性）概念，这一点证明起来很容易。"[意识形态研究] 处理的是被甩出了思维的正常航线的一种思维模式，"沃纳·斯塔克告诉我们，"意识形态思想是……鬼鬼祟祟的某种东西,应该被战而胜之并赶出我们的头脑。"它跟撒谎不尽相同,因为说谎者起码还做到了玩世不恭,而意识形态信从者不过始终是个傻瓜:"两者都牵涉到虚假不实;但是,说谎者试图扭曲他人的思想,而他自己的内心思想是正确的,他非常清楚真相是什么,与此相对,听信一种意识形态的人在他的内心思想上就是自欺的,如果他把别人带错了路,那是出于无奈和无心。"[4]作为曼海姆的信徒,斯塔克坚信,一切形式的思想都势必受到社会的影响,但意识形态另外还有一种不幸的特质:它在心理上受到仇恨、欲望、焦虑或恐惧之类的个人情绪压力,变得"畸形"("反常""失实""被污染""被曲解""被荫蔽")。知识社会学探讨真理追求和感知中的社会因素,那是或此或彼的存有视角对求真的必然局限。但是意识形态研究——迥然有别的一项事业——探讨智识犯错的原因:

> 我们曾经试图解释的思想和信念,能够以双重方式跟现实联系起来:要么跟现实的**实相**相联,要么跟这一现实(更确切地说,是对这一现实的反应)所引发的**抗争**相联。当前一联系存在时,我们发现的是原则上真实可信的思想,当后一联系存在时,我们面对的是只会偶然为真、很可能因偏见(在最宽泛的潜在意义上理解这个词)而失效的观念。前一类型的思想堪称理论的,后一类型只能谓之伪理论的。或许也有人会说,前者是理性的,后者带有感情色彩——前者是纯认知性的,后者是评价性的。借用特奥多尔·盖格尔的比喻来说……由社会事实决定的思想好比清溪,水晶般澄澈透明;意

识形态观念好比浊流,被涌入的秽土杂物搅浑和染污。前者之水健康可饮,后者之水有毒当避。[5]

这话说得简单拙朴,但是"意识形态"一词的所指被局限于一种极端的知识堕落,这同样可见于政治和科学主张表述得远为精致而鞭辟入里的那些语境里。比如,爱德华·希尔斯在论"意识形态与公民性"的那篇影响深远的文章中,草绘了"意识形态化的思想"的一幅肖像,要说它跟斯塔克的描述有什么区别的话,那就是更加灰暗了。[6]这种思想"呈现为各式各样的形态,每种形态都声称自己是独一无二的"——意大利的法西斯主义、德国的国家社会主义、俄国的布尔什维克主义、法国和意大利的共产主义、法兰西行动党、不列颠法西斯联盟以及"它们稚嫩的美国亲戚,夭折的麦卡锡主义","在19世纪的西方国家中,[它]笼罩并侵入了政治生活,而到20世纪……则呈现出要取得全面统治的危险趋势"。最重要的是,它包含"这样一种公设,它认为应该从一以贯之、包罗万象的信念集合的立场出发来从事政治,那些信念必须凌驾于其他任何考虑因素之上"。如同它所支持的政治那样,它是信奉二元对峙的,把纯洁的"我们"与邪恶的"他们"对立起来,宣称凡不支持我者就是反对我。它是疏离的,因为它不信任、抨击、蓄意摧毁现存政治制度。它是教条的,因为它自命全盘、独家掌握着政治真理,憎恶妥协。它是总体性的,因为它旨在根据它对理想的想象来规正全部社会和文化生活;是未来取向的,因为它奋力迈向一种历史的乌托邦顶点,那时这样的规正将会实现。总而言之,它不是任何正派的中产阶级绅士(甚或任何正派的民主主义者)有可能招认曾经讲过的那种平淡话语。

甚至在更纯粹地关注概念问题的更抽象、更理论化的各层面上，认为"意识形态"这个词适用于"持论执拗，又永远理亏"的那些人的看法也并未消失。比如，在塔尔科特·帕森斯对曼海姆悖论的最新研思中，"背离[社会]科学客观性"就赫然成为"判断意识形态的必要标准"："所相信的与科学上所能确证的之间有出入时，意识形态问题就出现了。"[7] 所涉及的"背离"和"出入"包含两个一般类型。其一，由于所有思想都受到它们寄寓其中的那个社会的总体价值的影响，社会科学在所提问题的类别和挑出来加以处理的特殊难题上是选择性的，而意识形态则臣服于更有甚之的、认知上更有害的"次级"选择性，因为它们强调社会实在——譬如说，当前社会科学知识所揭示的那种实在——的某些方面，忽略甚或压制别的方面。"于是，举例来说，商业意识形态极力夸大实业家对国家繁荣的贡献，淡化科学家和专业人士的贡献。而在当下'知识分子'的意识形态中，社会'遵从压力'的重要性被夸大了，有利于个人自由的各种制度因素则被忽视或贬低。"其二，意识形态思想不满足于高度选择性，还积极主动地歪曲哪怕是它认可的社会实在的那些方面，只有当所涉及的主张被置于社会科学的权威发现的背景下时，这种歪曲才会变得明明白白。"歪曲的标准是，所提出的关于社会的那些陈述，凭借社会科学方法可以证明肯定是错的；而如果陈述在适当层面上是'对的'，但不构成对可得真相的一种均衡说明，则是存在选择性的。"但是，在世人看来明确做出错误断言与提出可得真相的不均衡说明之间，似乎没有很大的差别。这里，意识形态还是一条浊臭的河。

不必再多举例子了，虽然可以信手拈来。更要紧的是这个问题：这样一个预设倾向性过重的概念，在社会科学的分析工具中间正发挥着什么作用？那种社会科学以不动感情的客观性主张为基础，将它的理论解释提升为社会实在的"未失真的"故而是标准的正见。如果社会科学的关键力量来自它们的公正无私性，那么当政治思想分析受到如此概念的支配时，这一力量岂不遭到损害？恰似宗教思想分析，若是按照"迷信"研究的套路进行，则可能会（而且有时已经）遭到损害。

这种类比并不牵强。比如在雷蒙·阿隆的《知识分子的鸦片》一书中，书名——它是马克思那愤愤然的偶像破坏行动的反讽性回声——以及论证的全部修辞（"政治神话""历史的偶像崇拜""圣职人员与信徒""世俗的教权主义"，诸如此类），均令人想起好战的无神论的文献。[8]希尔斯援引意识形态思想的极端反常事例——纳粹主义、布尔什维克主义等等——作为它的典范形式，这一方法让人联想起将宗教裁判所、文艺复兴时期诸教皇的个人腐化、宗教改革战争的凶残或者《圣经》地带的原教旨主义的原始当作宗教信仰与行为的原型的那个传统。帕森斯认为，界定意识形态要根据它相对于科学的认知缺陷，这种看法跟孔德的宗教观也许不像乍看上去那样相距遥远，后者把宗教说成一种对实在的不加批判的象征性构想，清除掉隐喻的冷静社会学将很快让它作废：我们可以像实证主义者久久地等待宗教的终结那样，久久地等待"意识形态的终结"。也许甚至这么说也不过分：正如启蒙运动及其后的好战的无神论是对宗教偏执、迫害和斗争的大爆发引起的真切恐怖（与扩展了的自然世界知识）的一种反应那样，对意识形态的好斗的敌视态度也是对过去半个世纪的政治浩劫（与扩展了的社会世界知识）的一种相似反应。倘若此言不虚，那么意识形态的命运大概也终会是相似的——从社会思想的主流中隔离出来。[9]

　　这个问题也不可仅仅当成语义问题打发掉。不消说,若是人们愿意,他们可以自由地把"意识形态"一词的所指局限于"鬼鬼祟祟的某种东西",也许还可以为这么做提出某种历史的辩护理据。但要是谁真的这么限定它,那他就不能既撰写作品探讨美国实业家、纽约"文学"知识分子、英国医学会成员、产业工会领导人或知名经济学家等群体的意识形态,同时又期望他的研究对象或者感兴趣的局外人相信那种作品是中立的。[10]对社会政治思想的讨论,如果从一开始就按照用于命名它们的那种措辞指控它们是畸形的甚至更坏,那不过是想当然地将这些讨论假装提出的问题当作事实。当然也有可能,"意识形态"这个术语简直应该彻底退出科学话语,随它那挑起论战的命运生灭吧——就像"迷信"一词所遭遇的那样。但是,目前看来似乎没有哪个术语可以替代它,它至少部分确立了在社会科学术语词典里的地位,因此去弊取利地继续用它似乎更为可取。[11]

三

　　一件工具的隐蔽瑕疵一用即明,同样,评价性的意识形态概念的内在弱点一旦使用就暴露出来。它们尤其暴露在对意识形态的社会根源与后果的研究中,因为在那当中,这个概念套上了社会系统和人格系统分析的高级引擎,后者的力量恰恰有助于突显文化分析(即符号系统分析)缺乏类似的力量。在意识形态的社会和心理背景的研讨(或至少是其"精品")中,背景分析的精妙反衬出思想分析的拙劣,不精当性的阴影笼罩着整个讨论,哪怕拘执最严格的方法论也驱之不去。

关于意识形态的社会决定因素，目前有两大研究取向：利益理论和紧张理论。[12]对前者而言，意识形态是面具也是武器；对后者而言，它是症状也是疗法。在利益理论里，意识形态声明被置于无处不在的利益斗争的背景下加以观照；在紧张理论里，则被放在纠正社会心理失衡的长期努力的背景下。一个说，人们追逐权力；另一个说，他们逃避焦虑。他们当然可以双管齐下，甚至还可以彼此相济，所以这两种理论不一定互相对立；但紧张理论本身是因应利益理论所遭遇的经验困难而起的，不那么过分简单化，所以它更鞭辟入里，具体性不及而综合性过之。

利益理论的基本原则尽人皆知，无须赘述；它们被马克思主义传统发展得极尽能事了，而今成为普通百姓的标准知识装备，他们非常清楚，在政治争论中，一切都归结于谁家公牛被牛角抵伤了。利益理论的一大优势过去在于、现在也在于，它将文化的观念体系扎根于社会结构的坚实地基上，而这借助的是强调这等体系的信奉者的动机，强调那些动机反过来对社会地位（尤其是社会阶级）的依赖。再者，利益理论指出，观念就是武器，将一种特定的（某人所属群体、阶级或政党的）现实观加以制度化的良策，就是攫夺政治权力然后强制施行该观念，由此它把政治思辨和政治搏斗熔于一炉了。这些贡献经久不衰；如果说利益理论如今霸权不再，那与其说是因为它被证伪了，不如说是因为它的理论装置最终证明太粗陋了，不足以应付它所揭示的社会、心理和文化三方面因素之间交互作用的复杂状态。它像极了牛顿力学，不是被后来的新进展所替代，而是被吸收进去。

利益理论的主要弱点是，它的心理学太孱弱，而它的社会学太健硕。由于缺少一种成熟的动机分析,它总是被迫在狭隘而肤浅的功利主义与开阔有增而肤浅无减的历史主义之间摇摆,前者认为人受到对其自觉意识到的个人利益的理智算计的驱使,而后者以一种蓄意的含糊,把人的观念说成以某种方式"反映了""表现了""符合于""根源于""受制于"他们的社会承诺。在这样的框架之内,分析者面临的抉择是:要么心理描述具体而微,以致完全难以置信,从而暴露他的心理学的疏浅;要么心理上泛泛而论,以致无人置疑,从而掩饰他毫无心理学理论的事实。有主张说,对职业军人而言,"国内[政府]政策主要是作为维持和扩充军事系统的途径而显得很紧要,[因为]那个系统就是他们的生意,他们被训练出来就是为了它",这样的主张,好像连据称很简单的军人头脑也没有恰当表现出来;又有主张说,美国石油商"不可能是纯粹的石油商",因为"他们的利益所在",使得"他们也是政治要人",这样的主张对人的启发作用,就跟断言鸦片催人入睡的原因在于它有催眠力的理论(也是出自茹尔丹先生那富于想象力的头脑)差不多。[13]

另一方面,认为社会行动根本上是无止境的权力斗争的观点,导致一种视意识形态为高级权诈的过度马基雅维利式的看法,结果又导致对它的更广阔的、不那么戏剧性的社会功能视而不见。把社会比作战场,看成淡淡伪装成原则冲突的利益冲突,这让人注意不到意识形态发挥的其他作用:明确(或遮蔽)社会类别,稳定(或扰乱)社会期望,维持(或侵蚀)社会规范,加强(或削弱)社会共识,缓和(或加剧)社会紧张。将意识形态简化为笔战武器,这给它的分析营造出一种热烈的战斗气氛,却也意味着将可以进行这样的分析的智识域缩减为战略和策略的狭隘现实主义。利益理论的力度不过是——变用怀特海的一个比喻来说——它的狭隘性的回报。

不管"利益"概念有多少歧义,它既是心理学概念同时又是社会学概念——既指个人或群体所感知的好处,又指个人或群体穿梭其中的客观机会结构;"紧张"(strain)概念也是这样,因为它既指个人的不安状态,又指社会失序的境况。差别在于,用"紧张"概念时,动机背景和社会结构环境都得到更为系统的描绘,二者间关系亦然。实际上,正是因为一方面增添了成熟的人格系统观念(基本上是弗洛伊德式的),另一方面增添了成熟的社会系统观念(基本上是涂尔干式的),再加上二者交互渗透模式的观念(帕森斯式的添加),利益理论才被转化成紧张理论。[14]

紧张理论的出发点是一个清晰而判然的想法:长期的社会整合不良。任何社会安排都不会或不能完全成功地应对它必然面临的功能问题。它们全都饱受不可调和的二元对立之苦:自由和政治秩序的对立,稳定和变迁的对立,效率和人道的对立,精确和灵活的对立,诸如此类。社会不同部门(经济、政治、家庭等)的规范之间存在不连续性。各部门内部的目标之间存在差异,譬如企业是重视利润还是重视生产率,大学是拓展知识还是传播知识。角色期望上也存在矛盾,近来关于工头、上班的妻子、艺术家和政客的美国社会学文献对此着墨甚多。社会摩擦跟机械摩擦一样无所不在,也无可消除。

此外,这种摩擦或社会紧张在个体人格层面上表现为心理紧张——人格本身不可避免地是冲突的欲望、积郁的情绪和临时的防御所组成的整合不善的系统。在集体层面上被视为结构不协调的东西,在个体层面上则被感知为身心的不安全,因为社会的缺陷与性格的矛盾在社会行动者的经验中彼此相遇并加剧。然而与此同时,不论社会与人格有什么缺点,它们都是组织有序的系统,而并非仅仅是机构的堆集或动机的簇合,这一事实意味着,它们引起的社会-心理紧张也是系统性的,而社会互动产生的焦虑有其自身的形式和秩序。至少在现代世界上,大多数人过着模式化绝望的生活。

因而,意识形态思想被认为是对这种绝望的(一类)反应:"意识形态是对社会角色的模式化紧张的一种模式化反应。"[15]它给社会失调引发的情感困扰提供了一条"象征发泄渠道"。人们可能假定,对于某一给定角色或社会位置的全部或大多数占有者来说,这样的困扰至少大体上是共通的,所以对困扰的意识形态反应将会趋于相似,这种相似性被某一特定文化、阶层或职业类别的成员在"基本人格结构"上的推定共性所加强。这里的范型不是军事的而是医疗的:意识形态是病(萨顿等人提到咬指甲、酗酒、身心紊乱、"臆想妄念"等都属于意识形态的替代品),需加诊治。"紧张概念本身不是对意识形态模式的解释,而是给予要在发展一种解释的过程中找到的种种因素的总括性标签。"[16]

但不论是对医学诊断还是对社会学诊断而言,仅仅识别出相干的紧张是不够的;人们不光从病原学上,而且从目的论上理解症状——也就是看那些症状如何作为对付困扰(不管多么徒劳)的机制发挥作用,正是那些困扰引发了它们。最常用的主要有四种解释类型:宣泄型、斗志型、团结型、辩护型。"宣泄型解释"表达的是古老的安全阀或替罪羊理论。情感紧张被转移到象征敌人("犹太人""大财阀""赤色分子"等等)身上,从而得到排解。这种解释像这种策略一样头脑简单,但是不可否认,意识形态通过提供合法化的敌视（或者也可是爱恋）对象，能够稍稍缓解身为小公务员、临时工、小镇小店主的痛苦。"斗志型解释"表达的是意识形态支撑个人（或群体）直面长期紧张的能力，这要靠干脆否认紧张的存在，或者诉诸更高价值来把它合法化。正在奋斗的小商人反复申明他对美国制度的必然公正性的无穷信心，不得志的艺术家将他的失败归因于他要在一个庸人的世界上坚守体面的标准，他们靠这样的办法，能够锲而不舍地干他们的工作。意识形态弥合了事物的如其所是的实然和如人所愿的应然之间的情感鸿沟，因而确保了角色的扮演，若非如此，人们可能在绝望或冷漠中停止扮演那些角色。"团结型解释"表达的是意识形态将一个社会群体或阶层黏结在一起的力量。就存在意识形态的情况而论，劳工运动、商界或医疗行业的团结，显然在很大程度上仰仗共同的意识形态取向；而要不是因为存在一些流行符号，饱蕴着对一种四处弥漫的社会困境的情绪，[美国]南方就不成其为[美国]南方。最后，"辩护型解释"表达的是意识形态（和意识形态理论家）的行动：陈说（无论多么偏颇和含混）驱迫着他们的那些紧张，从而强推它们进入公众视野。"意识形态理论家向更广阔的社会陈述问题，在所涉争论上表明立场，并'将它们提交给意识形态集市的法庭'。"[17] 对于所涉问题的真实性质，意识形态辩护人（跟法律上的辩护人并非全然相异）所遮蔽的往往不下于所澄清的，但他们至少唤起了人们对那些问题的存在的关注，并通过将争议极化，使得继续无视问题变得愈发困难。没有马克思主义的攻击，就不会有劳工改革；没有[美国]黑人民族主义者，就不会有[取消种族隔离的]"稳重步伐"。

然而正是在这里，在对意识形态的社会和心理作用而非它的决定因素的研究中,紧张理论本身开始失灵,它较之利益理论更胜一筹的敏锐性也消失了。在确定意识形态关怀的源泉的位置上有所增进的精确性,不知何故没有延续到对其后果的辨识上,这里的分析反而变得疏阔含糊。所设想的后果,就其本身而言无疑是非常真实的,却显得近乎是偶然发生的,是原本指向另一方向的一种本质上非理性的、几乎自然而然的表达过程的意外副产品——就像这样一些场合:一个人踢疼了脚趾,不由自主地叫了声"哎哟!",捎带着借他本人的发声发泄了怒火、表示了痛楚、安慰了自己;或者一个人赶上地铁的人流高峰,满心沮丧,无意间骂了句"妈的!",这时他听到别人的类似咒骂,油然升起对同病相怜者的某种有悖常情的亲近感。

当然,这种毛病在社会科学的许多功能分析中都可以见到:某一组力量所塑造的一种行为模式,出于貌似有理却仍然不可思议的巧合,最后只是促成了跟那些力量微弱相关的结果。一群原始人满心虔诚着手祈雨,结果却巩固了他们的社会团结;一个选区政客着手上位或保位,结果却居间调和了未同化的移民群体与不讲人情的政府官僚机构;一个意识形态理论家着手诉说冤苦,却发觉自己通过他的那些幻想的转移注意的力量,帮助陷他于苦难的那个体制继续存活。

潜功能概念经常被搬来掩饰这种反常事态,但它更多是命名现象(其实在性并无疑问),而不是解释现象;最终结果是,功能分析——而且不只是意识形态的功能分析——依旧无可救药地含糊其辞。小官僚的反犹主义可能的确有助于他对付压在心头的怒气并稍加发泄,他总得讨好他认为智不如己的上司而早已积怒于心,但这也可能给他提供令他愤愤不平而又无能为力的其他某种东西,从而不过助长了他的怒气。不得志的艺术家以他的艺术遵奉古典准则自解,这也许让他更能承受不被世人认可的失败,但也可能戏剧性地展示了他的环境的可能性与他的愿景的诉求之间的鸿沟,让他感到败局已定,不值一搏。意识形态见识的共同性可能把人们连接到一起,但是正如马克思主义的宗派史所表明的,它也可能提供一套语汇,使他们更细致地探寻彼此间的差异。意识形态理论家的铿锵之声可能让某个社会问题引起公众关注,但也可能让它充塞着激昂的情绪,以致排除了理性解决该问题的任何希望。对这一切可能,紧张理论家当然都清楚意识到了。事实上他们倾向于强调消极的后果和可能,而非积极的那些,几乎总是以为意识形态是勉强凑合的应急措施——就像咬指甲那样。但是要点在于,尽管紧张理论在查明意识形态关怀的动机上目光如炬,它对这种关怀的后果的分析仍然显得粗陋、游移、闪烁其词。从诊断上看它是令人信服的,从功能上看则不是。

这种缺点的原因是,对于符号表述过程,紧张理论(利益理论亦然)实质上只有最初步的想法。它大谈特谈情绪"找到一种象征发泄渠道"或者"附着于适宜的象征符号之上",可是对这把戏果真如何要成的却语焉不详。意识形态的原因和效果之间的关联好像是偶然性的,因为连接元素——符号表述的自主过程——被不闻不问。利益理论和紧张理论都直接从源头分析跨向后果分析,而不曾将意识形态当作相互作用的符号的体系、相互交织的意义的模式来认真审视。主题当然被勾勒出来了;在内容分析家中间,它们甚至还被清点了数目。但它们之被提及,不是为了说明其他主题或任何类型的语义学理论,而是要么向后说明据说是它们所反映的效果,要么向前说明据说是它们所歪曲的社会实在。意识形态到底是怎样将情绪转变为意义，因而使那种情绪可被社会利用的，这个问题被一种粗糙的策略避开了：按某种方式将特定的符号和特定的紧张（利益）并置，好让前者是后者的派生物这一点看起来不过是常识——或者至少是后弗洛伊德的、后马克思的常识。假如分析者手法圆熟的话，事情就会是这样。[18]从而此中关联就没有得到解释，而只是被推断出来。激起意识形态态度的社会心理压力与那些态度赖以获得一种公共存在的精巧符号结构，这二者之间的关系的性质太过复杂，根据一种模糊而未经检验的情感共鸣观念是理解不了的。

四

这种关联很有意思的一点是，罕有例外地，它对当代思想的一股极重要的趋向，即建构关于肯尼斯·伯克所说的"符号行动"的一门独立科学的努力几乎无动于衷，[19]虽然社会科学理论的一般潮流深受过去一个半世纪的几乎每一重大思想运动的影响——马克思主义、达尔文主义、功利主义、唯心主义、弗洛伊德主义、行为主义、实证主义、操作主义等，也试图利用几乎每个重要领域的方法论创新——从生态学、动物行为学和比较心理学到博弈论、控制论和统计学。无论是像皮尔士、维特根斯坦、卡西尔、朗格、赖尔或莫里斯这样的哲学家，还是像柯尔律治、艾略特、伯克、燕卜荪、布莱克默、布鲁克斯或奥尔巴赫这样的文学批评家，他们的著作似乎都不曾对社会科学分析的一般模式产生过什么有分量的影响。[20]除了几个更大胆的（多半也是纲领性的）语言学家——沃尔夫或萨丕尔式的——之外，符号如何进行象征性的表现,如何发挥意义中介的作用,这个问题被简单绕过了。医生兼小说家沃克·珀西写道:"令人窘迫的事实是,今天尚不存在关于符号行为**本身**的一门自然经验科学……萨丕尔对缺乏符号行为科学的温和责怪,以及对这样一门科学的迫切需要,在今天比在三十五年前更为不言而喻。"[21]

　　正是这种理论的缺席,尤其是可以处理比喻语言的某种分析框架的缺席,让社会学家陷入视意识形态为精心的疾苦之鸣的境地。由于不了解隐喻、类比、反讽、一语多义、双关、反论、夸张、韵律和我们胆怯地谓之"风格"的其他因素是如何运转的,甚至在多数情况下不承认这些手法在将个人态度打造成公共形式上有任何重要性,社会学家欠缺借以构造更犀利的阐述的符号资源。艺术一直在确立"变形"的认知力量,哲学一直在削弱某种情感主义的意义理论的适当性,与此同时,社会科学家却一直在否认前一力量,信奉后一理论。因此,不足为怪,他们避开了解释意识形态主张的含义这个问题,只是因为他们没看出那是个问题。[22]

　　为了挑明我的意思,让我举个例子。我希望例子本身足够微不足道,一来可以打消别人的疑心,以为我对所涉政治争论的实质有任何隐秘的关切;更要紧的是也可以突显中心意思:为分析文化的高级层面(比如,诗歌)而发展出来的概念,也能够适用于低级层面,而不会以任何方式模糊二者间的巨大质性差异。萨顿等人在讨论他们用以界定意识形态的那些认知缺陷时,以有组织的劳工将塔夫脱-哈特莱法案称作"奴工法"为例,说明意识形态信从者的"过度简化"倾向:

　　　　意识形态往往是简单鲜明的,甚至当追求简单鲜明对讨论的主题有失公允时亦然。意识形态图景运用明晰线条和黑白对照。意识形态信从者以漫画家的方式夸张和讽刺。反之，社会现象的科学描述可能是轮廓模糊、界限不明的。在最近的劳工意识形态里，塔夫脱-哈特莱法案就是一种"奴工法"。平心而论，这项法案不该背负这个标签。对该法案的任何公正评估必须逐项考察它的许多条款。按照任何一套价值，哪怕是工会自身的价值，这样的评估都会产生毁誉混杂的判断。但是毁誉混杂的判断不是意识形态的特长。那种判断太错综复杂，太含糊莫辨了。意识形态必须将该法案囫囵地归类为一个符号，好纠合工人、选民和议员采取行动。[23]

对于给定的一组社会现象，意识形态阐述是不是必定比科学阐述"更简单"，这只是个经验问题，姑且放在一边；说来奇怪的是，这种主张轻蔑地——你甚至可以说是"过度简单地"——看待工会领导人以及"工人、选民和议员"的思维过程。我们很难相信，杜撰并传播这个口号的人自己相信，或者期望别人相信该法案真会（或意在）让美国工人沦落到奴隶的地位；也很难相信，觉得这个口号有意义的那部分公众会根据它的字面意思来理解它。然而，恰恰就是对他人心智的这种扁平化看法，让社会学家只能对该符号具有的无论什么效果做出两种均不充分的阐释：要么它欺骗信息不足之人（照利益理论来看），要么它鼓动思力不周之人（照紧张理论来看）。人们没有想到：或许其实它有能力把握、阐述、传达平和的科学语言把捉不住的那些社会现实，而它的操纵力就源于这种能力；它也可能传递了比字面解读所暗示的更为复杂的意义。说到底,"奴工法"或许不是一个标签,而是一个比喻。

说得更准确点儿,它好像是个隐喻,起码意图成为一个隐喻。似乎难得有社会科学家读过多少有关隐喻——"语言(纵然只有少量词汇)借以包罗无量事物的那种力量"——的文献,但实则文献浩繁,而且迄今已有适当的共识。[24] 在隐喻里人们当然领会到一种意义的分层,一个层面上的意义不协调造就另一层面上的意义涌入。诚如珀西指出的,隐喻最让哲学家(他也许还可以加上科学家)感到烦恼的特征在于,它是"错误的":"它声称一件事物是别的某物。"更糟的是,它往往越"错"越奏效。[25] 隐喻的力量恰恰来自它符号性地强塞进单一概念框架里去的不协调意义之间的相互作用,也来自那种强塞克服这等语义紧张在有可能感知到它的任何人身上势必引起的心理抗拒的成功程度。当隐喻起作用时,它将一个虚假的等同(比如,将共和党的劳工政策等同于布尔什维克的劳工政策)转变成一个恰当的类比;当它失灵时,它就只是虚言浮夸。

"奴工法"比喻实际上对大多数人而言几乎就是失灵的(因而从未发挥过作为"纠合工人、选民和议员采取行动"的一个符号的效力),这一点像是显而易见的;正是这种失败,而不是假定它具有的鲜明的简单性,使它看上去无非是幅漫画。宣布只雇用工会会员的工厂为非法的保守派国会的形象与西伯利亚集中营的形象之间,语义紧张明显太超常,无法变形成单一观念,至少靠口号这样粗陋的语体手段做不到。(也许)除了对极少数狂热信徒以外,类比并没有显现出来,虚假的等同依旧是虚假的。但失败不是不可避免的,哪怕是在这样初级的层次上。谢尔曼的"战争就是地狱"是纯粹的裁断,不是什么社会科学命题,尽管如此,萨顿及其同人可能不会把它认作夸张或讽刺。

然而,比评估这两条比喻本身的恰当性更重要的是,既然它们试图互相触发的意义说到底是扎根于社会的,这种尝试的成败就不但与它们使用的语体机制的力量有关,还与恰恰是紧张理论所专注的那些类型的因素有关。冷战的紧张状态,对最近才从艰苦的生存斗争中应运而生的劳工运动的畏惧,以及主宰美国二十载之后新政自由主义的摇摇欲坠,这些都为"奴工"比喻的出现及其败挫(当将它们化为一个有说服力的类比被证明难以实现的时候)搭好了社会心理的舞台。1934年日本军国主义者散发了名为《国防基本理论与国防巩固建议》的小册子,开篇就是响亮的家庭隐喻:"战争是创造之父,是文化之母。"他们无疑会觉得谢尔曼的格言不可信,就像谢尔曼会觉得他们的不可信一样。[26]他们是在一个寻求立足于现代世界的古老民族里起劲地准备一场帝国主义战争,而他是在一个被国内仇恨撕裂的尚未实现的国度里厌倦地从事一场内战。故而,因社会、心理和文化背景而异的不是真实,而是我们在效果不等的理解那真实的努力中所构想的符号。战争**的确是**地狱,**不是**文化之母,就像日本人终归也发现的那样,虽然他们无疑是用更庄重的语言风格表达这个事实。

知识社会学应该被称为意义社会学,因为社会性地确定的东西不是观念的性质,而是观念的载体。亨勒谈到,在喝不加牛奶的咖啡的社群里,用"你是我咖啡中的奶油"去夸一个姑娘,只会弄巧成拙;而假如杂食性而非笨拙粗野被当成熊的一种更显著的特征,那么说一个人是"老熊",就可能不是说他粗鲁,而是说他兴趣广泛。[27]或者举个伯克的例子来说,在日本,人们提到好友之死时会面露微笑,美国英语中的语义对等物(言词上的,也是行为上的)就不是"他面露微笑",而是"他的脸沉下来";因为凭借这样的译语,我们是在"将日本人共同接受的社会习俗转译成相应的西方人共同接受的社会习俗"。[28]再靠近意识形态领域一点儿,萨丕尔曾指出,委员会主席职位之所以具有象征力量,只是由于我们相信"行政管理职能以某种方式表明一个人比被他管理的人更优越";"设若人们开始觉得行政管理职能无异于符号的自动作用,委员会主席职位就会被认为无异于僵化的符号,我们如今以为内在于它的那特定价值就可能趋于消失"。[29]"奴工法"的情况并无不同。倘若不论出于何故,劳改集中营在美国人对苏联的想象中作用衰减,那么消散掉的将不是这个符号的真确性,而是它的意义本身,即它非真即假的那种资格。人们简直必须用别的方式表达这一观点,即塔夫脱-哈特莱法案是对有组织的劳工的致命威胁。

总之,像"奴工法"这样的意识形态比喻与它在其中显现的那美国生活的社会现实之间,有一种相互作用的微妙性,那是"歪曲"、"选择性"或"过度简单化"之类概念实在无力阐幽的。[30]不但比喻的语义结构比它表面上显现的复杂得多,而且对那一结构的分析逼得人们追溯它与社会现实之间的多重指涉关系,所以最终图像是不同意义的一种构形图,从那些意义的交织互动中,生发出最终符号的表达力和修辞力。这种交织互动本身是一个社会过程,不是发生在"头脑里",而是在公共世界里,在此"人们一起聊天,说出事物名称,提出主张,一定程度上彼此理解"。[31]符号行动研究属于社会学领域,与小群体、科层制或美国女性的角色变化等研究相比成色不减分毫,它只是远不及它们成熟而已。

五

因此，对大多数意识形态研究者未能提出的问题——当我们声称社会心理紧张"表现在"符号形式之中时，我们究竟是什么意思？——发问，确实立马把人引入危险的深水区，事实上是引入了关于人类思维性质的一种稍微非传统的、貌似很荒谬的理论中，在这里人类思维被看成一种公共活动，而不是——起码根本上说不是——私人活动。[32] 我在此不能缕述这种理论的细节，也不能罗列宏富的证据来佐证它。但是至少它的一般纲要须得勾画出来，如果我们想要觅得归路，从符号和语义过程的迷离世界回到情绪和制度的（表面上）更坚实的世界，如果还想比较翔实地勾绘文化、人格与社会系统的相互渗透方式的话。

研究外显思维的这类取向，我们可以追随加兰特尔和格斯滕哈贝，谓之"外在理论"；它的界定性命题是：思维是由对符号系统的建构和操作构成的，其他系统（物理的、有机体的、社会的、心理的等等）利用符号系统作为模型，这样使得它们的结构——在有利的情况下，还有它们应该如何表现——照我们说来可以被人"理解"。[33] 思考、概念化、阐述、理解（comprehension）、会心（understanding）等等，不是由头脑里发生的幽灵似的事件构成的，而是由符号模型的状态和过程与更广阔世界的状态和过程的匹配构成的：

形象思维不多不少就是建构环境的形象，然后以快过环境的速度运转该模型，并预测环境将表现得与模型

232　一致……要解决一个问题,第一步在于建构[环境的]"相关特征"的模型或形象。这些模型可以用很多东西建构起来,包括身体某些部分的器官组织,如果由人建构的话,也包括纸、笔或者实际的人造物。一旦这个模型建构起来,它就可以在各种假定的条件或限制下加以操纵。然后,有机体可以"观察"这些操纵产生的结果,并将它们投射到环境中,使预测得以可能。根据这种观点,当飞机工程师在风洞里操纵新飞机的模型时,他是在思考。当驾驶员用手指在地图上划出一条路线时,他也在思考,这里手指被当作汽车相关方面的模型,而地图则是道路的模型。这类外部模型经常被用来思考复杂[的环境]。而用来进行内隐式思考的形象,则依赖于形成模型所必备的有机体的物理-化学事件之可供支配性。[34]

这种观点当然不否认意识:它界定了意识。正如珀西所言,每一次有意识的知觉,都是一次识别的行为,亦即一次配对,在这里,物体(或事件、行为、情感)通过与恰当符号的背景相对照而被辨认出来:

说某人意识**到**某物是不够的,他还意识到某物是某物。认出一个完形(小鸡感知贾斯特罗效应与人无异),跟借助它的符号媒介来理解它之间,是有差别的。我端详这房间的时候,觉察到一系列简直易如反掌的**匹配**行为:看见一个物体并知道它是什么。假如我的眼光落在某件不熟悉的东西上,我会立刻注意到有个匹配项缺失了,会问那是什么——多么玄妙莫测的问题。[35]

所缺失的和正被寻求的,就是合用的符号模型,这件"不熟悉的东西"可以被纳入其中,由此让它变得熟悉起来:

> 假如我看见较远处有个物体,不大认得清它是什么,那我可以把它看(真的是看)成一连串不同的东西,每一样都在我走得更近时被拟合准则摈弃了,直到有一样被明确证明为合格。田地里的一块光斑,我竟然可能看成一只野兔——是看见,远不只是猜测那可能是只野兔;绝非猜测,知觉的完形就是这样被野兔的本质所解释的,事实上是打上了野兔本质的印记:我可以向天发誓它就是只野兔。再走近一点,光斑的图案改变很大,野兔的角色分派被驳回。野兔不见了,我又做出另一种角色分派:它是一个纸袋,如此等等。但最重要的是,即便这最后的、"正确的"识别也跟错误的识别一样,是相当间接的理解;它也是一种角色分派,一种配对,一种近似。让我们顺带提一下:即使它是正确的,即使它被所有的标志所证实,它也可能非常有效地发挥遮蔽作用,一如其发挥辨明作用。当我认出一只怪鸟是麻雀时,我往往将这只鸟安排到它的适当的常规表述之下:它不过是只麻雀罢了。[36]

尽管这几个例子有几分唯智主义的腔调,但思维的外在理论也可以扩展至人类心智的情感方面。[37]道路图将物理位置转换成由编号的路线连接起来、由测定的距离分隔开来的"地点",从而使我们能够找到从我们所在之处到我们想去之处的路径;诗歌也像这样,譬如霍普金斯的"菲利克斯·兰德尔",就通过它饱含深情的语言激起共鸣的力量,提供了关于早逝的情感冲击的一种符号模型,如果该模型的洞察力如同道路图的分辨力那样给我们留下深刻印象的话,它就将身体的感觉转换成了情绪和态度,使我们能够不是"盲目地"而是"明智地"对这样的悲剧做出反应。宗教的核心仪式——弥撒、朝圣、狂欢会等——是特定的神圣意识,即某种虔信心境的符号模型(这里更多表现为活动的形式而非词语的形式),它们的反复重演往往在其参加者身上造成那种意识或心境。当然,正如大多数通常谓之"认知"的行为更其处于辨认野兔而非操作风洞的层次一样,大多数通常谓之"表现"的行为(这种二元对立经常被夸大,几乎总是被曲解)更其是由源自通俗文化而非源自高雅艺术和正规宗教仪式的模型发挥中介作用的。但要点在于,"心境""态度""情绪"等的发展、保持和消散,跟对于我们环境中的物体、事件、结构、过程等的辨识一样,不是"在我们无法察访的意识流中发生的幽灵似的过程"。此处同样地,"我们是在描述……人们实施其显著地是公开的行为的方式"。[38]

因此,不管人们所说的认知符号(或符号体系)与表现符号(或符号体系)有其他什么差异,它们至少有一个共同点:它们都是外在信息源,人类生活据此得以被模式化——感知、理解、判断和操纵世界的身外机制。文化模式(宗教的、哲学的、审美的、科学的、意识形态的)是"程序";它们为社会和心理过程的组织提供一种模板或蓝图，极似遗传系统为有机体过程的组织提供模板：

> 这些考虑因素规定了我们用以处理心理学和社会科学中的"还原主义"问题的方式。我们暂且区分的那些层次［有机体、人格、社会系统、文化］……是……组织和控制的层次。较低的层次是它们所构成的结构的"条件"，因而一定程度上"决定"了后者，好比一栋楼房的稳固取决于将它修筑起来的那些材料的属性。但是材料的物理属性并不决定楼房的**平面图**——这是另一层级即**组织**层级的因素。组织控制着材料间的相互**联系**，亦即它们在楼房中的利用**方式**，凭借这些联系或方式，组织才构成一个特殊类型的有序系统——我们顺着这个序列往"下"看，总能调查和发现一组组"条件"，较高层级的组织的功能受其影响。所以有一套极其复杂的生理条件，心理功能的发挥有赖于它们；如此等等。这些条件若是得到恰当理解和评估，就始终是上一层次的有组织系统之中的过程的真正决定因素。然而我们也可以顺着这个序列往"上"看。在这个方向上，我们看见了"结构"、组织模式、意义模式、"程序"等等，它们是我们所专注的那个层次的系统之组织中心。[39]

这样的符号模板之所以必要，原因在于常被提到的一点：人类行为内在地是极富可塑性的。它并不严格地，而只是很宽泛地受到基因程序或模型——内在信息源——的控制，如果它终究具有某种有效形式的话,就必须在很大程度上受到外在信息源的控制。鸟学会飞翔无需风洞,而低等动物对死亡的无论什么反应,都主要是天生的,生理上预先形成的。[40]人的固有反应能力的极度一般性、弥散性和可变性意味着,他的行为所采取的特定模式显著地受到文化模板而非遗传模板的指引,后者设定了前者在其中组织精确的活动顺序的身心总背景。人这种制造工具的、会笑的或会撒谎的动物,也是未完成的——或者更准确地说,是自我完成的——动物。他是实现他自身的能动者,从他建构符号模型的一般能力中创造出界定了他的那些特殊能力。或者说(终于回到我们的主题了),正是通过意识形态,亦即社会秩序的图式化形象的建构,人使他自身成为政治动物——这是福是祸姑且不论。

进而,由于各种文化符号体系是外在信息源,是组织社会和心理过程的模板,它们在这样一些情境下会起到至为关键的作用:那里缺乏它们包含的那类特殊信息,或者对行为、思想或感情的制度化指引很微弱或缺席。正是在情感上或地形上陌生的地方,人们才需要诗歌或道路图。

意识形态也是这样。有些政治体牢牢扎根于埃德蒙·柏克所说的"古老的生活见解和规则"的黄金组合,在那里边,任何明确意义上的意识形态的角色都是可有可无的。在这种真正传统的政治系统里,参与者俨然都是有着"天然的情感"(袭用柏克的另一措辞)的人,他们的判断和活动都被未经审查的成见从情绪和智识上加以指引,那些成见使他们不"在决定的关头犹豫不决、困惑、疑虑以及茫然失措"。*但是当那些神圣的生活见解和规则

---

* 参见柏克:《法国革命论》,何兆武等译,商务印书馆1999年版,第104、116—117页。

开始受到质疑的时候,就像在柏克正在控诉的革命法国,以及事实上在颤抖的英格兰(他兴许是本国最大的意识形态理论家,从这里发出他的控诉),对成体系的意识形态阐述的追寻就会蓬勃发展,无论是为了巩固那些见解和规则还是为了替代它们。意识形态的功能是使自主政治成为可能,这是靠提供让它富于意义的权威观念,提供让人可以切实把握它的有说服力的意象,才得以实现的。[41]实际上,恰恰是在政治系统开始摆脱公认传统的紧密支配的时刻,也就是一方面摆脱宗教和哲学准则的直接而详尽的指导,另一方面摆脱传统道德的未经反省的规诫的时刻,正式的意识形态先是露出头来,然后扎下根来。[42]自主政治体的分化也意味着政治行动的分立而判然的文化模型的分化,因为非专门化的旧模型要么太广泛,要么太具体,提供不了这样的政治系统所需的那类指导。它们不是以超越的意义拖累政治行为,从而束缚了它,就是让政治想象陷于流俗判断的彻底现实主义不能自拔,从而窒息了它。正是当一个社会的最一般的文化取向和最落到实处的"实用主义"取向都不再能够提供政治过程的适当意象的时候,意识形态开始作为社会-政治性意义和态度的源泉而变得举足轻重。

从某种意义上讲,这种说法不过是"意识形态是对紧张的反应"的别样表述。但是眼下,我们把**文化**紧张也包括进来了,不限于社会和心理紧张。最直接地造成意识形态活动的,是一种方向的迷失,是因缺乏可用模型,而无力理解人们身处其中的公民权利和责任的世界。分化的政治体(或者这种政治体的更大的内部分化)的发展,可能——通常也确实——带来严重的社会紊乱和心理紧张。但是它也带来观念的淆乱,因为政治秩序的既定意象渐渐不切社会实际，或是闹得声名狼藉。法国大革命——至少截至它那时为止——是人类历史上过激意识形态（"进步的"也好，"反动的"也好）的最大孵化器，原因不在于那时的个人不安全感或社会失衡比从前许多时期更深重、更弥漫——尽管的确够深重、够弥漫——而在于政治生活的核心组织原则，即"君权神授"被摧毁了。[43] 为（政治、道德或经济的）体系化意识形态的兴起奠定基础的，正是社会-心理紧张的汇集与借以理解那种紧张的文化资源的缺乏——这二者是相互激化的。

反过来说，意识形态试图使非它不能理解的社会情境富有意义，通过这样的解释使人有可能在那些情境里果断行动，而正是这样的尝试既导致意识形态的高度象征性，又导致它们一旦被人接受就会紧紧攫住人心的那种强烈性。如同隐喻拓宽了语言的语义范围，使它能够表达它不能——或起码迄今不能——从字面上表达的意思，从而扩展了语言一样，意识形态的字面意义的正面碰撞——反讽、夸张、夸大的二元对立——也提供了新奇的符号架构，以之为背景就可以匹配政治生活转型（那就像是一段异国之旅）所造成的形形色色的"陌生之物"。无论意识形态可能是别的什么东西——莫名恐惧的投射、隐秘动机的伪装、群体团结的客套表达等等——它们最特别地是成问题的社会现实的地图，以及创生集体意识的母体。至于在某一特定事例中，这地图是否准确，这意识是否值得认可，则是一个相对独立的问题，当问题分别针对的是纳粹主义和犹太复国主义、麦卡锡的民族主义和丘吉尔的民族主义、种族隔离的辩护士和它的反对者时，答案几乎不可能是相同的。

六

　　意识形态骚动当然遍及现代社会,但也许它当下的重地还是在亚洲、非洲和局部拉丁美洲的新兴(或复兴)国家;因为恰是这些国家(不管是不是共产主义的)刚刚迈出摆脱由虔敬和格言构成的那种传统政治的第一步。独立的取得,旧统治阶层的推翻,合法性的民众化,公共行政的理性化,现代精英的崛起,读写能力和大众传播工具的扩散,以及缺乏经验的政府身不由己地被裹挟进连老牌玩家都看不大透的危机四伏的国际秩序中,这一切共同造成一种漫天匝地的方向迷失感,权威、责任、公民目标的公认观念似乎对此束手无策。寻求新的符号框架,借此可以阐述、思考、回应政治问题,不管那框架表现为民族主义、马克思主义、自由主义、民粹主义、种族主义、恺撒主义、教会主义还是某种改造过的传统主义(或者最常见的,以上某几种的大杂烩),这因而就变得急不可耐了。

　　急不可耐——但捉摸不定。这些新兴国家大多仍在摸索可用的政治概念,尚未摸透它们;几乎在每一个案下,至少在每一非共产主义的国家的个案下,后果都是不确定的——这不仅是说任一历史进程的后果是不确定的,也是说哪怕对总体方向做一种笼统的、大致的评估,也是极难措手的。思想上,一切都变动不居;那位政治上狂悖的诗人拉马丁为19世纪法国写下的话,也适用于新兴国家,也许比用于垂死的七月王朝更恰当:

　　　　这些时代是混沌的时代;百说争鸣,党派林立;表达新观念的语言还没有被发明出来,最艰难的事情莫过于在宗教、哲学、政治上清晰地自我界定。人们为了自己的事业而感觉,而认识,而生活,必要时而赴死,却对它无以名之。将人和事分类是这个时代的难题⋯⋯世界变乱了它的目录。[44]

在当今[1964年]世界上,这一观察意见在印尼是最正确不过的了,那里整个政治进程陷入了意识形态符号的泥沼,每一种符号都企图——迄今又都无力——理顺这个共和国的目录,命名它的事业,赋予它的政体以意义和目的。这个国家满是错误的开头和狂乱的矫正,还有对政治秩序的拼死追求,而那秩序的意象如同海市蜃楼一般,你越急切地靠近它,它越迅急地远离你。在这一切挫败中间,聊以自慰的口号是:"革命尚未完成!"诚哉斯言。但这只是因为谁也不知道,连响亮地喊叫说他们知道的那些人也不知道,到底该怎么办才能完成革命。[45]

在印尼历史上,最发达的政府观念是公元4—15世纪的典型印度化邦国赖以建立的那些,在这些邦国先是被伊斯兰化,后又多被荷兰殖民政权取代或覆盖之后,它们甚至仍以稍加修正和缓和的形式继续存在。其中最重要的是或可谓之明范中心理论的一种观念,它认为京城(或更准确地说,王宫)既是超自然秩序的一种缩影——"较小尺度的宇宙形象",也是政治秩序的实际体现。[46]都城不只是邦国的核心、引擎或枢轴,**它就是**邦国。

在印度化时期,国王的城堡几乎包含了整个市镇。按照印度形而上学构筑起来的这个方形"天城",不只是权力的核心,也是存在的本体论形态的一种综观式范例。它的中心是神圣的国王

(一位印度神祇的化身),他的御座象征了众神所在的须弥山;房屋、道路、城墙乃至——在仪式上——他的嫔妃和扈从都依照四神风的方向,被部署成从四方拱卫着他。不但国王本人,还有他的仪规、衮服、宫廷和城堡,都充盈着克里斯玛的意义。城堡和城堡生活是王国的本质,夺得城堡的人(通常是在荒野冥想而赢得适当的精神地位以后)就夺得了全王国,掌握了官位的克里斯玛,取代了神性不再的国王。[47]

因而早期的政治体不是统一的领土单元,而是朝向一个共同城市中心的若干村落的松散集群,每个这样的中心都与别的中心争夺优势地位。不管何种程度的区域霸权——有时是跨区域霸权——要想确立起来,靠的不是单一国王治下的广袤领土上的系统化行政管理组织,而是各个国王动员和运用可以洗劫对手都城的有效打击力量的不同能力,人们相信那样的能力根本上说依赖于宗教的——神秘的——基础。这种模式说到底还是领土性的,它是由宗教-军事权力的一系列同心圆构成的,那是以各城市国家的都城为中心向外发散的,就像无线电波从发射台发散开去一样。村落越靠近市镇,宫廷对该村落的影响(经济的和文化的)就越大。反过来看,宫廷——祭司、工匠、贵族和国王——发展得越大,它作为宇宙秩序的缩影的确凿性、它的军事实力、它外向发散的力量圆环的有效范围就越大。精神的卓越和政治的显赫融为一体。魔力与行政控制力在同一条溪流里向外、向下流淌,从国王出发,经由他的自上而下的各级官吏,及臣属于他的无论什么弱小宫廷,最后慢慢流入精神上和政治上残余的农民群众里。他们有一种摹写性的政治组织观念,由此,微观地映照在首都生活中的超自然秩序的映象,转而更远更弱地反照于整个乡村,形成永恒的超越界的忠实度递减的摹本所组成的等级体系。在这样的体系里,宫廷的行政、军事和礼仪的组织给周围的世界提供了一个可感的完美典范,从而象征性地使它显得井然有序。[48]

伊斯兰教到来之后,印度教的政治传统在某种程度上式微了,尤其是在爪哇海沿岸的贸易王国。然而宫廷文化犹存,虽然它被伊斯兰教的符号和观念所遮掩和渗入,并下沉到族群差异更大的城市人口中,这些人看待古典秩序时少了些敬畏。19世纪中叶和20世纪初荷兰行政控制(特别是对爪哇)的稳步加强,进一步抑制了那种传统。但是,下层官僚机构继续由旧上等阶层的印尼人近乎全盘把持,所以就算在那时节,传统也依然是超村落的政治秩序的母体。摄政政府或区公所不但依然是该政治体的轴心,还是它的体现。对它而言,大多数村民不是演员而是观众。

留给革命之后共和制印尼的新精英的,就是这个传统。那不是说,明范中心理论原封不动地保留下来了,就像某种柏拉图式的原型漂流在印尼历史的永恒之流中,因为(如同社会整体那样)它演化了、发展了,也许它的一般气质最终变得更加循旧守常,而宗教性较淡。那也不是说,外来思想——源自欧洲议会制、马克思主义或伊斯兰道德论等——没有开始在印尼政治思想中发挥重要作用,因为现代印尼民族主义绝非只是新瓶装旧酒。那仅仅是说,迄今为止,尽管有这些变迁和影响,从政治体的古典意象向现代意象的观念转变仍尚未完成;前者视政治体为浮华和权力的聚集中心,它交替着给民众的敬畏提供焦点,对敌对中心施加军事打击,后者则视之为系统地组织起来的民族共同体。实际上,这种转变被阻止了,某种程度上被翻转了。

这种文化失灵可以从疯长的、似乎无法遏抑的意识形态喧嚣中看得明明白白，自革命以来，那喧嚣就已经吞没了印尼政治。有人努力想要借助古典传统的比喻性延伸——实质上是对它的隐喻性改造，建构一种新的符号框架，用它来赋予新兴的共和政体以形式和意义；这方面最显著的尝试，是苏加诺总统著名的潘查希拉（Pantjasila）概念，它最初是在日占行将结束时的一次公开演说中阐发的。[49]它利用了以数字表示的固定成套的箴言——三宝、四无量心、八正道、国王的十种非法十种正法之类——这一印度传统，由旨在构成独立印尼的"神圣"意识形态基础的五项（pantja）原则（sila，戒）组成。像一切优秀章程那样，潘查希拉简短、含糊，高尚得无懈可击，那五项要点分别是"民族主义"、"人道主义"、"民主"、"民生"和（多元的）"信仰神道"。最后，这些被漫不经心地置于中古架构里的现代概念，被公然等同于本土的农民概念gotong rojong（字面意思是"有难同当"，比喻意思是"同舟共济，守望相助"），于是，明范国家的"大传统"、当代民族主义学说和村落的"小传统"就珠联璧合成一个光辉形象。[50]

　　这么精妙的策略为什么会失灵，原因很多也很复杂，其中只有少量本身是文化方面的，比如伊斯兰教的政治秩序观念在某些人群中的影响力，那些观念跟苏加诺的世俗主义难以调和。潘查希拉利用了小宇宙-大宇宙的奇思妙想和印尼思想的传统的调和主义，意图将印尼各集团——伊斯兰教的和基督教的，地主乡绅的和农民的，民族主义的和共产主义的，工商业的和农业的，爪哇人的和"外岛"的——的政治利益悉数容纳在内，将过去的摹本模式改造成现代的宪法结构，在那里面，这些不同团体——它们各自强调该教义的某一面向——将会在各级别的行政和政治斗争中寻得某种暂时妥协。这种努力并不像有时被抹黑的那样徒劳无功或者头脑昏聩。潘查希拉崇拜(因为它简直就变成了宗教信仰,仪式和系统注解一应俱全)的确暂时提供了一种灵活的意识形态环境,在这之内,议会机构和民主情操可以在地方和全国层次上健全地——即便是逐步地——树立起来。但是经济形势在恶化,跟前宗主国的关系病入膏肓,一个(从原则上看的)颠覆性极权主义政党迅速壮大,伊斯兰基要主义重新抬头,有着熟练的智识和专门技巧的领导人不能(或不愿)争取民众支持,而能够(或极愿)博得这种支持的那些人又在经济上无知、在行政管理上无能、在个性上千疮百孔:所有这些很快将派别冲突推向高峰,以致消解了整个模式。到1957年召开制宪会议时,潘查希拉已经从一种共识性语言转变成一种辱骂性词语,因为每个派别都更多地用它来表达自己跟其他派别的势不两立,而不是跟它们共享的游戏规则上的一致性,于是制宪会议、意识形态的多元主义和宪政民主制同归于尽。[51]

取而代之的是很像以前的明范中心模式的某种东西,只不过如今它建立在自觉的教条基础上,而不是直觉的宗教-惯例基础上,更多以平等主义和社会进步的语言来表达,而不是以等级制和贵族独尊的语汇。一方面,在苏加诺总统著名的"有指导的民主"理论和他请求重新采用1945年革命性(亦即威权主义)宪法的呼吁下,既存在一种意识形态的同质化过程(不和谐的思潮,尤其是穆斯林现代主义和民主社会主义的那些,干脆被指为非法而予以禁止),也存在一种加速进行的花里胡哨的符号贩卖,仿佛既然创立一种陌生的政府形式的努力落了空,就孤注一掷地要给熟悉的政府形式注入新的生机。另一方面,军队的政治角色加强了,它与其说是一个执行或行政机构,不如说是后盾型的执法机关,对从总统职位和行政部门到政党和新闻出版等全范围的政治相关机构拥有否决权；这给这幅传统图画提供了另一半——威吓的一半。

像之前的潘查希拉一样,这修正的(或重生的)办法是苏加诺在1959年独立日(8月17日)发表的一场重要演说中提出来的。演说原本题为"重新发现我们的革命",后来他以"共和国政治宣言"为名颁行全国,一起下发的还有他的私人侍从机构、人所共知的"最高顾问委员会"所准备的解说：

> 因而这就有了讲授基本原理的手册,它探讨印尼革命的基础、目标和责任,印尼革命的社会力量、性质、未来和敌人,还有它覆盖了政治、经济、社会、心理、文化和安全诸领域的总纲领。1960年初,那场有名演说的主旨被说成是包含了五大观念——1945年宪法、印尼式的社会主义、有指导的民主、有指导的经济和印尼民族特性,这五个短语的首字母合在一起即为USDEK。加上"Political Manifesto"(政治宣言)被改写成"Manipol",于是这新教义就以"Manipol-USDEK"为名传扬开去。[52]

与此前的潘查希拉一样,政治秩序的Manipol-USDEK意象跟某一类人一拍即合,对他们而言这真是百说争鸣、党派林立的混沌时代：

> 许多人喜欢这一种观念：印尼首先需要的是有着正确的思想状态、正确的精神意志和真正的爱国献身志

向的人。"回归我们自身的民族特性"能够吸引很多人，他们有的想要从现代性的挑战中退缩，还有的想要信任当今的政治领导层，却又意识到它未能带领印尼像印度和马来亚等国那样快速现代化。对印尼某些共同体的成员来说，尤其是对[有印度思想的]许多爪哇人来说，总统在 Manipol-USDEK 的详尽阐发中展现出来的各种计划有着现实的意义，它们解释了当前历史阶段的特殊意义和任务。[但是]或许 Manipol-USDEK 的最大魅力在于一个简单事实：它答应给予人们一种 pegangan——某种可以紧紧抓住的东西。吸引他们的与其说是这一 pegangan 的内容，不如说是总统在大家都痛切地觉得缺乏目标感的当口提出了一种 pegangan 这一事实。价值观和认知模式处于流变和冲突之中，所以人们热切地寻求对政治善的教条化、图式性的构想。[53]

当总统及其左右几乎全神贯注于"神秘性的创造和再造"时，军队则主要专注于跟数不清的抗议、阴谋、兵变、造反等交战，当那种神秘性没能取得预想的效果，当对领导地位的竞争性要求冒出来的时候，那些乱子就会发生。[54]尽管军队参与了文职机构的某些事务，参与了对没收充公的荷兰企业的经营，甚至参与了（非议会制的）内阁，但是由于缺乏训练、内部团结或某种方向感，它未能细致或有效地承担起政府的行政管理、计划和组织方面的任务。结果这些任务要么不被作为，要么作为失当，而超越地方的政治体——民族国家——日益收缩到它的传统领地范围内，即首都雅加达外加一些半独立的附庸城镇，靠着中央施加的武力威胁，后者保持着最低限度的忠诚。

恢复明范宫廷政治的这种努力将会长久坚持下去，这点相当让人怀疑。它已经不堪重负，无力应付一个现代国家的政府牵扯到的各种技术和行政难题。从潘查希拉时期那犹豫不决、忙得热火朝天而运转一塌糊涂的议会制度，向一位克里斯玛总统和一支看门狗军队的Manipol-USDEK联盟后退，这远没有阻止印尼滑向苏加诺所称的"毁灭的深渊"，也许反而加速了这种坠落。但是殊难预言，当这一意识形态框架也消散——似乎必然如此——时，接替它的将是什么，或者说，更适应印尼的当代需要和雄心的政治秩序观念将从何而来呢——如果它真会来临的话。

不是说印尼的问题纯粹是或者哪怕主要是意识形态问题，也不是说它们会在某种政治性的人心改变面前烟消云散——就像太多印尼人早已相信的那样。混乱要更为全面，而创造不出一种据以塑造现代政体的观念架构，这本身在很大程度上是该国及其民众正在遭受的可怕的社会和心理紧张的一种反应。事情不仅仅**像是**一团乱麻，它们**就是**一团乱麻，而要解纷理乱，所需的也不只是理论。那还需要行政技巧、专门知识、个人勇气和决心、无穷的耐心和容忍、巨大的自我牺牲、几乎不可腐蚀的公共良知，还要吉星高照、鸿运当头——在"运气"一词的最实际的意义上。意识形态的构思无论多么优美，都替代不了这些要素；实际上，如印尼的情况所示，缺了它们，它就退化成掩盖失败的一种烟幕、避免绝望的一种注意力转移、隐瞒真实的一副面具而非揭示真实的一幅写真。印尼的社会问题，有骇人的人口问题，族群、地理和区域的极端多样性，停滞的经济，训练有素的人才的严重匮乏，民众的赤贫，无处不在、无以化解的社会不满：纵然没有意识形态的混战喧嚣，它们似乎也积重难返。苏加诺声称看透的深渊真有其物。

然而话又说回来，印尼（或者——我可以想象——任何新兴国家）能够撇开任何意识形态指导，觅得冲出问题丛林的道路，这似乎也不可能。[55] 寻找（更要紧地，**运用**）专门技术和知识的动机，支撑必要的耐性和决心的情绪弹性，以及维持自我牺牲和抗拒腐蚀变质的道义力量，都必定来自别处，来自对公共目标的某种愿景，那种目标被锚定在某种令人折服的社会实在意象上。千真万确：这一切特质可能不会出现，向信仰复兴运动的非理性主义和恣意的幻想漂移的当前趋势可能会延续下去，下一个意识形态阶段可能比目前这个阶段更远离革命号称为之奋战的那些理想，印尼可能继续是——像白芝浩对法国的描述那样——惠人多而利己寡的政治试验场，还有，最终的结果可能是邪恶的极权主义和狂热无度。但是，不管事件如何发展，决定性的力量不会全然是社会的或心理的，而在一定程度上会是文化的，亦即观念的。创建一种胜任这样的三维过程分析的理论框架，是科学的意识形态研究的任务——一项才刚起步的任务。

七

评论性和想象性作品是对产生它们的情境所提问题的解答。它们不仅是解答，还是策略性的解答，语体化的解答。因为一个人用意味着"谢天谢地"的语调说"yes"，抑或用意味着"天啊"的语调说"yes"，其间是有语体或策略的差别的。因此我要建议在"策略"和"情境"之间做出初步的工作性区分，借助这一区分，我们将……具有评论性或想象性特征的任何作品……都看作为了包覆情境而采取的不同策略。这些策略评估那些情境,命名它们的结构和突出要素,命名的方式即包含了看待它们的态度。这种观点绝没有向我们郑重宣告个人的或历史的主观主义。情境是真实的;应对它们的那些策略有着公共内容;就策略在个人之间或历史时期之间部分重合而言,它们具有普遍的相关性。

——肯尼斯·伯克,《文学形式的哲学》

由于科学和意识形态都是评论性和想象性"作品"(即符号结构),要客观表述它们之间的显著差异和它们彼此间关系的本质,似乎从这样一种语体策略概念出发,比从对于两种思想形式的认识论或价值论的比较地位的焦心劳思出发,更可能达到目的。科学的宗教研究不应从不必要地质疑宗教主题的实质性断言的合理性入手,同样地,科学的意识形态研究也不应从这样的质疑入手。对付曼海姆悖论,就像对付一切真正的悖论那样,最好的办法就是通过重新表述你的理论取径来绕开它,免得沿着当初引出悖论的论证老路重蹈覆辙。

作为文化体系的科学和意识形态的种差,应该到它们用来包覆各自所表征的情境的符号策略类型中去寻索。科学所包含的对待情境的态度是无利害性的态度,它就这样去命名情境的结构。它的风格是冷静的、朴实的、坚决地分析性的;它避而不用对表述道德情操极为有效的语义工具,以此寻求智识清晰性的最大化。但意识形态以别样的方式命名情境结构,它所包含的对待情境的态度是身心投入的态度。它的风格是华丽的、生动的、故意地富于暗示的：它借由科学所回避的那些工具将道德情操具体化，以此寻求行动的激发。二者都关心问题化情境的定义，都是深感缺乏必要信息而做出的反应。但是所需的信息迥然有别，哪怕是在情境相同的情形下。意识形态理论家不是蹩脚的社会科学家，正如社会科学家不是蹩脚的意识形态理论家一样。这两类人干的是——至少应当是——差别极大的行当，差别大得若是根据此类的目标去衡量彼类的活动，则所获寥寥而所失多多。[56]

科学是文化的诊断性、评论性维度，而意识形态是正当化、辩解性维度——它涉及的是"积极参与信念和价值模式的确立与捍卫的那部分文化"。[57]因此，两者有彼此冲突的天然倾向，尤其是在它们针对相同范围的情境各自做出解释的时候，这一点是明白无误的；但是，冲突必然发生，(社会)科学的发现必定削弱意识形态挑选出来加以辩护和宣传的那些信念和价值的效度，则似乎只是些极其可疑的假说而已。一种态度，对同一情境同时是评论性的和辩解性的，这绝不是什么明确的内在矛盾（哪怕事实上往往最终证明它是个经验上的矛盾），而是思想圆熟达到一定层次的标志。人们还记得这样的故事（也许是巧妙杜撰的），大意是说，丘吉尔曾发表他那让孤立无助的英国振作起来的著名演说："我们将在海滩作战，我们将在敌人的登陆点作战，我们将在田野和街头作战，我们将在山区作战。"结束之际他转向一位助手悄声说道："我们将抓起汽水瓶子砸他们的脑袋，因为我们无枪可用了。"

所以意识形态里的社会修辞术特质不足以证明，它当作自身基础的对社会-心理现实的见解是错误的，或者它的劝诱力源于人们相信的东西与现在或将来某日从科学上确立为真的东西之间的出入。实在太明显的是，它确实可能在自闭性幻想的狂欢中脱离现实，甚至在有些情境中，它不受一种不带偏见的科学和深深植根于一般社会结构的竞争意识形态的批判，于是便有非常强烈的倾向要自说自话。但是不论病态在阐明正常功能发挥上多么有趣，也不论它们从经验上看多么普遍，把它们作为意识形态的原型是误导人的。万幸，丘吉尔的话从未被迫付诸检验，但似乎很可能的是，英国人的确可以在海滩、登陆点、田野和街头死战到底，甚至用上汽水瓶子（真要到了那一步的话），因为丘吉尔准确表达了国人的心境，一经表达出来，就使它成为一种公共资产、一个社会事实，而不是一组互不相连、不被意识到的私人情绪，由此便把它鼓动起来。即使是道德上可恶的意识形态表述，也依然可能十分敏锐地抓住一国人民或一个群体的心境。当希特勒在施魔法般令人败坏的犹太人这个比喻形象中表达他的国人的着魔似的自我憎恨时，他不是在扭曲德国人的良心；他只是在把它客观化——把一种普遍存在的个人神经症转变成一股强大的社会力量。

然而虽然科学和意识形态是不同的事业，它们却不是不相关联的。意识形态的确会对社会的状况和方向做出一些经验断言，评估它们是科学（如果科学知识贫乏，则是常识）的事务。对于意识形态来说，科学的社会功能首先是理解它们——它们是什么、怎么运转、因何而起等等，其次是批评它们，迫使它们正视（但不必屈服于）现实。若是存在一种对社会议题进行科学分析的有活力的传统，那是防止意识形态极端主义的极有效保证，因为它提供了政治想象力可以利用和礼待的确凿知识的一种无与伦比的可靠源泉。它也不是唯一的这类制约。前已提及，社会其他强势集团所采用的竞争意识形态的存在至少是同等重要的；一种自由的政治体制也是，那里对绝对权力的梦想是明显的妄想；稳定的社会状况也是，那里合乎习俗的期望不会持续受挫，合乎习俗的观念不会彻底失效。但是，如果它静静地、不妥协地奉守自己的愿景，也许它是最不可撼动的。

第九章　革命之后：新兴国家民族主义的命运

从1945年到1968年，有六十六个"国家"——现实情况要求加上引号——挣脱了殖民统治，赢得政治独立。如果不算美国卷入越南事务（这是个可做多种解释的事例）的话，争取民族解放的最后一场伟大斗争是1962年夏在阿尔及利亚获胜的那一场。尽管显然还有别的一些冲突风雨欲来，比如在非洲的葡属领地，但是第三世界人民反抗西方统治的大革命基本落幕了。从政治、道德、社会各方面看，这后果是有得有失的。但是，从刚果到圭亚那，帝国主义的保护领至少在形式上是自由了。[1]

独立给人们种种盼头——人民当家作主，高速经济增长，社会平等，文化复兴，民族富强，尤其是终结西方主宰地位——所以不必诧怪，它的实际降临显得虎头蛇尾。不是说无所更革，或者尚未进入新时代。毋宁说，新时代业已进入，现在人们必须真正活在新时代而不只是想象它，而这难免是一段叫人扫兴的经验。

这种灰暗心绪的迹象随处可见：对革命斗争的显要人物和精心编造的戏剧性事件的怀念；对政党政治、议会制度、官僚机构和新阶级（包含军人、职员和地方权要）的幻灭；方向不定，意识形态厌倦，肆意暴力持续蔓延；并非最不重要的是，人们开始领悟到，事情比它们的表象更加复杂棘手，而那些社会、经济和政治的问题，原以为不过是殖民统治的反映，会随后者一同消失，但其实它们有着不那么浅表的根源。从哲学上看，现实主义和犬儒主义之间、谨慎和漠然之间、成熟和绝望之间的分野可能宽不可越，但从社会学上看，它们总是窄如一线。如今在大多数新兴国家，它们已经细得快要隐没了。

在这种当然并不纯一的心绪背后，是后殖民社会生活的现实状况。民族斗争的圣明领袖不是崩殂了（甘地、尼赫鲁、苏加诺、恩克鲁玛、穆罕默德五世、吴努、真纳、本·贝拉、凯塔、阿齐基韦、纳赛尔、班达拉奈克），就是被不那么豪气干云的传人或不那么夸张高调的将军取代，要不就是被贬谪为区区一省之长（肯雅塔、尼雷尔、布尔吉巴、李光耀、塞古·杜尔、卡斯特罗）。曾经寄托在少数超凡人物身上的近于千年至福的政治解救希望，而今不但分散到明显不那么超凡的更多人身上，自身也变得淡薄了。不管克里斯玛领袖有别的什么弱点，他无疑能够实现社会能量的庞大集聚，当这样的领袖不复存在的时候，集聚的能量也消散了。过去十年间先知-解放者这代人的弃世，跟他们在20世纪30年代、40年代、50年代的横空出世一样，是新兴国家历史上的重大事件（即便不算十分戏剧性）。零零星星地，新的先知-解放者无疑将不时浮现出来，有的可能会震动世界。然而，除非有一波共产主义起义——目前还毫无征兆——横扫第三世界，造化出一大批切·格瓦拉，否则不会很快又有一群熠熠生辉的成功革命英雄，比得上万隆会议的群豪毕至。大多数新兴国家势必进入平凡统治者的时期。

除了领导层的荣光有所降低外，还有白领贵族阶层的固化——美国社会学家喜欢称之为"新中产阶级",法国社会学家则不那么委婉地称之为"高级管理者阶层"(la classe dirigeante),它环绕着、在许多地方甚至吞没了那个领导层。殖民统治在哪里都倾向于将它到来时恰好处于社会优势地位(也对它的要求唯命是从)的人转变成官吏和监督者的特权集团,独立也一样,在哪里都倾向于将它来临时恰好处于优势地位(也跟它的精神一拍即合)的人改造成类似的、尽管更庞大的集团。有些情形下,新旧精英之间的阶级连续性很强,有些情形下则要弱一点;确定精英层的人员构成,一直是革命时期和后革命初期的主要政治内斗。然而是改头换面的旧时人也好,是新贵也好,或者是介于二者之间的什么人物也好,如今精英肯定已经就位了,曾经短期内似乎大大敞开的流动通道,对大多数人来说似乎今非昔比了。就像政治领导滑落到"常态"一样——或者至少表面如此——社会分层体系也回归"常态"了。

　　甚至社会整体也是这样。对殖民主义的攻击在各地催生出了规模宏大、声音单一、势不可当的运动,而这种运动意识,这种对全民行动的煽惑,虽未消失殆尽,却也是强弩之末了。无论是在新兴国家内部,还是在涉及它们的学术文献中,关于"社会动员"的谈论较之五年前(更不消说十年前)大为减少,而且现有的那点谈论似乎也愈发空洞。这是由于社会动员实际上已大为减少。变迁在继续,其实甚至可能在加速,虽然人们有一种普遍的错觉,以为没有发生多少新鲜事。这个错觉在很大程度上源于伴随当初的解放而生的过高期望。[2]但是"全民族"的总体向前的运动,已经被它不同部分的复杂、不均一、多方向的运动所替代,后者更易导致令人恼怒的停滞感而不是进步感。

尽管人们感觉到领导权威淡化，特权死而复生，运动裹足不前，但是独立运动处处建立其上的那浓烈政治情绪的伟力尚存，只是略有削弱。民族主义——不定型，不聚焦，表述不清，虽则如此，却是一点即燃——仍然是大多数新兴国家里的主要集体激情，在有些国家几乎是唯一的集体激情。有些想法，比如世界革命可能不会像特洛伊战争那样如期发生，贫穷、不平等、剥削、迷信和强权政治暂时还会阴魂不散，等等，不管多么令人烦恼，大多数人起码还能想方设法顺应、忍受它们。但是有一种渴望，想要成为一个民族而不只是一个种群，成为这个世界上有影响、被关注、被承认、受敬重的重要角色，这种渴望一旦被唤醒，不予满足显然是不会甘休的。至少到目前为止，它在哪里都不曾善罢甘休过。

实际上，后革命时期的新情况从很多方面加剧了它。人们意识到，新兴国家与西方之间的权力不平衡非但没有随着殖民主义的瓦解而得到纠正，反而在某些方面变本加厉；与此同时，殖民统治提供过的那种缓冲，原来可以防止权力不平衡的直接冲击，如今却被消除掉了，留下羽翼未丰的国家独自去抵御更强大、更老练的老牌国家。这样的意识正好使得人们对"外来干涉"的民族主义敏感更强烈、更普遍。同样地，以独立国家的面目出现在世界上，导致它们对邻国（大多也刚刚形成）的行动和意图的类似敏感化，这在邻国不是自由行动者，而跟它们一样"属于"某个远方大国的时候不会发生。在国内，欧洲统治的驱除让几乎所有新兴国家都含有的民族主义之内的某种民族主义释放出来，作为地方主义或分离主义给新生的民族认同带来直接的，有些情形下（尼日利亚、印度、马来西亚、印度尼西亚、巴基斯坦）是刻不容缓的威胁，而革命正是打着那一认同的旗号发动的。

蕴藏在民族失望当中的这种执着的民族主义情绪自然有多种多样的效果：退缩到"别碰我"式的孤立主义中，比如在缅甸；新传统主义波涛汹涌，比如在阿尔及利亚；转向区域帝国主义，比如在政变前的印尼；强迫症似的死盯着一个近邻敌国，比如在巴基斯坦；陷入族群内战，比如在尼日利亚；或者在冲突目前还不太严重的大多数情形下，得过且过，敷衍塞责，这包含了一点点前述各种元素，外加一点点自壮胆色。后革命时期曾被展望为组织有序的高速、大规模、广泛协调的社会、经济和政治进步时期。但结果更甚是，在变化了的、某些方面愈加不利的环境下，延续着革命时期和革命前夕的主题：对一种可行的集体认同的界定、创造和巩固。

在这一进程中，事实证明正式摆脱殖民统治不是顶点，而是一个阶段；是个关键而必要的阶段，但也只是个阶段而已，还很可能远非影响最为深远的阶段。在医学中，表面症状的严重性与深层病情的严重性并不总是密切相关的，与此类似，在社会学中，公共事件的戏剧性与结构变迁的深广性也不总是严格一致的。有些最伟大的革命是神不知鬼不觉地发生的。

民族主义四阶段

外在变化和内在转变的速率不相协调的倾向，格外清晰地展现在去殖民化的通史上。

如果我们把那一历史分成四大阶段，同时对分期的一切局限保持警醒，这种不一致性就会跃然眼前：民族主义运动产生和定型的阶段；运动告捷阶段；运动改组建国阶段；还有当前阶段，也就是改组建国后，它们发现必须界定和稳定两种关系，即跟其他国家的关系和跟它们从中兴起的不规则社会的关系。最昭著的变化，举世瞩目的变化，发生在第二和第三阶段。但是意义更加重大的变化，更改了社会演进的一般形态和方向的变化，大多发生在场面不甚壮观的第一和第四阶段。

第一阶段，民族主义的形成阶段，主要包含一种两相对峙：一边是密集在一起的，涉及自我认同和社会忠诚的文化、种族、地方和语言等方面的群类，那是数百年自然演化的历史所造就的，另一边是单纯的、抽象的、刻意建构的、简直是吃力地自我意识到的政治族群概念——一个以现代方式呈现出来的真正"民族"。个人看待他们是什么人和不是什么人的那些观点在传统社会里极其热切地结合成颗粒状景象，而此时它受到一种更普遍、更模糊，但同样饱含深情地建立在弥漫性的共同命运感基础上的集体认同观念的挑战，人们往往认为工业化国家的特征就是那种集体认同。故而引起这一挑战的人，即民族主义知识分子，不但是在发动一场政治革命，也同样是在发动一场文化的乃至认识论的革命。他们在尝试改造人们赖以感受社会现实的符号框架，就生活是我们所理解的生活而言，他们因而也在改造现实本身。

修正自我感知架构的这种努力是一场攻坚战，在大多数地方它不过才刚刚起步，在所有地方它都依然是混乱的、残缺的：这点是不言而喻的——或者本该是不言而喻的，要不是有人总在坚持相反看法的话。事实上，往往正是独立运动在鼓动民众热情、引导他们反抗外国统治上的成功，掩盖了那些运动所依凭的文化基础的脆弱和狭窄，因为它诱导出这样一种观念：反殖民主义和集体再定义是一回事。二者之间关联密切（而复杂），但它们实非一回事。大多数泰米尔人、克伦人、婆罗门、马来人、锡克人、伊博人、穆斯林、华人、尼罗特人、孟加拉人或阿散蒂人都觉得,要理解他们不是英国人,比理解他们是印度人、缅甸人、马来亚人、加纳人、巴基斯坦人、尼日利亚人或苏丹人,来得容易得多。

随着对殖民主义的群众性攻击(在有些地方比另一些地方更浩大、更暴力些)的发展,它似乎本身就创造了一种新民族认同的基础,独立不过是认可了那一认同。支持某种共享的、极其明确的政治目标的民众集会,让民族主义者和殖民主义者几乎同样大感意外,它被视为深度团结的标志,这团结是它造就的,却比它延续得更久远。民族主义开始不折不扣地意味着对自由的渴望(和要求)。转变人民看待他们自身、他们的社会和文化的观念,这是甘地、真纳、法农、苏加诺、桑戈尔乃至一切坚定不移的民族觉醒理论家孜孜以求的事情,它(在很大程度上被这当中的某些人)等同于这样的人民通向自治之路。"先去寻找你们的政治王国"——民族主义者将铸就国家,国家将铸就民族。

铸就国家的任务结果大费周章,使得这一幻想,甚至革命的整个道义氛围在主权移交之后还能维持一段时间。这证明为可行、必要甚或可取的程度,在各国间差别很大,从印尼或加纳的一极延伸到马来西亚或突尼斯的另一极。但是除了少数例外,到目前为止所有新兴国家都有组织化的政府,去保持疆域内的普遍统治,而且无论良窳都还运转起来了。当政府寄宿于某些广受认可的制度形式(政党寡头制,总统独裁制,军人专权,翻新的君主制,还有代议民主制——在最好的情况下也是极不健全的)中时,要对这样一个事实视若无睹就越来越难了:铸就意大利不等于铸就意大利人。一旦政治革命大功告成,国家纵然尚不稳固,也起码建立起来了,"我们是谁?""是谁做成了这一切?"的问题,就会从去殖民化末年和独立初年那很容易就出现的民粹主义中重新冒头。

既然现在有了一个本地国家,而不仅仅是建国的梦想,民族主义的意识形态动员任务就彻底改辙了。它不再是去鼓动民众远离一种受外国主宰的政治秩序,也不再适宜去精心安排庆祝那一秩序垮台的民众欢庆会。它要去界定——或试图界定——一个集体主体,国家的行动可以内在地与之关联;要去创造——或试图创造——一个经验性的"我们",政府的行为似乎是自发地源于"我们"的意志。就其本身而论,它倾向于围着高屋建瓴的两大抽象概念的内容、相对分量和适当关系这个问题打转:"本土生活方式"和"时代精神"。

突出前一概念,就是到当地习俗、既定制度和共同经验统一体,也就是到"传统"、"文化"、"国民性"甚或"种族"中,去找寻新认同的根源。突出后一概念,就是到我们时代的历史的一般轮廓,尤其是到人们所认为的该历史的总方向和意义中去找寻。新兴国家没有哪一个是这两大主题(仅仅为了便于称呼,我将分别谓之"本质主义"和"新纪元主义")双双缺席的,大多是二者彼此纠缠,难解难分,只有在去殖民化不够彻底的少数国家,二者间的紧张才没有侵入民族生活的方方面面,从语言选择到对外政策。

语言选择真是个不错的甚至典范性的例子。我想不起在哪个新兴国家,这个问题不曾以这样或那样的形式升格到全国政策的层面。[3]它由此造成的扰乱的强度,还有它得到解决的成效,在各国间差别很大;但是尽管"语言问题"表现各异,它心心念念的始终不离本质主义-新纪元主义两难。

　　对于操特定语言的人而言，这种语言要么多少是他们自有的，要么多少是别人所有的，同时要么多少是世界性的，要么多少是地方性的；亦即不是借用的就是传承的，不是通行证就是避难所。因而要不要使用它，什么时候用，为什么目的用，这问题也是在问：一群人应当在多大程度上依照其天赋倾向，在多大程度上依照时代要求去形塑自身。

　　从语言学的立场（不管是自产的还是科学的）处理"语言问题"的倾向，有点儿掩盖了这个事实。新兴国家内外涉及特定语言是否全国"适用"的大多数讨论，深受一种观念之害：这种适用性取决于该语言的内在本质——取决于它的语法、词汇或"文化"的资源是否合乎表达哲学、科学、政治或道德的复杂思想的需要。但它真正依赖的是，能够给予某人的思想（不管多么粗糙或精微）以说母语时才有的那种力量，相比于能够参与只有"外国的"，有些情况下甚或是只有"文学的"语言才能进入的思想运动，所具备的相对重要性。

　　因此，这个问题具体表现为中东国家古典阿拉伯语相对于白话阿拉伯语的地位问题，或者撒哈拉以南非洲"精英的"西方语言在一大堆"部落"语言中的位置问题，或者印度或菲律宾地方性的、区域性的、全国性的和国际性的语言的复杂分层体系问题，抑或印尼用更具世界性意义的其他语言替代一种意义稍逊的欧洲语言的问题，这关系不大。深层的问题是一样的。它不是问，这种或那种语言是不是"发达的"或者"有发展潜力的"；它问的是，这种或那种语言是不是心理上最贴近的，是不是通往更广阔的现代文化共同体的大道。

语言问题在第三世界如此突出，不是因为斯瓦希里语缺乏稳定的句法规则，或者阿拉伯语不能构造组合形式——何况这些都是可疑的命题；[4]它是因为，对新兴国家说绝大多数语言的绝大多数人而言，这个双重问题的两面是反向发展的。平常说话人觉得是表达思想和情感的天然媒介（还是高级的宗教、文学和艺术传统的宝库，尤其是在阿拉伯语、印地语、阿姆哈拉语、高棉语或爪哇语的情形下）的语言，在20世纪文明的主流看来实质上是一种土话罢了。那一主流认为表达了它自身的确定媒介的语言，在平常说话人看来充其量不过是很不熟络的民族的半生不熟的语言。[5]

如此说来，"语言问题"就只是"民族问题"的缩影，虽然在有些地方，因它而起的冲突强烈得似乎让这关系颠倒过来了。概括地说，"我们是谁"的问题问的是，该用什么样的文化形式——富含意义的符号的体系——来赋予国家的行为乃至其公民的市民生活以价值和意义。民族主义意识形态若是利用出自本地传统的符号形式构筑起来，亦即是本质主义的，就往往像本国语那样，心理上贴近而社会上孤立；若是利用与当代史的普遍运动密切相联的形式构筑起来，亦即是新纪元主义的，则往往像通用语那样，社会上去乡土化而心理上别扭。

然而，这样的意识形态几乎无处是纯然本质主义的或纯然新纪元主义的。它们全是混合的，人们顶多只可说它们偏于某一方面，常常连这都不可说。尼赫鲁对"印度"的想象无疑是极度新纪元主义的，甘地的则无疑是极度本质主义的，但前者是后者的门徒，后者是前者的恩主（而且两人谁也没有设法说服全印度人相信，尼赫鲁不是褐色的英国佬而甘地不是中世纪的极保守派），这一点表明，这两条自我发现路线之间的关系是一种微妙的甚至悖论式的关系。事实上，更加意识形态化的国家，如印尼、加纳、阿尔及利亚、埃及、锡兰等，往往既是高度新纪元主义的，又是高度本质主义的，而像索马里或柬埔寨这种更纯然属于本质主义的国家，像突尼斯或菲律宾这种更纯然属于新纪元主义的国家，反倒是例外。

这两种冲动——与时俱进和承先继绝——之间的张力，使新兴国家民族主义带上了怪异的气息：不顾一切地追求现代性，同时又对它的表现感到义愤填膺。这里边存在某种非理性。但它不只是一种集体性精神错乱，更是一场正在发生的社会激变。

本质主义与新纪元主义

故此，本质主义和新纪元主义的相互作用不是一种文化辩证法，不是抽象概念的数理逻辑，而是像工业化一样具体、像战争一样可触的历史过程。问题不会仅仅在教义和争辩层面上争出个青红皂白——尽管教义和争辩有很多——更重要的是，要在新兴国家的社会结构正在经历的实际转型上一决雌雄。意识形态变化不是一股独立的思想之流，傍着社会进程奔流向前并反映（或决定）那进程；它是社会进程本身的一个向度。

一边是对凝聚和连续的渴望，一边是对腾飞和当代性的渴望，它们在任何新兴国家的社会内部产生的影响极不均衡，而且有着非常微妙的差别。本土传统的拉力被它那些使命在身、如今四面楚歌的监护人（僧侣、官宦、梵学家、酋长、乌理玛之类）最为沉重地感受到；对于通常所称的"西方"的拉力（这种说法有欠准确），开罗、雅加达或金沙萨的城市青年、骚动的学生感受最深，他们给shabb（阿拉伯语的"年青人"）、pemuda（马来语的"年青人"）和jeunesse（法语的"年青人"）这类词语平添一种活力、理想主义、急切和威胁的气氛。但是在这太过鲜明的两个极端之间，铺展着绝大部分人口，本质主义和新纪元主义的情绪在他们中间竞相挤入一种视野大混同里，既然是社会变迁的潮流造成了这一混同，也唯有社会变迁的潮流才能理清它的端绪。

要展示这种混同的产生过程和如今正在做出的消除措施，印尼和摩洛哥像任何国家一样适合充当例证——被压缩成历史掌故规模的案例。我选择它们的缘由在于，它们是我恰巧拥有第一手知识的个案，而在处理制度变迁和文化重建之间的相互作用时，我们只能有限度地用一种全局性通观替代一种近距离细观。它们的经验像一切社会经验那样是独一无二的。但是它们二者之间、它们与作为一个整体的其他新兴国家之间的差异并没有那么大，因此可以从它们的特殊性中揭示出各社会所面临问题的共同轮廓，那些社会正拼命把它们所乐称的它们的"民族个性"与它们所乐称的它们的"天命"有效协调起来。

在印尼，本质主义元素现在是，长久以来一直是极度非同质的。一定程度上说，几乎在所有新兴国家都是如此，它们往往是偶然聚拢到被捏合而成的政治框架内的一套套相互竞争的传统，而不是有机演化的文明。但印尼同时是印度、中国、大洋洲、欧洲和中东的域外辐射地，数世纪以来这里的文化多样性一直特别显著也特别复杂。它身处一切古典传统的外围，本身是不愧不怍地调和折中的。

直到20世纪30年代前后，几种作为组成部分的传统——印度传统、中国传统、伊斯兰教传统、基督教传统、波利尼西亚传统——悬浮在一种近似于解决办法的状态里,相互对照甚至对立的生活方式和世界观设法共存其中,即便不是全然消除了紧张甚或暴力,至少也有某种通常行得通的各自为政式的安排。早在19世纪中叶,这种权宜之策就表现出内在紧张的迹象,但直至1912年以降民族主义的兴起才真正开始消解,到革命和后革命年代才崩溃,迄今尚不彻底。因为在那时,一直是并行不悖的、被封装在地区和阶级中的传统主义的东西,变成了对"新印尼"本质的竞争定义。用我在别处用过的说法来说,曾经的一种"文化的权力均衡",变成了不共戴天的意识形态战争。

这样,表面上自相矛盾地(尽管实际上这在新兴国家几乎是普遍现象),迈向国家统一的行动却加剧了社会之内的群体紧张,因为它将安于故土的文化形式拔离它们的特殊环境,扩大成普遍的效忠对象,进而将它们政治化了。随着民族主义运动的发展,它分离成一些派别,它们在革命时期变成政党,各自将那折中传统的不同面向拔高成印尼认同的唯一真实基础。为了寻找民族遗产的精华,马克思主义者主要求助于农民生活的民俗大杂烩,高级管理者阶层的技术人员、职员和行政官员求助于爪哇贵族的印度审美情趣,而更富裕的商人和地主则求助于伊斯兰教。乡村民粹主义,文化精英主义,宗教严谨主义:意识形态观点的有些差异也许可以彼此调适,但这些不行。

它们不是被调适,而是被加剧了,因为每一派别都企图将某种现代主义诉求嫁接到它的传统主义基础上。对民粹主义分子而言,这诉求就是共产主义;而号称要在乡村生活的集体主义、社会平等主义和反教权主义里辨识出本土激进传统的印尼共产党,就成为农民本质主义(尤其是爪哇农民本质主义)和常见的"人

263

民群众站起来了"式革命新纪元主义的主要代言人。对领薪人士而言,现代主义诉求就是欧美具有的(或想象欧美具有的)那种工业社会,他们提议将东方精神和西方动力、"智慧"和"技术"权宜性地结合起来,那想必就能以某种方式保住可贵的价值,又改造了产生那些价值的社会的物质基础。对宗教人士而言,这诉求再自然不过地是宗教改革,是对革新伊斯兰文明之举的颂扬,那革新旨在光复它对人类的道德、物质和知识进步的旁落而正当的领导权。但是,到头来,什么农民革命、东西方的相会、伊斯兰文化复兴,这些事都没有发生。倒是1965年大屠杀发生了,少则二十五万、多则七十五万人丧生。这场慢慢悠悠地淹死了苏加诺政权的血浴,缘于众多复杂原因,把它归因于一种意识形态大爆发大概有点荒唐。不过,无论经济、政治、心理或——就此而论——偶然因素在引发它(并维续它,这是更难解释的)上扮演了何种角色,它都标志着印尼民族主义历程中一个独特阶段的结束。那些统一口号,如"一群人,一种语言,一个民族""众归于一""集体和谐"等等,起初本就不易取信于人,而今显得绝不可信了;不但如此,过去的理论认为,印尼文化的本土折中主义会轻易让步于被紧紧夹在它的这种或那种元素中间的广义现代主义,而今这也被明确证明为不正确的。从前是多元化形式,现在看来也还得是多元化形式。

在摩洛哥,界定一种完整的民族自我的主要障碍不是文化异质性(它相对来说不算很高),而是社会特殊主义(它相对来说堪称极端)。传统摩洛哥包含众多政治集团所构成的一个组织散乱的巨大场域,那些集团在从宫廷到帐篷的各层次、从神秘基础到职业基础的各基础、从宏大到微小的各规模上,迅速形成又迅速消散。社会秩序的延续不在于构成秩序的那些安排或体现秩序的那些群体的持久性，因为即便它们当中最坚固的也短暂易逝；而在于社会秩序通过不断地重新制定那些安排、重新界定那些群体，形成、重组、再重组自身的那些过程的恒定性。

要说这个不稳定的社会还有个中心的话，它就是阿拉维君主制。但是即便在盛世里，君主制也顶多是花园里最大的那头熊。它深深嵌入最传统的那种世袭官僚制里——那是廷臣、酋长、书记和法官的胡乱混搭，它一直拼命要把竞争性权力中心纳入掌控之下，那种权力中心简直有好几百个，每个所依靠的根基都跟相邻中心稍有差别。虽然从17世纪创立到1912年归顺法国，它在这件事上从未完全失败，却也只是很不完全的成功。摩洛哥国家不尽是无政府状态，也不尽是组织有序的政治体，凭借它独有的特殊主义，它有刚够继续存在下去的现实性。

殖民统治在形式上只维持了大约四十年，最初它给人的感觉是要重创君主制，把它变成一种摩尔人式的"活人画"，但意图是一回事，结果是另一回事。欧洲统治的最终结局是，空前显赫地将国王树立为摩洛哥政治体系的轴心。尽管最早开展独立运动的是受西方教育的知识分子和新传统主义的穆斯林改革者所组成的一个不安心的、后来证明也是不稳定的联盟，最终确保独立运动竟其功的却是1953—1955年穆罕默德五世的被拘捕、流放和成功复位，而且在此之际，王权被转变成摩洛哥有所增长却仍时断时续的民族意识的焦点。这个国家让它的中心回来了，一个再生的、意识形态化的、组织更优良的中心。但事情很快证明，它也让它的特殊主义回来了，一种类似地改进了的特殊主义。

革命后的政治史每每表明了这一事实：无论怎样改变外观，关键性的斗争仍然在于国王及其谋士将君主制作为社会中的一种可行制度维持下去的努力，在这社会里，从地形和亲属结构到宗教和民族性格，事事都在合力导致政治生活被切分成迥异、分离的地方性权力展示。最早的这种展示伴随着一系列所谓部落造反而发生，那些造反活动部分是外国怂恿的，部分是国内政治操纵的结果，部分是文化上被压抑社群的复苏，它们在独立后的最初几年里让这个新国家饱受煎熬。王室武力和阴谋兼施，最后平定了这些造反。但它们不过是最初的、相当基本的迹象，向这样一种传统君主制表明生活将会是什么样子，它从殖民归顺的囹圄里回归，必须将自身同时确立为民族精神的本真表现和民族现代化的适当媒介。

正如亨廷顿指出过的，新兴国家所在多有的传统君主制的特别命运是，它们也不得不成为将自身现代化的君主制，或者至少看似如此。[6] 满足于仅仅垂拱而治的国王，可以继续做个政治塑像，一件文化小摆设。但倘若他还想操柄执政，就像摩洛哥的国王们总是极其渴望的那样，他必须让自己成为当代社会生活中一股强大力量的体现。对穆罕默德五世和(1961年后)他的儿子哈桑二世来说，这股力量就是一个受西方教育的阶层在这个国家历史上的首次崛起，那阶层庞大得可以遍布全社会，分立得可以代表一种特殊利益。尽管这两位国王的风格有些不同——哈桑冷峻而穆罕默德慈爱——但他们都努力组织中产阶级(中间阶层、高级管理者阶层、国家精英，或者包含官员、军官、经理、教师、技师和宣传人员在内的这个正在形成的人群应当被恰当称呼的任何名目)，同时把自己置于其首脑位置。

因此，镇压部落叛乱与其说是旧秩序的终结，不如说是支配旧秩序的低效方略的终结。1958年后，王室确保更牢固地掌控摩洛哥半政治体的既定方法的要领浮现出来——创立立宪君主制，要足够合乎宪政以吸引受教育精英的支持，又要足够君主化以维持王室的实权。不愿重蹈英国君主制或伊拉克君主制的覆辙，穆罕默德五世——哈桑二世更甚——力图创造一种制度，它乞灵于伊斯兰教、阿拉伯主义和三个世纪的阿拉维统治，能够从过去汲取它的合法性，同时又呼唤理性主义、统制主义(dirigisme)和专家治国论，从现在汲取它的权威性。

近期历史上时常可见一些努力，要把摩洛哥以政治杂交的方式变成一种只能谓之君主主义共和国的东西：在1958—1959年，民族主义运动的世俗派、宗教派和传统派分离了，随后形成一种多党制；在1963年普选中，国王自己的同盟政党，即保卫宪政体制阵线，未能赢得议会多数席位；1965年，国王下令暂停议会——假称是暂时的；1968年，这整个工程的主要反对者本·巴尔卡(在法国)离奇遇害。这段历史的各阶段无须在此一一描述了。关键是，本质主义和新纪元主义之间的紧张，可以在革命后摩洛哥政治体系的沧桑变幻中观察到，就像在印尼的那些变幻中一样；如果说它尚未取得一种火焰四射的收场(有人可能希望永远不会)，它也一直在日益失控的相同方向上前行，因为希尔斯所谓"追求现代的意志"和马志尼所谓"生存下去并有个名号的需要"之间的关系，持续地日趋复杂难解。[7] 至少在绝大多数——如果不是全部——新兴国家中，当革命完成、开始寻求革命的目的之际，这同样的过程都在发生，虽然采取的形式和变动的速度自然各有不同。

文化的概念

美国社会科学里主导性的文化概念,一直将文化等同于习得的行为,直到帕森斯将韦伯对德国唯心主义和马克思唯物主义的双重拒绝(和双重接受)发扬光大,这才提供了一个切实可行的替代概念。那个旧概念几乎不能说是"错误的"——孤立的概念无所谓"错"也无所谓"对"——而且过去和现在它都可以用于许多较为常规的目的。但是对兴趣稍稍超出描述性的几乎所有人而言,如今很明显,要从这样一个发散的、经验主义的观念产生有着强大理论威力的分析,是难乎其难的。将社会现象重述成文化模式,指出这样的模式是代代相传的,这种日子大概一去不复返了。帕森斯以其严肃而平静的声音坚持说,把一群人的行为方式解释成文化的表现,同时又把他们的文化界定成他们习得的行为方式的总和,这简直没有提供什么有用信息;他跟当代社会科学里的其他非凡人物一样,造成了它的消亡。

为了替换这个朴质的观念,帕森斯不但追随韦伯,而且追随了一种至少可以上溯至维科的思想方法,阐发了作为符号体系的文化的概念,人借助该体系赋予他自身的经验以意义。符号体系是人为创造的、众人共享的、约定俗成的、组织有序的,而且的确是后天习得的,它们给人类提供了富含意义的框架,以便让他们适应彼此,适应周遭的世界,适应自我。它们既是社会互动的产物,也是其决定因素,它们之于社会生活的过程,好比计算机的程序之于计算机的运行,基因螺旋体之于有机体的发育,设计图之于桥梁的建造,乐谱之于交响乐的演奏,或者挑个俗一点的类比物来说,好比制作配方之于蛋糕的烘焙;所以符号体系是信息源,在某种显著程度上,为不间断的活动之流赋予形态、方向、特性和目的。

不过,这些类比暗示了预先存在一种模板,它给外在于它的过程注入形式,因此它们轻率地忽略了这个更为复杂精妙的处理方法中浮现出来的核心理论问题,即如何将这种指导性的"意义模式"的成形与社会生活的具体进程之间的辩证关系概念化。

有一种看法认为,计算机的程序是计算机技术先期发展的结果,特定的螺旋体是种系发生史的结果,设计图是桥梁建造的早期试验的结果,乐谱是音乐演奏的发展的结果,制作配方是长期以来有成有败的蛋糕烘焙的结果。但是,这些事例中,信息因素与进程因素实质上是可分离的——至少从原则上讲,你可以写出程序,分离出螺旋体,绘制设计图,发布乐谱,记下制作配方;这个简单事实使得把它们作为文化模式与社会过程间交互作用的模型不大有用,因为在这交互作用中(一定程度上除了像音乐和蛋糕烘焙那样较为知识化的少数领域之外),有待讨论的问题恰恰就是这样的分离事实上该如何实现——哪怕在思想上。帕森斯的文化概念的可行性几乎完全依赖于可否构造出这样一个模型——依赖于在多大程度上,符号体系的发展与社会过程的动态之间的关系能够视环境而定地加以揭示,从而使得把技术、仪式、神话和亲属称谓说成是对人类行为进行指导性调节的人造信息源不再只是一种隐喻。

这个问题一直萦绕着帕森斯讨论文化的著述,从早期直到最近。早先他把文化看成一套怀特海式的"外部对象",在心理上融入人格中,进而延伸开去,在社会系统里制度化了;而最近,他更多是从控制论的控制-机制方面看待它。但是，这个问题在讨论意识形态时最让他自食其果；因为在所有文化领域当中，意识形态是符号结构和集体行为之间的关系最醒目又最模糊的那一个。

对帕森斯而言，意识形态不过是一种特殊的符号体系：

> 由集体成员共同奉守的一种信念体系……它通过**对集体的经验性属性**以及**对集体所处的形势**——集体发展到给定状态的过程、集体成员共同奔向的目标、他们跟未来事件进程的关系等——**做出解释**，被导向集体的价值性整合。[8]

然而，话说至此，这一阐述将不尽协调的自我解释方式熔于一炉了，而且因为掩饰意识形态活动所固有的道德紧张，遮蔽了其巨大的社会活力的内部源泉。特别说来，我所突显的两个子句，即"对集体的经验性属性[的解释]"和"对集体所处的形势[的解释]"，不像那个小小的连词"以及"可能暗示的那样，是社会自我定义中协同性的实践事业——但愿到目前为止我已证明了这点。拿新兴国家民族主义来说，这二者就是大相抵触的，在有些地方简直互不相容。某民族对它以为包围着自己的世界-历史形势有一种构想，由此出发去推论本民族为何物——这是"新纪元主义"，产生一种类型的道德-政治世界；某民族对自己内在地为何物有一种预先构想，由此出发去诊断本民族所直面的形势——这是"本质主义"，产生的完全是另一类的道德-政治世界；最常见的做法是两相结合，这产生令人眼花缭乱的各色混合情形。职是之故（当然还有别的原因），在如是之众的新兴国家中,民族主义不是社会变迁的纯粹副产品,而是它的基本要素;不是它的反映、原因、表现或引擎,而是那事情本身。

总之,将某人的国家看成"发展到给定状态的过程"的产物,要不然,看成"未来事件进程"的基础,这是非常不同的看待方式。但是不止于此,这还是朝非常不同的地方寻觅着看它:面向父母,面向传统权威人物,面向习俗和传说;或者,面向世俗知识分子,面向下一代,面向"时事"和大众传媒。从根本上说,新兴国家民族主义中的本质主义拉力和新纪元主义拉力之间的紧张,不是思想爱好之间的紧张,而是充满了不和谐的文化意义的社会制度之间的紧张。报纸发行量的增加,宗教活动的热火朝天,家庭凝聚力的衰退,大学的扩张,世袭特权的重申,民俗学会的激增,等等,就像它们的反面一样,本身就是决定了作为集体行为"信息源"的那种民族主义的特性和内容的那个过程中的要素。职业意识形态理论家所宣扬的有条理的"信念体系",代表了要把这个过程的某些方面提升到自觉思想的层面上以便审慎控制它的努力。

但是,民族主义意识形态穷尽不了民族主义,如同意识穷尽不了心智一样,它所做的只是有选择、不完备地表述它。建构出民族主义意识形态的那些意象、隐喻和修辞特色,本质上都是些手段,一些文化手段,意在彰显集体自我定义的广阔过程的某一方面,把本质主义的自豪或新纪元主义的希望铸成特定的符号形式,这样它们不只是被朦胧地感觉到,还能被描述、发展、歌颂和利用。阐发一种意识形态教义,就是将一种普遍的心绪转变成(或企图将其转变成——失败多于成功)一股可用力量。

印尼的政治派别混战(迄今是个明显的失败),摩洛哥的君主制基础转变（迄今是个模棱两可的成功），代表了这样的努力，要将观念变化的无形无相吸纳进清晰的文化形式中。它们当然也代表了——甚至更为直接——争夺权力、地位、特权、财富、名声和其他一切所谓"现实的"生活回报的斗争。实际上，正是由于它们也代表了这种斗争，它们才格外能够关注并转变人们对他们是谁、该如何行动的看法。

形塑了社会变迁的"意义模式"，是从那变迁本身的诸过程里生成的，而且在结晶成适当的意识形态、深嵌于大众的态度中以后，转而足以在势必有限的某种程度上指引那变迁。印尼从文化多样性向意识形态论战、再向大规模暴力的发展，摩洛哥糅合共和价值与专制实际以便支配一个社会特殊主义的场域的尝试，无疑是铁一般的政治、经济和社会分层的现实；真实的鲜血流过了，真实的地牢建起了——公平地说，真实的痛苦也减轻了。但它们无疑也是那些想要成为国家的政治体给"民族性"（nationhood）观念注入可理解性的努力的记录，照这观念，那些现实——以及将要来临的更糟的事——能够被面对、塑造和理解。

新兴国家普遍如此。随着反抗殖民统治的政治革命的英勇和亢奋成为一种鼓舞人心的往昔渐行渐远，行将被令人沮丧的当下的更卑劣但同样狂暴的运动所取代，韦伯著名的"意义问题"的世俗相似物变得越来越严重。在宗教里，事情不是"仅仅存在着、发生着"，而是"有一种'意义'并因这意义而存在"；在政治里亦然，新兴国家尤甚。"这一切都是为了什么？""有什么用啊？""何必继续下去呢？"这些问题，既出现在消耗性疾病、希望受挫或过早死亡的环境里，也同等地出现在民众贫困、官员腐败或部族暴力的环境里。它们得不到更好的回答；但若它们好歹能得到什么回答,那便是来自一种值得保存的传承或一种值得追求的前途的意象,这些意象不一定非是民族主义的,但它们差不多全是——连马克思主义的意象都是。[9]

有几分像宗教,民族主义在现代世界名声不佳;也有几分像宗教,这名声多少是它咎由自取。在它们之间(有时是两相结合),宗教偏执和民族仇恨带给人类的浩劫,也许超过历史上任何两股力量,而且肯定还会有增无已。不过,还是有几分像宗教,民族主义是历史上某些最具创造性的变革的推动力,而且在将来的许多变革中肯定依旧如此。因此,似乎合理的是,少花点时间去谴责它——这有点儿像是咒骂起风了——而多花点时间尽力去弄明白,为什么它会采取如此这般的形式,如何才能防止它撕裂它从中冒头的社会(甚至就在它创造该社会的时候),进而撕裂现代文明的整个结构。因为在新兴国家,意识形态的时代非但没有结束,实际上随着过去四十年的戏剧性事件所造就的自我观念的初步变化显露为公众所知的明确信条,它才刚刚开始。我们要准备好去理解和应对它,或者也许只是熬过它,为此,帕森斯的文化理论加以适当修正,将是我们极为强大的思想工具。

第十章　整合革命：新兴国家中的原生情感与公民政治

一

1948年，印度独立还不到一年，尼赫鲁就发现自己陷入一种总是令最终上了台的反对派政治家感到不安的处境——将他鼓吹已久却从不喜欢的一项政策付诸实施。同帕特尔和西塔拉马亚一道，他被任命为语言邦委员会成员。

国大党几乎从建立伊始就支持在印度境内按语言确定各邦边界的原则，它极有讽刺意味地争辩说，英国人维持一种"任意的"——不按语言划分的——行政单元是其"分而治之"政策的一部分。1920年，它实际上顺着语言分界线重组了它的地区分部，以便更好地确保民众归心。但是印巴分治的回声大概依然回荡在他的耳旁，尼赫鲁被他在语言委员会的经历大大地动摇了信心，并坦然承认了这一点——他的坦率使他在新兴国家领导人中间显得那么卓尔不群：

> ［这项调查］在某些方面是启发我们深思的。印度国民大会党六十年的成果就矗立在我们面前，我们面对

着这个延续了数世纪之久的印度,看见里边是进行着殊死斗争的狭隘的忠诚、卑劣的猜忌和无知的偏见,我们不禁为觉察到自己在多薄的冰面上滑行而惊骇不已。我国一些才智出众的人来到我们面前,自信地、断然地声明,语言在这个国家象征着、代表着文化、种族、历史、个性,最终代表着亚民族。[1]

但是不管惊骇不惊骇,尼赫鲁、帕特尔和西塔拉马亚最后被迫批准了安得拉邦的要求,承认它是一个讲泰卢固语的邦;薄冰被打破了。十年之内,印度几乎被完全沿着语言分界线加以重组,国内外各式各样的观察家都在大声惊呼,怀疑在向"狭隘的忠诚、卑劣的猜忌和无知的偏见"这样大规模让步之后,这个国家的政治统一是否还能挺下去。[2]

让尼赫鲁如此瞠目结舌的这个问题,是从语言方面表述的;但是从其他形形色色的方面加以表述的这同一个问题,当然简直就是新兴国家的流行病,就像人们无数次地提到这样一些说法所表明的:"二元"、"多元"或"多样化"的社会,"马赛克式"或"复合式"的社会结构,非"民族"的国家和非"国家"的民族,"部落主义"、"本位主义"和"共同体主义",还有各式各样的泛民族运动。

说到印度的共同体主义时,我们指的是宗教之别;说到马来亚的共同体主义时,我们主要关心的是种族之别;刚果的,则是部落之别。它们被归到同一类目下不是纯属偶然,所涉及的现象在某种程度上是相似的。地方主义一直是印尼政治不满中的主旋律,在摩洛哥这种主旋律则是风俗差异。锡兰的泰米尔少数民族在宗教、语言、种族、地域和社会习俗上都有别于占人口多数的僧伽罗民族；伊拉克的什叶派少数人群几乎只因伊斯兰教内部的教派歧异而有别于占优势地位的逊尼派。非洲的泛民族运动主要建立在种族基础之上；在库尔德斯坦，则是建立在部落主义之上；在老挝、掸邦和泰国，则是在语言之上。不过，所有这些现象在某种意义上是一致的。它们构成一个可界定的探究领域。

也就是说，它们会构成它，而要是我们能界定它就好了。围绕着"民族"、"民族身份"和"民族主义"等术语的那种令人厌倦的概念模糊性的气氛，在有心解决共同体忠诚和政治忠诚间关系问题的几乎每项研究中，都被广泛讨论过，也遭到强烈谴责。[3] 人们青睐的良方一直是采取理论折中主义，这本来意在恰当处理所涉问题的多面性，却往往混淆了政治、心理、文化和人口诸因素；所以，那种模糊性实际减轻得不太多。因而最近召开的一次中东问题研讨会，就将多种举动不加区别地一概称作"民族主义"：阿拉伯联盟破坏现存的民族-国家边界；苏丹政府统一一个多少有些任意的、偶然划分而成的主权国家；还有阿塞拜疆族突厥人从伊朗分离出来，加入阿塞拜疆苏维埃共和国。[4] 科尔曼操弄着同样包含多项内容的一个概念，认为尼日利亚人（或其中有些人）同时展现出五种不同类型的民族主义——"非洲的"、"尼日利亚的"、"地区的"、"集团的"和"文化的"。[5] 而埃默森将民族界定为"终极共同体，即最大的共同体，它在危急时刻能有效博得人们的忠诚，压过它内部的较小共同体的忠诚要求，也压过在更广阔的社会之内超越它或潜在地包容它的那种共同体的忠诚要求"；这不过是把"民族"概念的模糊性转移到"忠诚"概念之上了，也似乎是把印度、印尼或尼日利亚到底算不算民族这类问题，留给将来的、未指明的某个历史危机来确定。[6]

然而，这种概念的迷雾是可以驱散一些的，如果人们意识到新兴国家的人民同时受到两大强劲的、十分依赖对方却又彼此有别——实际上常常彼此对立——的动机的驱策：一种是被承认为负责任的能动者的渴望，这种能动者的愿望、行为、希冀和意见都"很重要"；另一种是建立一个高效的、生机勃勃的现代国家的渴望。一个目标是引人瞩目：这是对一种身份的寻求，也是对那种身份被公开承认为有重要性的要求，换言之，这是社交性地声称自己是"世界上的要角"。[7]另一个目标是实用性的：它是对进步的需要，对提高的生活水准、优化的政治秩序、更高的社会公平的需要，它不但要求"参与世界政治的大舞台"，还要求"在国家间发挥影响力"。[8]这两种动机——再说一遍——密不可分地彼此关联，既因为真正现代的国家里的公民身份已经日益变成了可以极其广泛地进行协商的对个人重要性的权利主张，也因为马志尼所称的生存和有个名号的需要在很大程度上是被一种耻辱感点燃的，那耻辱感源于本国被排斥在世界社会的重大权力中心之外。但二者不是一回事。它们发端于不同的源头，应对不同的压力。事实上正是它们之间的张力构成了新兴国家民族演化的主要驱力之一；正如它同时也是这种演化的最大障碍之一。

这张力在新兴国家表现得特别严峻而顽固，一则因为它们的人民的自我意识在很大程度上依然被束缚于血缘、种族、语言、地域、宗教或传统等显见现实中，再则因为主权国家作为实现集体目标的积极工具在20世纪稳步提高了它的重要性。新兴国家人口是多族群的，通常是多语言的，有时是多种族的，他们往往将隐含在这样的"自然"多样性之中的直观、具体、对他们而言内在地富于意义的分类，视为他们个体性的实质内容。要让这些特殊的、熟悉的认同拱手退让,转而支持对一种支配一切的、有几分异己性的公民秩序的普遍化承诺,就是在冒丧失作为自主之人的自我定义的风险,不管这是经由这些认同被合并成文化上无分别的一团,抑或更糟,经由其他某个族群的、种族的或语言的敌对共同体的独尊宰制(该共同体能够让那种秩序浸染上它自身的个性气质)。然而与此同时,在这样的社会里,除了最蒙昧无知的成员之外,所有人都起码依稀意识到(他们的领导人则是尖锐地意识到),他们梦寐以求并矢志不移去实现的社会改良和物质进步的可能性,越来越依赖于他们被包容进一个宏大、独立、强盛而有序的政治体。因而对被承认为有身份、很重要的人物的坚持,和想要变得现代而生气蓬勃的意志,往往背道而驰,而新兴国家里的许多政治过程都是围绕着让它们殊途同归的英勇努力在运转。

二

关于此处所涉问题的性质,更精确的表述即是,被视为社会的新兴国家异常容易遭遇以原生恋慕为基础的严重不满。[9]所谓"原生恋慕",指的是这样一种恋慕,它源于社会存在的"给定之物"——或者说得更确切点儿,是假定的"给定之物",既然文化免不得被卷入这样的事情当中——主要是空间紧邻性和亲族关系,但除此之外还有别的给定性,后者根源于人们出生在特定的宗教共同体、说特定的语言甚或方言、奉行特定的社会实践等。血统、言语、习俗等方面的一致性,被认为本身就具有一种不可言状的、有时不可抵挡的强制性。一个人必定是某人的亲戚,某人的邻居,某人的教友,事实如此,无可更易;这不只是出于个人情感、实际需要、共同利益或背负的义务,至少在很大程度上还是因为归之于那纽带本身的某种无法解释的绝对意义。这种原生纽带的总体力量,以及被看重的纽带类型,是因人、因社会、因时而异的。但是对几乎所有时代、任何社会里的几乎每个人来说,有些恋慕似乎更多来自一种自然的——有人会说是精神的——类同感,而不是来自社会互动。

在现代社会,将这样一些纽带拔高到政治支配地位的层次上,这当然发生过而且还在继续发生,却日益被谴责为病态之举。日甚一日地,民族统一的维持不再诉诸血缘和土地,而是诉诸对公民国家的模糊、间歇而日常的忠诚,或轻或重地辅之以政府对治安武力和意识形态规诫的使用。有些现代的(或半现代的)国家的确热切地追求成为原生的而非公民的政治共同体,它们给本国和他国造成的浩劫只不过强化了人们不情愿公然将种族、语言、宗教之类提升为界定终极共同体的基础的态度,同样强化了这种态度的还有这样一种意识,即人们越发意识到,比原生纽带包罗更广的社会整合模式通常能带来,或者哪怕只是容许某些实际的好处。但是在处于现代化进程中的社会里,公民政治的传统很弱,人们对有效福利政府的技术必要条件懂得很少,结果就像尼赫鲁发现的那样,那里的原生恋慕往往被再三地——在有些案例中是不断地——提议、广泛地推崇为划分自主政治单元的分界线的首选基础。真正合法的权威只能源自这样的恋慕被相信不知怎的具有的内在强制性,这种论点受到直率、热烈而朴实的辩护:

　　为什么单一语言国家稳定,多语言国家不稳定呢?
　　原因一目了然。国家是建立在同胞情基础上的。何为同胞情？简单说来，它就是对共有的一体感的觉识，那让充满这种一体感的人觉得他们是至亲好友。这种感情是一把双刃剑。它是一种"类意识"的感情，一方面将强烈感受到它的那些人紧紧团结起来，以致它碾压了经济冲突或社会等级造成的一切差别，另一方面也将他们与非其族类的人断绝开来。它是一种不归属于其他任何群体的热望。这种同胞情的存在是稳定而民主的国家的基石。[10]

正是原生情感和公民情感的直接冲突的这一成形，这一"不归属于其他任何群体的热望"，使得被各自称为部落主义、本位主义和共同体主义之类的这个问题，相较于新兴国家面临的同样严峻而棘手的其他大多数问题，带有更加不祥、更加遗祸无穷的性质。这里我们不但有竞争性忠诚，而且有处于相同整合层次上、追求相同普遍秩序的竞争性忠诚。新兴国家跟任何国家一样，还存在其他许多竞争性忠诚，比如与阶级、政党、公司、工会、行业等等的联结纽带。但是这样一些纽带所形成的群体几乎从不会被看成可能的自立自主的最大社会单位，看成民族地位的候选者。它们之间的冲突只是在或多或少得到充分认可的终极共同体之内发生的，一般说来，它们并不质疑后者的政治完整性。不管这些冲突变得多么猛烈，它们不会威胁——至少不会有意威胁——终极共同体的生存本身。它们威胁到政府，或者甚至威胁到政府形式，但是在其顶峰时节——通常是当它们被灌输了原生情感时——它们也极少威胁要破坏民族本身，因为它们并不涉及对本民族的内涵和外延的替代性界定。经济的、阶级的或思想的不满可能酿成革命，而以种族、语言或文化为基础的不满可能酿成分离、领土收复主义或吞并——这是要重绘国家的边界线，重定它的疆域。公民性的不满在合法或非法地夺取国家机器中找到它的天然发泄渠道。原生性的不满斗争更深重，胃口更难满足。假如够严重的话，它不但想要苏加诺、尼赫鲁或穆莱·哈桑的命，还想要印尼、印度或摩洛哥的命。

这样的不满往往围绕一些现实的焦点而成形，那些焦点各式各样，在任一给定案例下，通常有几个焦点同时卷入，有时还互相抵触。不过在纯粹描述的层面上，它们还是很容易枚举出来的：[11]

假想的血缘纽带。这里的决定性要素是类亲属关系。说它是"类似的"，是因为围绕已知的生物联系形成的亲属单元（扩大家庭、宗族等）太小了，即便固守传统的人也认为它们仅有限的重要性，因此这里所指的是一种无法溯源却仍然有着社会学真实性的亲属关系的概念，如同在部落里那样。尼日利亚、刚果和撒哈拉以南非洲的大部，其特点就是这种原生主义的突出。但中东的游牧民或半游牧民如库尔德人、俾路支人、帕坦人等，印度的那加人、扪达人、圣塔里人等，还有东南亚的所谓山地部落的大多数，也都是如此。

种族。显然，种族类似于假想的亲属关系，既然它牵涉到一种人种-生物理论。但它们不全然是一回事。这里参照的是一些表型的体质特征——当然尤其是肤色，但也还有脸型、体型、毛发类型等——而不是参照对共同血缘本身的任何明确意识。马来亚的种族问题在很大程度上就聚焦于这类差异，事实上是表型非常近似的两个蒙古人种群体间的差异。"黑人精神"（Negritude）

明显从作为重要原生特质的种族的概念汲取其大股——虽然也许不是全部——力量,而贱民商业少数族群——比如东南亚的华人或非洲的印度人和黎巴嫩人——也差不多照此划分出来。

语言。出于某些尚未得到充分解释的原因,语言主义在印度次大陆特别盛行,在马来亚算得上是个突出问题,在其他地方也时有所见。但是,由于语言有时被认为是民族冲突的绝对本质轴心,所以值得强调一下,语言主义并非语言多样性的必然后果。语言差别实在就像亲属、种族和下文将要列举的其他因素一样,本身不必是格外造成分裂的;它们在坦噶尼喀、伊朗(也许严格说来不算新兴国家)、菲律宾乃至印尼,大体都不是这样的;尽管印尼的语言异常纷乱,语言冲突却好像是这个国家不明所以地忘了以极端形式表现出来的一个社会问题。再者,原生冲突可以在不涉及任何显著语言差异的地方发生,譬如在黎巴嫩,在印尼说巴塔克语的不同人群间,较小程度上兴许还在北尼日利亚的富拉尼人和豪萨人之间。

地域。地域主义虽然是个近乎无处不在的因素,却也自然倾向于在地理条件纷繁多样的地区尤为麻烦。南北分治前越南的东京-安南和交趾支那,如同一根长杆上挂的两个篮子,差不多完全基于地域不同而彼此对立,它们在语言、文化、种族等方面一般无二。东、西巴基斯坦(如今分离为孟加拉国和巴基斯坦)之间的紧张固然也牵涉到语言和文化的差别,但地理因素起了非常突出的作用,这要归因于这个国家的领土间断性。在群岛国家印尼,爪哇与外岛对立;在被山脉一分为二的马来亚,东北海岸与西海岸对立:这些则是地域主义作为国家政治中的重要原生因素的另一些例子。

宗教。印度分治是这类恋慕发挥作用的显例。但是黎巴嫩，缅甸的基督教克伦人和穆斯林若开人，印尼的托巴巴塔克人、安汶人和米纳哈萨人，菲律宾的摩洛人，印度旁遮普邦的锡克人和巴基斯坦的阿赫迈底亚人，以及尼日利亚的豪萨人，则是另一些著名案例，宗教展示了它削弱或抑制广泛的公民意识的力量。

习俗。又像地域主义那样，习俗差异几乎处处构成一定程度的民族不和的基础，但在有些情形下作用尤为突出：那里的思想和/或艺术相当精致复杂的一个群体认为自己是"文明"的承载者，四周都是堪称野蛮的人口，最好建议他们效仿它的"文明"——例如，印度的孟加拉人，印尼的爪哇人，摩洛哥的阿拉伯人（相对于柏柏尔人），埃塞俄比亚（又一个"古老的"新兴国家）的阿姆哈拉人，等等。但指出这样一点也很重要：哪怕势不两立的群体也可能在他们的一般生活方式上相去无几，比如印度的印度教古吉拉特人和马哈拉施特拉人，乌干达的巴干达人和布尼奥罗人，印尼的爪哇人和巽他人。反过来说也对：巴厘人无疑有着印尼最为歧出的习俗模式，但迄今为止他们却因压根缺乏任何原生不满意识而令人瞩目。

然而除了这样简单列举容易在某地变得政治化的原生纽带类型之外，我们有必要跨前一步，也试着来分类或以某种方式梳理实际存在于各种新兴国家中的原生多样性和冲突的具体模式，这些纽带就是那多样性和冲突的组成部分。

这项任务表面看来是政治民族志的常规作业，可是它比乍看之下要微妙得多，不仅因为我们必须认清当下被公然提出的对公民国家完整性的那些共同体主义挑战，还因为必须揭示出那些潜伏的挑战，它们隐藏在原生认同的持久结构下，只要有合适类型的社会条件就准备采取外显的政治形式。马来亚的印度裔少数族群迄今尚未对该国的生存力构成严峻挑战,这一点不意味着,假如世界橡胶价格有什么异变,或者甘地夫人对海外印度人的不干涉政策竟然被替换为一种更进取的政策,那样的事情不会发生。摩洛人问题给西点军校的好几代优秀毕业生提供了深造的实地训练,如今它还只是菲律宾的文火慢熬的问题,但它不会永远如此。自由泰人运动此刻像是一团死灰,但它可能因泰国对外政策的变化,甚或因巴特寮在老挝的成功而复燃。伊拉克的库尔德人,有好几次表面上被安抚住了,而今持续表现出反侧之象。诸如此类。以原生性为基础的政治团结在大多数新兴国家都有一种坚韧不拔的力量,但它不总是活跃的、当下显性的力量。

一开始,就这个分类问题,我们可以对"忠诚"做出一种有用的分析性区分:有些忠诚差不多完全是在单一公民国家的疆域之内运作的,另一些则不是这样,它们跨越了国界。要不稍微变一下说法,你可以对比两类个案。在一类里,充满着"共有的一体感"的参照群体(种族的、部族的、语言的等等)小于现存的公民国家;在另一类里,它则大于后者,或者起码以某种方式超出了后者的边界线。在前一情况下,原生性不满源于政治压制感;在后一情况下则源于政治肢解感。缅甸克伦人的分离主义,加纳的阿散蒂人、乌干达的巴干达人,都是前者的实例;泛阿拉伯主义、大索马里主义、泛非主义,则是后者的实例。

许多新兴国家同时罹患这两类问题。首先,大多数国家间的原生运动并不像泛-运动至少倾向于做成的那样,把分立各国的全境都卷入进来,而只是要卷入散居多国的少数族群。例如,库尔德斯坦运动想要统一伊朗、叙利亚、土耳其和苏联的库尔德人,也许它是有史以来最无望成功的政治运动。还有已故的卡萨武布先生与他的刚果共和国和安哥拉盟友的阿巴科运动；达罗毗荼斯坦运动，只要它开始自认为应从印度南部跨越保克海峡扩展到锡兰；追求一个独立于印度和巴基斯坦之外、统一而有主权的孟加拉（Bengal）即大孟加拉国（greater Bangladesh）的运动——也许迄今为止不过是一种虚渺的情绪。新兴国家中甚至还零星出现少许传统的领土收复主义问题：泰国南部的马来人，与阿富汗交界一带的巴基斯坦的普什图族人，等等；当撒哈拉以南非洲的政治边界更加稳固地确立起来时，这样的问题将会激增。所有这些个案都存在——或可以发展出——两种矛盾心愿：一是逃离既定公民国家的渴望，一是将政治分裂的原生共同体重新统一的憧憬。[12]

其次，国家间和国家内的原生恋慕经常在均衡承诺——即便是极其不稳定的均衡——的一张复杂网络里彼此交错。在马来亚，有一种颇为有效的黏合力，让华人和马来人不顾种族和文化差异所带来的巨大离心力而结合成单一国家，那就是两个群体都怀有的忧虑，它们担心一旦联邦解体，便会在别的某个政治框架里成为明显寡不敌众的少数群体：马来人怕华人转投新加坡或中国，华人怕马来人转投印尼。类似地，在锡兰，泰米尔人和僧伽罗人都设法把自己看成少数族群：泰米尔人这么看，是因为70%的锡兰人是僧伽罗人；对僧伽罗人来说，则是因为他们在锡兰的八百万人就是全部的僧伽罗人了，而泰米尔人除了本岛上的两百万人之外，在印度南部还有两千八百万。摩洛哥一直趋于既有阿拉伯人和柏柏尔人之间的国家内部的分裂，又有纳赛尔的泛阿拉伯主义的党徒与布尔吉巴的"马格里布重组运动"的党羽之间的跨越国界的分裂。至于纳赛尔本人,他生前也许是新兴国家里将原生性谋略运用得最为自如的大师,为了埃及的霸权,他在参加万隆会议的列国中间沉浸于玩弄泛阿拉伯主义、泛伊斯兰主义、泛非洲主义的情绪。

但无论相关的恋慕是否越出了国界,大多数原生性斗争目前都是在国界以内展开的。新兴国家中间的确存在一定数量的国际冲突,它们的争执中心就是原生性问题,或者至少受其鼓动。以色列与其阿拉伯邻国间的敌对状态,印度和巴基斯坦在克什米尔问题上的争吵,当然是最突出的例子。而希腊和土耳其这两个老牌国家为塞浦路斯发生的纷争是又一个例子;索马里和埃塞俄比亚为一个本质上是领土收复主义的问题而关系紧张,又是第三个例子;就印尼华人居民的"双重国籍"问题,印尼跟北京枘凿不入,又是第四个例子。如此等等。当新兴国家在政治上得到巩固以后,这样的争端很可能变得更频繁、更强烈。然而截至目前,除了阿以冲突和偶发的克什米尔问题以外,它们尚未变成首要的政治争议问题,而原生性差别的直接意义几乎处处都主要限于国内,尽管这并不是说它们因此就不具备重要的国际影响。[13]

然而,对于见诸各色新兴国家的原生多样性的具体模式,要构建一种类型学却窒碍难行,因为绝大多数情况下翔实可靠的信息是完全缺乏的。可是,再一次地,一种粗略的、纯粹经验性的分类还是可以信手拈来的,也应能证明可以有益地用作本来未经探明的茫茫荒野的简易指南,推进对原生情感在公民政治中扮演的角色的更敏锐分析,那样的分析不大可能凭借"多元主义""部落主义""本位主义""共同体主义"和常识社会学的其他滥调做出来:

1. 一种常见的、相对而言简单的模式似乎是这样的：有个单一的支配群体，通常（虽然并非必定）是较大的群体，与之正面抗衡的是个单一的强大少数群体，长期惹是生非。比如希腊人和土耳其人对峙的塞浦路斯，僧伽罗人和泰米尔人对峙的锡兰，约旦人和巴勒斯坦人对峙的约旦，尽管最后一个案例下，支配群体是较小的那个。

2. 某些方面跟第一种模式类似但复杂性过之的是这样的模式：有个中心群体（往往既是政治意义上的，也是地理意义上的中心），还有几个中等规模的、至少有点敌对的边缘群体。比如，印尼的爪哇人对外岛各族人民，缅甸的伊洛瓦底河谷的缅人对各种山地部落和高山谷地族群，伊朗（再次说明，虽然不是严格意义上的新兴国家）的中央高原的波斯人对各种部族，摩洛哥大西洋沿岸平原的阿拉伯人被里夫山、阿特拉斯山和苏斯河的各色柏柏尔人部落所包围，老挝的湄公河的老挝人对各部族人民。诸如此类。这样一种模式多大程度上可以在黑非洲被发现尚不清楚。在它本来可能成形的一起个案里，即在加纳的阿散蒂人的情况下，中心群体的力量似乎已经被打破了，至少暂时如此。巴干达人在一个新国家里（尽管他们的人头只占总人口的大约两成），能否凭借他们更高的教育水平和政治发展水平等，保持（也许现在是夺回）他们相对于其他乌干达群体的支配地位，还需拭目以待。

3. 另一种模式构成内部更不同质的一类，即几乎势均力敌的两大群体的两极模式。比如，马来亚的马来人和华人（尽管也有个稍小的印度人群体），黎巴嫩的基督徒和穆斯林（尽管这里的两个群体其实都是更小教派的聚合体），或者伊拉克的逊尼派和什叶派。巴基斯坦有东、西两大区域（虽然西区远非内部完全同质的),那给予这个国家清晰的两极原生模式,如今也把它撕成两半了。越南在分裂前趋于采取这一形式,即东京地区对交趾支那地区,在大国帮助下而今这个问题被"解决"了,虽然该国的重新统一又可能让它旧态复萌。利比亚简直没有足够的人口来形成像样的群体冲突,可是由于昔兰尼加和的黎波里塔尼亚的对比,连它也有这一模式的几分样子。

4. 然后有这样的模式:各群体按重要性形成相对平稳的渐变层级,从几个大群体,到几个中等规模群体,再到若干小群体,既没有明显的支配群体,也没有清晰的断层线。印度、菲律宾、尼日利亚和肯尼亚也许就是例子。

5. 最后是一种简单的、沃勒斯坦所称的"族群碎片化"模式,即小群体林立;有必要将非洲大部丢进这个有点像是剩余类的模式中,至少在我们更深地了解非洲之前只得如此。[14]试验成癖的利奥波德维尔政府提出一项建议,要将刚果共和国中预估有两百五十个左右的分立的部族-语言群体归入八十个部落自治区,这八十个区再组织成十二个结成联邦的省。这项建议算是突出表明了那种碎片化所能达到的程度,以及它可能涉及的原生忠诚的复杂程度。

被集体地认可、公开地表达的个人认同的世界,因而就是一个秩序化的世界。现存新兴国家之内的原生性认同和分裂的模式,不是千变万化、形态不定的,而是明确地标界、系统地变化的。它们一变化,个人的社会性自我肯定的问题的性质也随之而变,就像它也根据此人在任一类模式里的地位而变化。确保被承认为必须予以注意的重要人物,这一任务在锡兰的僧伽罗人那里,相比于在印尼的爪哇人或马来亚的马来人那里,会表现出不同的形式和方面,因为作为与一个较小群体对峙的较大群体的成员,跟作为与多个较小群体或另一个较大群体对峙的较大群体的成员,简直不可同日而语。但是这任务在塞浦路斯的土耳其人、缅甸的克伦人、尼日利亚的蒂夫人那里,相比于在同国的希腊人、缅人、豪萨人那里,也会表现出不同的形式和方面,因为较小群体成员身份赋予某人的地位,不同于较大群体成员身份所赋予的地位,即便在单一体系中亦然。[15]众多新兴国家都有"外国"商人的所谓贱民社群,如西非的黎巴嫩人、东非的印度人、东南亚的华人,还有印度南部的马尔瓦尔人(情况稍有不同),就维持一种受到承认的认同这个问题来说,他们生活在跟同一社会里的定居农业群体有天差地别的社会世界里,不管后者多小、多不重要。原生性联盟和对立的网络是一个密实、错综但还可以清楚描述的网络,大多数情况下是数百年逐步沉淀的结果。陌生的公民国家,昨天才从衰替的殖民政权的废墟中生成,而今被叠覆在这一精心织就、苦心保存的自豪和猜疑之结构上,还得想方设法把它编织进现代政治的构造中。

三

原生情感之化为公民秩序,因这一事实而变得愈发艰难:政治现代化最初不是倾向于平息这种情感,而是鼓之舞之。主权从殖民国家转移给独立国家,这不只是权力从外国人手里转到本地人手里,而且是政治生活模式的通盘转换,是从臣民到公民的脱胎换骨。殖民政府,就像它们亦步亦趋的前现代欧洲的贵族政府那样,是远离民众、我行我素的,它们站在所统治的社会之外,专横、不均齐、无系统地对之施加行动。但是新兴国家的政府尽管是寡头制的，却也是面向大众、留心民意的，它们置身于所统治的社会之内，随着自身的发展，日益持续、广泛、有目的地对之施加行动。对阿散蒂人的可可种植者、古吉拉特人的商店主或是马来亚华人的锡矿工而言，他的国家获得政治独立，也是他本人鬼使神差地获得现代政治地位，不管他可能依旧在文化上多么遵循传统，也不管该新兴国家实际运转得多么低效无能、不合时宜。现如今他成了一个自主、分化的政治体的有机组成部分，后者在除了最严格意义上的私生活之外的方方面面触及他的生活。"迄今为止一直被尽可能拒斥在政府事务以外的那一些人，现在必须被吸纳进来，"印尼民族主义者夏赫里尔在第二次世界大战前夕这么写道，他准确界定了东印度事实上将在此后十年里接连爆发的"革命"的性质，"必须让那群人民产生政治觉悟。必须让他们的政治兴趣得到激发和保持。"[16]

这样将现代政治意识强加给在很大程度上仍未现代化的人民，的确趋于导致民众激发和保持一种参与政府事务的极高兴趣。但是，由于以原生性为基础的"共有的一体感"对许多人来说依然是合法权威的本源——"自治"中的"自"就表示这意思，所以这种兴趣多表现为对本部落、本地区、本宗派等等与权力中心的关系的过分关注，那个中心虽然迅速变得愈加积极主动，却不能轻易地像远离民众的殖民政权那样，与原生恋慕网绝缘，也不能像"小共同体"的日常权威体系那样，被吸收到它们里面。所以，恰恰尤其是一个主权公民国家的形成过程，激发出本位主义、共同体主义、种族主义等情感，因为它给社会引入了可以为之一战的可贵新奖品，以及需要与之抗争的可怕新力量。[17]尽管民族主义宣传家有些与此相反的教条，但印尼的地区主义、马来亚的种族主义、印度的语言主义或尼日利亚的部落主义，就其政治方面而言，与其说是分而治之的殖民政策的遗产，不如说是殖民政权被扎根本土、目的明确的独立统一国家取代的产物。虽然它们依赖于历史上发展出来的一些区分——其中有些是殖民统治帮着强化的，另一些则是它帮着弱化的——但是它们是新政治体和新公民身份的创造过程本身的重要部分。

要找到这种关联方面的一个能说明问题的例子，我们可以看看锡兰，它曾经极为风平浪静地加入新兴国家大家庭，而今[1962年]却是这个大家庭里极为风高浪急的教族骚乱的舞台。锡兰几乎没怎么斗争，实际上简直没费多大劲，就赢得了独立。它没有其他大多数新兴国家都有过的义愤填膺的民族主义群众运动，没有振臂高呼、激情澎湃的英雄-领袖，没有殖民者的负隅顽抗，没有暴力也没有拘捕——其实就是没有革命，因为1947年的主权移交，不过是保守、温和、孤傲的英国文官被保守、温和、孤傲的受英国教育的锡兰显达所替代，至少从更本土主义的眼光看来，后者"除了肤色以外，哪点都像从前的殖民统治者"。[18] 革命姗姗来迟，大约在正式独立十年之后；而英国总督的告别辞曾说，"我们欣慰之至，锡兰沿着和平协商之路，不冲突，不流血，就达到了它的自由目标"，[19] 这被证明有点言之过早：1956年，野蛮的泰米尔-僧伽罗暴乱要了一百多人的命，1958年，也许多至两千人。

该国有70%的人口是僧伽罗人，23%是泰米尔人，几个世纪以来，一定程度的群体紧张就是它的特征。[20] 但是这样的紧张采取鲜明的现代形式，有着难以化解、覆盖面广、受到意识形态煽动的大众仇恨，这还是1956年后的事情，那时在僧伽罗人的文化、宗教和语言复兴运动的疾风骤雨中,(现已故的)班达拉奈克一举登上总理位置。班达拉奈克本人受过牛津教育,有几分马克思主义倾向,在公共事务上实质上是个世俗主义者,他公开地——有人怀疑也有点儿犬儒地——诉诸僧伽罗人的原生情感,借此削弱讲英语的(和双重族属的科伦坡)贵族阶层的权威:他许诺一种"只要僧伽罗语"的语言政策,给予佛教和佛僧一种荣耀地位,彻底扭转据信"纵容了"泰米尔人的政策,也拒穿西方服装,坚守僧伽罗乡民的传统"布料和衣袍"。[21]假如像他的一个较无批判性的辩护士所声称的那样,他的"最高志向"不是"建立一个落伍的、褊狭的、种族主义的政府",而是要"巩固民主制,把祖国改造成以尼赫鲁式社会主义为基础的现代福利国家",[22]那么他很快会发现自己成了原生性狂热的汹涌大潮的无助受害者,而他的死不过更加富有讽刺意味而已——在台上过了手忙脚乱而令人沮丧的三十个月后,他命丧一个动机不明的和尚之手。

因而,迈向一个坚定的、有民众基础的社会改革政府的这明确的第一步,并未带来民族团结的提升,而是适得其反——语言的、种族的、地区的和宗教的本位主义的增强,这是一种奇特的辩证过程,里金斯曾出色地描述过它的实际作用方式。[23]普选权的确立几乎让人无法抗拒诉诸传统忠诚来讨好群众的诱惑,引导班达拉奈克及其属下决定赌一把(结果赌输了),看他们能否在选举前调高原生情感的调门,选举后又调低下来。他的政府在卫生、教育、行政等领域采取的现代化举措,威胁到乡村重要人物——和尚、阿育吠陀医生、乡下教师、地方官吏——的地位,因而他们变得更加本土主义,更执着于政府为了换取他们的政治支持而向他们再次保证的教族象征。寻找一种共同的文化传统,让它充当这片国土（既然它不知怎的已经成了一个国家）的民族认同的内容，这只是导致泰米尔人-僧伽罗人之间那些古老的、最该忘却的背叛、暴行、侮辱和战争被重新记起了。本来在受西化教育的城市精英中，阶级忠诚和旧派纽带往往会压过原生差异，但这个阶层的没落除掉了两大社群间为数不多的、重要的友好接触点之一。根本经济变革的第一丝萌芽就唤起僧伽罗人的忧虑，他们害怕勤劳、节俭、有闯劲的泰米尔人的地位会被加强，做事不那么有章法的僧伽罗人则是受损一方。日渐增强的对政府职位的竞争，日渐提高的本国语报刊的重要性，甚至政府创立的农垦计划，通通都以类似的挑拨方式发挥作用；农垦计划之所以如此，是因为它们可能改变人口分布，从而改变议会里的教族代表席位。锡兰日渐恶化的原生性问题，不是一种纯粹的历史遗产，一种阻碍其政治、社会和经济现代化的遗留险障，而是她想要实现这样的现代化的初次重大尝试——即便仍然很不灵验——的直接而即刻的反映。

这一辩证过程——说法各异——是新兴国家政治的共有特征。在印尼，本土统一国家的建立使得这样一个事实变得很扎眼（在殖民时期是绝不可能如此明显的），即人口稀少、矿藏丰富的外岛带来了该国外汇收入的大部分，而人口密集、资源贫乏的爪哇岛消耗了国家的大部分收入；它也使得一种地区猜忌模式发展出来，固化下来，以致到了武装叛乱的程度。[24] 在加纳，恩克鲁玛的新国民政府为了积累发展资金，将可可的价格定得低于阿散蒂可可种植者的期望，阿散蒂人受伤的自尊心爆发成公开的分离主义。[25] 在摩洛哥，里夫山的柏柏尔人本来为独立斗争做出了重要的军事贡献，但这种贡献没有换来政府的更大援助，如学校、工作岗位、改善的通信设施等等，这时他们被触怒了，恢复了传统的部落悖傲模式，以便赢得拉巴特的尊敬：拒不纳税，抵制集市，退回到掠夺性的山区生活。[26] 在约旦，阿卜杜拉吞并了内约旦，与以色列谈判，并推行军队现代化，借此孤注一掷地试图巩固他新生的主权公民国家，这为他招来杀身之祸，一个感到族群蒙羞的泛阿拉伯主义的巴勒斯坦人行刺了他。[27] 即便这样的不满在有些新兴国家尚未演进到公开提出异议的地步，但围绕着正在升级的对政府权力本身的争夺，在那里也几乎普遍升腾起一种原生性冲突的阴云。就在政党和议会、内阁和官僚机构或者国王和军队的惯常政治旁边，也在与这种政治的相互作用中，几乎处处存在某种底边政治 (parapolitics)，即彼此碰撞的公共认同与加速膨胀的族群统治野心的底边政治。

而且，这种底边政治的战争似乎有其自身特有的战场；在政治角斗的通常竞技场之外，有某些特殊的制度环境，它强烈倾向于寄居在里面。当然，原生性问题确实会不时出现在议会辩论、内阁商议、法庭决议中，还更经常地出现在竞选运动中，可是它们表现出一种持久的趋势，以更纯粹、更显明、更恶性的形式展露在某些地方，其他类型的社会议题通常不会出现在那里，至少不会这么频繁或这么尖锐。

最显而易见的战场之一是学校系统。语言冲突尤其容易以学校危机的形式冒出来——有明证在此：在马来亚，就华人学校里马来语应当在多大程度上替代汉语的问题，马来人教师工会与华人教师工会发生激烈争论；在印度，关于以英语、印地语还是各种地方方言作为教学语言的问题，三方支持者之间发生游击战；或者，为了阻止西巴基斯坦将乌尔都语强加给东巴基斯坦，说孟加拉语的大学生们发动流血骚乱。但是宗教问题往往也轻易地渗透到教育环境中去。伊斯兰国家有对传统《古兰经》学校进行西式改革的持久问题；菲律宾有美国人引入的世俗公立学校传统与神职人员要在这样的学校里加强宗教教学的不懈努力之间的冲突；马德拉斯有达罗毗荼分离主义者，他们伪善地宣称"教育必须摆脱政治、宗教和社群的偏见"，但其实他们的意思是说，教育"一定不要突出史诗《罗摩衍那》之类的印度教作品"。[28] 甚至在很大程度上，地区争斗往往也卷入学校系统。在印尼，各省区不满的抬头伴随着竞争性地狂建本地的高等学府，以至于如今该国差不多每一重要地区都有一所学院，尽管合格的教员严重短缺，它们是过往仇怨的碑石，或许也是未来仇怨的摇篮。尼日利亚现在可能正在发展出相似的模式。如果说总罢工是阶级战争的经典政治表达，政变是军国主义和代议政府间斗争的表达，那么学校危机也许正在变成原生忠诚间冲突的经典政治——或底边政治——表达。

还有其他一些轴心，底边政治的旋涡就围绕它们而形成，但是从现有文献看，它们更多只是被顺带提及，很少得到细致分析。社会统计就是个例子。1932年以来黎巴嫩一直没有人口普查，因为担心普查会暴露人口的宗教构成有什么重大变化，以致设计来平衡各宗派利益的复杂之极的政治安排行不通。在印度，与它的国语问题一道，连谁才算是"说印地语的人"都成了激烈争吵的问题，因为这取决于计数的规则：印地语的狂热支持者运用人口普查数字证明，高达半数的印度人民说"印地语"（包括乌尔都语和旁遮普语），而反印地语人士则认为书写的差异，很明显甚至还有说话人的宗教归属都具有语言重要性，从而将那个数字硬生生压低到30%。此外还有密切相关的一个问题，韦纳恰当地称之为

"人口普查再定义造成的种族灭绝",[29]它牵连到这一咄咄怪事:照1941年印度人口普查结果来看,有两千五百万部落民,而照1951年的普查结果来看,只有一百七十万。在摩洛哥,针对被归为柏柏尔人的人口比重,已发表的数字在35%到60%之间变化不定,而有些民族主义领导人宁愿相信——或者让别人相信——"柏柏尔人"纯属法国人的虚构。[30]行政部门涉及族群构成的统计数字,不论是真实的还是虚构的,几乎处处都是原生性煽动家最喜爱的武器,在有些地方官员不是他们所管辖群体的成员的地方收效尤佳。印尼有家主要报纸,就在地区主义危机的高峰时节被查封了,原因是它假装天真地印了一幅简单的条形图,描绘了各省的出口收入和政府开支。

服饰(在缅甸,数百边疆部落民被接到仰光参加联邦纪念日,好提升他们的爱国精神,送他们返乡时,就用心良苦地拿缅人服装做赠礼),历史编纂(在尼日利亚,宣传性的部落史骤然激增,强化了让这个国家不胜其苦、本已十分严重的离心倾向),以及公共权威的官方标志(在锡兰,泰米尔人拒绝使用以僧伽罗语印制的车牌,在印度南部,他们喷漆掩盖了用印地语标注的铁道指示牌),则是底边政治纷争的另一些领域,虽然迄今为止只是浮泛地被观察到。[31]飞速扩展的组织群也是,其中有部落联合会、种姓组织、族裔兄弟会、地区社团、宗教联谊会等,它们好像在几乎一切新兴国家随着城市化进程而兴起,使得有些国家的主要城市——拉各斯、贝鲁特、孟买、棉兰——成为教族紧张的锅炉。[32]但是,细节姑置不论,要旨在于,围绕着新兴国家的新兴政府机构及其倾向于维持的专门政治,有原生性不满的许多自我增强的旋涡在打着转,这种底边政治的大旋涡在很大程度上是那一政治发展过程本身的后果——或者延续前边的隐喻,尾流。国家动员社会资源以达成公共目标的能力的增长,亦即它的权力的扩张,将原生情感激荡起来,因为考虑到合法权威只是这样的情感所拥有的内在道德强制性的延伸这一信条,听任自己被其他部落、其他种族或其他宗教的人统治,就不但是甘受压迫,而且是自甘堕落——甘心被人逐出道德共同体,成为低人一等的存在,意见、态度、心愿等简直不被人当回事,就像儿童、蠢汉、疯子的意见等在自认为成熟、聪明、精神健全的人眼里不算回事一样。

原生情感和公民政治间的这种紧张,虽然可以被缓解,却不能被根除。地点、语言、血缘、相貌和生活方式这样的"给定之物",形塑了个人对自己究竟是谁,又不可分割地归属于谁的观念,它们的力量深植于人格的非理性基础中。这种未经反思的集体自我意识一旦确立起来,就肯定会在某种程度上卷入民族国家的稳步拓宽的政治过程,因为该过程似乎触及了范围极其广阔的事务。如此看来,就原生恋慕而论,新兴国家——或者它们的领导人——必须设法去做的事情,不是像他们往往努力在做的那样,希望一贬低它们甚或否认它们的现实性,它们就化为乌有了,而是要驯化它们。他们必须让它们顺从逐渐展开的公民秩序,这凭借的是剥夺它们对政府权威的合法化力量,让国家机器在涉及它们时保持中立,疏导因它们的错位而引起的不满,使之以合适的政治而非底边政治的形式表达出来。

这个目标也不是可以完全实现的,至少还从未实现过,哪怕是在阿姆倍伽尔先生的有着"合众精神"的加拿大和瑞士(这一家族里的南非还是少说为妙吧)。但它是可以部分实现的,新兴国家击退脱缰的原生狂热对其完整性和合法性的进攻的希望,恰恰仰赖于这种相对成就的可能性。正如工业化、城市化、重新社会分层和这些国家注定要经历的其他各种社会-文化"革命"一样，将多样化的原生共同体包容/控制在单一主权国家之下，这就有望将各共同体人民的政治能力逼至极限，在有些情况下肯定还会超出极限。

四

这种"整合革命"当然已经开始了，到处都在出发去苦寻创造更完美团结的法门和津梁。但它仅仅才开始，刚刚才上路，所以谁要是在广泛比较的基础上调查新兴国家的话，他就会直面一幅令人困惑的图景：对于外在形式有异、实质却相通的问题，即原生性不满的政治正常化，各国做出的制度的、意识形态的反应五花八门。

新兴国家如今颇像是幼稚的或学徒的画工、诗人或作曲者，正在觅索适合它们自身的风格，觅索对它们所用媒材造成的难题的独家解决方式。它们模仿别国，组织不善，杂汇各家，投机取巧，趋时跟风，含糊不清，犹豫不定，极其难于分类整理，不管是归入传统类别还是新创类别；其中的似是而非，就好比我们易于把已经找到自己独特风格和个性的成熟艺术家稳稳归入某个学派或传统，而对稚嫩的艺术家通常很难这么做。在我们正在谈论的问题上，印尼、印度、尼日利亚和其余各国不过共同陷入一种困境，但那种困境是激发它们政治创造力的一大因素，驱策它们不知餍足地探索试验，以期找到摆脱困境、战胜险阻的路子。再一次地，这不是说所有这些创造力都终将成功，有愿望落空的艺家，就有愿望落空的国家，也许法国堪为例证。但正是原生性问题的顽固性，与其他因素一道，让持续的政治——乃至宪政——革新过程前行不已，也使得系统归类新兴国家政治体的任何尝试都有一种短暂权宜性——如果不纯粹是不成熟性的话。

因此，对于眼下在新兴国家浮现出来、作为应对因种种异质性（语言的、种族的等等）而起的问题的手段的不同政府安排，若要试图加以梳理，就得从对这样一些安排的简单经验回顾入手，也就是仅仅以样板的形式将现有试验陈列出来。这样的回顾应当有可能至少让人感觉到所涉及的变异范围，领会到这些安排正在其中成形的社会场域的一般维度。照这种方法，类型化就不是设计一些人造类型——不管是理想类型还是其他类型——的问题，它们将从纷纭淆乱的现象变异中析离出根本性的结构常项；它变成了确定这样的变异的发生界域和作用领域的问题。在此，对这些范围、维度、界域、领域的感知，也许最好能以一种万花筒般的方式，通过快速展示挑选出来的几个新兴国家似乎正在进行的"整合革命"的一系列快照来传递，那几个国家表现出原生多样性的具体而不同的模式，以及对那些模式的政治回应的不同样态。印尼、马来亚、缅甸、印度、黎巴嫩、摩洛哥和尼日利亚，它们文化上彼此区别，地理上散处四方，是这类对走向（据假定）统一的分裂国家的匆匆一瞥式考察的最恰当对象。[33]

印度尼西亚

大约在1957年年初以前，爪哇和外岛间的地区紧张还被若干因素共同控制在一定的范围内：延续下来的革命团结势头，有广泛代表性的多党体制,以及有印尼特色的最高行政权的循例一分为二,即所谓"两位一体"(Dwi-Tunggal,大致相当于"二元领导权",两位经验丰富的民族主义领袖,爪哇人苏加诺和苏门答腊人穆罕默德·哈达,分别担任共和国的总统和副总统,分享最高权力)。自那以后,团结褪色了,政党体制崩塌了,两位一体撕裂了。尽管1958年军队有效平定了地区叛乱,尽管苏加诺狂热地企图让他本人作为"45年精神的化身"集中代表政府,由此丧失的政治平衡依然未能恢复,这个新国家成为堪称经典的整合失败案例。每向现代性迈进一步,地区不满就随之加增;地区不满每加增一分,政治无能就随之遭到新暴露;政治无能每暴露一次,政治勇气就随之减损,转而更绝望地求助于军事威压和意识形态复古主义的一种不稳定混合。

正是1955年的首次普选,通过完成议会制度的总纲,使得会反思的印尼人极为清楚地意识到,他们要么得在他们近乎无奈地创立起来的现代公民秩序框架之内找到某种解决问题之道,要么就会面临愈演愈烈的原生性不满和底边政治冲突。本来指望选举能净化空气,孰料它们搅起了风暴。它们使政治重心从"两位一体"转向政党。它们让共产党的民众力量凝结起来,它不但赢得了全部选票的约莫16%,而且从爪哇取得它的九成支持力量,从而融混了地区紧张和意识形态紧张。它们戏剧化地彰显了这样一个事实:社会上有些比较重要的权力中心——军队、华人、某些外岛出口商等——的利益,在正式政治系统里没有得到充分代表。它们还将政治领导资格的基础从革命勋业转到大众吸引力上。同时,假如现有公民秩序会维持、发展下去的话,选举就需要在总统、副总统、议会和内阁之间打造一整套新型关系;需要遏制一个进攻性的、组织严密的极权主义政党，它会敌视那种民主的多党政治观念；需要议会框架跟它之外的重要群体建立有效关系；还需要在1945—1949年的共享经历以外，给精英团结找到一个新基础。考虑到一筹莫展的经济问题，冷战的国际环境，以及高层人物中间的大量个人宿怨，这一多重需要若能得到满足大概会是令人诧异的事情。但是也没有理由相信它不可能被满足，假如有必要的政治智慧的话。

不管怎么说，它没有被满足。到1956年底，苏加诺和哈达之间一向微妙的关系变得很紧张，最后哈达挂冠去职；这一举动本质上就是撤销外岛的许多军事、金融、政治和宗教主要群体对中央政府的合法性认可。双头政治一直是对外岛各族人民地位的承认的象征性、在很大程度上也是现实性的担保，承认他们在共和国里跟人口多得多的爪哇人是完全的、平等的伙伴关系；它也是一种准宪法保证，确保爪哇这根尾巴不被允许摆动印尼这条狗。苏加诺部分是爪哇神秘主义者，部分是积习难改的折中主义者，哈达部分是苏门答腊的严谨穆斯林，部分是朴实肯干的行政管理者，他们在政治上，也在原生性上互补。苏加诺将难以捉摸的爪哇人的调和性高级文化集于一身，哈达则将粗犷一些的外岛人的伊斯兰商业主义集于一身。主要政党则相应地跟他们声应气求——特别是共产党和穆斯林的玛斯友美党成为他们的主要发言人，前者融合了马克思主义意识形态和传统爪哇"民间宗教"，后者在爪哇之外的较正统地区赢得了它的近半数民众选票。因此，一旦副总统辞职，总统在他的回归1945年（即选举前）的"有指导的民主"的观念下，摇身变成印尼国家生活的唯一轴心，此时共和国的政治平衡倾覆了，地区不满的发展进入激

299

进化阶段。

从此以后,间歇性的暴力行动就与对政治万能药的狂乱搜寻交替发作。流产的政变、哑火的暗杀和失败的暴动接踵而至,穿插着不可胜数的意识形态实验和制度实验。新生活运动让位于"有指导的民主"运动,"有指导的民主"运动又让位于"回归1945年宪法"运动,与此同时,政府的各种机构——国务委员会、国家计划委员会、制宪会议等——像荒废花园里的野草一般疯长。但是从这一切焦躁不安的修修补补和声嘶力竭的口号大战中,没有涌现出能够容纳该国的多样性的任何形式,因为这样随意的即兴而为不代表对该国整合问题的解决办法的一种现实主义探索,而代表一种烟幕弹的绝望施放,意在掩饰逐渐增强的对政治大难迫在眉睫的确信。眼下,一种新的、事实上的双头统治分割了领导权——一头是苏加诺,他更尖利地呼吁复兴"革命团结精神";另一头是纳苏蒂安中将,现任国防部长,曾任陆军参谋长(又一个来自苏门答腊的缺乏个性的专业人士),他指挥着军队,而军队的角色已扩张为准行政机构。但是他们的相互关系,他们权力的有效范围,恰似印尼政治生活中几乎所有别的事情一样,依然悬而未定。

"逐渐增强的对政治大难迫在眉睫的确信"被证明真是毫发不爽。苏加诺总统的丧心病狂的意识形态执迷继续节节攀升,直到1965年9月30日晚上,总统卫队的指挥官发动了一场未遂政变。六名军队高级将领被杀(纳苏蒂安将军侥幸逃脱),但当另一位将军苏哈托集结军队镇压了反叛者后,政变失败了。接下来的几个月见证了异乎寻常的民众暴行,主要发生在爪哇和巴厘,但也零星出现在苏门答腊,矛头所向是被认定为印尼共产党——它被普遍认作政变的幕后操纵者——信徒的个人。数十万人惨遭残杀,多是村民杀村民(虽然也有一些杀戮系军队所为),而且(至少在爪哇)主要是沿着前述原生分界线开战的——虔信的穆斯林杀害印度教的调和主义者。(也有一些反华人的行动,主要是在苏门答腊,但大部分屠杀都是爪哇人杀爪哇人,巴厘人杀巴厘人,诸如此类。)苏加诺的国家领袖地位渐渐被苏哈托取代了,他于1970年6月逝世,而苏哈托在两年前已正式继任总统。自那以来,这个国家就被军队操控,从旁襄赞的是各种文职技术专家和行政官员。1971年夏第二次普选举行,结果政府赞助和控制的一个政党获胜,几个老牌政党遭受重挫。目前,尽管原生群体(宗教的、地区的和族群的)之间紧张如故,实际上甚至可能被1965年事变加重了,但它的公开表现大体缺席。长期保持这种状态似乎——至少在我看来——不太可能。

马来亚

在马来亚,令人称奇的事情是,不同群体之得以全部整合到严格多种族的社会里,在很大程度上凭借的不是国家结构本身,而是更为新近的政治发明即政党组织。它就是联盟,即巫来由人统一组织(巫统)、马来亚华人公会(马华公会)和较为次要的马来亚印度国民大会党(国大党)的联合体,在它里面,原生性冲突正在受到非正式的、现实主义的调适,强大的离心倾向——也许一如所有国家(新国家、旧国家、半新不旧的国家)都曾面临过的那么强烈——迄今为止也正在受到有效的缓冲、转移和控制。联盟组建于1952年,时值恐怖统治的"紧急状态"高峰时期,是由马来人和华人社群中受过英国教育的保守上层人士发起的(印度裔人不太确定何去何从,一两年后也加入了)。它是在新兴国家政治的整个范围内成功实践不可能的艺术的最卓越事例之一——置身于原生性猜疑和仇视的环境中,一些次级政党(它们本身坦白地、明确地、间或热切地以教族相号召)结盟成一个非教族性政党,这会让哈布斯堡帝国看上去像是丹麦或澳大利亚。单从表面形势看,它不应该行得通。

不管怎样,现在重要的问题是,它是否会继续行得通。马来亚在1957年中期以后方才独立,它获益于多种因素:相对有利的经济状况,较为平稳的主权移交(撇开共产党人起义不论)及由此成为可能的英国势力的持续存在,还有一个保守的、有点理性主义的寡头统治集团的这种能力,即它能说服人民群众相信,比起左倾的、感情用事的民粹主义领导层——这是大多数新兴国家的特点——它是实现他们梦想的更适当工具。难道联盟的统治仅仅是暴风雨前的暂时平静,就像与它非常类似的统一国民党在锡兰的统治那样?难道它注定要在社会和经济之海掀起狂风巨浪时式微、解体,就像印尼的两位一体-多党体制那样?用一句话说,难道它太过美善而不能行之久远?

预兆喜忧参半。第一次普选是在独立前举行的,联盟赢得民众选票的80%,联合邦立法议会52席中的51席,事实上成为殖民政权的唯一合法继承者;但在1959年举行的独立后的首次选举中,它的很多地盘被更趋教族性的政党蚕食,其民众选票跌至51%,议会席位只有103席中的73席。它的马来人部分即巫统,由于一个极其教族性的政党在虔信的、农村的、马来人居多的东北地区出人意料地大获全胜而遭到削弱,那个政党呼吁建立伊斯兰教神权国家,"恢复马来人的统治权",鼓吹"大印度尼西亚"观念。它的华人和印度裔部分,则被盛产锡和橡胶的中西部海岸沿线的一些大城镇里的马克思主义政党所抑削,那里有大量下层华裔和印度裔的新选民,他们依照独立后的自由化公民权利法案进入选民名册,而那里的马克思主义跟别处一样,轻轻松松地顺应了原生忠诚。早在联合邦选举数月前举行的州选举中,这些失利就已经初见端倪,联盟迭遭它们打击,其实离完全分裂仅半步之遥了。巫统的失利诱使马华公会里不太保守的少壮派施压,要求增加华人候选人名额,由联盟出面明确谴责马来人种族主义,就华人学校里的语言问题检讨国家教育政策。巫统里的性急成员以牙还牙地回击,不过为了选举大局,裂隙被及时弥合了或者说遮掩了,马华公会的几个年轻领导人辞职了,巫统也清理门户,开除了自身内部的原生性"煽动者"。

因此,虽然像印尼那样,举行普选让潜在的原生性问题暴露在光天化日之下,以致人们再不能把它们隐藏在民族主义修辞的假面背后,而必须直面它们,但马来亚的政治能人们迄今为止似乎远为胜任这项任务。尽管与独立初期相比,联盟不再具有那样的绝对主导地位,或许也不再那样齐心合力,但它仍旧踏踏实实掌着权,仍旧是一个有效的公民框架,在那里面,很严重的原生性问题能够得到调适和遏制,而不是被放任,陷入底边政治的混乱之中。似乎正在发展,也许正在成形的是这样的模式,在那当中,一个代表广泛的全国性政党(连同其三个分部或次级政党)几乎逐渐被当成国家本身,又受到一大片小党的多重攻击——阶级政党指责它太教族化,教族政党指责它不够教族化,两方都指责它是"不民主的"和"极端保守的";每个小党都在通过攻袭它运作时内部显露出来的应变点,通过更公开地诉诸原生情感,极力要从它的某部分打开缺口。如此说来,联盟努力抵抗住来自四面八方的削弱其基本力量源泉(即在马来人、华人和印度裔领袖中间达成的实事求是、互利互让、同舟共济的政治谅解)的那些企图,尽力控制住生死攸关的枢轴,它这么做时的复杂内部运作机制才是马来亚正在进行的整合革命的精髓。

1963年,马来亚变成了马来西亚,一个包括马来亚本土(即马来半岛)、新加坡和北婆罗洲领土(沙捞越和沙巴)的联邦。联盟依旧是唯一的多数党,但新加坡大党人民行动党谋求打入半岛华人中间,这削弱了马华公会,并进而危及联盟,危及华人-马来人的政治均势。1965年8月,紧张关系已不可收拾,新加坡脱离联邦,成为独立国。印尼对新联邦的强烈反对,菲律宾对沙巴并入联邦的反对,不过加剧了这个新政治实体的形成过程所卷入的压力而已。1969年5月的普选中,联盟的微弱多数也丧失了,主要是因为马华公会未能保住华人的支持(多倒向了以华人为主的民主行动党),但也因为上文提过的伊斯兰主义的马来人教族性政党的进一步斩获,它赢得了近四分之一的选票。马华公会自感已失去华人社群的信任,于是退出联盟,这导致危机一发难收。同月稍后,野蛮的教族骚乱在首都吉隆坡爆发,大约一百五十人遇害,大多数人死状惨不忍睹,华人和马来人社群间的沟通几乎完全瘫痪。政府强施紧急状态法,局面才稳定下来。1970年9月,自巫统和联盟创立以来一直领导它们的东姑阿都拉曼引退,他的长期副手、该政权的铁腕人物敦阿都拉萨继位。1971年2

月，紧急状态最终结束，议会政府在二十一个月后终于恢复。目前形势似乎稳定下来，联盟仍旧顶住了想要蚕食它的那些教族主义企图（可是在沙捞越，有一支华人共产主义游击队一直坚持反抗活动），虽然整体上看这个国家可能实际上进一步远离了建国初年的那种教族和谐。

缅　甸

　　缅甸的情况跟马来亚恰恰相反。跟马来亚一样（却不像印尼），现在［1962年］也有一个代表广泛的全国性政党（吴努的反法西斯人民自由同盟之"廉洁派"）统治着形式上为联邦制的国家，而只有微弱的、即便怨苦的反对，然而它的权力主要依托的是直接诉诸缅人（亦即说缅语的人）的文化自豪感，同时，它用一种非常复杂而奇特的宪法体系去迎合少数族群（其中有些曾协同闹事，导致该国在独立后前几年陷入多边内战），那宪法体系在理论上保护他们免遭缅人的宰制，那政党体系却在事实上趋于引起那种宰制。在这里，政府本身在很大程度上是一个独特的、中心的原生群体的显著代理人，因而它面临着一个格外严峻的问题，即如何在边缘群体的成员眼里维持合法性，后者占总人口的三分之一，而且自然地倾向于把它看成异己的。它曾试图解决这个问题，主要靠两招并用：意在祛疑定心的精心安排的法律姿态，以及大量咄咄逼人的同化举措。

　　简言之，设计来缓解少数族群的忧惧的这宪法体系，到现在［1962年］为止是由法律上不均一的六个"邦"组成的，它们大体沿着地区-语言-文化的分界线划疆定界，拥有相异的正式授权。

有的邦有脱离权——无疑有名无实——有的邦没有。各邦有略相区别的选举安排,并控制着自己的初级教育。邦的政府结构的精心设计各有不同,一极是钦邦,它简直毫无地方自治权,另一极是掸邦,那里的传统"封建"酋长能够保有他们的诸多传统权利;至于缅甸本土,它压根不被视为联邦之内的一个邦、一个组成部分,而是被视为跟联邦几乎不可分别。领地边界与原生现实的匹配程度各自有别——克伦邦长期以来都是最为不满的,而小小的克耶邦明显依赖于政治上的一个方便发明:"红克伦人"种族。每个邦都有一个代表团被选入两院制的联邦立法机构的上院,即民族院,它是特别有利于少数民族的。在联邦政府里,上院被民选的下院,即人民院,掩盖了光芒;但是由于各邦的民族院代表团与本邦的下院议员一起,形成治理本邦的邦议会,所以它是有着重大的本地意义的。再者,邦主席(亦即邦议会主席)同时被委任为联邦政府里主管本邦的部长,而宪法修正案需要两院均以三分之二多数赞成,因而少数民族至少被给予了一种形式上的制衡力,可以制衡政府及它负责的下院的权力。最后,联邦总统基本上是个礼仪性职位,由各族群的人轮流担任——这依据的是一种非正式协议而不是宪法明文。

自由同盟推行强势的同化政策,正是在这打造得很精致的宪法结构里——该结构恰在它似乎将联邦与其构成单元之间的区分精确地加以正式化的同时,无比巧妙地将其模糊化。这一"缅族化"的传统,或者有些少数族群直言不讳地称作"自由同盟帝国主义"的传统,可以回溯到世纪之交的佛教学生俱乐部里的民族主义运动的开端;到20世纪30年代,德钦党("我缅人党")人正在号召建立独立民族国家,在新国家里,缅语将是国语,缅服将是国服,而(主要是缅人的)佛教僧侣作为世俗政府的老师、向导和顾问的传统将被复原。自独立及虔诚的德钦·努就任总理以来,政府全力以赴要实现这些目标,在一年半的军人统治期间,同化的压力显著松懈下来,但紧接着又是1960年对这种压力的变本加厉的肯定,那时吴努提出尊佛教为国教的政纲,结果以压倒性优势重新当选。(在缅甸本土,他的自由同盟之"廉洁派"将80%的下院议席收入囊中;在各邦及愤愤不平的若开地区,则占据了大约三分之一的席位。)

如此一来,对缅甸的原生性利益所做的大多数政治调整,往往至少在形式上是从法律方面来制定的,也是以相当古怪而做作的宪法条文语汇来实施的。克伦人坚信,他们邦的官定边界太过局促,不足以补偿他们在殖民政权下的专享特权的丧失,而这一信念有助于把他们送上反叛之路;被联邦军队武力制伏后,他们的屈服的确认和象征又是接受那些边界,以及强加于己以儆效尤的若干额外法律惩处:明确否定其脱离权利,削减其在议会两院的代表席位,撤销早先将克耶邦与克伦邦合并的决议。类似地,若开人和孟人的原生性不满——偶尔也引发公开暴力——表现为建立若开邦和孟邦的要求,吴努最后被迫予以支持,尽管他曾反复重申反对再建新邦。在掸邦,传统的酋长们挥舞着宪法赋予他们的脱离权和他们声称写进了宪法的一种邦权主义,当作跟联邦讨价还价的武器,在联邦为了让他们交出多种传统权力而应该给予他们的赔偿的数量和种类上予取予求。诸如此类。这个不规则、非正统的宪法框架,语言那么漂亮地精确,意义那么实用地含糊,以致"似乎连[缅甸]律师都说不清这个联邦到底是联邦制还是单一制国家",[34] 但是它容许一党独大、缅人中心的自由同盟政权在实际治理的几乎方方面面都实施它的强烈同化主义政策,同时还能维持非缅族的缅甸人的至少最低限度的忠诚——这是它十年前所没有的东西,假如它的族群狂热不受约束,可能十年后它也没有这东西了。

1962年3月,奈温将军通过军事政变,从吴努手里接掌缅甸政府,吴努被囚禁起来。奈温为缅甸制定了一种极端孤立主义的国策,这尤其使人难以弄清这个国家正在发生之事的详情。看起来确实很清楚的一点是,少数族群的武装反抗继续维持在近于先前的水平上,甚至几乎变得制度化了,成了国家舞台上的常见一幕。1971年1月,吴努(那时他已被释放出狱)在泰国西部成立"民族解放阵线"总部,那里毗邻造反的缅甸掸邦。这倒好像没闹出多大动静,但克伦人、掸人和克钦人的叛乱似乎突飞猛进。(克伦族1969年接受奈温赏赐,成为缅甸南部的一个"邦",但随后又嫌"自治"授权太有限,1971年初发动了旨在推翻奈温的攻势。)1971年2月,联合民族解放阵线成立,内中包括克伦族、孟族、钦族和掸族(的反叛者)。(克钦族拥有自己的独立军,答应与阵线配合行动,但不肯加入。)因此,考虑到缅甸近乎封锁了外部观察,很难说清这一切实际上产生了多大后果,虽然如此,似乎很明显的是,缅甸的原生性异议的典型模式在奈温治下非但未曾改变,还凝固成政治景观的一个持久特点。

印 度

印度,那座宗教的、语言的、地区的、种族的、部落的和种姓的诸般忠诚之广阔而纷繁的迷宫，正在发展一种多面的政治形式，以便在变化莫测的不规则性上与她那扑朔迷离的社会-文化结构相匹配。在这么晚的时刻，她摇摇摆摆地（用 E. M. 福斯特轻柔的嘲弄意象来说）走进来，在万国中间找到了自己的位置，*饱受彼此复杂叠加、简直一应俱全的原生性冲突的困扰。你剥开旁遮普邦的语言主义，就会发现锡克教的宗教教族主义；刮去泰米尔人的地域主义，就会发现反婆罗门的种族主义；稍稍换个角度观察孟加拉人的文化自负，就会看到大孟加拉爱国主义。在这样的局面下，似乎不太可能存在解决原生性不满问题的任何普适、统一的政治方案，只有松散堆集的一些各不相同、因地制宜、临时权宜的解决方案，它们仅仅偶然地、实用地互相联系。适用于阿萨姆邦那加人的部落异议的政策，不能推广去应对安得拉邦乡下地主基于种姓的不满。中央政府对奥里萨邦王公采取的立场，不能施用于古吉拉特邦的实业家。印度教的原教旨主义问题，在北方邦——印度文化的腹心地带——表现出的形式迥异于在达罗毗荼人的迈索尔邦。就原生性问题而言，印度公民政治等于是让权宜之计变为长久之计的一系列不连贯的尝试。

赖以做出这些尝试的主要制度工具，当然是印度国大党。虽然像马来亚的联盟和缅甸的自由同盟那样，国大党是个代表广泛的全国性政党，在很大程度上抢先夺占了这个新国家的政府机器，并成为它最重要的集聚力量，但是它能有此作为，既不是因为它是不加掩饰地具有原生性的几个次级政党的联合体，也不是因为它是多数派群体的同化主义的代理机构。阻止它走上第一条

---

* 参见福斯特：《印度之行》，杨自俭等译，译林出版社2003年版，第368页。

路的,是原生模式的品类繁多性——所牵涉的不同群体的数量巨大;阻止它走上第二条路的,则是这种模式里无可争议的中心群体的阙如。这样,国大党除了略微有点儿北印度的气色外,倾向于在全国层面上成为族群无涉、坚守现代主义、还有几分世界主义的一股力量,同时在地方层面上建立众多各不相属的、在很大程度上独立的地区性政党机器,以拱卫它的权力。因而国大党展示出来的形象就是双重的:一个镜头下站着尼赫鲁,既向说印地语的狂热支持者也向泰米尔的仇外分子发表演讲,他是"一个沉思的、文雅的现代知识人,在他的国家面前满怀着怅惘、怀疑主义、教条主义和自我怀疑";[35] 另一个镜头下站着一帮不那么忧思的地区党老大,沉着地操纵着语言、种姓、文化和宗教等本地现实(以及别的一些事情),以保持党的支配地位,他们是马德拉斯邦的卡马拉杰·纳达尔、孟买的恰范、马哈拉施特拉邦的阿图利亚·高希、奥里萨邦的帕特奈克、旁遮普邦的凯隆以及拉贾斯坦邦的苏卡迪亚。

1956年的《邦重组法案》使得"中心是公民性的,外围是原生性的"这种模式被正式制度化了——我们提到过,该法案本身是独立前几十年就已在国大党内开启的一个进程的顶点。国家按照语言划分成二级单元,这其实是这样一种总取向的重要部分,即把底边政治的力量禁锢在当地环境中,以此将它们隔离在全国性关注之外。与缅甸各邦不同,印度诸邦在从教育和农业到税收和公共卫生的所有领域,都有实实在在的、宪法明文——也许太明确了——规定的权力,因而以邦议会和邦政府构成为中心的政治过程绝非小事。正是在邦的层面上,也许是大部分的短兵相接的激烈冲突开始发生,它们形成了印度国内政治的日常内容;也是在那里,对狭隘本位利益的调整开始生效——如果它们终究生效了的话。

因此在1957年选举中,甚至比1952年选举更有过之的是,国大党发现自己陷入多线作战,在不同的邦打不同的选举战,对抗利用了不同类型的不满的不同类型的对手:在喀拉拉、西孟加拉和安得拉邦对抗共产党,在旁遮普邦、北方和中央邦、拉贾斯坦邦对抗教族性政党,在阿萨姆和比哈尔邦对抗部落联合会,在马德拉斯、马哈拉施特拉和古吉拉特邦对抗族群-语言阵线,在奥里萨、比哈尔和拉贾斯坦邦对抗封建-王公的复辟政党,在孟买对抗人民社会党。并非这一切斗争都围着原生性问题打转,但差不多全部——即便是涉及左翼"阶级"政党的那些——看起来都受到它们的显著影响。[36] 不管怎样,这些反对党无一能够扩张到少数几个据点之外,它们在那些据点发掘的特定矿脉被证明是相当丰富的,所以,国大党作为唯一真正的全国性政党,能够维持对中央政府和各邦政府(除了少数例外)的独霸,纵然它获得的民众选票不足半数。

相当清醒、理智、注重道德的国大党中央政府,如何从这一团混战的地方政府的阴谋诡计中脱颖而出,充当一种施行对外政策的特别委员会,一个统管全局的社会和经济计划委员会,以及全印度民族认同的象征性表现,这可说是一个东方奥秘。大多数观察者几乎不加分析地将其归因于尼赫鲁作为民族主义英雄的克里斯玛力量。他是甘地的使徒般的继承人,是独立的化身,这种地位弥合了他本人的世界性的理性主义和他的人民大众的褊狭视界之间的鸿沟。或许恰是由于这个原因,也由于他无与伦比的保持地方党老大忠心、步调一致、适度收敛野心的能力,继任问题在印度——"尼赫鲁之后是谁"——比在其他大多数新兴国家更深重地令人忧心如焚,虽然在后面那些国家里,继任问题也几乎总是一桩突出的烦恼事。阿姆倍伽尔断然说道,印度迄今为止还抱成一团,这点要归功于国大党纪律的力量——"但是国大党还会维持多久?国大党就是潘迪特·尼赫鲁,潘迪特·尼赫鲁就是国大党。可潘迪特·尼赫鲁会长生不老吗?只要动脑筋想想这些问题,谁都将意识到,国大党不会寿比日月。"[37] 如果说缅甸的整合问题是要约束中心的原生性狂热,那么印度的整合问题似乎就是要约束边缘的原生性狂热。

围绕继任问题的忧虑,在上文写就时非常真实,结果证明是多虑了。1964年5月尼赫鲁去世后,拉尔·巴哈杜尔·夏斯特里短暂执政,然后随着尼赫鲁的女儿、甘地的同名人英迪拉·甘地夫人就任总理一职,"使徒"继任模式又重建起来。在她的政权的早期阶段,国大党节节败退,而邦一级的若干叛乱导致中央政府对某几个邦强制实行直辖。1969年5月,身为穆斯林的总统扎基尔·侯赛因逝世,这威胁到印度国内印度教徒和穆斯林之间的谅解,猝然引发甘地夫人和传统的国大党地方老大的摊牌,甘地夫人赢得了决定性的胜利。虽然面临邦一级的持续叛乱,甘地夫人还是在1971年3月的普选中大获全胜,无可争辩地掌控了政府。这一年晚些时候爆发了孟加拉起义,它是迄今为止新兴国家中也许最戏剧性的、肯定最成功的原生性分离主义运动,印度随即介入,跟巴基斯坦开战,速战速决。有赖于这一切,国大党羁縻多样化的原生群体的能力无疑至少暂时提升了。但是从大范围的"事件"上仍可清楚看出该问题缠绵不去,这些"事件"从阿萨姆邦的持续的那加人叛乱一直伸展到旁遮普邦的持续的锡克人叛乱。

实际上长远看来,孟加拉的榜样可能证明对印度是个双面的榜样,不但在西孟加拉邦本身如此,在其他地方亦然:今年(1972年)2月,达罗毗荼进步党发起泰米尔纳德(印度南部的泰米尔人自治邦)运动,公然拿孟加拉作比,谴责甘地夫人行事像叶海亚·汗。因此,尽管国大党的中央政府增强了实力,暂时稍稍缓和了印度对抗原生主义的多线作战,但这战争远未结束。

黎巴嫩

黎巴嫩可能像菲利普·希提指出的那样,不比黄石公园大多少,但它要惊心动魄多了。虽然它的人口几乎都说阿拉伯语,都有一般所谓"黎凡特"的精神气质,它却被严格分割成穆斯林和基督徒的七大派(前者包括逊尼派、什叶派和德鲁兹派,后者包括马龙派、希腊正教、希腊天主教和亚美尼亚正教),还有大致同样数量的小派(基督新教,犹太教,亚美尼亚天主教,等等)。这种与信仰有关的异质性不但形成了个人自我认同的主要公共框架,也被直接编织进了国家整体结构当中。议会席位严格以教派为基础、根据各派人口比重加以分配,那些比例由法律确定,实质上在独立以来的五次选举中保持不变。最高行政权威不是仅仅被一分为二,而是被一分为三:依照惯例,国家总统出自马龙派,总理出自逊尼派,议长出自什叶派。内阁职位在信仰基础上小心地按配额发放,类似的平衡也在文官机构里得到维持,从各部部长、地区行政长官和外交职位,一直到普通职员的工作。司法体系同样是宗教多元化的一座迷宫,法律本身和运用法律的法庭都随教派而变,个人官司的最终裁定权有时完全位于国界之外。既是阿拉伯人的行省又是基督徒的前哨站，既是现代商贸中心又是奥斯曼帝国米利特制度（millet system）的最后遗存，黎巴嫩既是一个国家，也同等程度地是一个多方协约。

这一多方协约所支撑的那类政治，同样令人称奇道绝。政党虽然形式上存在，但至今只是扮演小角色。争权夺利的斗争反而以强势地方领导人为枢纽，他们往往要么是在外的大地主，要么（在该国的永久业权地区）是庞大而显赫的扩大家庭的家长。每个派系首领——他的追随者实质上都遵照传统而非意识形态效忠于他——继而与代表本地其他宗派的相似派系首领结成联盟，在竞选运动中产生像坦慕尼协会那样的"一个爱尔兰人，一个犹太人，一个意大利人"式优势互补的候选人名单。

这个过程还受到这样一种选举安排的助长：让任一选区的全体选民，不分宗派地参加当地所有竞选的投票。这样，当一个马龙派教徒在某选区参加投票，那里同时也有逊尼派、希腊正教和德鲁兹派的席位有待竞争，那么他既要在他本派——马龙派——的候选人当中进行选择，也要在逊尼派、希腊正教和德鲁兹派的候选人中分别做出选择；反之亦然。这进而导致组合型名单的形成，每个宗派的候选人试图借此与其他宗派受欢迎的候选人珠联璧合，以便吸引必需的外部选票。名单绝少被分割，因为一个候选人组建有效联盟的可能性取决于他自带一群忠诚选民的能力（也因为一般选民对其他宗派的候选人知之甚少，无论如何，那种知识是理智评判候选人价值的基础），所以这就意味着，虽然就任何一个给定席位而言，是马龙派教徒与马龙派教徒竞争，逊尼派教徒与逊尼派教徒竞争，诸如此类，但被选举出来的其实是名单。选举过程就这样让不同宗派的特定领导人结成统一战线，与不同宗派的另一些特定领导人针锋相对，结果政治纽带往往是跨宗派的纽带。不同宗派的成员被赶到对方怀抱里，形成教派间的同盟；相同宗派的成员却被弄得貌合神离，形成教派内的派系。

政治要人间这样精打细算地结盟（或散伙），这不单限于竞选策略，还延伸到全部政治生活中。在权势最大的领导人中间，同样的原则也在涉及国家高级职位时发挥作用；由此，比如说，一位自认为有机会当选总统的马龙派领导人物，会努力在公共生活中跟一位志在成为总理的逊尼派领导人物站成一队，如此等等，这既是为了获得逊尼派的支持，也是为了防止马龙派内部觊觎总统宝座的直接对手去结成这样有效的同盟。类似模式贯穿整个体系，在政府的每一层级、每个方面运转着。

由于这样的同盟是极度机会主义地而非意识形态地组建起来的，它们屡屡一夜间就土崩瓦解，因为在对背叛、腐败、无能和忘恩负义的一大通谴责和反谴责当中，貌似亲密无间的伙伴突然反目，不共戴天的敌人突然携手。故而这种模式从根本上说是个体主义的甚或自我中心的模式，不管它怎样扎根于传统的宗教、经济和亲属团体，那里边每个有望掌握政治大权的人物都凭借娴熟的体系操纵，费尽心机地想要飞黄腾达。无论是由强势人物领衔的候选人名单上的位置，还是选票本身，都是买来的（1960年选举期间，货币流通量增加了三百万黎巴嫩镑）；对手会遭到造谣中伤，有时甚至是身体侵害；庇护私人、任人唯亲之类都是被认可的惯例；贪赃则被视为官职的正常报酬。阿尤布笔下的黎巴嫩山的德鲁兹人说："黎巴嫩一点公义也没有，有的只是银子和'暗箱操作'。"[38]

然而从这一切粗鄙的诡诈中走出来的，不仅是阿拉伯世界最民主的国家，还是最繁荣的国家；而且它还能——只有一次惊人的例外——在强大的离心压力下维持其平衡,那压力来自现存的两股极端对立的超越国家的原生性向往:基督徒(尤其是马龙派)之成为欧洲一部分的向往,以及穆斯林(尤其是逊尼派)之成为泛阿拉伯半岛一部分的向往。第一种动机主要表现在所谓孤立主义的观点中,它认为黎巴嫩是阿拉伯世界中特别的、独一无二的现象,是"一片漂亮的马赛克",它的独特性必须尽力保全;第二种动机则表现为呼吁跟叙利亚重新统一。只要黎巴嫩政治避开了纯粹个人化的、传统的观念和问题,开始卷入普遍的观念和问题,它就会在这两方面趋于极化。

未能保持平衡的那个惊人例外,即1958年内战和美国干预,在很大程度上正是被这种非典型的意识形态极化激发的。一方面,总统夏蒙违宪地企图连任,并且可能想让黎巴嫩更加亲近西方,以便加强基督徒抵抗一浪高过一浪的纳赛尔主义的力量,这激起了穆斯林一直存在的对基督教宰制的恐惧;另一方面,受伊拉克革命和叙利亚倒向开罗的刺激,泛阿拉伯狂热骤然爆发,这也导向基督徒同样一直存在的对淹死在穆斯林海洋里的恐惧。但是危机——和美国人的干预——过去了。夏蒙至少暂时因"分裂国家"而名声扫地。泛阿拉伯主义热病也至少暂时被一种复苏的信念控制住了,即便是在逊尼派的圈子里,人们都确信,必须不惜一切代价维护黎巴嫩的国家完整。文官统治迅速恢复,到1960年,一场新选举能够风平浪静地举行,把大多数熟悉的旧面孔带回到熟悉的旧舞台上。

所以,黎巴嫩政治若要运转起来,似乎就得像它现在的构造那样,依旧是私人性的、派系性的、机会主义的和非纲领性的。考虑到极端的教派异质性及其对整个国家组织的彻底渗透,意识形态化的政党政治只要稍有抬头，立即就容易引起基督徒和穆斯林在泛阿拉伯问题上的动荡的极化，也会造成跨宗派连接的断裂，这种连接在常态政治的手腕耍弄中分割了宗派而（有些不牢靠地）联合了政府。在黎巴嫩，马基雅维利式的算计和宗教的宽容是同一枚硬币的正反两面，总之短期看来，替代"银子和'暗箱操作'"的很可能是国家解体。

面对阿以对抗的持续，特别是巴勒斯坦突击队兴起成为本地区的重要政治力量，黎巴嫩这"一片漂亮的马赛克"受到了严峻考验，但它却依然完好无损。事实上，此处评述的这七国当中，黎巴嫩仍旧是最有效地遏制了它深刻的原生性分歧的国家；虽然经济上困难重重，有一些左翼和右翼的激进小集团（迄今还没有一个较大的跨宗派政党得以形成），不时还爆发出民众暴力活动，这些都令黎巴嫩政治体系疲于应付，但它继续大致像第二次世界大战结束以来那样正常运转。对巴勒斯坦突击队（以及以色列对该国的入侵）该采取何等恰当态度，这方面的观点分歧已经导致了内阁的倒台、扩大的政府危机以及主要宗派小团体中间的重新结盟。1970年，基督徒支持的总统仅以一票优势险胜他的受穆斯林支持的对手，尽管不成文的规矩是这个职位将保留给马龙派教徒。但是由于内阁继续由一位穆斯林领导，既定的格局保持不变，而政府相对于巴勒斯坦突击队及其黎巴嫩支持者的权威也有所上升，尤其是在1970年9月约旦军队战胜了突击队以后。世事无永恒，特别是在东地中海地区，但是至今黎巴嫩依然足资证明，虽然极端的原生多样性可能使政治均衡永远摇摇欲倒，但它本身并不必然使之成为不可能。

摩洛哥

一种古老的社会对比横贯整个中东地区——除了尼罗河流域的埃及以外——用库恩的话来说,就是"温驯的和桀骜的,臣服的和独立的"之间的对比,亦即两种人之间的对比,一种人生活在生产型大城市的政治、经济和文化势力范围内,另一种人即便不是恰好生活在那个范围之外,也是在它的边缘地带,他们是反叛者的不竭源泉,"自青铜时代以来,这种反叛者一直刺激城市文明振作精神、运动不息"。[39] 在沙和苏丹的中央权力与偏远部落顽固的放任自由主义之间,存在过(在很大程度上依然存在着)一种微妙的平衡。当国家强盛时,部落被迫至少勉强承认它的威权,收敛一下自己的无政府主义冲动;当国家孱弱时,部落就无视它,劫掠它,甚或由它们当中的某一支来推翻它,反过来自立为都市大传统的传播者和捍卫者。然而在多数时间里,既不是非常高效的专制主义威加四海,也不是纯粹的部落妄为横行无忌。毋宁说,中心和外围之间维持着一种不稳定的休战状态,靠"一种松散的交换体系"连接起来,在这体系下,"山民和游牧民可以自由往来市镇,他们的栖居地听其自然,而他们也让旅行者、商人和朝圣者的大篷车穿越[他们的领地],不在正常的旅行艰辛之外横生枝节、平添不便"。[40]

在摩洛哥,这种对比总是特别强烈,部分因为这一带地形多山,部分因为自7世纪以后西传的阿拉伯文化逐渐叠加到数量较大的本土柏柏尔人头上,部分还因为这个国家相对远离埃及和美索不达米亚的中东文明原发中心。

且将本地区复杂的早期历史搁到一边,阿拉伯化的、伊斯兰改革主义的谢里夫王朝在17世纪末建立起来,随后王室采取一些举措,缩小柏柏尔人习惯法的适用领域以利于扩展《古兰经》律法,压制圣人崇拜和异教活动,涤除伊斯兰信仰中的地方异教积垢;这些都强化了"王化之地"(bled al makhzen)和"化外之地"(bled as siba)的区别。今天仍在统治摩洛哥的这个王朝,自称是先知穆罕默德的直系后裔("谢里夫"一词正是此意),试图既向更为阿拉伯化的大西洋平原居民宣示,也向环绕平原的里夫山和阿特拉斯山的更为柏柏尔化的居民宣示精神和凡俗权力;但是虽然精神权力主张——伊玛目地位的主张——被普遍接受了,凡俗权力主张却更多地只是被偶尔接受,尤其是在外围的山区。这就引出了摩洛哥政治体系也许是最醒目、最独特的特点:平原的城乡人口依附于苏丹,承认他是由大臣、显要、将士、地方官、书吏、警察和税务官组成的相当发达的家长制官僚机构(麦赫赞)的独裁首脑;部落民则只承认他作为"信众之主"的身份,不承认他的世俗政府及其代表。

1912年摩洛哥被确立为法国的"保护国"和西班牙的"保护地",苏丹的统治被内部的腐败和外部的颠覆削弱了很多,不仅无力对山区实施有效控制,对平原亦是如此。虽然有十来年的时间,利奥泰元帅的封建领主式总督治理让各部落俯首听命,带着几分家长制做派重振了麦赫赞官僚体制,但他去职后,他的继任者开始推行所谓"柏柏尔政策",致力于泾渭分明地区别对待阿拉伯人和柏柏尔人,让后者彻底从麦赫赞的影响中脱离出来。专门的柏柏尔人学校建起来了,旨在培养"柏柏尔人精英";传教活动增加了;最重要的是,《古兰经》律法(从而还有苏丹作为伊玛目)的象征性至高地位被暗地里削弱了,因为官方将山地部落置于法国刑法之下,并承认习惯法部落会议在民事纠纷上拥有司法权限。碰巧,与此同时,在阿拉伯化城镇的显贵,尤其是非斯城里古老的卡鲁因大学周围的那些显贵中间,兴起了埃及的和阿富汗-巴黎的改革者阿卜杜和阿富汗尼所倡导的强烈的伊斯兰清教主义,于是柏柏尔政策及其所暗含的对伊斯兰教的威胁激起民族主义的发展,打出的旗号是反对欧洲支持的世俗化和基督教化,捍卫伊斯兰信仰。因而,纵然处在被大加改变的条件下,摩洛哥的民族运动仍采取了经典的形式,试图对抗部落特殊主义的离心趋势,加强遍布中东地区的一种城市文明的整合力量。

苏丹穆罕默德五世于1953年被法国人流放,又在1955年作为民族英雄春风得意地奏凯而归,这遏制了麦赫赞的政治和文化复兴,在获得国家独立后,开创了也许可以恰如其分地谓之为"现代化独裁制"的一种新兴国家政体。[41]随着法国人和西班牙人的撤离,拉巴特的苏丹职位又成为这个体制的轴心。独立党是主要的民族主义政党,由于迄今缺乏一个真正议会的全国性选举,它的独立权力受到削弱;它只是有点儿现代化,本质上仍然是家产制的现任麦赫赞。它被低地城镇的阿拉伯化的保守显贵(再一次地,尤其是非斯——"伊斯兰教的圣城……阿拉伯文化的首府……摩洛哥的真正京城"——的那些)所领导,[42]同时兼任王权的行政分部(即主导着皇家任命的政府委员会的"维齐尔团")、被政党合理化了的文官官僚机构以及复原(和改良)了的伊斯兰教司法系统。但是由于部落民对独立党的态度一如他们对待早先的宫廷官吏那样,顶好就是不冷不热,顶坏则是视如寇仇,所以苏丹与至少更加保持原貌、更加边缘的部落的关系本质上依旧是私人性的。忠于国王而抗拒政府,这些部落自从主权移交以后一直是国家整合的原生性威胁的主要源头,就像它们从前那样。

1956年以来,中心地区-外围地带危机接踵而至。将苏丹流放期间各部落组建而成的非正规武装力量(所谓"解放军")整编进皇家军队,这被证明是引发冲突的一项很棘手的任务;国王坚定地从皇家军队中清除掉独立党的势力,将军队纳入王室的直接指挥下,并任命他的儿子穆莱·哈桑亲王为总参谋长,然后这种紧张状态才得以部分缓和下来。1956年秋,一位来自中阿特拉斯山的柏柏尔人酋长——他是国王的至交,也是独立党的死对头——辞去了他在皇家内阁的内务大臣职务,回到山区向各部落宣扬原生主义("是各部落给摩洛哥增光添彩"),呼吁解散全部政党("把职权交给完全忽视部落的那些人,这违背了国家的利益"),还号召全国团结在穆罕默德五世个人周围("我们这个国家里有弱者有强者。他们共处在同一座大山里,同一片蓝天下,在国王面前人人平等")。[43] 他的作为很快停止了(至少不再公开行动),很明显是听了国王的劝告;但是几个月后,一位更传统主义的柏柏尔人、东南部的塔菲拉勒特省省长走向半反叛(semirevolt),既拒绝服从"阻碍我们过我们想要的生活的那个政党",同时又宣称对苏丹忠贞不渝。国王没过多久就和平地收服了他,把他软禁在王宫附近;可是1958年末、1959年初,北部和东北部也发生了一些零星叛乱,主要靠着国王的个人威望、外交技巧、军事实力和宗教克里斯玛的作用,它们也都被控制在狭小范围内。

然而,新兴的摩洛哥国家的现代化面向,同其独裁面向一样真实,或许更加历久弥坚。部落的骚动不安不只是代表"过去和外省反对未来和民族",还代表了"化外之地"的传统群体对在那个未来和民族中找到稳当而被认可的位置的关切和忧虑。[44]一个全国性的新政党,即人民运动党,先是暗中活动,后来随着表达部落不满的各种底边政治方式倾败,转为公开发展,成为乡村意愿的代言人,这不过是较为显明的苗头之一,说明边远族裔当中对都市文化的单纯敌视和对中央权威的不屈抵抗,正在开始让位于这样一种担忧,即害怕在一种现代公民秩序内被贬为二等公民。这个新党在从前的解放军首领阿哈达尼的领导下,只提出了极其模糊的纲领——"穆斯林社会主义"和团结在作为伊玛目的国王周围的一个新联合体(不只联合摩洛哥内部,还要联合整个马格里布)——但它顶多有一只脚踏入那种秩序里了。过去几年间急速发生了一系列重大政治突变,如地方选举的举行,独立党左翼的脱党和另建无产阶级政党,穆罕默德五世过早的骤然驾崩,以及他较为不得人心的儿子的继位等,它们给君主政府的未来蒙上了不确定性的疑云;所以这个新兴国家很可能发现自己受到日益猛烈的压力,要去满足和抑制传统的"桀骜不驯"的情操与现代的政治抱负的某种难以捉摸的融合——这干净利落地总结在阿哈达尼那句倔强倨傲的口号中:"我们获得独立不是为了失去自由。"[45]

虽然也许长远看来,新兴的摩洛哥国家的现代化面向确实比独裁面向更加历久弥坚,但就过去十年来看,风头正盛的是独裁面向。1965年,在卡萨布兰卡的暴乱之后,国王哈桑二世暂停实施宪法并解散了议会;那些暴乱导致多人丧生,大多死于政府军之手,死亡人数据官方数字是三十人,也有人说是几百人,不知其确数。国王亲自掌管政府，靠行政法令实施统治，有条不紊地降低两大政党（伊斯兰主义的独立党和社会主义的人民力量全国联盟）和城市阿拉伯民众的影响，后者在很大程度上构成了这两党的拥护者。这一时期是新传统主义加速推进的时期，因为哈桑二世企图笼络各类地方显要（许多是柏柏尔人）和军官（大多是柏柏尔人），让他们私人直接效忠王室。1970年，当国王颁布新宪法、宣布进行普选的时候，所谓"例外状态"至少名义上结束了。然而，各政党（除了柏柏尔人主导的人民运动党以外）发现宪法不够民主，选举不够自由，认为这全盘计策是国王努力想要将他执政前十年里逐渐形成的新传统主义政府的王权中心体系加以制度化和合法化。因而，尽管选举举行了，宪法被批准了（在普遍认为其中有诈的状况下），宫廷加显要的政治模式还是维持不坠。由于1970年7月国王四十二岁生日餐会上发生的未遂军事政变，这个模式走向可以说是有点儿戏剧性的解体；在政变中，大约五百名来宾（许多是外国人）中的一百人左右遇害身亡。一名少校、五名上校、四名将军几乎被当即处决（另一些人，包括政变指挥者，在政变过程中丧生），别的一些军官被捕入狱。很难说清楚原生性忠诚在这起袭击中起了多大作用（几乎全部领导者都是柏柏尔人，其中大多来自里夫山区；大多数都是王权中心政策下国王恩宠的突出受益人）；但是自从这次袭击以来（1972年8月又发生一起，也没有得逞），国王着手弱化柏柏尔人在军队中的角色，也在大城市说阿拉伯语的人口中间寻找支持基础，他们本来是那两大政党——如今合并成了"摩洛哥行动委员会"——声称代表的。如此一来，不管"王化之地"-"化外之地"对比的真实情形可能是或不是什么样子（我现在愿意倾向于认为，它从来不像欧洲学者描述的那样鲜明或简单),"阿拉伯人"和"柏柏尔人"之间的区别(部分是文化的,部分是语言的,部分是社会的,部分是一种族群政治神话,即理解群体差异的一种传统的、近乎直觉的方式)依旧是摩洛哥国家生活中的一项重要的,即便是把捉不定的因素。

尼日利亚

尼日利亚政治生活自第二次世界大战以来逐步形成的独有特点,就是科尔曼所说的"民族主义的地区化"。[46]其他大多数新兴国家,在追求独立的最后阶段,会渐次将不同要素联合起来,齐心协力地对抗殖民统治,只是在主权移交和革命情谊的势必冷淡之后,才冒出公开的异议;可是在尼日利亚,各原生群体间的紧张在其作为附庸国的最后十年反而升高了。1946年后,尼日利亚争取自由的斗争,较少是反抗外国政权的问题,更多是划清边界、兴建首都和分配权力的问题,而且这些事情要做得足以赶在那个政权消失之前抑制和阻止日趋尖锐的族群-地区敌意。斗争的特点与其说是为了逼走英国人而进行的此起彼伏的造反,不如说是在拉各斯及伦敦展开的忙得不可开交的谈判,为的是在约鲁巴人、伊博人和豪萨-富拉尼人之间达成协定,好让英国人能够脱身。

最终拟定的安排(体现在一部长达240页、小号字打印的宪法里)是一种极端的联邦制,由三大块强势地区组成——北区、东(南)区和西(南)区——每区有其自身的首府、议会、内阁和高等法院,也有自身的预算。主导每个大区的,是某个特定的族群(分别是豪萨人、伊博人和约鲁巴人),某个特定的政党(分别是"北方人民大会党"、"尼日利亚和喀麦隆国民大会党"和"行动派"),某个特定的政治名人(分别是索科托酋长艾哈迈杜·贝洛、纳姆迪·阿齐克韦博士以及奥巴费米·阿沃洛沃酋长)。拉各斯的联邦政府不大安稳地高居在这三个地区大本营之上,它是人们从这类三方游戏中自然会预期的那种联乙抗丙式联盟政治的舞台,而填补该体制中心的真空的有公信力的领导,也终会从那风云变幻的政治过程中浮现出来。

然而,那种领导会采取什么形式,它会由谁来提供,在这个像瑞士钟表一般的政府装置的运转下,它实际上将如何产生出来,这依然完全不明朗。同时,随着传统尼日利亚的各部落社会重新组合成现代尼日利亚的地区-语言(在穆斯林的北区,是宗教)民间社会,原生认同的三角模式在全国上下成形了。但是,尽管这一模式作为该国的族群骨架日益重要,它却并未穷尽根深蒂固的"同类意识"的繁多花样,因为每个区都还保留了大量小群体,它们生活在豪萨人、约鲁巴人和伊博人的核心区以外,至少还在勉强抵抗着,不肯被同化到这些更宽广的亚民族实体中。正是在这些临界地区——北区的南半部分,西区的东部边缘,东区的南部和东部边界——主要族群间最生死攸关的选举竞争往往会发生,因为各党都企图(有时会成功)利用政敌大本营内少数群体的怨恨情绪。首都所表现的三方亚民族竞争,地区首府所(越发)表现的一族一党统治,在乡村则呈现为部落结盟和对抗的远为复杂多样的网络。[47]它是一个分层系统,在那里面,地方忠诚多半仍然按照传统方式组织起来,省区忠诚变得按照政党-政治方式组织起来,而全国忠诚简直就是漫无组织。

如此一来,虽然民族主义的地区化过程导致一种政党制度和宪法结构得以确立，借此尼日利亚的好几百个原生群体——从近六百万人的豪萨人到只有几百人的部落碎片——能够暂时至少还算和睦地共存下来，但是它也在全国政治生活的最中心地带造成了一个虚空，让国家陷入多少有些群龙无首的境地。

1960年10月独立后，政治注意力随即转向联邦首都拉各斯，各党及其领导人争抢好的起跑位置，以便由此发起运动，纠正这一状况。起初，经济、政治比较发达的东区和西区试图组成一个统治联盟，对付更为传统的北区，但是由于流动而进取的伊博人知识阶层与冷漠而富有的约鲁巴人商人阶层之间——还有机敏的阿齐克韦博士与高傲的阿沃洛沃酋长之间——宿怨难消，联盟之议遂罢，然后北区和东区组成了这样的联盟，孤立了西区。阿齐克韦辞去东区总理职务，改任总督，理论上说这只是个象征性职位，但他希望将它改造得更有实权；索科托酋长贝洛决定留在他的地区总理位置上，继续做北区的雄狮，派他的助手塔法瓦·巴勒瓦顶替自己出任联邦总理一职；而阿沃洛沃，在这一系列联乙抗丙式联盟政治的第一局成了孤军独木，他辞去西区总理职务，成为联邦议会的反对党领袖。

座次排定，好戏开始。联邦议会决定将西区的少数族群地区划出来，组建第四个州，即中西部州；阿沃洛沃从明显右倾的意识形态立场急转到明显左倾的立场，意图撼动有点保守的政府，乘反新殖民主义之势上位，在这过程中他分裂了"行动派"；国民大会党内部，日渐具有通融意愿的守旧派和依然激进的少壮派之间关系越来越紧张，诸如此类。

但这一切更多地是混淆了争论点而非澄清了它们，复杂化了事态而非简化了它们。独立不到一年（写下这句话时），尼日利亚，本文探讨的这个最新的新兴国家，仅仅提供了最不成形的材料，让我们在这基础上评估它的基本特征和可能未来。它拥有看起来极不灵便的一套政治制度，那是在独立前为制宪而忙乱的最后几年里匆匆拼凑的；它缺乏一个代表广泛的全国性政党，一个超群绝伦的政治领袖，一个普照四海的宗教传统，或者一个全民共享的文化背景；它几乎是理所当然地获得了自由，对于拿这自由来做什么，它却莫衷一是；于是它有一种异乎寻常的试验性、未决性，即便对一个新兴国家来说也太不寻常了。

在我原先的文章中被用作例证加以评述、总体上晦蒙难辨的国家里，尼日利亚是最晦蒙不清的。那时候，它的形势似乎既是最有希望的，又是最凶险的。说它有希望，是因为它好像已经躲过了去殖民化过程中常有的动乱，地大物博得足以在经济上自存，还接了一批稳健、训练有素、经验丰富的精英分子；说它凶险，是因为它的原生群体间的紧张不但非常强烈，而且复杂得难以置信。凶险的感觉被证明是有先见之明的。1966年1月，一场军事政变导致若干北区政治领导人丧命，其中包括塔法瓦·巴勒瓦；一个由伊博人主导的军事政权建立起来。雅库布·戈翁中校，一位北方人，来自一个小部落（即非豪萨人的），策动了又一次政变，结果是住在北方豪萨人地区的1万—3万伊博人惨遭杀戮，同时有20万—150万伊博人从北区逃回他们在东区的故乡。1967年5月，戈翁中校动用紧急权力，谋求将东区分成三个州，用这一招来提高非伊博东部人的权力，而削减伊博人的权力。伊博人起而造反，自立比夫拉共和国，接下来的近三年是现代史上最惨绝人寰的一些战争（也许有超过两百万的人口被杀，另有不计其数的人饿死），其后，他们被戈翁掌控的联邦政府镇压，如今戈翁是这个国家的将军和首脑。这一切肯定是原生性忠诚和厌憎的力量的极富戏剧性的例子（尽管再一次地，政变和战争的起因不"纯属"原生性的，就像大国卷入所表明的），经此之后，这个国家的"试验性""未决性"依然如故，如同它那复杂、紧张却又勉强平衡的群体不信任模式一样。

五

印尼的内圈-外弧式地区主义和二元领导，马来亚的单一政党的种族间联盟，缅甸的披着宪法条文主义外衣的进攻性同化政策，印度的一个世界主义中央政党指挥着地方的政党机器与人类所知（还有少许仅为印度人所知）的每一种本位主义进行的多线作战，黎巴嫩的宗派性的候选人名单商定和互投赞成票，摩洛哥的有两副面孔的独裁统治，以及尼日利亚的无焦点的相互制衡的混战——这些体系是否像它们看上去那样仅仅是特有的呢？从这一连串追寻政治秩序的努力中，是否浮现出任何证据，支持整合革命是一个普遍进程的论断呢？

起码在本文评述的这些案例之上，的确有一种共同的发展趋势赫然耸现：被独立界定身份、特别勾出轮廓线的那些传统原生群体，聚合成了更大、更弥散的单位，后者隐含的参照框架不是地方场景，而是"民族"——从被新兴公民国家所覆盖的整个社会的意义上说。大体上据以实现这一归并的基本原则各不相同——印尼是地区，马来亚是种族，印度是语言，黎巴嫩是宗教，摩洛哥是风俗，尼日利亚是类亲属关系。这个过程可能涉及在做个米南克保人之外还要做个外岛人,在做个杜因人以外还要做个克钦人,既是马龙派教徒也是基督徒,抑或不仅是埃格巴人也是约鲁巴人,无论是在国家之间,还是在一国之内它的进展都有所区别,但它却是普遍的。它是文化相异的群体在地方环境里直接而长久的相遇所产生的原生性相似感和差异感的逐步延展,延展到在全民族社会的框架内互动的、更广泛地加以界定的相似类型的群体。弗里德曼把马来亚的这种延展描述得特别精彩:

> 马来亚过去是,现在依然是一个文化多元的社会。看似诡论的是,纯粹从一种结构的观点看,它今天的多样性较之从前更为显著。民族主义和政治独立在其初期阶段往往在泛马来亚的基础上标定出族群集团,以往年代里这些集团不过是些类别而已。那时马来亚的社会地图可以说是由文化上界定的小单元汇成的一个万花筒,那些小单元根据本地情况进行自我调整。"马来人"不跟"华人"和"印度人"交往。有些马来人跟有些华人和有些印度人交往。但是当"马来人"、"华人"和"印度人"渐渐被体认为全国范围内的结构性实体时,他们就可以开始具有彼此间的全面关系了。[48]

在新兴国家里,牵扯到"彼此间的全面关系"的"族群集团"的全国性体系的出现,为个人认同和政治完整之间的直接冲突搭好了舞台。通过将原生性团结的部落、种族、语言或其他原则加以推广和延伸,这样的体系让人得以维持有着深刻根源的"同类意识"，并将那种意识与发展中的公民秩序联系起来。它容许人们继续要求依照熟知的群体独特性符号对他们的存在和重要性予以公开承认，同时他们变得越发被吸纳到按新模子打造的一个政治社会里，该模子全然不同于那些符号所界定的"自然"共同体。但是另一方面，它也让群体对抗变得简化而集中，通过将全面的政治含意叠加到那些对抗之上，唤出了分离主义的幽灵；尤其是当正在成形的族群集团超出了国界的时候，它还挑起国际争端。整合革命不会消灭我族中心主义；它只是把它现代化。

不过，将我族中心主义加以现代化，的确使它更容易与成熟的国家政治制度和好共存。这样的制度的有效运转，并不要求简单地用公民纽带和认同替换掉原生的那一类。十有八九，这种替换都是绝对不可能的事情。它真正需要的是二者间的互相调适，要调适得让政府过程能够自如进行而不致威胁到个人认同的文化框架，同时，不管全社会碰巧存在"同类意识"上的何等间断点都不致极端扭曲政治功能发挥。至少照此处对它们的构想来说，原生情操和公民情操并不以经典社会学的那许多理论二分范畴的方式，形成直接的、隐然演进性的彼此对立——譬如共同体和社会、机械团结和有机团结、乡民社会和都市社会等；它们的发展史不是简单地由此消彼长、此进彼退构成的。它们在新兴国家互相妨害的显著趋势不是源于它们之间的什么自然的、无法消除的互斥，而是源于它们因应20世纪中叶的破坏平衡的力量时各奔歧途的内在变迁模式所引发的错位。它们冲突的根由是，传统的政治制度和传统的自我感知模式在沿着不同道路走向现代性时，所经历的形成反差的转型。

就自我感知这一面而言，现代化过程的性质几乎无人探究过,人们甚至常常意识不到有这么一个过程。前文提到过,定界狭隘的部落、语言、宗教等群体,聚合成较大、较广泛的族群集团,被安放于一个共同的社会架构的背景之内,这肯定就是那个过程的重要部分。简单、连贯、界定宽泛的族群结构,例如见于大多数工业社会中的那种,不是没有溶解的传统主义残渣,而是现代性的一个标记。然而,原生归属体系的这种重建如何进行,它要经历些什么阶段,有些什么力量促进或阻碍它,会造成人格结构上的哪些转变,这一切大多是未知的。族群变迁的比较社会学(或社会心理学)尚有待撰写。

至于政治方面,几乎不可说这个问题没被认识到,因为公民社会的观念、公民身份的性质及其所依靠的弥漫性社会情感的观念,自亚里士多德以来就是政治学的核心关切。但问题依然很模糊;指出它比描述它容易得多,感知它比分析它容易得多。公民意识似乎尤其牵涉到一个确定无疑的"公众"的概念,把公众视为分立而独特的团体;还牵涉到真正的"公共利益"这个伴随而来的概念,这种利益虽然未必高于私人利益和其他类型的集体利益,却是独立于它们的,有时甚至与之冲突。当我们说到新兴国家或别的地方公民政治的形式变化时,我们所指的正是公众和公共利益的这种意识上的变迁,它的盈虚起落,它的表现方式的变化。然而再一次地,尽管我们至少大致了解公民性的性质及其在工业国家里的实现形式的变动范围,但我们对当前模式演变至此的过程所知不多。传统国家甚至常常被干脆否认具有真正的公民意识——依我看这可不对。无论怎样,现代的政治共同体意识从传统的那种意识里升起所要经历的阶段,充其量也仅仅被浮光掠影地粗描了一下,因而公民性的根源和特征依旧模糊不明。

所以，要恰当地理解新兴国家何以存在着维持社会认可的个人认同的需要与构建强大的全国共同体的渴求之间的长期紧张关系，就得更加深入细致地追踪它们各自沿着自身发展的特殊路线行进时彼此关系所经历的阶段。正是在那些国家于我们眼前展开的历史中，这样的追踪最便于完成。各种宪法的、准宪法的或者仅仅是临时性的政府制度试验，至少构成了此处描述的那些新兴国家的特征，它们尤其代表了建立这样一种政治模式的努力，希望能够借此避免森然逼近的原生忠诚和公民忠诚间的正面冲突。不管族群差异化是否在领土次级单元、政党、政府职位、高级领导人或（最常见地）它们的某种组合上得到政治表现，所有努力都是要找到一个方案，能让国家的自我意识的现代化不但跟它的政治制度的相应现代化保持步调一致，还跟它的经济、分层、家庭等制度的现代化步调一致。恰是凭借看着整合革命发生，我们才会理解它。这也许不过像是一种等着瞧的观望策略，与科学的预测抱负不相称。但这种策略至少比迄今为止多数情况下的只等不瞧策略更可取、更科学。

无论如何，在新兴国家当下正在发生的变迁中找到平衡方案的种种努力，在哪里都没有必成的把握。因试图调和分歧的原生群体而导致政府极度的固步自封，在哪里都一目了然。为了达成这样的调和而必须容忍的那些纯属偏见的东西，经常是令人厌恶的。但是，构建一种实现原生性妥协的公民政治的这样一些努力，其替代选择好像要么是巴尔干化，要么是统治民族的狂热，不然就是利维坦国家对族群要求的强力镇压，既然如此，它们还能被——尤其是被明显未能解决自身非常麻烦的原生性问题的一个社会的诸成员——漠然地或轻蔑地看待吗？

第十一章　意义的政治

一

有些事情人人知其然,却无人致思于明其所以然,一国的政治反映了该国文化的图案即属此类。从某个层面看来,这个命题无可置疑——法国的政治不存在于法国还能存在于哪里? 可是,只消说出它来,就是在唤起怀疑了。1945年以降,印度尼西亚目睹了革命、议会民主制、内战、总统独裁制、大屠杀和军人统治。其中的图案安在?

在组成政治生活的事件流和构成一种文化的信念网之间,人们难以找出一个中间项。在一边,所有事情看起来都像是乱糟糟的阴谋和意外;在另一边,所有东西又都像是稳定的判断所构成的巨大几何图形。有什么东西把这样一种事件的混乱态跟这样一种意见的有序体连接起来,这太晦暗不明了,如何阐发它则更其如此。最要紧的是,将政治和文化连接起来的努力,需要少一点痛心疾首地看待前者,也少一点赏心悦目地看待后者。

在构成《印度尼西亚的文化与政治》一书的几篇文章中,作者们纷纷着手展开造就了这样的视角变化所必需的那类理论重构,本尼迪克特·安德森和陶菲克·阿卜杜拉主要从文化方面入手,丹尼尔·列夫和G.威廉·利德尔主要从政治方面,萨尔托诺·卡托迪维约则多少较为均衡地兼顾两方面。[1]不管主题是法律还是政党组织,是爪哇人的权力观还是米南克保人的变革观,是族群冲突还是乡村激进主义,努力的方向是一致的:一是认为,印尼政治生活(即便处在最飘忽不定的状态下)渗透着源于远超政治范围的诸般关怀的一套观念(理想、假说、执念、判断),由此使它变得可理解;二是认为,那些观念不是存在于某个薄纱般的心智形式世界里,而是存在于具体而紧迫的党派斗争中,由此赋予它们现实性。这里,文化不是崇拜和习俗,而是人们借以赋予他们的经验以形态的意义结构;政治不是政变和宪法,而是这种结构公开展现的最重要舞台之一。这样重新表述二者之后,确定它们之间的联系就成了可以着手的事,虽然几乎算不得手到擒来的小事。

这事不算小,或者至少特别冒险的原因在于,可用的理论工具几近于零;整个领域——我们该怎么称呼它?主题分析?——死守一种非精确性的行为准则。想要发现在特定社会场景表现出来的一般文化观念的大多数努力,满足于仅仅唤起联想,满足于将一系列观察并置起来,满足于通过修辞暗示来抽出(或读入 read in)普遍因素。明晰的论点少见得很,因为几乎没什么术语可用来表述它——这半是出于蓄意,半是出于疏忽;留给我们的,就是靠闪烁其词联系起来的一堆趣闻轶事,以及虽多有涉猎而罕有会心的一种感觉。[2]

希望避免这类改良了的印象主义的学者,故而只好一边从事分析，一边营造他的理论脚手架。为此之故，[霍尔特]这书里的各位作者才会有如此多样的研究取径——利德尔从群体冲突入手而安德森从艺术和文学入手，列夫的谜题是法律机构的政治化而萨尔托诺的谜题是民众千禧年主义的经久性，阿卜杜拉的谜题则是社会保守主义和意识形态活力的融合。这里的统一性不是主题或论点的统一性，而是分析方式的统一性——是目标和追求此等目标所必需的方法论议题的统一性。

这些议题有很多，牵涉到定义、证实、因果性、代表性、客观性、测量、沟通等问题。但是从根本上说，它们通通归结为一个问题：如何构筑一种意义分析，即对个人用来解释其经验的观念结构的分析，它既要细节翔实得令人折服，又要抽象得足以推进理论。这两条要求是同等必要的，去彼取此则要么产生无聊的描述主义，要么产生空洞的普遍概括。但是它们也把人拽向相反方向（至少表面如此），因为一个人越是援引各种详情，就越是受限于当前案例的特异性，而他越是忽略详情，就越是脱离他的论证所倚靠的根基。发现如何摆脱这一悖论——或者更准确地说，如何控制住它，因为我们绝不会真正摆脱它——的法门，从方法论上说，就是主题分析要做的全部事情。

因而它是[霍尔特]这书要做的事情——除了特定话题上的特定发现之外。每项研究都竭力从特殊事例引出普遍概括，深潜到细节之中去探明超出细节的某种东西。为达成这一点而采取的策略又是各有不同的，但是努力让地方性的大量材料说出超越它们自身的东西，这却是殊途同归的。场景是印度尼西亚，但目标是理解各族人民如何得到他们所想象的政治——这目标仍然足够远大，令人壮心不已。

二

印度尼西亚是从事这种探索的绝佳地方。它继承了波利尼西亚、印度、伊斯兰教、中国和欧洲的传统，在每平方英尺上拥有的宗教符号，或许超过世界上其他任何辽阔大地；再说它还出了个苏加诺（若以为他除了他的天才之外，各方面都是非典型的，实在大谬不然），这人心急火燎又得心应手地为新建立的共和国将那些符号组装成一种泛教义的国教(staatsreligion)。"社会主义，共产主义，都是毗湿奴神的化身，" 1921年报纸上的一则战斗檄文嚷道，"废除帝国主义支撑着的资本主义！帝国主义是资本主义的奴才。真主赐予伊斯兰力量，伊斯兰必胜！"[3] "我是卡尔·马克思的信徒……也是个有宗教信仰的人，"几十年后苏加诺宣称，"我把各种潮流和意识形态集于一身，又使它们交融、调和，直到最后它们成了现在这个苏加诺。"[4]

但是另一方面，恰恰就是符号所指意义的稠密性和多样性，使得印尼文化成为比喻和意象的旋涡，让不止一个粗心的观察者消失在里面。[5] 那么多的意义公开地四处散落着，因此要构筑一种论证，将政治事件与文化的完全缺乏似真性的这种或那种气质联系起来，这近乎不可能。从某种意义上说，在印尼，看出政治活动中的文化映象容易之至，但这不过使得离析出精确联系难上加难而已。因为在这隐喻之园里，要在一桩行动中辨识出某种思想形式的几乎任何假说，都有一定道理，所以发展同样有其真实性的假说，更多是要抵抗诱惑而不是要抓住机会。

需要抵抗的主要诱惑是贸然下结论，而主要的抵御之道在于，明确勾画出文化主题与政治发展事态之间的社会学连接线，而不是演绎性地从一个转向另一个。就像韦伯等人不厌其烦地坚持认为的那样，观念——宗教的、道德的、实务的、审美的——必须被强大的社会集团承载着，去产生强大的社会效果；有人必定崇敬它们，赞美它们，捍卫它们，推行它们。它们须得被制度化，以便在社会中不但获得思想性存在，还获得——这么说吧——物质性存在。过去二十五年印尼一直遭受意识形态战争的折磨，我们一定不可像通常之见那样，视之为敌对思想间的冲突——爪哇人的"神秘主义"对苏门答腊人的"实用主义"，印度教的"调和论"对伊斯兰教的"独断论"，等等——而要视之为给这个国家创立制度结构的那场斗争的实质内容，那结构要让足够多的国民觉得很合心意，允许它运行下去。

成千上万的因政治而丧命者证明，没有什么地方有足够多的国民是这么做的，现如今他们会这么做到什么程度，也大有疑问。将一个文化大杂烩组织成一个能运转的政治体，不只是发明一种七拼八凑的公民宗教来冲淡它的多样性就成。它要求确立敌对集团可以在里边安全竞争的政治制度，要不就得将某集团以外的其他所有集团从政治舞台上清除掉。迄今为止，这两者在印尼都仅仅实现了少许；这个国家既搞不成极权主义，也搞不成宪政主义。毋宁是，社会中的差不多每一机构，包括军队、官僚机构、法院、大学、新闻出版界、政党、宗教、村庄等在内，都被意识形态激情的大骚动席卷，那骚动似乎没有尽头也没有方向。如果说印尼给人什么总体印象的话，那就是一个未遂国家 (state manqué) 的印象，它找不到适合其人民的特性的一种政治形式，只好惶惶然地撞上一种制度设计，又摸到下一个设计。

当然，问题的很大部分在于，这个国家不只在地理上是群岛性的。如果说它还展示出某种普遍存在的特性，那也是被内部的显著差异和矛盾所撕裂的一种。有地区差异（比如米南克保人言语上的好战与爪哇人沉思性的让人猜不透）；有哪怕是联系紧密的群体中间的信仰和习俗上的"族群"分歧，比如在东苏门答腊的"沸锅"地区；有在本土主义运动的质料中反映出来的阶级冲突，以及在争取行得通的法律体系的斗争的质料中反映出来的行业冲突。有种族上的少数群体（华人和巴布亚人），有宗教上的少数群体（基督徒和印度教徒），还有地方上的少数群体（雅加达的巴塔克人，泗水的马都拉人）。民族主义的口号"一群人，一个国家，一种语言"是希望而非写实。

然而这口号所表现的希望未必是不合理的。欧洲大国多是从几乎同样显著的文化多样性中发展而来的；如果托斯卡纳人和西西里人可以共处一国之内，认为他们自己是天然的同胞，那爪哇人和米南克保人也可以。不是内部多样性的纯粹事实，而恰是社会各层级对它的拒不接受和正视，阻碍了印尼寻求有效的政治形式。多样性被当作殖民者的诋毁加以否认，当作封建残余加以公开谴责，用虚假调和论、倾向性史学和乌托邦幻想来加以隐饰，而与此同时，各群体的鏖战始终在激烈进行，几乎不受正式政治制度的引导；这些群体互认作对手，不仅是争夺政治和经济权力的对手，还是争夺对真理、正义、美和道德——实在的真正本质——的界定权利的对手。印尼表现得像是跟日本或埃及一样文化同质，而不是跟印度或尼日利亚一样异质，如此一来，它（或者说得更准确点儿，我想是它的精英）竟然在文官政府的既定结构之外造出一种无政府的意义政治。

说这种意义政治是"无政府的",是在"不受支配"的这种字面意义上,不是在"无序"的通俗意义上。正如[霍尔特]书中每篇文章都以其自身方式表明的,我在别处所说的"为了实在性的斗争",亦即要将对于事物说到底是怎样的,因而人应当怎样行动的一种特定观念强加给世界的努力,不是狂热和偏见的纯然纷乱状态,尽管到目前为止它还无力表现为可行的制度。它自有其形态、轨迹和力量。

所有国家的政治过程,都比设计来调控它们的那些正式制度更深更广;某些事关公共生活方向的最重大决定,不是在议会或常委会上做出的;它们是在涂尔干所谓"集体良知"(conscience,或"意识",英语里缺乏conscience一词的有益多义性)的非正规化领域里做出的。但是在印尼,公务生活的模式与它置身其中的大众情感框架已经严重脱节,以致政府的活动虽然至关重要,却似乎简直无所谓,纯属等因奉此的例行公事,一再被隔于屏风外的(有人几乎要说,被压抑的)政治进程的猛然闯入所摇撼,其实这个国家一直在沿着该进程行进。

338

比较容易见到的那些公共生活事件,即狭义的政治事实,有助于揭示这一进程的程度跟掩盖它的程度近乎相当。就它们尚可反映它而言(它们当然反映它),它们也是非常间接、迂回地反映的,如同梦反映欲望或意识形态反映利益那样;辨认它更像是解释症状群,而不是追查因果链。因而[霍尔特]书中的各项研究是在诊断和评估,不是在测量和预测。政党体系中的分裂显示出族群自我意识的增强,正式法律的萎靡不振则显示了人们重新开始奉行解决争端的调解办法。地方现代化推动者的道德窘境背后,是部落史的传统叙述中的复杂性;乡村抗议猛增的背后,是对变革的灾变意象的沉迷;"有指导的民主"的故作姿态背后,是古旧的权威来源观念。合并起来,这些政治注释活动才开始微弱地、大体地显露出印尼革命事实上意味着什么:它是要努力构筑一个与其公民良知相联系的现代国家,借此,公民们能够在良知和意识两方面都达成一种谅解。苏加诺说对了的一件事情是,这场革命尚未结束——虽然事实上他想到的是很不一样的东西。

三

经典的合法性问题,即有些人如何被认为有统治其他人的权利,在一个长期遭受殖民统治的国家里尤其尖锐,那种统治给它造成的政治体系,从范围看是全国性的,从局势看却不是。对于一个想要在实施特权和防范民变之外另有所为的国家来说,它的行为必须像是那些自诩它属于他们所有的人——它的国民——的自我的延伸,从某种拔高、扩大的意义上说,必须像是**他们的**行为。这并非纯粹是个共识问题。一个人不是必须同意他的政府的行为,才能认为自己的意志体现在它们当中,好比他不是必须赞成他本人的行为,才能承认它们是(哎呀!)他亲手做的。它是个直观性的问题,是把国家之"所为"体认为自然地出自一个熟悉而可理解的"我们"的举动。在最好的情况下,政府和全体国民总是需要在这方面耍些心理戏法。但是当一个国家被外国人统治了大约两百年之后,那是更难耍的把戏,即便外国人已被赶下了台。

在奋力争取独立时森然逼近、望之可畏的那些政治任务,如结束外来大国的统治,造就领导干部群体,刺激经济增长,维持民族统一意识等,自赢得独立以来证明果然可畏,甚至更形可畏。但是它们还添入了另一项任务,那时展望得不太清楚,如今承认得不太清醒,那就是驱散现代政府制度的外来性气息。苏加诺政权实施过,其继任者有所缓和而未曾终止的制造符号活动,多是有意无意的一种尝试,要弥合国家与社会之间的文化鸿沟,那鸿沟纵然不尽是殖民统治造成的,也被它狠狠拉大了。口号、运动、纪念馆、集会示威一浪高过一浪,在20世纪60年代初达到近乎歇斯底里的最高点,这至少部分是为了让民族-国家像是土生土长的。由于它不是土生土长的,怀疑和骚乱搅在一起螺旋上升,而苏加诺连同他的政权就毁于随后的崩溃中。

然而,即使没有殖民统治这一令问题复杂化的因素,在像印尼这样一片国土上,现代国家似乎也跟当地传统格格不入,哪怕仅仅因为这种国家自视为协调公共生活各方面的专用工具的观念在那种传统里找不到真正的对应。传统统治者(不只是印尼的)可能是暴虐的、专横的、自私的、麻木不仁的、横征暴敛的或残忍成性的——当他们能够为所欲为并倾向于此时——虽然在塞西尔·B.德米尔的历史观的影响下,他们这些特征的程度通常被夸大了;但是他们绝不会设想自己,臣民也不会设想他们是一个全能国家的管理者。一般说来,他们的统治是要宣示他们的地位,保卫(在有可能时,扩大)他们的特权,实践他们的生活格调;就他们管控超出其直接管辖范围的事务——这通常极少发生——而言,他们只是衍生性地如此作为,那更多是对涉及阶层的问题而非真正涉及政治的问题的习惯性反应。国家是一个严密机构,其功能是组织全体利益,这种观念是作为有点儿陌生的思想进入这样的环境的。

就民众反应来说，那种陌生性的后果是常见的：有一点好奇，更有一点惧怕，升高的期望值，以及满心的迷惑。正是对于这样的情感淆乱局面，苏加诺的符号挥舞成了一种失败的回应；但是[霍尔特]书中讨论的是别的各种事情，它们不大是炮制出来的，所以也不那么倏现倏灭。我们可以从中详尽具体地看到，陡然直面一种行动主义的、全面管理的中央政府——茹弗内尔所谓"动力室国家"(the power-house state)——的前景，对习惯了主人而不习惯经理人的人民意味着什么。[6]

这样一种直面意味着，原来接受的正义、权力、抗议、本真、认同等观念（当然还有这些文章不曾明确谈及的其他许多观念），被民族要屹立于当代世界之上的那些要求（或看似如此的东西）置于危险境地。这种观念脱位——道德和思想感知的那些最熟悉的架构遭到质疑，这又进而触发了感受性的大转移——构成了对新兴国家政治所从事的文化研究的恰当主题。苏加诺曾经以一种典型的喷薄而出的混合语言说道："我国所需要的是 ke-up-to-date-an（与时俱进）。"有一层意思，他在这话里没有真正点破，只是表现了一些姿态，但这些姿态十分形象，足以令除最守旧者之外的全体印尼人都相信那一点：不光政府形式变了，连政府本质也变了，因此他们需要做些心智调整。[7]

四

就心智的这类社会变化过程而言，感觉到它要比记录/证实它容易得多，这不仅因为它的表现形式多种多样、迂回曲折，还因为它犹豫逡巡，充斥着不确定性和矛盾性。每有一种信念、实践、理想或制度被谴责为落后的,就会有一种(经常是同一种)被(经常是同一些人)称颂为当代性的真正本质;每有一种被攻击为外来异己的,就会有一种(也经常是同一种)被誉为民族精神的神圣表现。

在这些事情上不存在从"传统"向"现代"的简单发展,而是有一种曲折的、间歇的、无条理的运动,它不时断绝对往昔的情感,又不时重续那种情感。萨尔托诺笔下,有些农民从中世纪神话预知了他们的未来,有些则从马克思主义的愿景来预知,还有一些则两者并用。列夫笔下,律师摇摆于正义女神天平的形式公平与印度榕树的庇护式家长主义之间。那位时事评论员——阿卜杜拉追溯了他的职业生涯,将其当成他的社会对现代主义挑战的反应的一个样板——发表社论支持恢复"真正的米南克保adat(习俗)",同时又支持一往无前地走上"kemadjuan(进步)"之路"。在爪哇,安德森发现"古老-魔法"的和"发达-理性"的两种权力理论并肩共存;在苏门答腊,利德尔发现地方主义和民族主义并驾齐驱。

这一不可否认却常被否认的事实——不论发展曲线可能是什么样子,它绝不吻合于什么优美的公式——使得从下述假定出发的任何现代化分析都归于无效:现代化就是用舶来的、时新的取代本土的、过时的。不仅在印尼,而且在整个第三世界乃至全世界,人们日益被引向双重目标:保持自我不变,紧跟(甚或超越)20世纪。文化保守主义和政治激进主义的紧张结合处于新兴国家民族主义的神经中枢,这一点在印尼表现得最为明显。阿卜杜拉谈及米南克保,说适应当代世界需要"持续修正现代化的意义",要有"对传统本身的新态度和对现代化的适当基础的[无尽]求索"；这话在全书各篇里都以某种方式被表述过。它们所揭示的不是从黑暗到光明的线性进步，而是对"我们"（农民、律师、基督徒、爪哇人、印尼人……）从哪里来、现今在哪里、还要到哪里去的不断再定义，也就是重新定义群体的历史、特性、演变和天命等的形象——它们甫一出现就会引发论战。

在印尼，民族主义运动初兴时，这样同时既前瞻又后顾的倾向就已经很明显了，自那以来只是变得愈发彰著而已。[8]伊斯兰教联盟是印尼第一个真正成规模的组织，其成员人数从1912年的四千左右增加到1914年的四十万左右，它当时立即吸引了形形色色的人群：耽于异象的神秘主义者，伊斯兰教纯粹主义者，马克思主义激进分子，商业阶级的改革者，家长式统治的贵族和期待救世主的农民，等等。当这一伪装成政党的政治动乱在20世纪20年代分崩离析时，它不是分成革命神话学的"反动的"和"进步的"两翼，而是分成一连串的派系、运动、意识形态、俱乐部、密谋集团等，即印尼人所称的aliran（流别），它们企图将这样或那样的现代主义紧系于传统的这一面或那一面上。

"开明"绅士阶层——医生、律师、教师、文官子弟等——试图将某种宗教崇拜的唯美主义融入渐进的、位尊者任重的民众提振计划当中，从而使"精神的"东方和"动力的"西方糅合起来。乡村的《古兰经》宗教老师力求将反基督教情绪转换成反殖民主义情绪，将他们自身转换成都市行动主义和村落宗教虔信的连接纽带。穆斯林现代派既努力荡涤大众信仰中的异端积垢，同时又努力制定真正伊斯兰的社会和经济改革计划。左翼革命者力图将乡村集体主义和政治集体主义、农民的不满和阶级斗争等同起来；欧亚混血儿力图调和他们的荷兰认同和印尼认同，为多种族的独立提供一种理论说明；受过西方教育的知识分子力图发掘本土的、反封建的(在某种程度上反爪哇的)态度以助成民主社会主义，从而让自己重新连接上印尼现实。在民族主义觉醒的激昂日子里(约1912—1950年)，你随便往哪里看去，都可以看到有人正在把先进的观念和熟悉的情操加以配对，好让某一类进步看起来少些破坏性，让某种习俗模式少些多余性。

于是，印尼文化的异质性和现代政治思想的异质性交互作用，造成这样一种意识形态局面，在那之中，一个层面上的高度普遍的共识——本国必须集体抢占现代性的高地，同时也要集体坚守其传统的精华——被另一个层面上不断加速的歧见抵消了，后者牵涉到该从哪个方向抢占高地、精华是什么等问题。独立以后，精英与社会活跃群体最终沿着这些分界线分裂了，同时社会分化成一些相互竞争的精神家族，有的庞大，有的微小，有的介乎其中，它们所关心的不只是统治印尼，还有定义印尼。

因此，一种损害行动能力的不协调状态，就在两端之间形成了：一端是一种意识形态框架，这个想成为动力室国家的政治体的正式制度在那里面建成和运转，另一端是另一种意识形态框架，这个想成为民族的集体的总体政治形态在那里面成形；一端是"有指导的民主"、潘查希拉、纳沙贡之类"交融、调和"的统合主义，另一端是民众情绪的"沸锅"式分隔。[9]这种鲜明差异并不是简单的中心与边缘之异——雅加达的统合主义，外省的分隔主义；而是以差别不大的形式，表现在政治体系的各层次上。从萨尔托诺的农民们商定小计划的村庄咖啡店，到安德森的"部长们"制订大计划的独立广场的官署，政治生活都以一种奇妙的双层方式进行着，也就是说，竞争——再一次地，不只是竞争权力，还竞争权力之上的权力,亦即规定某些条件的权利,国家的方向或仅仅官职的存在就是依据它们得到认可的——被包裹在共同斗争、历史认同和民族兄弟情的慷慨之词里发生着。

确切地说,政治生活以这种方式进行到1965年10月1日。搞砸的政变及其野蛮的余波——三四个月里也许死了二十五万人——让五十年的政治变革所造成、助长、渲染和仰食的文化紊乱大白于天下。[10]民族主义滥调很快又席卷而来,掩盖了这幕场景,因为一个人不能盯着太阳看,也同样不能盯着深渊看。但是不管怎样掩盖,如今几乎没几个印尼人不知道,深渊就在那里,他们正在它的边沿攀爬:这种意识变化也许会证明是迄今为止他们朝着一种现代心智的方向迈出的最大一步。

五

不管社会科学家可能有什么奢望,总是存在一些社会现象,它们的冲击力直接而深重,甚至是决定性的,但是它们的重大意义只有在事后很久才能够得到有效评估;国内严重暴力的爆发无疑属于这种现象。第三世界在过去二十五年间渐渐形成,它目睹了很多这样的爆发——印巴分治、刚果叛乱、比夫拉和约旦。但是,其中破坏性最强、最难评估的,当属印尼的暴力大爆发了。自1965年恐怖的最后几个月以来,所有研究印尼的学者,尤其是那些试图洞悉其民族性的学者,都处在一种很难受的形势下:他们知道国内的深痛巨创已经动摇了他们的研究对象,但是不知道——顶多模模糊糊有所感觉——它的后果到底是什么。有某种谁都没有心理准备的事情发生了,谁也不太清楚该对那事说点什么:这样的感觉萦绕在[霍尔特书中的]各篇文章里,使得它们有时读起来像是漏掉了关子的一出戏的主角间冲突。但这是无可奈何的事:关子仍在发生当中。[11]

当然,有些表面后果还是清楚的。自称世界第三大共产党的印尼共产党,至少目前看来已被摧毁。军人统治建起来了。苏加诺先是遭到禁锢,接着以爪哇人谓之halus的那种克制而无情的优雅方式遭到废黜,后来殒殁了。印尼-马来西亚"对抗"结束了。经济形势大为好转。以大规模政治监禁为代价,国内安全差不多开始遍及全境,这几乎是独立以来第一次。对如今所称的"旧秩序"的张扬的绝望,被对"新秩序"的暗淡的绝望代替了。但是,"什么改变了"这个问题,当它涉及文化时,依旧是个令人困惑的问题。毫无疑问,这样大的一场灾难,尤其因为它多半发生在村庄里、村民间,几乎不可能让这个国家无所变动,然而变动的深浅和久暂就难说了。在印尼,情绪是极其缓渐地,哪怕也是极其强烈地显露出来的,他们说:"鳄鱼沉下水去快,浮出水面慢。"探讨印尼政治的著作和那些政治本身,都弥漫着因久等那头鳄鱼浮出来而酿成的无信心气氛。

然而,在堪与相比的政治痉挛(你只要看一看现代政治史,就很容易找到它们)的历史上,有些结果似乎比另一些更常见。也许最常见的是勇气的衰竭,即对可能性的感知的收缩。像美国内战和西班牙内战那样的大规模举国相杀,经常使政治生活遭受那种被压抑的恐慌,我们更一般地将之与心理创伤联系在一起:沉湎于"那事又要发生了"的迹象(多是幻想性的)不能自拔;完善详尽的预防措施(多是象征性的)以确保它不发生;又生出不可动摇的信念(多是发自本能的),认定它无论如何还是要发生——

这一切大概都靠一种半明不白的欲望支撑着：希望它发生，也希望赶紧完事。对社会而言，一如对个人而言，内心的大灾难——尤其当它发生在认真的变革尝试的过程中时——可以是一种隐隐令人沉迷的力量，也可以是一种深深令人僵化的力量。

当事件的真相被近便的传闻所掩盖，而激情被听任在暗地里燃烧时，情况就尤其如此（此处，与个体反应的类比——由于公共灾难透过私人生活折射出来，它不全属于类比——也延续下来）。如果人们照其本来面目、照其恐怖状态去接受1965年的事件，就可以把这个国家从给它们的发生创造了条件的诸多幻想中解救出来，其中尤为显著的是，印尼全民作为一个整体被驱策着笔直奔向现代性，或者，即使在《古兰经》、辩证法、寂静之声或实用理性的指引下，这样的行进也是可能的。如果人们借助另一种炮制而成的意识形态综合体否认它们，那么对事件的半压抑的记忆将把政府过程和为了实在性的斗争之间的鸿沟永久化并无限扩大。在付出了本来不必付出的沉重代价后，从局外人的角度看来，印尼人似乎眼下已向自己很有说服力地展示了他们的歧见、矛盾心理和方向迷失之深。至于这种展示实际上是否让局内人信服，则是另一个问题，对他们而言，这样的自我揭露必然令人恐惧不已；事实上它是这个历史关头的印尼政治的核心问题。尽管[霍尔特]书中的各项研究有一种暴风雨前的宁静的特征，但它们至少贡献了对前景可能是什么的一种感觉，如果不是一个答案的话。

不论大屠杀的分裂力量可能（或不可能）有多大，这个国家一直游走其间的观念母体不可能根本改变，即便仅仅因为它深嵌在印尼社会和经济结构的现实状况之中，而后者没有根本改变。爪哇仍是人满为患，初级产品出口仍是外汇的主要来源，仍跟从前一样有那么多岛屿、语言、宗教和族群（甚至还多一点，既然西新几内亚也加入进来），而城里仍然满是没有位置的知识分子，镇上满是没有资金的商人，乡下满是没有土地的农民。[12]

列夫的律师、阿卜杜拉的改革者、利德尔的政客、萨尔托诺的农民和安德森的官员，还有如今监督他们的军人，这些人面对着跟大屠杀之前相同范围的问题，那些问题有着大致相同范围的备选方案和相同的成见库。他们的心态可能不一样了——历经如此可怖之事，很难相信他们的心态还是一样的——但是他们身陷其中的社会和贯穿该社会的意义结构大体相同。对政治的文化阐释，在多大程度上能够在思想意义上挺过政治事变，就在多大程度上是有力的；它们做到那一点的能力，取决于它们在社会学方面扎根的深厚程度，而不是内在融贯性、修辞善辩性或审美吸引力。当它们根基牢靠时，无论发生什么事都只会加强它们；而当根基不牢时，无论发生什么事都只会推翻它们。

因此［霍尔特书中］所写的，虽然不是预测性的，也还是可检验的。长远看来，这些文章的价值——作者们可能同意也可能不同意我对其研究发现的阐释——与其说决定于它们是否符合作为其源头的那些事实（尽管这是最初激起我们关注它们的因素），不如说决定于它们是否启发吾人理解印尼政治的未来进程。随着过去十年的后果在下一个十年显现出来，我们将开始弄清，这里对印尼文化所说的东西，到底是目光如炬还是目光如豆，是让我们得以根据它来解释所发生的事，还是让我们违背过去所认定的东西，去苦寻对事情的理解。在这期间，我们只能跟别的所有人一起，等着鳄鱼浮上来；为了阻止美国人和印尼人此时此刻都不宜效尤的那种道德上的自以为是，不妨回想一下雅各布·布克哈特——他或许当得起主题分析鼻祖之名——在1860年针对评判各族人民这项可疑事业说过的话：

> 要指出在不同的民族中间的许多对比和细微的差别或许是可能的，但要想对它们做一个整体的比较而定出孰优孰劣，我们人类还没有这种洞察力。关于一个民族的性格、道德心和罪恶的最后的真实情况永远是一个秘密，哪怕只是因为它的缺点还有另外一面，在那里它们重现为特色甚至美德。对于那些喜欢对整个民族做全面谴责的人，就让他们自得其乐好了。欧洲各民族能够互相凌虐，但幸而没有互相审判。一个以它的文明、它的成就和它的时运与现代世界的整个生活交织在一起的伟大民族，是能够把它的拥护者和它的攻击者置之不理的。有没有理论家的赞同它都能照样生存下去。[13]

第十二章　政治今昔：关于人类学如何用于理解新兴国家的札记

一

近年来，各种学术分支——它们以某种不确定的方式组成社会科学——的主要汇聚场是对所谓第三世界的研究，亦即对亚洲、非洲和拉丁美洲那些正在形成的民族和步履蹒跚的国家的研究。在这奇诡的背景下，人类学、社会学、政治学、历史学、经济学、心理学，还有那门最古老的学科——预言术，纷纷发现自己处在不熟悉的位置上，要分头处理基本相同的大批资料。

这种经历并不总是惬意的。汇聚场时时演变成战场，专业的分界线变得更加硬化：如同海外的英国人往往比伦敦的英国人更突出英国特性一样，海外的经济学家往往比麻省理工学院的经济学家更突出计量经济学特色。话说回来，也有少许更热情的人几乎完全抛弃了他们的专业，倾向于一种亚历山大城式的折中主义，把弗洛伊德、马克思和玛格丽特·米德别扭地装进一个麻袋——这其实已经制造出某些离奇怪诞的鹰头马身兽。

但总体效果当然还是有益的。知识自足的意识，那种观念和方法论上的乖僻的自负，被极大地——我想也是持久地——动摇了；这自足自负源于太长久、太执着地处理自身特有的袖珍世界（美国商业周期、法国政党政治、瑞典阶层流动、某非洲内地部落的亲属制度等），它也许是关于社会的一门整体性科学的最可怕的敌人。无论是对新兴国家研究者中的大多数人，还是对那些国家居民中的大多数人来说，封闭社会都已被彻底破除了。这样的学者中哪怕思想最为画地自限的人，终于也开始醒悟到，他们的学科不但是一门特殊的科学，而且倘若没有从前所不齿的其他特殊科学的鼎力相助，它甚至不能运转起来。在这点上，不管怎么说，我们全都互为手足的观念取得了一定进展。

对传统国家的结构和运转的兴趣的复生，就是这种从各自的方向往相同的材料库汇合的较为引人瞩目的实例之一。过去几年间，诸多不同领域的人日渐强烈地觉察到，有必要发展一种关于前工业社会的一般政治科学，以便如社会学家弗兰克·萨顿所言，具备"一个基点，由此可以理解挤满了当前舞台的那些转型社会"。[1]由于领域不同，响应也各异。但是韦伯于半个世纪之前在《经济与社会》里讨论家产制的那篇文章，不再像萨顿仅仅写于大约十年前的论文里切当认为的那样，是"孤立的丰碑"。而今，它不过是关于——用一个词来表示——"农民"社会的政府性质的一整套话语当中的一种，那些话语有的比别的更具丰碑性，极个别的简直就是不朽的丰碑。所谓"农民"社会，它们跟我们自己的社会有足够多的相似点，我们无法侮蔑它们是原始的；又跟我们有太少相似点，让我们无法恭维它们是现代的。

在传统政治的性质这个问题上，简单地说，过去十年左右的时间里发展出了四大研究进路。

首先，主要借卡尔·魏特夫之手，马克思的一种旧观念复活了：亚细亚生产方式（如今被解释为水利农业）和被认定是它的因果性反映的极端专制国家，用魏特夫的报章式修辞来说，后者是"绝对恐怖，绝对臣服，绝对孤独"。[2]

其次，社会人类学家们（多是英国人，几乎全是非洲研究专家）对所谓分立国家——亲属群体和亲属忠诚在其中发挥核心作用的一种国家——有些撰述，它们与魏特夫的方法所带来的对传统国家的大一统观点截然相反，认为这样的国家是散落各处的半独立权力中心之间的一种微妙平衡，它们时而在朝向某个顶端生长点的部落神话和市民仪式的指引下强盛起来，时而又陷入氏族猜忌、地方对立和兄弟阋墙而衰微下去。[3]

再次，或可谓之"比较封建主义"的问题重新受到强调：封建主义到底是只有单一实例（即欧洲的实例，它本身也远不是同质的）的历史范畴，还是有着至少大致相似的许多实例的科学范畴？在这点上，策动者无疑是马克·布洛赫，他对社会科学的影响深度尚未得到充分评价，甚至未能得到已经受他影响的许多人的充分评价。[4]但是这一兴趣当然也是韦伯传统的重要延续，并且仰仗艾森斯塔德（他对早期帝国的官僚制的角色感兴趣）这样的社会学家和卡尔·波兰尼（他对早期帝国的商业活动所受的政治管理感兴趣）这样的经济史家，它拓展到封建主义本身以外，也关心封建化只是多种（不过是有限多种）制度可能性之一的那些社会里的权威结构领域。[5]

最后，史前史学家——多半是考古学家，但也有一些东方学家和民族学家——重新考虑了古代国家的规模和范围，以及它们似乎经历过的发展阶段。玛雅、特奥蒂瓦坎、印度河流域、吴哥、满者伯夷、印加、美索不达米亚、埃及，这一切神奇的名字，如今较少代表源于戈登·柴尔德所谓"城市革命"的、辉煌青铜时代的早熟原始文化,而更多代表漫长的、渐进的发展周期,有些彼此类同,有些彼此相异。甚或毋宁说,它们代表这样的周期中的阶段,常常是短暂的阶段;它们可能不像它们的传奇所称颂的或它们的建筑遗址乍看上去所显示的那么壮阔,但也可能超出马克思主义理论家——即便是修正主义的马克思主义理论家——通常的设想,更为错综复杂地关联着它们依赖的物质条件。[6]

人类学家深入参与了有关农民社会政府性质的这四大研究进路。其中有两种几乎是专属人类学的,即分立国家研究和史前国家发展周期的研究。但是魏特夫的那些理论也有极大影响。我们看到人类学家将它们运用到中国西藏、墨西哥谷地、美国西南部的普韦布洛人和非洲某些地方。比较-制度方法用得少一些,部分原因在于韦伯往往把人类学家吓跑了;但是他那种精致的日耳曼手法,可以昭然见之于对几个较发达的黑非洲国家——布干达、布索加、富拉尼、埃塞俄比亚、阿散蒂等——的一些最新研究。

参与到这个份上之后,如我暗示过的,人类学家就被身不由己地拖入比他们自家学科的范围广阔得多的一项事业里,因此发现自己面对着一个始料未及的问题:他们——以人类学家的身份,而不是自学成才的社会学家、历史学家、政治学家等身份——必须向这一广阔事业奉献点什么呢?简易的回答是资料,最好是异常的资料,它们会推翻有些社会学家的精加工的理论;有些圈子仍然喜欢这种回答。但是接受了它,就将人类学降格为一种不怀好意的民族志,像是某种书报检查官,能够否决知识的作品,却不能创造,也许甚或不能理解任何作品。

就萨顿教授"关于前工业社会的一般比较政治科学"的宏大

愿景而言，我个人认为人类学能够做出比那更大的贡献。为了显示（肯定不是确立，我这里篇幅有限）那"更大"可能是怎样的事，我想要做两件事，它们典型地是人类学的：讨论一则来自远方的奇特案例；从中引出关于事实和方法的几条结论，它们比任何这类孤立例证所可能支撑的更为意义深远。

二

这远方就是巴厘；这奇特案例就是19世纪曾存在于那里的那个国家。尽管照官方说法，巴厘从——我猜你会说——大约1750年起就是荷属东印度的一部分，但从任何现实意义上说，它在1906年该岛南部被侵占以后才成为荷兰帝国的一部分。无论从哪点来看，19世纪的巴厘国家都是一种本土固有的结构；尽管像任何社会制度那样，它在数世纪间一直经历着变迁——丝毫不是由于爪哇的荷兰势力——但它只是缓慢而轻微地变迁着。

为了简化对实际上完全抗拒简化的东西的描述，我将先讨论这个国家的文化基础，也就是赋予它活力、方向、意义和形式的信念与价值（多是宗教性的）；再讨论社会结构安排，即政治工具，它企图（只是间或成功）据此保持这样的方向，实现这样的形式。然而，观念和制度的这种分离，稍后将表明不像看上去那样仅仅出于实用，它就是我的论证的轴线。

跟这个国家的文化基础相关联，且让我简略介绍一下关于超越地方的——此刻从民族志的现在来说——政治究竟是怎么回事的三种巴厘观念。第一种我将称之为明范中心说；第二种，递降地位观；第三种，表现性的政治观——确信主要的统治工具不在于行政管理技术,而在于剧场艺术。

明范中心说实质上是关于统治权的性质和基础的一种理论。它认为宫廷-京城既是超自然秩序的缩影——就像罗伯特·海涅-格尔德恩所说的,是"小号宇宙的形象"——又是政治秩序的物质体现。[7]它不仅仅是国家的核心、引擎和枢轴,它**就是**国家。

统治的场所与统治的版图的这种奇特等同,不只是一时的隐喻,它是对一种主导性政治观念的陈述:宫廷只需提供文明化存在的一个模型、一个完美典范、一个无瑕形象,就将它周围的世界塑造成它自身卓越性的至少是粗略的摹本。因而宫廷的仪式生活,实际上还有广而言之的宫廷生活,是垂范性的,不仅是社会秩序的反映。如僧侣们所宣称的,它反映的是超自然秩序,是"永恒的印度诸神世界",人们应当与其地位严格相称地努力让其生活效法那个世界。[8]

古代巴厘的至关重要的合法化任务,亦即将这一政治形而上学与现实权力分配调和起来的任务,靠一个神话得以完成;非常典型的一个殖民神话。1343年,东爪哇的伟大王国满者伯夷的大军,据信在靠近被称为吉尔吉尔(Gelgel)的地方,打败了长着一颗猪头的超自然怪物"巴厘之王"的军队;这是一起非凡的事件,巴厘人从中看到了几乎是他们全部文明的始源,甚至是他们自身的始源——因为除了少许例外,他们自视为爪哇人侵略者的后裔,而不是原始巴厘人抵抗者的后裔。就像美国的"开国元勋"神话一样,"满者伯夷征服"的神话成了起源故事,命令和服从的现实关系借此得到解释和正当化。

且不论这个传说有些什么零星的史实要素(对于这个其实牵涉很广、版本很多的故事,无论如何我只是给出了极其扼要的概述），它在一个事后杜撰的故事的具体形象中表达了巴厘人对其政治发展的观点。在巴厘人眼里，吉尔吉尔的爪哇人宫廷（据说那里的宫殿的设计毫厘不爽地反映了最为明范性的中心——满者伯夷本身——的宫殿）的建立，不但创造了一个权力中心——那以前就有——还创造了一种文明的法式。满者伯夷征服被视为巴厘历史上的伟大分水岭，因为它将处于动物性野蛮状态的古代巴厘和有着美学的雅致及仪式的壮丽的新生巴厘截然分开了。都城的转移（而且有个浑身披挂着魔法用具的爪哇贵族被派去住在都城），就是文明的转移，是宫廷的落成，后者正是在反映神圣秩序的过程中造就了人类秩序。

然而19世纪前，这种反映和这种秩序化不被设想成保持了它们的纯粹和力量，反而被设想成久而久之趋于暗淡和衰微。巴厘人对其政治史的观念，不像美国人对其政治史的观念那样，呈现为从最初的多样性中锻造出统一性的这种图景，而是由最初的统一性消散成日渐增强的多样性；不是向着美好社会的不断进步，而是完美的古典模范渐渐淡出视野——尽管巴厘人和美国人的观念在某种意义上都是一种"殖民"神话，是从更高文明程度的海外来客到此定居讲起的。

这种消退被设想成同时跨越空间和穿越时间地发生的。人们认为——当然不对——巴厘在吉尔吉尔时期（约1300—约1700年）是由单一都城统治的，但那个时期以后，一连串的反叛和分裂发生了，导致各主要地区纷纷建起都城，因为王室次要成员逃到那些地方自立门户，把自己变成了示范性的统治者。这样依次一分再分，又在各次级都城的地区之内建起第三级都城，如此等等，虽不是无止境的，却也相去不远。

详情不说了,最终(也就是19世纪)的结果是叠罗汉似的"王国"金字塔,它们有着不同程度的实质自治和有效权力,巴厘的主要君主肩扛着最高君主,同时脚踩在更低一级君主的肩上,后者的地位派生于他们的地位,就像他们的地位派生于最高君主的地位一样;依此类推。明范中心当中的明范中心照旧是吉尔吉尔,或者不如说是它的直系后裔克隆孔,当它透过这愈益粗糙的媒介漫射开去时,它的光芒自然昏暗下去了。

　　然而更甚于此的是,随着它从爪哇打包带来的淳朴未凿的集中的克里斯玛向这些次要中心分散,它自己的荣耀也减弱了。总体图景是地位和精神力量的全面衰落,不但是外围王族的地位和精神力量(因为它们离开了统治阶级的核心),而且还有那核心本身的地位和精神力量(也因为外围王族离开了它)。经过这一发展过程,一度是一元化的巴厘国家的示范力在其中央变弱了,就像在其边缘淡化了一样。或者说,巴厘人就是这么认为的;这种火焰渐熄式历史观,实际上渗透进了巴厘社会的每个角落,我把它称为递降地位观。

　　不过,这并不被人觉得是不可避免的退化,是从黄金时代的命定衰落。对巴厘人来说,衰落是历史碰巧如此发生的方式,不是它非如此发生不可的方式。所以,人的努力,尤其是他们的精神和政治领袖的努力,不应想要扭转它(这是不可能的,既然事件无可更改),也不应去赞美它(这是无谓的,既然它等于是从理想一步步后退);而应该去抵消它,去直接地、即刻地、以最大的可能力量和鲜明性重新表现吉尔吉尔和满者伯夷的人在他们那个时代用以指引他们生活的文化范式。正如格雷戈里·贝特森指出的,巴厘人对过去的看法根本不是真正历史性的——照这个词的严格意义来讲。尽管他们有解释性的神话杜撰，但巴厘人探究过去，与其说是为了寻求引向现在的原因，不如说是为了寻求评判现在的准则，寻求那不变的模式，现在本该恰当地效法它，却因意外、无知、放纵或疏忽，往往没能遵循。

按照过去曾经是什么样子来对现在进行的这种近乎审美性的矫正，君主们是设法通过举行场面盛大的典礼来达成的。他们从最低的到最高的，都在各自层次上不断努力创建比较名实相符的明范中心，即使比不上甚或远不如吉尔吉尔那么辉煌（少数较有雄心的君主其实希望堪与媲美），至少可以谋求从仪式上效仿它，从而在一定程度上再造古典国家所体现的、后古典历史所湮没的文明的光芒四射的形象。

巴厘国家及其所支撑的政治生活的表现本质，在它已知的全部历史上都卓然可见，因为它始终指向场面，指向典礼，指向巴厘文化的普遍痴迷物——社会不平等和地位自傲——的公开戏剧化；它不指向专政，那种系统性的权力集中是它无望、无力实现的，甚至也不条理井然地指向统治，它仅仅冷淡地乃至犹疑地去从事它。它是一个剧场国家，国王和王公是舞台监督，祭司是导演，农民是配角、后台工作人员和观众。令人叹为观止的火葬、锉牙、寺庙供奉典礼、朝圣和血祭，动员起成百上千的人众和大量钱财，它们不是达成政治目的的手段，它们本身就是目的，是国家所追求的东西。宫廷的讲究仪式是宫廷政治的驱动力。群众性仪式不是支持国家的工具，国家才是上演群众性仪式的工具。统治与其说是抉择，不如说是表演。典礼不是形式而是内容。权力为排场服务，而不是排场为权力服务。

在转向本来意在支持这种努力、实际上却起到削弱作用的社会框架时,我将不得不更加忍痛割爱,把事实简化得影影绰绰,因为古典巴厘的政治制度极其复杂,大概是这类制度还能正常运转的情况下所能达到的复杂性的极致。但是,关于作为一种具体的权威结构的巴厘国家,可以把握的要点在于,它断断不是导致权力集中,而是导致——强烈地导致——权力分散。难得有政治精英像巴厘的那样,那么巧妙地设计来制造背叛,却那么热切地寻求忠诚。

第一,我已说过,这些精英本身不是一个组织有序的统治阶级,而是一伙激烈竞争的君主,或者不如说是潜在君主。即便是贵族家系,即形成不同宫廷的那些不同王室,也不是团结一致的单元,而是内部派系林立的派别,是次级世系和三级世系的集群,它们各怀私心,要弱人利己。

第二,最有效的政府(照这个词的本义来说)都是地方性的。村庄不但有成文的章程、人民议事会和行政机构,而且还相当有力地抵制宫廷对地方事务的干预。灌溉掌握在单独的,也是地方性的法人团体手中,这样的团体在整个乡村地区有好几百个;该体系非但没有导向一种管理水务工程的集权化官僚机构的发展,反而有效地阻止了这种机构的出现。地方世家、寺庙会众、志愿团体等同样是自主的,同样珍惜它们相对于彼此、相对于国家的权利。

第三,国家(即任何特定宫廷)与这一地方机构复合体("村庄",如果你愿意的话)之间的结构性纽带,本身是多重的、不相协调的。贵族加在农民身上的三大义务,即军事-仪式支持、地租和赋税,不是合在一起的,而是分散在三种不同纽带上。一个人很可能应当向某一领主提供军事-仪式支持,向另一领主交租,向第三位领主纳税。更糟的是,这样一些纽带就领地而言多半不是集中的；所以一个人跟他的邻居（很可能是他的兄弟）可能在政治上效忠于不同领主——实际上也经常如此。

但是，在我们完全迷失于魔法森林之前，还是就此打住吧，得其要领即可。巴厘的超越地方的政治组织并不存在于齐齐整整的一套分等级组织起来的主权国家之中，它们彼此界划分明，并跨越清晰的边境线开展"对外关系"。它更不存在于专制君主统治下的"单一中心的机器国家"的全面主宰之中，不管是"治水国家"还是其他什么国家。它存在于高度相异的政治纽带所组成的一个扩展场域之中，那些纽带会在这地带的战略点上强化成具有不同规模和坚固性的节点，然后又淡化下来，以一种神妙的回旋方式，几乎使每一事物跟别的一切事物联系起来。

在这多样、流变的场域里，每个战略点上的斗争较少是为了土地，更多是为了人，为了他们的尊敬、支持和个人忠诚。政治权力不大体现在财产上，更多体现在人众上；不大是领土积聚的问题，更多是声望积聚的问题。各方国间的争端，几乎从不涉及边界问题，而涉及相互间微妙的地位问题，尤其涉及动员特定的群体甚至特定的个体参加国家仪式和战争——两者实为一回事——的权利问题。

科恩讲述了关于南西里伯斯（那里的政治安排与巴厘相近）的一则趣闻，它以传统智慧的严肃反讽说明了这一点。[9]荷兰人出于惯常的行政管理原因，想要彻底弄清两个小方国之间的边界线，于是召来它们的君主，问边界到底在哪里。双方一致认为，甲国的边界位于一个人尚能望见沼泽的最远点，乙国的边界位于一个人尚能望见大海的最远点。那么，这之间有一片地方，从那里既望不见沼泽也望不见大海，难道他们就不曾为此开过战吗？一位年高的君主回答说:"大人,我们要同对方开战,不愁找不到比这些穷山恶水更充分的理由。"

总之,19世纪巴厘政治可以被视为夹在两股对立的力量中间顾此失彼:国家仪式的向心力和国家结构的离心力。一方面,处于这个或那个君主领导之下的大型典礼有统一化的效果;另一方面,这个政治体内在地具有分散、分离的特点,它被当成一个具体的社会机构,一套权力体系,实则是由数十个独立的、半独立的和四分之一独立的统治者组成的。

第一股力量,即文化要素,是自上而下、自中心向外的;第二股力量,即权力要素,是自下而上、自边缘向内的。结果,示范性领导人所追求的影响范围越广,支撑它的政治结构越脆弱,因为它将被迫更加依赖结盟、阴谋、诱骗和恫吓。君主们被这表现至上国家的文化理想所牵引,为扩大他们动员人力和物力的能力而奋斗不已,好举办更大、更辉煌的典礼,修建容纳得下那些典礼的更大、更辉煌的庙宇宫殿。

这么做,他们是在直接违抗一种政治组织形式,它的自然倾向——尤其是在统一化的重压之下——是渐次的分裂。但是,不管情愿不情愿,他们与文化自大狂和组织多元化这对矛盾一直斗争到底,偶尔也不无某种程度的短暂成功。要不是他们最终落入了现代世界(以荷兰军队的形式)的天网,他们肯定还在与之斗争。

三

好了,为了兑现我超越资料进行概括的许诺,且让我最后提出两点,说明人类学对关于农民社会的一般比较政治学的贡献。

第一点，传统国家的文化志向是一方面，这些志向据以实现（通常只是小有所成）的社会机构是另一方面，区别这两者会促进我们或可谓之"社会学实在论"的东西。这样一来，萨顿教授用来理解最新发展状态的"基点"，与其说是一种回顾性的理想类型，一种构造出来的模型，以便说明它的设计者所认为的现在状态的较为有趣的特点，毋宁说是植根于其自身时代和地点的一种历史实在；是这个世界中的而非仅是书本里的现在状态由以生发出来的那种东西。

第二点，这种社会学实在论的发展让人得以处理这个领域的中心问题，即新兴国家政治体的运行方式与传统政治体的运行方式之间实际上**是**什么关系，而不必屈从于同样误导人、眼下也同样流行的两个命题中的任何一个：要么以为当代国家不过是它们的过去的囚徒，穿着薄薄的现代服装重演古代戏剧；要么以为这样的国家彻底摆脱了它们的过去，完全是无所取法、自生自造的一个时代的产物。

关于第一点，很明显，巴厘的资料——如果它们就像我表述的那样——为传统政治体的分立国家概念提供了有力得多的佐证，那些政治体被认为是由不稳定的权力金字塔构成的，装点着表现某种辉煌的一些符号，那辉煌更多是梦想，而未必是成真的；巴厘的资料不大支持魏特夫的"绝对而不仁慈的专制权力"的观点。但问题不在于魏特夫（他很不谨慎地援引巴厘的例子来证实他的主张）有没有给予我们一种行得通的理论。我本人认为没有；可我不想拿有关巴厘的事实去反驳有关中国的断言。我的论点不过是说，通过将统治者的志向（亦即牵引着他们迈向某种完满目标的理念和理想），与他们赖以谋求那些目标的社会工具分离开来——就像对现存的传统政治体的任何周密的民族志研究势必要分离的那样——人类学有助于让人意识到,无论是在传统国家还是在现代国家,政治家的影响范围跟他的控制范围不尽相同。

这样说出来,我所传达的讯息似乎是那条常见的否定讯息——人类学为此理所应当地出名了:"复活节岛上可不是这样。"事实上,我认为关于分立国家的著述,还有发展考古学家的著述,都允诺要——并已经——为一种更确切的传统政治体形象做出重大贡献,而且正是遵循我指出过的那些路线。埃文思-普里查德研究希卢克人的神圣国王,将他的仪式角色从他的政治角色中解脱出来,从而至少让一种非洲专制政治溶化在它真正的脆弱性之中;众多学者研究过玛雅文化,将该社会壮丽的宗教建筑与普通得多的那一种构成其基础的轮垦社区区分开来,从而解决了丛林里的拜占庭这个悖论。我确信,他们的研究路数,将会越来越多地被用到传统国家上,由此获得的成果不但不会是否定性的,还将转变我们对这些国家里的权力源泉、权威性质和行政管理技术的全部观念。[10]

但是,就政治的今昔问题而言,我所说的第二点更有意义。对于指引任何政治体中的行动者的秩序思想与他们在里面行动的制度/机构环境,从概念上将它们分离开来,这让人得以处理过去如何与现在如何的关系问题,给人的助益不止于那些正反都似乎有理的套话:"现在之中唯有过去","过去只是些残灰余烬"。说得再明确点儿,它让人得以做出这样一对区分:一个当代国家所继承的文化传统对它的意识形态贡献,以及这样的国家建立之前的政府体制对它的组织贡献;它也让人得以领会到,前者——

意识形态贡献——远比后者意义重大，虽然存在一些例外。作为具体的政府结构，今日之加纳、今日之印尼甚或今日之摩洛哥，与阿散蒂联盟、爪哇-巴厘的剧场国家或者将保镖和包税人混聚一堂的马格里布麦赫赞等制度/机构，只有极为遥远的关系。但是作为关于政府和政治究竟是怎么回事的这样或那样观点的体现，传统国家和转型国家之间的关系，也许远远不如经常用来阐述第三世界意识形态的外来语汇可能引人相信的那般遥远。

随着传统国家的文化器具——精细的神话、精致的仪式和精心雕琢的礼节——的消解，就像多数第三世界国家已经发生、剩下的大多数国家也行将发生的那样，它逐渐被关于政治的性质与目的的一套新观念所取代，后者要更加抽象，更加有心，也更加合理——至少在这个词的形式意义上。不论是否被写入正式宪法、搭成一套新的政府机构或者吹成一套普遍教义（或者三者兼具，这也并不少见），这些观念——我将称之为意识形态，严格本义上的意识形态——发挥着与它们所继承的较少训导性的前意识形态观念相似的作用。也就是说，它们给政治活动提供一种指南，一种赖以把握它的形象、赖以解释它的理论和赖以评判它的标准。将从前不过是既定的态度和公认的惯例的东西，推阐成为一个更为自觉，或者起码更为明确的向度，这是我们已经开始且盼且忧地称之为"民族构建"的那个过程的核心特征之一。

这一切不等于说，第三世界国家运行其间的意识形态框架仅仅是过去的理念和理想的升级版。它们的精英显然从非本国传统的其他来源学到很多。苏加诺对现实生活中的日本人的近身观察，或许是他的生涯中最具启示性的经验；我们可以设想，恩克鲁玛应该至少读过他的继任者那么示威性地付之一炬的小册子中的一部分；你只需瞥一眼印度或阿尔及利亚的政治公众，就会明白哈罗德·拉斯基或让-保罗·萨特不是在枉费心血。

实际上，恰恰是更可辨识的现在的声音与更陌生却同样坚定的过去的声音的这一混淆，使人很难确定任何特定的第三世界国家的政客（文官或武人）认为他们到底所忙何事。一会儿他们像是不可一世的雅各宾派；一会儿他们又像被复仇精灵一样古老而固执的恶魔缠了身。一会儿他们像是一大群无师自通的麦迪逊和杰斐逊，要发明陆上或海上前所未见的精巧政治装置；一会儿他们又是一大群沾沾自喜的墨索里尼，拙劣地效仿欧洲法西斯主义样板，制造出更具喜剧色彩的版本。一会儿他们像是有着稳定方向感的自信的有产者，满怀希望和远大抱负；一会儿他们又是疯狂的投机者，被困惑、恐惧和无尽的自恨所裹挟。

然而，选定这几组二元对立中的某一方，或者只是貌似英明地宣布说，它们是二元对立，事情的确两面都有、局面很复杂云云，这是不行的。混杂的声音必须区别开来，这样我们才能听清它们各自在说什么，并评估意识形态氛围，这么做即便没有十分把握，至少还有几分确定和翔实。

在这般举措中，准确测定过去的政治对现在的政治的意识形态贡献——就眼下的案例来说，即是明范的领导层、渐衰的克里斯玛和拟剧化的治国术——是一项基本要素。对于这项要素的提供，人类学处于理想的位置——且让我最后自吹自擂一下。至少，假如它如今还能想起它在太平洋的一座岛屿上那么容易忘记的事情，即它在这世界上并非孤独的，那么它就是处于理想的位置。

第五部分

第十三章　理智的野蛮人：评列维-斯特劳斯的作品

> 现在，我时常想，人类学之所以会吸引我，是因为人类学研究的文明和我自己特殊的思考方式之间，有一种结构上的类似，而我自己觉察不到。……我的智力是新石器时代式的。
>
> ——列维-斯特劳斯，《忧郁的热带》[*]

一

人们究竟该怎么看待野蛮人？这个问题被讨论了三百年：他们是高尚的，还是野蛮的，或者像你我一般是温和的？他们是像我们这样思考，还是沉浸在疯狂的神秘主义里，或者拥有我们因贪婪而丧失的高级真理形式？他们的习俗——从食人习俗到母系继嗣——不过是我们习俗的替代品，无所谓孰优孰劣呢？还是我们习俗的粗陋的前身，如今过时了？或者仅仅是非常奇怪、不可理解的异域事物，收集起来取乐的？他们是被束缚的而我们是

---

[*] 引自 Claude Lévi-Strauss, *Tristes Tropiques* (New York, 1992), p.56。参见列维-斯特劳斯：《忧郁的热带》，王志明译，三联书店 2000 年版，第 52 页。

自由的，还是我们是被束缚的而他们是自由的？即便在今天，说到底我们仍旧不知道。人类学家的职业就是研究异文化，这个困惑如影随形地跟着他们。他与他的研究对象的个人关系势必是难处理的，或许比其他任何科学家都要更难。知道他怎么看待野蛮人，你就掌握了打开他的作品的钥匙。你就知道他怎么看待他自己，而且因为知道他怎么看待他自己，你就大体知道他打算对他碰巧在研究的什么部落说些什么事情。一切民族志都部分地是哲学，余下的部分多是自白。

就列维-斯特劳斯的情况来说，要将心灵的成分同描述的成分区分开来尤为困难；这位法兰西学院的社会人类学教授，而今处于一定程度的万众瞩目的中心，那是毕生研究遥远的人民的学人通常得不到的。一方面，没有哪位人类学家比他更执着地认定，人类学的专业实践包含了一种个人追求，被一种个人梦想所驱策，并被导向一种个人拯救：

> 我对其他人类负有责任，正如我对知识负有责任。历史、政治、社会-经济领域、物理世界乃至天空，所有这一切包围着我，形成一个个同心圆，我只有将我的某部分存在付与它们每一个，才能在思想上逃脱它们。就像那卵石，落水时会留下一个个同心圆，标示出波浪的表面，如果我想测出水深，就得舍身下水。[*]

另一方面，没有哪位人类学家比他更强烈地宣称，民族学是

---

[*] 参见《忧郁的热带》，英文版第396页，中文版第543页。

一门实证科学：

> 人文科学的终极目标不是构成人，而是分解人。民族学的最突出价值就在于，它代表了包含多个步骤的某研究过程的第一步。民族志分析试图超越各个社会的经验多样性，而直探某些常量……这项开头的活动为后来的其他活动开辟了道路，这是……各门自然科学必须遵行的：文化重新统一于自然，更一般地，生命重新统一于它的全部物理-化学条件……因而大家可以理解，我为什么在民族学中找出了一切研究的原理。*

在列维-斯特劳斯的作品里，人类学的这两副面孔——作为纵身入世界的一条途径，以及作为在经验事实中发现规律性关系的一种方法——被向里折进使之面面相对，以便造成它们之间的直接对峙，而不是向外翻出使之互不谋面，以便避免这样的对峙和随之而来的内心压力（这在民族学家中更为常见）。这解释了他的作品何以有力量、有广泛的吸引力。它满篇浸透着大无畏和一种无所顾忌的坦率。但是这也解释了多见于同行的怀疑：被呈现为"高等科学"的东西，也许其实是一种奇巧的、有点绕弯子的做法，想捍卫一种形而上学立场，推进一种意识形态主张，并赞助一项道德事业。

或许这一点也没什么大错特错的，但是如同对待马克思那样，我们最好把它记在心上，免得将一种生活态度想当然地当成

---

* 参见列维-斯特劳斯：《野性的思维》，李幼蒸译，商务印书馆1987年版，第281—283页。

对生活的纯粹描述。人人都有权利出于自身目的创造他自己的野蛮人。也许人人都这么做了。但是，证明这样构造出来的野蛮人与澳大利亚原住民、非洲的部落民或巴西的印第安人相符，则完全要另当别论。

列维-斯特劳斯与其研究对象的相逢的心灵方面，亦即跟野蛮人交往对于他个人的意义，要找出来毫不费力，因为他辞藻华丽地将其记录在他的一部作品里，它远远够不上是人类学巨著，甚至都不算特别优秀的一本，但的确是人类学家所曾写过的最漂亮的书之一：它就是《忧郁的热带》。[1] 它的布局表现为标准的"英雄探险"传奇：仓促离开祖国，那里已变得熟悉，令人萎靡不振，还以某种不确定的方式危机四伏（离开阿尔贝·勒布伦执政时期法国某外省中学的哲学教席）；踏上征途，前往另一个更黑暗的世界，一个充满惊奇、考验和启示的魔幻王国（卡都卫欧人、波洛洛人、南比夸拉人和吐比克瓦希普人的巴西丛林）；无奈而精疲力竭地回归平常生活（"告别野蛮人，然后，告别旅行"），满载着深化了的对实在的认知，也背负着以先知觉后知（他们没那么爱冒险）的义务。这本书把自传、游记、哲学专论、民族志报告、殖民史和先知神话集于一身。

> 到底为了什么，我曾向我聆听过的大师们、我阅读过的哲学家们、我调研过的那些社会甚至是西方引以为傲的科学本身学习？不过就是一两堂支离破碎的课，如果把它们首尾相接，将会复原 [佛陀] 在树下的冥想所悟。*

---

* 参见《忧郁的热带》，英文版第394页，中文版第540页。

海上航行波澜不惊,只是一个序曲。二十年后反思及此,他对比了他的境况和传统航海家们的境况。他们是在驶向一个未知的世界,一个几乎未被人类染指的世界,"不受'历史'的扰攘之苦达一两万年之久"的伊甸园。他是在驶向一个残破的世界,被这些航海家(和尾随而至的殖民者)的贪欲、文化自大和对进步的狂热所摧毁的世界。除了一些雪泥鸿爪,人间乐园荡然无存。它已经变质了,"以前是永恒的,现在成为历史的;以前是形而上的,现在成为社会性的"。*从前的旅行者发现,在他的旅程的尽头等着他的,是跟他自家的文明截然异趣的文明。如今他发现的是他那文明的贫乏仿制品,到处跟被遗弃的往昔的遗物相映照,显得很打眼。不必诧异,他发现里约热内卢令人失望。比例全错了。糖面包山太小了,海湾被弄反了位置,热带的月亮只有棚屋和平房衬托,似乎大得过了头。他作为迟来的哥伦布到达这里,获得了一个令人丧气的发现:"热带与其说是深具异国风味,不如说是过时的风景。"**

在陆上,向深渊的坠落开始了。情节变得复杂起来,变幻莫测,抵达一个完全出人意料的结局。圣保罗郊外没有印第安人,不像在巴黎时师范学院的校长(还有其他人)向他保证的那样。1918年圣保罗州的三分之二在地图上被标记为"只有印第安人居住的未考察地带",就是在这里,到1935年,竟连一个印第安人都不剩;此时为了寻找"一个被简化到其基本表现形式的人类社会",他接受了新建的圣保罗大学的社会学教授职位。最近的印第安人也在几百英里之外的保留地里;但是他们不太令人满意。

---

* 参见《忧郁的热带》,英文版第78页,中文版第79页。
** 参见《忧郁的热带》,英文版第91页,中文版第97页。

他们既不是真正的印第安人,也不是真正的野蛮人,而"是20世纪下半叶正变得愈发普遍的那种社会困境的绝好例子:他们是'从前的野蛮人',也就是文明业已被粗暴地强加到其头上的那种野蛮人,而一旦他们不再是'社会的威胁',文明也就对他们兴趣顿失"。尽管如此,这一相逢还是有教益的,就像一切入门经验那样,因为他们打消了他"对于我们将要面临什么事情的天真而诗意的念头,这念头是人类学的所有初学者共有的",由此让他准备好以更高的客观性去面对后来他须得与之打交道的更少"被污染的"印第安人。*

  这些印第安人有四个群体,一个比另一个更深入丛林,更少受干涉,最终启示的希望也更大一点。巴拉圭河中游的卡都卫欧人激起了他的兴趣,因为他们有一种文身,他认为能在文身的精心构图上看出他们的原始社会组织的一种正式表征,当时那种组织大体上已经衰朽了。波洛洛人生活在丛林更深处,也更加未受干涉。他们的人数因疾病和开发而急剧减少,但他们仍然依古老的村落模式而居,奋力保持他们的氏族制和宗教。再往深处去,天真的南比夸拉人结构太简单,他可以在他们的政治组织——不过就是在暂时性的酋长率领下的、不断重组的小小游牧群体——里找到卢梭社会契约论的依据。最后,在靠近玻利维亚边境的地方,在"鲁滨孙的国度",灵知似乎终于以吐比克瓦希普人的形式近在眼前了,他们不但未被污染过,而且**未被研究过**——这是这位博学之士的梦想:

---

* 参见《忧郁的热带》,英文版第135页,中文版第185页。

> 对一个人类学家来说，最令人激动的莫过于有望成为第一个进入某土著群落的白人这件事了……我在旅程中要重温早期旅行家的经验，同时应当亲历对现代思想至关重要的那个时刻：一个自以为完整、完美、自足的社会，被迫醒悟到它完全不是这样子……简言之是一种反启示：它意识到，它不是独居于这个世界上，而只是浩繁的人类全体的一部分，要想认识它自己，它必须先看看那面镜子里它自身的难以辨认的形象，这面镜子的一块久被遗忘的碎片，将要单单为我本人映出它最初也是最后的影像。*

满怀如此厚望，不料随后到来的却是大失所望：这些最后的野蛮人没有提供对原始性的纯净卓识，反而是在思想上难以接近的，对他显得遥不可及。他确确实实无法跟他们交流。

> 我曾想追逐最大限度的"原始性"。无疑我的心愿被这些讨人喜欢的人满足了，在我之前没有哪个白人见过他们，今后或许也不会有人再见到他们吧？我的旅程是迷人的，末了遭遇到"我的"野蛮人。可是天啊，他们太野蛮了……他们就在眼前，个个都愿意教我他们的习俗和信仰，我却对他们的语言一窍不通。他们如同镜中像那样近在咫尺，我可以触碰到他们，却不理解他们。我在受到奖赏的同时也受到了惩罚，因为我的错误，我

---

* 参见《忧郁的热带》，英文版第318页，中文版第419—420页。

这专业的错误，不就在于相信人并非一直是人吗？不就在于相信，有些人在其习惯中有某种让我们惊异的东西，所以更值得我们产生兴趣和加以注意吗？……这样的人民一旦被了解或揣摸到，他们的奇异性就降低了，那样的话，我们倒不如待在自己村子里。抑或，假如像现在这种情况，他们的奇异性原封未动，那它对我也全无用处，因为我甚至不能着手分析它。在这两个极端之间，给我们[人类学家]提供赖以为生的借口的模棱两可的情形是什么呢？最终，到底谁才是被我们在读者中激起的烦恼欺骗最深的人？我们的评论必须被推到一定距离之外，假如我们要让它们可理解的话，但是又必须半途而止，既然对它们感到惊讶的人民与视正在讨论的习俗为当然的那些人非常相似。是读者因相信我们而受骗了吗？还是我们人类学家自己（在彻底消除给予我们的虚荣心以托词的那一剩余物之前，我们无权感到满足）？*

因而在这场探险的终点，等候在那里的不是启示，而是谜语。这位人类学家似乎被迫陷入两种旅行当中的一种：要么是与他能理解的人一起，而这理解恰是因为他自己的文化已经污染了他们，用"我们丢在人类脸面上的秽物，**我们的秽物**"盖住了他们；要么是与受污染没那么重，因此之故他基本上不能理解的人一起。要么他是真正的野蛮人（不管怎么说，这样的人所剩无几了）

---

* 参见《忧郁的热带》，英文版第326—327页，中文版第429—430页。

中间的流浪汉,正是他们的他性(otherness)将他的生活跟他们的隔离开来;要么他是个怀旧的观光客,"加紧搜寻一种绝迹了的现实……是一个空间考古学家,徒劳地试图借助这里或那里的竹头木屑重新拼接出异域观念来"。面对他可以触摸到却不能把握住的镜中人,又面对"被西方文明的发展所碾碎"的沦落了的人,列维-斯特劳斯把自己比作传说中的那个印第安人,后者到了世界的尽头,在那里问了关于各民族和各事物的各种问题,对所听到的很失望。"我是双重病症的受害者:我看见的让我大感痛苦,我看不到的又让我自责不已。"*

所以这位人类学家必定绝望了吗?我们永远懂不了野蛮人了吗?不会的,因为在亲身参与他们的世界之外,还有另一条走向该世界的通衢大道,即从还有机会搜集(或已经搜集起来)的竹头木屑出发,构建社会的一种理论模型,虽然它与可以实际观察到的任何社会都不相符,却仍将有助于我们理解人类存在的根本基础。这之所以可能,乃因原始人在深层上、在心理学层面上无异于吾人,尽管他们及其社会有一种表面的奇异性。人的心智归根结底是四海皆同的:故而靠前进一步,靠亲身进入特定野蛮人部落的世界做不成的事,反而可以靠后退一步,靠发展一种普遍、封闭、抽象、形式化的思维科学——一种通用的智能语法——做成。要写出令人信服的人类学,恰恰不是靠直接强攻野蛮人生活的城堡,也不是靠力图以现象学的方式洞悉他们的心智生活(绝无可能)。这得靠从那种生活的覆盖着秽物的"考古学"遗址中重构其生活形态,从生活表层之下的深层来重建那赋予生活以生

---

* 参见《忧郁的热带》,英文版第39—45页,中文版第30—39页。

气和形式的概念体系。

前往黑暗中心的旅程不能造就的,埋头于结构语言学、信息论、控制论和数理逻辑可以造就。从《忧郁的热带》那落空的浪漫主义中,冒出了列维-斯特劳斯另一部大作《野性的思维》(*La Pensée Sauvage*, 1962)的欢腾的科学主义。[2]

二

《野性的思维》的起点,其实是《忧郁的热带》中首次提出的、涉及卡都卫欧人及其有社会学意义的文身的一个观念,那就是,一群人的全部习俗总是形成一个有序整体,一个系统。这些系统数量有限。人类社会就像单个的人一样,从来不是凭空进行创造的,而只是从它们先前可以获得的观念库里挑选某种组合。常备的主题被无休止地排列、再排列成不同的模式,即一种深层观念结构的多变表现,假如心思够聪敏的话,重构那一结构应该是可能的。民族学家的工作是尽其所能地描述表层模式,重构它们由以建立的深层结构,一旦重构出来,还要把那些结构归类成一种分析图式——颇似门捷列夫的元素周期表。在这之后,"留待我们去做的事情,就是认出[特定]社会实际上采用的那些[结构]"。人类学只在表面上是研究习俗、信仰或制度的,从根本上说,它研究的是思维。

在《野性的思维》里,这一主导观念——野蛮人可用的概念工具的全域是封闭的,他必须将就着用它来构筑他要构筑的任何文化形式——在列维-斯特劳斯所谓"具体性的科学"的装扮下重新出现了。野蛮人构造现实的各种模型:自然界的模型,自我的模型，社会的模型。但是他们这件事的做法，不是像现代科学家那样，将抽象命题归并成形式理论框架，为了普遍化概念体系的解释力牺牲所感知到的特殊事物的鲜活性，而是将所感知到的特殊事物整理成可以直观理解的各种整体。具体性的科学将直接感觉到的现实分类整理：袋鼠和鸵鸟间的明显区别，洪水的季节性涨落，太阳的升落或月亮的盈亏。这些成了结构模型，它们可以说是类比性地再现了现实的潜在秩序。"野性的思维借助形象的世界拓展了它的理解力。它制造了各种心智结构体，它们使得世界在它们谋求与之类似的程度上是可理解的。"*

这种非正统的科学（"我们宁愿称之为'原生的'而非'原始的'"）把一种有限性哲学付诸实施。概念世界的元素是给定的，从某种程度来说是预制的，而思维过程就在于摆弄那些元素。野性的逻辑像万花筒那样运作，这万花筒的碎块在大小、外形或颜色保持不变的同时，可以形成各式各样的图案。如果碎块众多而且样式多变，那么能够以这种方式产生的图案可能数量巨大，但不是无穷大的。图案在于碎块间相对位置的安排（也就是说，它们是碎块间关系的函数，而不是单独考虑的碎块的个体性质的函数）。它们的可能变换的范围受到万花筒的构造，亦即支配其运转的内在律则的严格决定。野性的思维也是这样。它既是轶事性的，又是几何性的，从"心理或历史过程遗留下来的七零八碎"中建造起内在一致的结构。

这些七零八碎，万花筒的碎块，是从神话、仪式、巫术和经验知识中汲取的形象。（准确说来，它们最初是如何形成的？这是列

---

* 参见《野性的思维》，第301页。

维-斯特劳斯说得不太明确的问题之一,他只是含糊地提到它们是"事件的残留物……个人历史或社会历史的化石遗迹"。)这样一些形象势必体现在更大的结构——神话、典礼、民间分类系统,诸如此类——中,因为就像在万花筒那里一样,人们总是看到排布在**某一**图案(无论多么不合形式或不规则)中的碎块。但是也像在万花筒那里一样,它们可以从这些结构中拆出来,安排到相近类型的不同结构中。列维-斯特劳斯援引弗朗兹·博厄斯的话说:"看来神话的诸世界被建立起来,只是为了再次打碎,而新的世界就从那些碎片中建成。"他将思维的这种排列观念推广到一般而论的野性思维上。它整个就是这么一桩事:将分离(和具体)的形象——图腾动物、神圣颜色、风向、太阳神之类——打乱重组,以便产生一些符号结构,它们可以表述和传播对社会和物理世界的客观(而不是说准确)分析。

拿图腾制度来说吧。长期以来它被认为是自主的、整一的制度,一种原始的自然崇拜,需按这种或那种呆板的理论——进化论、功能论、精神分析理论、功利主义——加以解释,但在列维-斯特劳斯看来,它不过是用特殊形象建造概念图式这一总趋势的特例。

在图腾制度里,两个系列间被(完全下意识地)假定存在一种逻辑类似性,一个是自然系列,一个是文化系列。这种类比的一方的各项间的差异秩序与另一方各项间的差异秩序是同构的。举个最简单的例子来说,动物种类——熊、鹰、龟等等——之间的明显形体差异被用来对应于社会集团——甲、乙、丙氏族之类——之间的社会学差异。关键的东西不是熊、鹰、龟本身的具体特性——狐狸、兔子、乌鸦可能也同样合用——而是它们两两之间可感知的反差。野蛮人正是利用了这点,从思想上向他自己,也向别人表现了他的氏族系统的结构。当他说他的氏族成员是熊的后裔,而相邻氏族的成员是鹰的后裔时,他不是在操着一点无知的生物学发表意见。他是在以一种有形的、隐喻的方式,说他的氏族和相邻氏族之间的关系类似于物种间的可见关系。逐项地加以考虑的话,图腾信仰简直就是任意的。"历史"把它们塑造出来,"历史"也终会捣毁它们,改变它们的地位,或是代之以其他信仰。但是倘若把它们看成有序的集合,它们就变得融贯了,因为它们由此就能象征性地表现另一种同样有序的集合:结盟的、外婚的、父系的氏族。而且这道理是普遍的。符号结构与其所指对象(即它的**意义**的基础)之间的关系,从根本来说是逻辑性的,是一种形式的一致——不是情感性的,不是历史性的,也不是功能性的。野性的思维是冷藏的理智,而人类学就像音乐和数学一样,是"少数几种真正负有使命的职业之一"。

或者说,像语言学一样。因为在语言里,从一种语义学的观点看来,那些构成单元——音素、词素、单词——也是任意的。为什么法语把某种动物叫作"chien"而英语把它叫作"dog"(狗),又或是为什么英语靠加"s"来形成它的复数形式而马来语靠重复词根来形成,这样的问题,语言学家——起码结构语言学家——已经认为是问之无益的,除非是从历史方面考量。唯有当语言被语法规则和句法规则组织成言说(即表达了命题的一串串句子)的时候,意义方才突现,交流方才可能。在语言中,这一指导性秩序,这一原始的形式系统,也是属于潜意识的,分离的单元据此被打乱重组,好将发声变成说话。它是语言学家从它的表层表象重构而得的深层结构。一个人可以通过阅读语言学论文渐渐自觉到他的语法范畴,好比他可以通过阅读民族学论文渐渐自觉到他的文化范畴。但是,作为行为,言语和举止都是由隐秘源泉所供养的自发表演。最后也最重要的是,语言研究(跟它一道的还有信息论和类逻辑)在界定它的基本单元、它的构成元素时,所依据的也不是它们的共性而是它们的差异,也就是说,是通过将它们成对对照来界定的。二元对立——正负之间的那种辩证分裂,计算机技术已经使它成了现代科学的通用语——构成了野性思维的基础,如同它构成了语言的基础那样。实际上正是这点让它们本质上是同一事物,即交流系统的变体形式。

此门一开,万事皆有可能了。不但是图腾分类的逻辑,简直是任何分类图式——植物分类体系、人名、宗教地理学、宇宙学、奥马哈印第安人的发型或者澳大利亚牛吼器上的图案主题等——的逻辑,原则上都可以揭露出来。因为它们总是追溯到具体的形象、浅显的概念所表达的那些成对项的根本对立,如高与低、左与右、战与和等,"出于内在的缘由,超越那种对立既没用处也不可能"。进而,一旦其中的某些图式或结构被确定下来,它们随后就可以被互相关联起来,也就是被化约成包含了对立两方的更一般、"更深层"的结构。据信它们可以通过逻辑运算——倒置、换位、替换,即各种有系统的排列——互相衍生出来,正如你可以将一个英语句子转换成莫尔斯电码的点划,或者改变一个数学表达式的全部正负号从而将它变成它的补数。对于社会现实的不同层面,如婚姻中的妇女交换、贸易中的礼物交换、仪式中的符号交换等,你若表明这些不同制度一旦被视为交流体系,则它们的逻辑结构是同构的,那你甚至可以在它们之间穿行。

"社会逻辑学"方面的这些篇章,有的在一定程度上是有说服力和启发性的，比如图腾制度分析。(既然这些信念可能具有的任何形而上内容或情感氛围被坚决排除在注意力之外，那这程度也不会真的很深。)有的可能不见得令人信服，但至少还是有趣的，比如想要表明图腾制度和种姓制度能够("借助极简单的转换")归结为相同的一般下层结构的相异表现的尝试。其他的是自我戏仿的典范，比如这样一些尝试，它们想要表明马、狗、鸟、牛赖以命名的不同方式构成了互补形象的融贯三维系统，其中交叉着反向对称关系。它们是在从事"深层阐释"，牵强附会，连精神分析学家都要自感汗颜。这实在精妙死了。假如有一种"既永恒又普遍"的社会模型，一种不反映时间、不反映空间、不反映环境而只"直接表现了心智结构(或许还有心智背后的大脑结构)"(这话出自《图腾制度》)的模型，能够从已死和垂死的诸社会的碎片中创建起来，那么这里所说的方法很可能是创建之道。

三

列维-斯特劳斯给他自己制造的是一架地狱的文化机器。它勾销了历史，将感情化约为理智的阴影，用内在于我们所有人的"野性思维"取代了特定丛林里的特定野蛮人的特定思维。它也让他有可能避开他的巴西之旅所引向的僵局，即身体接近而思想疏远；所凭借的恰是他或许始终真正想要的，即思想接近而身体疏远。"我对当时[即1934年]甫出现的形而上思维新趋向大不以为然"，他在《忧郁的热带》里写道，由此解释他对学院哲学的不满和朝人类学的转向。

现象学我觉得不可接受，因为它假定经验和实在间存在连续性。二者之一笼罩并可解释另一个，这点我极表赞同，但是我明白……二者间的过渡没有连续性，而且要想抓住实在，我们先得摒绝经验，纵使以后我们可以把它重新融入一个不带感性情绪的客观综合体中。

至于后来在存在主义中大放异彩的那种思想趋向，在我看来似乎是同真正的思想南辕北辙的，因为它对主体性的种种幻想太过纵容。将私人成见提到哲学问题的高度是危险的……它作为教学过程中的一种要素还情有可原，但若引导哲学家背弃他的使命，那就害莫大焉了。这使命（他会持之不懈，直到科学强大得足以接班哲学时为止）是理解存在之为存在本身，而不是相对于我们自身的存在。*

《野性的思维》的高等科学与《忧郁的热带》的英雄探险，说到底不过是彼此间的"极简单的转换"。它们是同一深层基础结构——法国启蒙运动的普遍理性主义——的变异表现。尽管列维-斯特劳斯向结构语言学、信息论、类逻辑、控制论、博弈论和其他高级学说再三致意，但他真正的精神导师（guru）不是索绪尔、香农、布尔、维纳或冯·诺依曼，也不是马克思或佛陀（虽然为了增强戏剧效果，他会仪式性地乞灵于他们），而是卢梭。

卢梭是我们的师傅和同志……因为我们要逃脱对

---

* 参见《忧郁的热带》，英文版第61—62页，中文版第59—60页。

人类学家地位的看法中固有的矛盾，只有一条路可走，那就是凭借我们自身的力量重订卢梭的思想程序，这些程序使他得以从《论人类不平等的起源》所遗留的废墟中向前迈进，迈向《社会契约论》的宏伟构思，其中的奥秘在《爱弥儿》中揭示出来。正是卢梭向我们展示，在现存秩序破坏无余以后，我们如何依然可以发现一些原则，它们容许我们确立取代旧秩序的一种新秩序。*

像卢梭那样，列维-斯特劳斯探求的压根不是复数的人 (men)——他不太在意他们——而是大写的人 (Man)，他很痴迷于他。在《野性的思维》中，一如在《忧郁的热带》中那样，他寻觅的是莲花中的宝石。"人类社会的不可动摇的基础"本质上不是社会性的，而是心理性的——一种理性的、普遍的、永恒的，因而（在法国道德主义的伟大传统里）也是有德的心智。

卢梭（"所有启蒙哲人中最近于成为人类学家的"）展现了可以最终解决人类学旅人的悖论——他要么来迟了，找不着那野性了，要么来早了，欣赏不了那野性——的方法。我们必须如他所为，通过运用或可谓之"认识论移情"（且让我给列维-斯特劳斯提供也许是他最不缺少的东西，另一种**表现/表达**）的法门，开发我们洞悉野性思维的能力。我们的世界与我们的研究对象的世界（绝迹的、晦暗的或者就是破碎的）之间的桥梁，不在于身体的相逢——就发生过的相逢来看，这既腐蚀了他们，也腐蚀了我们。

---

* 参见《忧郁的热带》，英文版第389页，中文版第510页。

它在于一种实验性的读心术。卢梭是开此风气的第一人，他"[亲自]试验了取自别处或纯属想象的各种思想方式"，以便证明"每一人类心智都是实质经验的所在，人类（不管他们居于何等僻远之地）头脑中发生的事情，都是可以被研究的"。人们若要理解野蛮人的思想，既不能单靠内省，也不能单靠观察，而要靠尝试着用他们的材料像他们那般思考。除了翔实得过头的民族志外，人们所需要的是一种新石器时代的智能。

从这一假定——只有利用野蛮人文化的碎片重演他们的思想过程，我们才能理解野蛮人——出发，列维-斯特劳斯推出的哲学结论转而意味着卢梭式道德主义的技术修订版。

野性的（"野蛮的""未驯化的"）思想方式在人类心智中是原生的，是我们人所共有的。现代科学与学术的文明的（"开化的""驯化的"）思想模式是我们自身社会的专门产物。它们是次生的、派生的，而且是人为的——虽然并非无用。尽管这些原生思想方式（故而也是人类社会生活的基础）像"野生三色堇"（wild pansy）——这是个显然不可译的双关语，它是《野性的思维》一书标题的来源*——那样是"未驯化的"，但它们本质上是智性的、理性的、逻辑的，不是情感的、直觉的或神秘的。人最好的——但绝非完美的——时代是新石器的（也就是后农业的、前城市的）时代：卢梭（与通常对他的刻板印象相反，他不是尚古主义者）所称的初生社会（société naissante）。因为正是在那时，这种心智生意盎然，从它的"具体性的科学"造就出文明的那些技艺行业——农艺、畜牧、制陶、纺织、食品保存和制备等——它们

---

* 野生三色堇的法文俗名是 la pensée sauvage，与"野性的思维"是同一种表达。

仍旧提供了我们生存的基础。

假如人保持住"原始状态的懒散与我们的自尊心（armour propre）驱使我们去做的探索活动之间的中间立场"，而不是出于某种不幸的偶然放弃它，拥抱机械文明的难填欲壑、骄傲和自我主义，那或许会好些。但是他**的确**离弃了它。社会改良的任务在于，让我们再次转向那一中间立场，不是靠把我们拽回新石器时代，而是靠把令人回想起它的人类成就、它的社会风度的引人入胜之物呈现给我们看，从而拉着我们奔向一个理性的未来，在那里它的理想——自我关注与普遍同情达成平衡——将会更充分地实现。这种改良的适当原动力就是一门合乎科学地充实起来的人类学（"证明野性思维的原则的正当性，恢复它们的应有地位"）。半吊子的科学武装起来的文化本位主义破坏了向着人性的进步，即卢梭谓之"可完善性"（perfectibilité）的高级智能的那一渐次展露。而成熟的科学武装起来的文化普遍主义将再度使它开动起来。

如果人类一直只专注于一项任务，即创造一个适宜人居的社会，那么，我们的远祖利用过的那些力量源泉也会出现在我们身上。奖金都还在台面上，我们若是高兴，随时可以照单全收。做过的、做砸的随便什么事情，都可以从头来过。[卢梭写道]"黄金时代（盲目的迷信把它放在昔日或来日），其实就**在我们之中**。""人类皆兄弟"这种话，在我们发现我们对它的想象于最贫穷的部落中得到确证，在那个部落给我们提供了一种经验，结合着其他众多经验，好好给我们上了一课的时候，就获得了一种显明的重要意义。*

四

但是，比对"永久而普遍的人类之声"（胡克语）的古典信仰的这种现代化表白更有趣的是，在"理智的野蛮人"的伪装下让理性王（King Reason）重登御座的这种尝试，究竟在今日世界上命运如何。无论它怎样被符号逻辑、矩阵代数或结构语言学拱卫着——在1762年以来发生的所有的事情的基础上——我们还能照旧相信智力的至上权威吗？

对人类意识深处的探察已达一个半世纪，揭示了既得利益、婴孩般感情或是动物性欲望的混沌世界，这之后，如今我们有了这样一项探察，它发现所有人身上都同样闪耀着自然智慧的纯净光芒。无疑，有些群体会对此表示欢迎，甚至感到宽慰。然而，这样一项探察竟然会从人类学基础上发起，这似乎让人大感意外。因为就像列维-斯特劳斯本人的经历那样，人类学家总是被诱惑着走出图书馆和演讲厅（在那里，人们很难想起人的心智绝非澄光清辉**），然后走进"田野"（在那里则不可能忘记那一点）。哪怕"田野"里不再有许多"真正的野蛮人"，但那里到处都是鲜活、特别的人类个体，足以使得把人看作理性——源于"心智结构"的一种"原初逻辑"——的不变真理的承载者的任何教义都显得匪夷所思，不过像是学术古玩罢了。

---

* 参见《忧郁的热带》，英文版第392页，中文版第514页。
** dry light，语出赫拉克利特，经培根使用后广为流传，意指不受感情、偏见等影响的纯粹理智之光。

列维-斯特劳斯竟然能将《忧郁的热带》的浪漫激情变形成《野性的思维》的超现代唯理智论，确实是令人吃惊的成就。但是仍然留下一些问题，我们禁不住要问上一问。这种变形是科学还是炼金术？从个人失望中制造出普遍理论的那"极简单的转换"是实存的还是变戏法？对于似乎将不同心智隔离开来的一堵堵墙，如果表明它们仅仅是表层结构的话，是真正拆毁了它们吗？还是说，那是直接遭遇它们时因无法突破而不得不采取的精心伪装的逃避？列维-斯特劳斯是像他在《野性的思维》的自信篇章里似乎宣称的那样，在书写一切未来人类学的序言吗？抑或像某个流落在保留地中、有着新石器时代智能的失所之人，在摆弄着旧传统的碎片，徒劳地企图复活一种原始信仰，它的道义之美尚在，但现实关联性和可信性早已荡然无存？

第十四章　巴厘的人、时间与行为

思想的社会性质

　　人类思想是至为社会性的：起源是社会的，功能是社会的，形式是社会的，运用是社会的。说到底，思维是一种公共活动——它的天然生境是院落、市集和城镇广场。这一事实对文化的人类学分析——我此处的关切点——的蕴意深广微妙，尚未被人充分领会。

　　为了引出其中某些蕴意，我想借助的是一项乍看之下非常专门，甚至有点玄奥的探究，即对巴厘人据以界定、感知和应对（即思考）个体的人的那一文化装置的检视。然而这样的考察仅在描述意义上是专门而玄奥的。事实一旦超出民族志的界限，作为事实来说，它们就没什么直接重要性了，我将尽量简略地概述它们。但是放在一般理论目标——确定文化分析能从人类思维本质上是一种社会活动这一命题推出什么论断——的背景下观之，巴厘资料呈现出一种特别的价值。

　　这方面的巴厘观念不但出奇地宏富发达，而且从西方的角度看来还堪称怪异，足可彰显文化概念化的不同序列之间的某些一般关系，当我们只考虑我们用来识别、归类、对待人类个体或拟人个体的那些司空见惯的自有框架时,那些关系会从我们眼皮底下溜走。巴厘观念尤其突出了一群人感知自我和他人的方式、他们体验时间的方式与他们集体生活的情感基调之间的某些不明显的联系,这些联系不仅对理解巴厘社会,还对普遍地理解人类社会有着重要意义。

文化的研究

大量的社会科学理论研究最近有个热门议题,就是尝试区分和明辨两大分析概念:文化和社会结构。[1]这项工作的推动力出于一种愿望:将社会过程中的观念因素纳入考虑范围,又不致屈从于黑格尔或马克思式的还原论。思想、概念、价值观和表达形式,要么被视为社会的组织活动投射在历史的坚硬表面上的影子,要么被视为历史的精神,其发展进程不过是它们的内在辩证法的运行结果;为了避免这两种立场,事实证明有必要把它们视为独立而非自足的力量——认为它们只在特定的社会环境中行动和产生效果,它们要适应那些环境,受到它们的激发,并不同程度地对它们施加某种限定性的影响。马克·布洛赫在《历史学家的技艺》这本小书里写道:"文艺复兴时期欧洲的大商人,如买卖呢绒和香料的,囤积铜、水银和明矾的,如皇帝和国王的银行家,难道你真的希望只靠了解他们的商品来了解他们吗?可别忘了,他们曾让霍尔拜因给他们画像,他们读过伊拉斯谟和路德的作品。要理解中世纪封臣对封君的态度,你也得熟知他对上帝的态度。"*社会

---

* 参见布洛赫:《历史学家的技艺》,黄艳红译,中国人民大学出版社2011年版,第138—139页。

活动的组织、它的制度形式以及使它活跃起来的观念系统，必须得到理解，就像它们之间存在的关系的性质必须得到理解一样。试着澄清社会结构和文化的概念，正是想要达到这个目的。

然而几乎没有疑义的是，在这两方面的发展中，文化方面业已证明更是步履维艰，现在仍是更为滞后的。理所当然地，观念比它们所贯穿的个人之间和群体当中的经济、政治和社会关系更难加以科学处理。如果所涉观念不是路德或伊拉斯谟一般的明确学说，也不是霍尔拜因一般的清晰表现的图像，而是指导日常生活中普通人的常态活动的那些不大成型、被视作当然、极不成系统的观念，则情况就更其如此。若说对文化的科学研究已然落后，常常陷入单纯描述主义的泥沼，那在很大程度上是缘于它的题材难以把握。任何科学的初始问题，即以某种方式界定它的研究对象，使之变成可分析的，在这里却成了个大难题。

正是在这点上，思维外在观能够发挥它极富建设性的作用：思维从根本上说是一种社会行为，是在其他社会行为出现的那同一个公共世界里发生的。思维不是由吉尔伯特·赖尔所说的头脑中的某个秘密洞穴里的神秘过程构成的，而是由有意义的符号——人们将意义附加其上的经验中的对象（仪式和工具，雕像和水坑，姿态、标记、图像和声音）——的交流所构成，这种看法可以使文化研究成为一门地地道道的实证科学。[2]作为思想的物质载体，符号所体现的意义经常是费解的、含糊的、变动的、缴绕的，但是它们原则上能够通过系统的经验研究被人发现——尤其是假如感知它们的人愿意稍做配合的话——就像氢原子的重量或肾上腺的功能可以被人发现一样。人正是凭借文化模式，即整理有序的有意义的符号之集丛，去理解他经历过的事件。因此，研究文化,亦即这等模式的累加总体,就是研究个人和群体用来确定自身在非此即幽暗不明的世界上所处方位的装置。

在任何特定社会里,公认和常用的文化模式不计其数,所以哪怕要挑出最重要的模式并描绘它们之间可能具有的随便什么关系,都是一桩令人却步的分析任务。但是有个事实让这项任务变得稍微轻松一点:某些类型的模式,某些类型的模式间的关系,仅仅因为它们所满足的确定自身方位的要求是人类共通的,所以会在不同社会中重复出现。问题关乎存在,所以是普遍的;对策关乎人事,所以是歧异的。然而,正是经由对这些独特对策的视环境而定的理解,依我之见,也唯有遵循此道,对策所相应解答的那些根本问题的性质才能真正被人领会。在这里,就像在众多知识分支里那样,通向宏大的科学抽象的道路要蜿蜒穿过独特事实的丛林。

这些无处不在的定向必需物之一,无疑是个体的人的特征化。各地的人民都发展出一些符号结构,据此个人不是被感知为赤裸裸的个体,好像仅仅是纯粹不加修饰的人类的一员,而是被感知为某个独特类别的人的代表,是特定类型的个人。在任何给定情况下,这样的结构势必有多种。有些(如亲属称谓)是以自我为中心的,也就是说,它们根据个人与某个特定社会行动者的关系来规定他的地位。还有些是以社会的某一子系统或面向为中心的,不随个体行动者的视角而变:贵族等级,年龄组地位,职业类别。有些(如个人的名字和绰号)是非正式的、特殊化的,还有些(如官阶和种姓名称)是正式的、标准化的。任一共同体的成员在其中活动的日常世界,他们视为当然的社会行动场域,里面所居住的不是随便什么人(anybodies),无特质的无面人,而是某

些人 (somebodies)，有明确特征和适当标签、属于具体种类的被限定的人。界定这些种类的符号系统不是事物的本性中自带的，而是历史性地建构、社会性地维持、个人性地运用的。

然而，即使将文化分析的任务简化到只关心与个人的特征化相关的那些模式，也只是略微减轻了一点艰巨性而已。这是因为迄今尚无一种完善的理论框架，可用以从事文化分析。社会学和社会人类学里的所谓结构分析，可以穷搜出特定的个人类别体系对社会的功能性含义，甚至偶尔可以预测这样的体系在某些社会进程的冲击下可能如何变迁；但除非该体系——所包含的类别及其意义和彼此间的逻辑关系——能被视为已知。社会心理学的人格理论能够揭示潜藏在这类体系的形成和运用之下的动机动力学，还能评估它们对实际使用它们的个人的性格结构的影响；但也除非它们在某种意义上是先已给定的，除非所讨论的个人看待他们自己和他人的方式已经莫名确定了。我们所需要的是某种系统的，而非仅仅文学性或印象式的方法，去发现什么**是**给定的，体现在个人由以被实际感知到的符号形式中的概念结构是什么。我们想要而至今不得的东西，是描述和分析经验（此处是个人的经验）的有意义结构（照它被特定社会的典型成员在特定时间点所理解的那样）的一种成熟方法，简单说来，就是一种科学的文化现象学。

前辈、同时代人、同伴和后来人

然而，这样构想的文化分析中已经出现了少许分散的、相当抽象的大胆探索，我们可望从其成果中抽取一些有用线索，融会到我们更为聚焦的探究里。比较有意思的这类大胆尝试之一，出自已故的哲学家兼社会学家阿尔弗雷德·许茨之手，他的研究代表了一种有点艰苦卓绝却并非劳而无功的努力，要把两方面的影响融为一体，其中一方面来自舍勒、韦伯和胡塞尔，另一方面来自詹姆士、米德和杜威。[3]许茨涉猎了诸多主题——几乎都不是从对特定社会过程的任何详尽或系统的考察着手的——他始终寻求揭示他所认定的人类经验中的"最高实在"的有意义结构，那"最高实在"即是日常生活世界，它显现为人们直面它、在它里面行动、经历它的那个样子。就我们自己的目的而言，他的思辨性社会现象学的工作之一，即把"同类"（fellowmen）这个统括性概念分解成"前辈"、"同时代人"、"同伴"和"后来人"，提供了一个尤为有益的起点。根据这一分解来看待巴厘人用来将个人特征化的文化模式丛，就极富启发地彰显了个人认同观念、时序观念和——如我们将要看到的——暗含在它们二者当中的行为方式观念之间的关系。

这些区分本身并不深奥，但是它们所划定的种类彼此重叠交融，让人难于以分析性类别所需的断然的清晰性阐述它们。"同伴"是实际见过面的个人，是彼此相逢于日常生活进程中的某时某地的人。因而他们不但共享时间共同体，还共享空间共同体，不论这分享有多短暂或浮浅。他们至少最低限度地"卷入对方的生命历程"，至少暂时地"一起变老"，作为"自我"（ego）、"主体"和"自性"（self）直接、亲身地参与互动。情人是"同伴"，只要爱情尚存，就像夫妻尚未分居，朋友尚未割席，都是"同伴"一样。乐队的成员，比赛的选手，火车上聊天的陌生人，集市上讨价还价的人，或者村子里的居民，也都是"同伴"：有着直接的面对面关系的任何一伙人皆然。然而，正是多少比较连续、有某种持久目的地维持着这等关系的人，而不是零星、偶然地发生这种关系的人，才构成这一类别的核心。其他人渐渐淡化成"同类"的第二种——"同时代人"。

同时代人只共享时间共同体，不共享空间共同体：他们生活在（或多或少）相同的历史时期，相互之间有着常常极其淡薄的社会关系，但他们没有碰面——至少在正常情况下。他们的彼此连接，不是靠直接的社会互动，而是经由一套符号性地表述出来的（亦即文化的）、关于对方的典型行为方式的一般化假定。再者，所涉及的一般化水平是个程度问题，所以同伴关系中的个人牵缠从情人到萍水相逢（当然也是受文化支配的关系）的渐变分级在这里继续延伸，直到社会关系滑入彻底的匿名性、标准化和互换性：

> 想到我那位不在场的朋友甲的时候，我基于对他作为我的同伴的过往经验，形成了关于他的人格和行为的理想类型。把一封信投进邮箱的时候，我期望我不认识的、被称作邮递员的人，会以我不太了解的一种典型方式行动，结果让我的信件在通常视为合理的时间之内送达收信人。无须遇见一个法国人或德国人，我就懂得"为什么法国担心德国重整军备"。遵守英语语法规则的时候，我就［在我的作品里］遵循了当代说英语的同类的一种社会认可的行为模式，我必须顺应它，好让自己被人理解。最后，任何人造物或器具，都牵涉到制造它的匿名同类，又被其他匿名同类用来以典型的方法达

成典型的目的。这里不过略举数例,但它们的排列按照所涉及的递增的匿名程度,还有理解他者及其行为所需的构念的程度。[4]

最后,"前辈"和"后来人"是连时间共同体也不共享,因而自然也不能互动的个人,正因如此,他们形成了与"同伴"和"同时代人"相对照的可说是单独的一类,后者能互动,共享着时间共同体。但是从任一特定行动者的立场看来,这两种人的意义不尽相同。前辈曾经活在这世上,他们能被认识,或者说得准确点,能被认知,他们已完成的行为能够影响视他们为前辈的那些人(即他们的后来人)的生活,而依常理而言,反过来是行不通的。另一方面,后来人不能被认识,或者甚至不能被认知,因为他们是未至之未来的未生之人;他们可能受到他们是其后来人的那些人(即他们的前辈)的已完成的行为的影响,但是再一次地,反过来行不通。[5]

然而出于经验目的,比较有益的做法是,表述这两种区分时也别那么严格,而且如同将同伴和同时代人分隔开来的那些差别一样,要强调它们在日常经验里是相对的,远不是泾渭分明的。虽然有些例外,但我们年长的同伴和同时代人不会猝然掉入过去,而是随着他们衰老、死亡,多少是渐渐地消逝,转而成为我们的前辈,在这先人身份的学徒期里,我们可以对他们有所影响,就像子女们常常形塑了他们父母的生命终段。我们年幼的同伴和同时代人也渐渐长大,成为我们的后来人,所以我们当中足够长寿的人经常有一种暧昧的特权,知道谁要取代我们,甚至间或还能捎带着影响一下他们的成长方向。最好不要把"同伴"、"同时代人"、"前辈"和"后来人"看成鸽笼式分类架,个人出于分类目的将彼此分配到里边去,而应看成指明了某些(个人认为在他们自身与别人之间存在着的)普遍而不尽分明的、据实而定的关系。

但是又一次地,这些关系也不是纯粹作为它们自身被人感知的;只有透过对它们的文化表述的中介作用,它们方才被人把握。由于是文化性地表述出来的,它们的明确特征在不同社会间会随着可用文化模式清单的不同而不同,在同一社会的不同情境间会随着多种可用模式中间被认定适于运用的模式的不同而不同,在类似情境的不同行动者间会随着有个性差异的习惯、偏好和解释掺和进来而不同。至少在婴儿期之后,人的生活中就不存在任何显著的纯净社会经验了。一切都沾染了强加于人的意义,而同类,就像社会群体、道德义务、政治制度或生态状况一样,只有透过作为它们的客观化载体的有意义的符号所组成的一张滤网才能得到理解,那张滤网因而相对于它们的"真实"性而言绝非中性的。同伴、同时代人、前辈和后来人既是自然的,也同样是人为的。[6]

巴厘的个人定义序列

在巴厘,[7]有六类标签,一个人可以把它们应用于另一个人,以便确认他是个独特个体,我想在前述一般概念背景下考察它们:(1) 个人名字,(2) 排行名字,(3) 亲属称谓,(4) 亲从子名,(5) 地位称号(有关巴厘的文献中一般谓之"种姓名字"),(6) 公共头衔(我是指酋长、统治者、祭司和诸神所拥有的类职业头衔)。这些不同的标签在多数情况下不同时使用,而是视情境,有时视个人而定地交替使用。它们也不是被人用过的这种标签的全部类型，但它们是被普遍认可和有规律使用的仅有标签。每一类并非仅是有用称谓的简单汇集，而是一个独特的、有界限的称谓体系，因此我将称之为"个人定义的符号序列"，先逐次考察它们，稍后再把它们当作还算连贯一致的丛集来考察。

个人名字

个人名字所界定的符号序列，描述起来是最简单的，因为它在形式上最不复杂，在社会意义上最不重要。所有巴厘人都有个人名字，但他们绝少使用，不管是提到自己或别人，还是称呼任何人。（就某人的先辈而言，包括父母在内，实际上使用个人名字是大不敬的。）提到孩童时更常用个人名字，偶尔甚至用个人名字来称呼他们。所以这样的名字有时被叫作"童名"或"小名"，虽然一旦它们在孩子出生105天后被仪式性地赐予，就终其一生保持不变。总之，个人名字极少有人叫，几乎没扮演什么公共角色。

不过，尽管存在这种社会边缘性，个人命名系统仍有一些特征，以相当曲折的方式，对理解巴厘人的做人（personhood）观意义重大。第一，至少在平民（约占总人口的90%）中，个人名字是任意生造的无意义音节。它们不是取材于任何既定的名字库，后者本来可以给它们平添某种次级意思，比如，是"普通的"或者"非凡的"，或者表明某人是"用"重要人物——先祖、父母的朋友、名人——的名字命名的，或者对某个群体或地区来说显得吉利、适宜、典型，指示某种亲戚关系，诸如此类。[8]第二，在单一共同体——政治上统一、围绕中心区的聚居点——内部，个人名字的雷同是要刻意避免的。这样的聚居点（叫作 bandjar，即"村庄"），是家庭的纯粹私域之外的主要面对面群体，在某些方面甚至比家庭还亲密些。村庄常是高度内婚的，总是高度团结的，是巴厘人绝佳的同伴世界；在它里面，人人都对一种完全独特的文化认同至少萌发了初步意识——不管在社会层面上怎样轻忽这一点。第三，个人名字是单名，因此不指示家族关系，事实上也不指示随便哪类群体的成员身份。最后，这里没有绰号（少数罕见的、无论如何也只是部分的例外姑置不论），贵族中间没有"狮心王理查"或"恐怖伊凡"之类的别号，甚至对孩子没有昵称，对情人或配偶没有爱称，等等。

因而，个人命名系统所标记出来的个人定义的符号序列，不管它在让巴厘人彼此区分开，或在让巴厘社会关系有序化方面发挥什么作用，从本质上讲都是剩余性的。一个人的名字就是当附属于他的、社会意义突出得多的其他一切文化标签都去掉时他还剩下的东西。正如敬神般严谨地对直接使用个人名字的回避所表明的，它就是非常私人化的东西。实际上，在一个人生命的末段，当他离死而火化之后的登仙成神只有一步之遥时，唯有他（或者他和他的寥寥几个同样老朽的朋友）才知道那名字是什么；他一逝去，名字也随他而逝。在日常生活的明亮世界里，个人的文化定义的纯私人部分，在最近的同伴共同体的背景下最完整彻底地属于他，而且只属于他的部分，被重重地掩去了声音。随它一起被掩去的，是他作为人的存在的那些更加体现个体特性、仅属于本人生平、从而倏忽易逝的方面（在我们更加自我中心的框架里，我们称之为"个性"），以便突显更为典型、格外俗套、从而持久的那些方面。

排行名字

这种较为标准化的标签中，最基本的就是在婴孩刚一出生（哪怕是死产）时按他在兄弟姊妹排行中的一、二、三、四等次序自动授予的名字。在此，不同的地方和地位群体有一些常规做法上的变异，但最常见的体系是用Wayan命名第一个孩子，Njoman命名第二个，Made（或Nengah）命名第三个，Ktut命名第四个，然后开始新一轮循环——用Wayan命名第五个，Njoman命名第六个，依此类推。

在村庄里称呼和提到小孩或者尚未生养子女的年轻男女时，这些排行名字使用得最为频繁。在呼喊某人的情况下，它们几乎总是直接使用的，也就是无须再加个人名字："Wayan，把锄头给我。"诸如此类。在提到某人的情况下，可能要补上个人名字，尤其是在没有其他办法方便地说清楚自己所指的是村庄里几十个Wayan或Njoman当中的哪一个的时候："不，不是Wayan Rugrug，是Wayan Kepig。"诸如此类。父母称呼自己的孩子，无子女的兄弟姊妹间互相称呼，几乎只称排行名字，不称个人名字或亲属称谓。但是对于有子女的人，无论家内家外，人们从不用排行名字，而如我们将要看到的，代之以亲从子名，所以，**从文化方面来讲**，已经成年却没有生育子嗣的巴厘人（只有很少人这样）让自己停留在孩童阶段，也就是被象征性地想象成孩童，这个事实通常对他们是一大羞辱，对他们的同伴来说也颇为难堪，后者经常设法完全避免对他们使用呼语。[9]

所以，个人定义的排行体系代表了一种万变不离其宗（plus

ça change)的个人命名方法。它按照四种全无内容的称谓语区分他们,这些称谓语既不划出真正的种类(因为不存在任何观念的或社会的现实相对应于一个共同体内所有Wayan或所有Ktut组成的类),也不表现它们所命名的个人的任何具体特征(因为没人相信,与Njoman们或Ktut们相比,Wayan们共同具有任何特别的心理或精神特质)。这些名字本身没有什么字面意义(它们不是数词或数词的派生词),实际上甚至没有真实或可信地指示兄弟姊妹的位置或排行。[10] 一位Wayan可能是第一个孩子,也可能是第五个(或者第九个);而且考虑到传统的农民人口统计结构,即高生育率外加高死胎率和高婴幼儿死亡率,一位Made或者Ktut可能实际上是一长串兄弟姊妹中的老大,而一位Wayan却是老幺。它们确乎表明,对于所有生育了的夫妻来说,生孩子构成了一个循环系列:Wayan、Njoman、Made、Ktut,然后又是Wayan,这是对一种永存形式的无止境的四阶段复制。从肉体层面上说,人像蜉蝣一样来来去去、生生死死,但从社会层面上说,剧中人物始终如一,新的Wayan和Ktut会从诸神的永恒世界降生(因为婴儿距离神性也只有一步之遥),代替重新消隐到那个世界去的诸人。

亲属称谓

从形式上看,巴厘人的亲属称谓类型极其简单,属于技术上所称的"夏威夷型"或"世代型"。在这类体系里,个人主要根据他的亲属们相对于他本人的世代或辈分来把他们归类。那就是说,兄弟姊妹、异父(或异母)兄弟姊妹和堂表兄弟姊妹(以及他们各自配偶的兄弟姊妹等等)被归入同一称谓下;父系母系的所有叔舅姑姨在称谓上都与父母同类；兄弟姊妹、堂表兄弟姊妹等等的所有子女（即侄子或外甥［及侄女或外甥女］），都被等同于自己的子女；顺此类推，下及孙辈、重孙辈等，上及祖辈、曾祖辈等。对任何给定的行动者而言，总体图景就是分层蛋糕式的亲属布局，每一层由不同辈分的亲戚构成——行动者的父母或子女层，他的祖父母或孙子女层，等等，还有刚好位于中间的他本人那一层，演算就是从这里开始的。[11]

考虑到这种体系的存在，有关它在巴厘的运作方式的最意味深长（也相当不同寻常）的一点是，它包含的称谓几乎从不用于呼喊，而仅用于提及，而且用得不太多。罕有例外地，一个人不会真叫他的爸爸（或叔舅）为"爸爸"，叫他的儿子／女儿（或侄甥［女］）为"儿子／女儿"，他的兄弟（或堂表兄弟）为"哥哥／弟弟"，等等。对于某人的晚辈亲属，称呼形式甚至压根不存在；对于长辈亲属，这样的形式倒是存在的，但是就像个人名字那样，使用这样的呼格让人觉得有点不敬尊长。实际上，连提及的形式也只用在特别需要传递某种亲属关系信息本身的时候，而几乎绝不用作识别人的常规手段。

亲属称谓在公共谈话中出现，只会是在对某个问题的回答中，或者是在对已经发生或预料会发生的某一事件的描述中，亲属纽带被认为是跟该事件很相关的一条信息。（"你要去看Regreg的爸爸给孩子锉牙吗？""要去，他是我的'兄弟'。"）这样，家里的称呼和提及方式，比起常见于村庄内的那些方式来，在亲密性或对亲属纽带特质的表现上并不更高（或高出多少）。一旦孩子年龄大到能够这么做（比如六岁，尽管这自然有差异），他就可以用其他熟识他父母的每个人用来称呼他们的同样称谓——亲从子名、地位群体称号、公共头衔——来称呼他们,也反过来被他们称作Wayan、Ktut之类。更加确定的是,他也会用这种通用的、家外的称谓提及他们,不管他们是否会听见。

总之,巴厘的亲属称谓体系主要是以分类学的而非面对面的用语,将个人界定为社会场域里的部位占有者,而非社会互动中的伙伴。它几乎完全发挥了文化地图的作用,在那张地图上,某些人可以明确定位,另外一些人不是它所绘景观的地物,也就无从定位。当然,一旦做出了这样一些测定,一旦查明了某人在这结构中的位置,有关适当的人际行为的一些想法就随之而生。但是关键之处在于,在具体实践中,亲属称谓差不多专供身份确定之用,而不是为了行为,至于行为的模式化,其他符号工具起了主导作用。[12] 与亲属关系相联的社会规范,虽然很实际,但纵然是在亲属型群体(家庭、家户、宗族)本身之内,也惯常地被与宗教、政治和(最为根本的)社会分层相联的,更有文化底蕴的规范所压倒。

然而,尽管亲属称谓体系在形塑每时每刻的社会交往流上只起了相当次要的作用,它却像个人命名体系那样,大大促成了——即便是间接地——巴厘人的做人观念。因为它作为有意义的符号组成的系统,也体现了对理解个人(自我和他人)起了中介作用的一种概念结构,而且该结构与体现在建构有别、导向各异的其他个人定义序列中的那些结构惊人地一致。这里的首要主题也是时间借由形式的反复而凝滞。

这种反复是靠我还没有提过的巴厘亲属称谓的一个特征来完成的:在特定行动者本人向上和向下的第三代,称谓成为完全对等的(reciprocal)。也就是说,对"曾祖"和"曾孙"的称谓是一样的：kumpi。这两个世代和构成它们的那些个体，在文化上被等同起来。从符号上说，一个人被向前等同于他可能活着与之互动的最远的前辈，向后等同于这样的最远的后辈。

实际上，这种对等称谓继续延伸到第四代乃至更远。但是由于一个人与其高祖（或玄孙）同时在世非常少见，这种延伸就只有一点理论兴趣，大多数人甚至不知道相关的称谓是什么。正是四代的跨度（即特定行动者本人，外加三代前辈或后辈）被认为是可企及的理想，是圆满生活的形象，好比我们的古稀之年，kumpi-kumpi（曾祖-曾孙）称谓可说是给它加了一个表示强调的文化括号。

这个括号被围绕死亡的仪式进一步突出了。在一个人的葬礼上，他的所有晚辈亲属，都必须先在他的灵柩前、后在他的墓穴边，以印度教的手掌举到前额的方式，向他依依不舍的灵魂致敬。但是这种近乎绝对的义务，丧葬典礼的圣礼核心，却在他向下的第三代，即孙辈那里到头了。他的曾孙们是他的 kumpi，如同他是他们的 kumpi 一样，所以巴厘人说，他们并非真是他的晚辈，而是他的"同代人"。这样，他们不但不必向他的灵魂致敬，还被明确禁止这么做。一个人只向神灵和长辈（同样也是神灵）祷告，不向他的平辈或晚辈。[13]

因而，巴厘的亲属称谓体系不仅把人划分成相对于某特定行动者的世代层，它还使这些层弯曲成一个把"最低层"与"最高层"连接起来的连续表面，如此一来，也许更准确的不是分层蛋糕的形象，而是圆筒的形象，它被画线分隔成六道平行条带，分别称为"本人""父母""祖父母""kumpi""孙子女""子女"。[14] 乍一看这称谓体系像是极具历时性的表述，强调了无休止的世代接续,其实它是对这样一种接续的根本的非现实性——或者也可说是不重要性——的断定。序列的感觉,一组组旁系血亲穿越时间衔尾相接的感觉,是以这样一种方式看待称谓体系所产生的幻觉:好像它被用来表达一个人与其亲戚之间的面对面互动随着他的老去和死亡而不断改变的性质——诚然有许多(即便不是大多数)这样的体系都是如此使用的。如果我们像巴厘人通常看待它的那样,视之为人类可能具有的家庭关系的可能类型的常识分类法,是将亲属归类为一些自然群体,那么很明显,圆筒上的条带被用来表现的,就是活着的人中间的长幼之序而已,此外无他。它们描绘了共存于世的各代人中间的精神关系(同样也是结构关系),而不是继替的各代在非重复性的历史进程中的位置。

亲从子名

如果说个人名字被人看得仿佛军事机密一般,排行名字主要用在孩子和青年头上,亲属称谓顶多只是零星调用,而且只是为了次要的具体说明,那么大部分巴厘人怎么彼此称呼和提及呢?对绝大多数农民来说,答案是:亲从子名。[15]

只要一对夫妇的第一个孩子被命了名,人们立即开始把他们称呼和提及为"Regreg(或者Pula,或者这孩子碰巧有的任何名字)的爸爸"和"Regreg的妈妈"。他们一直这样被人称呼,也这样称呼自己,直到他们的第一个孙子出生,这时他们将开始被称呼和提及为"Suda(或者Lilir,或者不管是谁)的爷爷"和"Suda的奶奶";如果他们活着见到他们的第一个曾孙,类似的转换还会发生。[16]这样,在"自然的"从kumpi到kumpi的四代生命跨度内，一个人被人熟知的称谓要改变三次，第一次是他生育子嗣的时候，然后是他至少有个子女生育的时候，最后是他至少有个孙子女生育的时候。

当然，许多人——即便不是大多数人——既没那么长寿，最终在他们后人的生育力上也没那么幸运。再者，别的多种多样的因素也掺杂进来，把这简化了的局面复杂化了。但是，撇开细微处不论，关键是我们在此拥有一种在文化层面上出奇地发达、在社会层面上出奇地有影响力的亲从子名系统。它对于个体巴厘人对自身、对熟人的感知到底有什么样的影响呢？

它的第一个作用是识别夫-妻对，颇似我们社会里的新娘随夫姓；只不过这里不是由结婚行为产生身份识别，而是由生育。从符号上，丈夫和妻子之间的联结是根据他们与其子女、孙子女或曾孙子女的共同关系来表现的，而不是根据妻子投入丈夫"家族"（由于盛行内婚制，她通常也可能是属于该家族的）。

这一夫-妻对（更准确点说，父-母对）有着极高的经济、政治和精神重要性。它实际上是基本的社会构件。独身者不能参加村议事会，那里的席位授予已婚夫妇；而且除了极少例外，唯有已为人父母者才在那里有些分量。（事实上，在有些村庄，人们甚至生育子女后才会被授予那种席位。）世系集团、志愿组织、灌溉会社、寺庙礼拜会等等，也是这样的。在差不多所有当地活动中——从宗教活动到农业活动——父-母对作为一个单元参加，男人从事某些工作，女人则从事某些辅助性的工作。亲从子名将一个男人与其妻子的某个直系后裔的名字吸收到他们自己的名字中，由此把他们联结在一起，这样它既突出了夫-妻对在当地社会中的重要性，也突出了被置于生育上的巨大价值。[17]

这种价值也更直白地表现在亲从子名的普遍使用的第二项文化后果上：个人被归入某种特殊层级——由于缺乏更好的术语，我们姑且称之为"生育阶层"。从任一行动者的视角看，他的同村人被划分成几类：无子女者，被唤作Wayan、Made等等；有子女者，被唤作"(谁)的爸爸(或妈妈)"；有孙子女者，被唤作"(谁)的爷爷(或奶奶)"；有曾孙子女者，被唤作"(谁)的太爷爷(或太奶奶)"。附加在这一分层上的，是对社会等级结构性质的一般想象：无子女者是依赖性的未成年人/小人物；(谁)的爸爸是指引共同体生活的活跃市民；(谁)的爷爷是退居幕后、给予睿智忠告的可敬长者；(谁)的太爷爷则是年高位尊的依赖者，已经半归神界了。在任何给定情形下，人们不得不动用各种机制来调整这一太过图式化的表述，使之适应现实状况，并容许它标出一种切实可行的社会阶梯。但是，虽有这些调整，它还是标出了这样的阶梯，结果一个人的"生育地位"是他社会身份中的一大要素，无论是在他本人眼里，还是在别的每个人眼里。在巴厘，人生阶段不是按照生物老化过程——它们不怎么受到文化关注——来设想的，而是按照社会再生过程。

所以，至关重要的并非纯粹的生育力本身，或某人自己能生多少孩子这种问题。一对夫妇有十个孩子，并不比有五个孩子更光荣；一对夫妇只有一个孩子，这孩子进而也只生了一个孩子，那么，这对夫妇的地位要在前边两对夫妇之上。重要的是生育连续性，即共同体使自己原样长存的能力的保持，这一点被亲从子名的第三个结果，即生育链的标明揭示得清清楚楚。

巴厘人的亲从子名体系如何勾勒出这一链条的轮廓，可以从模型图看出来(图1)。为简单起见，我只标示了男性的亲从子名，参照世代使用英文名字。我也把模型安排得便于强调这一事实：亲从子名的用法反映了同名后代的绝对年龄而非谱系顺序（或性别）。

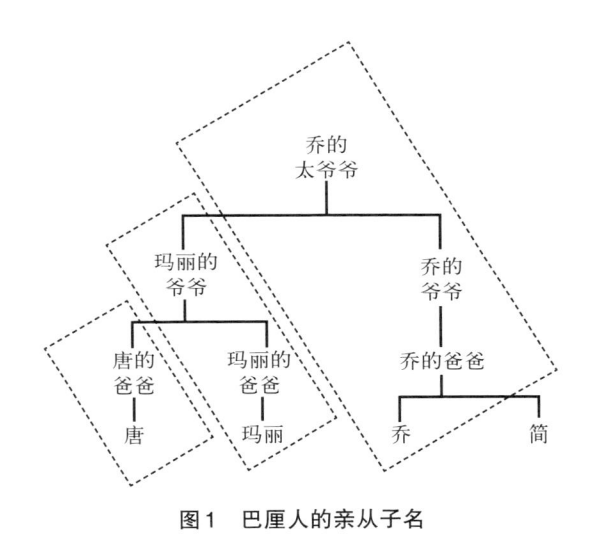

图1　巴厘人的亲从子名

按：玛丽比唐年长，乔比玛丽、简和唐年长。其他所有人的相对年龄，就亲从子名体系而言是不相干的，当然如果他们是长辈和后辈关系则另当别论。

如图1所示，亲从子名体系勾画出来的，不仅是生育地位，而且是这种地位的特定序列，纵深有两三代或四代人（五代则极为罕见）。哪些特殊序列被标出来在很大程度上是偶然的：假如玛丽出生在乔之前，或者唐出生在玛丽之前，整个排列就得改变了。但是，尽管被当作参照对象的特殊个人，以及从而得到符号性承认的亲子关系的特殊序列是随机的、没多少因果关联的，这样的序列被标出来这一点，就强调了巴厘人个人认同方面的一个重要事实：个人不是在他的祖先是谁（考虑到包裹着死者的文化迷雾，**那**甚至无从查考）的背景下被认识的，而毋宁是在他是谁的祖先的背景下。不像世界上如此之多的社会那样,用来界定某个人的,不是繁衍了他的人,即他那家系的某个有点遥远、有点尊威的始祖,而是他所繁衍的人,那是一个具体的、多半还活着的、没完全成熟的个人,是他的子女、孙子女或曾孙子女,他经由一条特殊的生育链追溯跟后者的联系。[18]将"乔的太爷爷"、"乔的爷爷"和"乔的爸爸"连接起来的,是他们在某种意义上协力生育了乔——往大里说,维持了巴厘族群,往小里说,维持了他们的村庄的社会新陈代谢。再一次地,亲从子名看上去像是对一个历时进程的庆祝,实则是对"稳态"的保持的庆祝——"稳态"是贝特森从物理学借用的术语,用得恰到好处。[19]在这类亲从子名制度下,全体人口被归类的依据,就是他们与当下社会再生要仰仗的那一子类人口——那一行将为人父母者的群体——的关系,以及他们在其中的代表状况。在它的视野下,就算是那最饱浸时间的人生境地,即曾祖身份,也表现得不过是不朽的现在的组成要素。

地位称号

从理论上说,在巴厘人人(或差不多人人)都有这样或那样的称号,如 Ida Bagus、Gusti、Pasek 和 Dauh 之类,那把他置于全巴厘地位阶梯的特定梯级上,各称号都代表了相对于其他每一种称号的特定程度的文化优越性或低下性,于是全民就被分门别类,归入一套统一分级的等级体系中。而实际上,正如试图从这些方面去分析该体系的人所发觉的,局面要复杂得多。

这不只是说,有少数等级较低的村民宣称,他们(或他们的父母)不知怎的"忘了"他们的称号是什么;也不是说,称号的级别在不同地方,有时甚至在不同的报道人嘴里存在显著的不一致;也不是说,尽管称号有其世袭基础,但要改变也仍有办法。这些不过是关于该体系日常运转的一些细节而已,虽然并不乏味。关键之处在于,地位称号根本不附属于群体,而只附属于个人。[20]

巴厘人的地位,或者至少是由称号所决定的那类地位,是一项个人特征,它独立于随便什么样的社会结构因素。它当然有着重要的现实后果,那些后果受到从亲属群体到政府制度的多种多样的社会安排的影响,并通过它们表现出来。但是,成为一个Dewa、Pulosari、Pring或者Maspadan,说到底只是继承了这样一种权利,即拥有这个称号,并要求与之相联的尊敬的公共象征。它不是要扮演任何特殊角色,属于任何特殊群体,或者占据任何特殊的经济、政治或祭司位置。

这一地位称号体系是一种纯粹的声望体系。根据一个人的称号,再考虑到你自己的称号,在公共生活的几乎每一环境下,你就确切地知道,你该向他展现怎样的举止,他又该向你展现怎样的举止,而毋庸顾及你们之间存在的其他任何社会纽带,或者你对他这个人可能碰巧具有的任何看法。巴厘人的礼节非常成熟,它差不多在日常生活的全范围内严格控制着社会行为的外观。言语风格、姿势、着装、进餐、结婚,甚至建房、墓地、火葬方式等,都被按照一套精确的礼仪准则加以模式化,这套守则与其说是源于对社交风度本身的酷爱,不如说是源于某些意义相当深远的玄学考量。

体现在地位称号体系及作为它的表现的礼仪体系上的这类人际不平等,不是道德性的,不是经济性的,也不是政治性的——它是宗教性的。它是神性秩序在日常互动中的反映,这样的互动——照这一观点看来就是一种礼仪形式——应当效仿那一秩序。一个人的称号不表示他的财富、权力甚或道德名誉，而表示他的精神的品质；这种地位和他的世俗地位之间可能有巨大悬殊。在巴厘，有些权势熏天的人属于被极粗鲁地对待的那种人，有些被极优雅地对待的人却属于极不被看重的那种人。马基雅维利曾说，不是称号（头衔）给人带来荣誉，而是人给称号带去荣誉；大概很难设想，还有什么比这一意见更偏离巴厘人的精神。

从理论——巴厘人的理论——上讲，一切称号皆出自神灵。每个称号都像某种祖传圣物，从父亲传递给子女——当然并不总是一成不变。不同称号在声望价值上的差异，产生自曾经得到它们眷顾的那些人遵守它们所包含的精神性规定的不同程度。拥有一个称号就是同意——至少是默认——要满足神圣的行为标准，或者起码要接近它们，并非所有人都能同等程度地做到这一点。结果就是称号的阶序与称号拥有者的阶序之间的现存不一致。这里，文化地位——而不是社会地位——又一次反映了同神性的距离。

几乎每个称号都关联着一起或一系列传奇事件，这样的事件表述得非常具体，涉及该称号的这个或那个拥有者犯下的精神意义重大的过失。这些违规——我们还不能称之为罪孽——被认为具体说明了该称号价值衰减的程度，它从一个完全超越的地位跌落的距离，从而被认为至少大体上固定了它在总体声望等级上的位置。特定的（纵使是神话的）地理迁徙、跨称号的通婚、军事失利、违背丧祭规矩、仪式失检等，都被认为或多或少贬低了称号：对低阶称号贬低得多些，对高阶称号贬低得少些。

然而，尽管有这些表象，就其实质而言，这种不均衡的退化既不是道德现象，也不是历史现象。它不是道德的，因为所设想的引发它的那些事件，在很大程度上不是通常会招致负面道德判断（在巴厘更其如此）的事件，而真正的道德过错（残忍、背叛、欺诈、挥霍）损害的只是名誉（它们会随其主人渐渐消散），不是称号（它们会留存下来）。它不是历史的，因为在从前某个时候分头发生的这些事件，不被援用来作为当前状况的成因，而是作为现状性质的证词。关于称号降格事件的要紧事实，不是它们发生在过去，甚至也根本不是它们发生过，而是它们是贬低性的。它们不是对促使现状形成的那些过程的系统阐述，也不是对现状的道德判断（巴厘人对这两种智识工作都没展现出多大兴趣）；它们是对人间社会形式与神圣模式之间的潜在关系的比喻，前者理所当然地是后者的不完美表现——在有些方面表现得尤其不完美。

但是，在对称号体系的自主性说了这么多以后，假如我们设想宇宙模式和社会形式之间存在这样一种关系，那它究竟该如何理解？这一称号体系若是单单立基于宗教观念，立基于个体的人之间精神价值的内在差异理论，那它如何连接上权力、影响、财富、声望等暗含在社会分工之内的"现实因素"（我们从外部观察该社会的话，或许会这么称呼它们）？总之，社会支配的现实秩序如何适应完全独立于它的声望等级体系，以便引致甚至维持两者间实际存在的松散而普遍的关联性？答案在于：要利用从印度引进并受到本土化改造的著名文化制度，即瓦尔那体系，这是相当高妙地玩一种帽子把戏，某种障眼戏法。凭借瓦尔那体系，巴厘人让一种简单的形态贯穿到一堆庞杂不堪的地位分类中，那种形态被表现得仿佛是从后者中自然地生发出来的，实则是被专横地强加给它们的。

如同在印度那样,瓦尔那体系由四个大类组成,即婆罗门、刹帝利、吠舍和首陀罗,以声望递降的顺序排下来,前三者(在巴厘被叫作Triwangsa——"三生")确立了一种精神贵族地位,与第四类的平民相对。但是在巴厘,瓦尔那体系本身不是用于地位区分的文化工具,而是用于把称号体系已经做出的那些地位区分关联起来。它以一种简练——从有些视角来看太过简练——的区分方式(即把绵羊跟山羊分开,再把一等绵羊跟二等分开,二等跟三等分开),概括了隐含在称号体系中的简直数不尽的细微差别。[21] 人们并不将彼此认作刹帝利或首陀罗,而是认作比如说Dewa或Kebun Tubuh,仅仅运用刹帝利-首陀罗的区分,通过识别Dewa是个刹帝利称号而Kebun Tubuh是个首陀罗称号,来一般性地、出于社会组织目的地表现等级的对比。瓦尔那类别不是适用于人的标签,而是适用于人所拥有的称号的标签——它们表达了声望体系的结构;另一方面,称号是适用于个体的人的标签——它们把人置于该结构之内。在多大程度上,称号的瓦尔那分类与社会上权力、财富和尊敬的实际分配,也就是与社会分层系统相符,社会就在多大程度上被认为安排得井然有序。正确的人在正确的位置上:精神价值与社会地位趋于一致了。

称号和瓦尔那的这种功能差别,可以从跟它们相关的符号形式的实际使用方式上清楚看出来。在三生贵族中间,除了某些例外,通常不用亲从子名,个人称号被用作称呼和提及他/她时的主要用语。人们会以Ida Bagus、Njakan或Gusi(**而不是**婆罗门、刹帝利或吠舍)称呼某人,也以同样的称谓提及他,有时为了更准确地指明是谁会加上排行名字(Ida Bagus Made,Njakan Njoman,等等)。在首陀罗中间,称号只在提及某人时使用,称呼时绝对不用，而且主要是在提及外村人而非本村人的时候，在这种情况下那人的亲从子名可能是说话人不知道的，或者即使知道，也会被认为语气上太亲近了，不宜用在不是同村人的某人身上。在村子里，仅当声望地位信息被认为相关的时候，首陀罗称号才会被用来提及某人（"乔的爸爸是一位Kedisan，所以比我们Pande'低微点儿'"，诸如此类），而称呼他当然是用亲从子名。在村际交往中，除了好友之间的情况，亲从子名被搁置一旁，最常用的称呼用语是Djero。它的字面意思是"内部"或"内部人"，从而就是三生的成员——他们被视为"内部"的——与被视为"外部"（Djaba）的首陀罗相对；但是在这种语境下，它相当于说："出于客气，我把你当成三生似的来尊称——但你本来不是（假如你是，那我就是用你自身的称号称呼你）；我希望你能投桃报李，也这样抬举我。"至于瓦尔那称谓，不论是三生还是首陀罗，都只把它们用于一般性地将总体声望等级概念化——这样一种需要通常出现在事关超越村庄的政治、宗教或分层问题时："克隆孔的国王是刹帝利，塔巴南的国王只是吠舍"，或者，"沙努尔有许多富有的婆罗门，所以那里的首陀罗对村庄事务说不上什么话"，如此等等。

因此瓦尔那体系做了两件事。它将一系列看起来是特设的、任意的声望区分即称号，与印度教或者说巴厘版的印度教衔接起来，从而让它们扎根于一种普遍世界观。它还解释了那一世界观（以及那些称号）对社会组织的蕴意：暗含在称号体系里的声望梯度应当反映在权力、财富和尊敬的现实社会分配中，事实上应当完全与之吻合。当然，实际吻合程度顶多是中等的。但是，不管这一规则有多少例外——手握大权的首陀罗、租地力耕的刹帝利、不受尊敬也不可敬的婆罗门——巴厘人还是认为，是规则而非例外真正阐明了人类状况。瓦尔那体系梳理了称号体系,使得人们有可能从一套普遍宇宙论观念的视角来看待社会生活:在那些观念里,人类天赋的多样性和历史进程的运转方式,与人在标准化地位类别体系里的定位相比,被视作表面现象,而那些类别既无视个人特征又永恒存在。

公共头衔

最后这种个人定义的符号序列,表面上看很令人想起我们自己辨别个人身份、描述个人特征的一种较为显著的方式。[22]我们也经常(或许太经常了)透过职业类别的帘幕来看人——不但把他们看成在从事某种职业,还认为他们简直浑身上下都充满着做邮差、货车司机、政客或售货员的特质。社会功能充当了个人身份赖以被感知的符号媒介;人之所是即人之所为。

然而相似只是表面的。巴厘人对社会角色和个人身份间关系的看法,针对我们所称的"职业"、他们所称的linggih("位子""地位""席位")的意符学重要性,呈现出极为不同的态度;那种看法处在关于何物构成自我的不同观念丛里,以关于何物构成世界的不同宗教-哲学观念为背景,依据一套用于描绘linggih的不同文化装置——公共头衔——得到表达。

这种"位子"观依赖于巴厘人思想和实践中存在的一对极其尖锐的区分:社会的市民领域和家庭领域。生活的公共领域和私人领域间的界限,不但从观念上还从制度上划分得一清二楚。在从村庄到王宫的每个层次上,普遍关心的事情跟个人或家庭关心的事情被清晰区别开来,并小心加以隔绝,而不是任由它们像在别的众多社会那样彼此混融。公共领域是社团性的实体,有其自身的利益和目的,巴厘人的这种意识极其发达。在任何层次上承担起对那些利益和目的的特殊责任,就是从不负此等责任的一干普通同类中被拔擢出来,而公共头衔所表现的正是这一特殊地位。

与此同时,尽管巴厘人设想社会的公共领域是有界的、自主的,他们却并不认为它形成了一个无缝整体,甚至压根不视之为整体。毋宁说,他们认为它由若干分立、间断,有时甚至互相竞争的子领域构成,它们各自都是独立自足的,珍惜自己的权利,并建基于自身的组织原则之上。最突出的这类子领域包括:作为社团性政治共同体的村庄,作为社团性宗教实体——会众团体——的地方寺庙,作为社团性农业实体的灌溉会社,以及在此之上的种种区域性的——超村庄的——政府组织和礼拜组织,它们以贵族和高级僧侣为中心。

描述这些不同的公共子领域,将需要广泛分析巴厘社会结构,这实非当前语境所宜。[23]这里必须点出的是,每个子领域都有与之关联的负责官员——"管事"兴许是更好的叫法——他们由此拥有特定的头衔:Klian, Perbekel, Pekaseh, Pemangku, Anak Agung, Tjakorda, Dewa Agung, Pedanda, 等等,大概不下五十个。这些人仅占总人口的极小部分,他们就被别人以这些官衔相称呼和提及——有时为了辅助指明,会结合使用排行名字、地位称号或者(在首陀罗的情形下)亲从子名。[24]首陀罗层级的各种"村首"和"民间祭司",三生层级的一大群"国王""王公""领主""大祭司",都不只是占着一个角色。在他们自己也在周围人眼里,他们跟角色合一了。他们是真正的公共人,对他们来说,做人的其他方面——个体特征、排行、亲属关系、生育地位和声望等级——至少从象征上看居于次要位置。我们会说他们牺牲了真正的自我去成全角色，因为我们太专注于心理特质，以为那才是个人身份的核心；他们则专注于社会位置，因此会说他们的角色就蕴含了他们真正自我的本质。

获得这些带有公共头衔的角色的机会，与地位称号体系及其在瓦尔那类别中的系统安排紧密关联，这种关联是由或可称为"精神资格信条"的观念造成的。该信条宣称，有着跨地方的——区域性的或全巴厘范围的——意义的宗教和政治"位子"，只可由三生就座，而有着地方意义的那些"位子"，应该恰当地归首陀罗掌控。在高层级上，这一信条被严格执行：只有刹帝利，也就是拥有被认为属于刹帝利等级的称号的那些人，才可以做国王或大王公，只有吠舍或刹帝利才可以做领主或小王公，只有婆罗门才可以做大祭司，诸如此类。在低层级上，它就没那么严格了；但是村首、灌溉会社头领和民间祭司应该是首陀罗，三生应该安守他们的本分，这种观念还是很浓厚的。然而不管在哪种情况下，虽然某些人拥有的地位称号属于理论上有资格出任公共头衔所系的管事角色的瓦尔那类别，但他们中的绝大多数都没什么希望得到那种角色。在三生层级上，入职通路在很大程度上是世袭的，甚至是长子继承制的，"掌权"的少数人和其余不掌权的芸芸众"绅"被截然分开了。在首陀罗层级上，取得公职更常靠选举，但是有机会任职的人数仍然相当有限。声望地位决定了一个人推定自己可以担当哪类公共角色，而是否担当这样的角色则完全另当别论。

不过，由于精神资格信条带来的声望地位和公共职位间的大体上的对应，社会中的政治权威品级和神教权威品级被这样一种普遍观念强行勾连起来：它认为社会秩序依稀反映了，而本应更明晰地反映形而上秩序，除此之外，个人身份不该根据年龄、性别、天分、性情或成就这类表面的——因为仅仅是人类的——事项来界定（即从个人生平方面界定），而应根据在总体精神等级体系上的位置来界定（即从先天类型方面界定）。就像个人定义的其他符号序列那样，源自公共头衔的序列包含着对一种深层假定的明确表述（随社会情境的不同而有异）：一个人作为人（我们大概会这样措辞）是什么不重要，重要的是他在一套文化类别中配得上什么位置，那些类别不但不变化，而且由于是超人类的，还不可能变化。

在这里，这些类别也升向神灵（或者同等准确地说，降自神灵），它们湮没个性、抵消时间的力量随之增强。由人承受的高级公共头衔渐渐融入由神承受的头衔中，在顶端完全与之同一，同时，在神灵的层级上，身份简直就只剩下这头衔本身了。所有神灵（包括女神）被称呼和提及时，要么用 Dewa（女神用 Dewi），要么（对高等神灵）用 Betara（女神用 Betari）。在少许情形下，这些一般称谓语后面会跟一个特殊化的称谓语：Betara Guru, Dewi Sri, 等等。但即便被这样提到具体名讳的神仙，也不被设想成具有独特的个性，而仅仅被认为对——这么说吧——调控有着宇宙意义的某些事务负有行政专责而已，比如生育、权力、知识、死亡等。在多数情形下，巴厘人不知道也不想知道，在他们不同的寺庙里供奉的是哪位神灵（庙里总是成对供奉的，一男一女），而只管把他们称作"某某庙的 Dewa (Dewi)"就行了。与古代希腊人和罗马人不同，普通巴厘人对特定神灵的具体作为几乎漠不关心，也不关心他们的动机、个性或个人史。人们对这样的问题，就像对尊长和一般而言的高位者的相似问题一样,保持着审慎和得体。[25]

总之,神的世界不过是又一个公共领域,它超越其他一切领域,充盈着它们想要在自身中尽力体现的那种精神特质。这个领域的关注点在宇宙层面上,而不在政治、经济或仪式(亦即人类的)层面上,它的管事是没有个性特点的人,在他们那里,有死之人的通常标志物是毫无意义的。几乎无面目、完全格套化、从无改变的神像,就构成了巴厘人做人观的最纯粹表达;凭借那些神像,仅以其公共头衔为人所知的无名神灵,在遍布全岛的无数庙宇节庆上,被年复一年地表现出来。向它们单膝下跪,或者更准确点说,向此刻寄寓在它们身上的神灵单膝下跪时,巴厘人不只是在承认神的权力。他们也是在面对这样一种形象,他们认为自己说到底就是那种形象,活着的存在者的生物、心理和社会的伴随状况,历史时间的纯粹物质性,往往会从视线中被抹掉。

文化的三角力量

人有很多方法可以被动地或主动地觉察到时间的流逝:留意到季节的变化、月亮的盈亏或植物的枯荣;有节律的仪式循环、农事或家庭活动;预定行动的准备和日程安排,完工行动的记忆和评估;谱系的保存、传说的唱诵或预言的吐露。但最重要的方法之一,肯定是在自己身上也在同类身上,认出生物性衰老的过程,即具体个人的出世、成熟、衰朽和亡逝。因而一个人如何看待这个过程,会影响——深刻地影响——他如何体验时间。在一群人的做人观念和他们的历史结构观念之间,有着不可磨灭的内在联系。

如我已经强调过的,体现了巴厘的个人认同观的那些文化模式,其最惊人之处在于,它们在很大程度上把差不多每个人——朋友、亲戚、邻居和生人,老人和年青人,尊者和卑者,男人和女人,酋长、国王、祭司和神灵,甚至已逝者和未生者——都描述成定型化的同时代人,抽象而无名的同类。每一种个人定义的符号序列,从隐藏的名字到张扬的头衔,都发挥着这样的作用:突出和强化某些个人间关系中隐含的标准化、理想化和一般化,他们的主要联系在于他们偶然生存于同一时代;抑制或掩饰同伴(密切卷入彼此生平的人)之间,或前辈和后来人(他们作为盲目的遗嘱人和无心的继承人并立在一起)之间的关系中隐含的标准化、理想化和一般化。当然,巴厘的人们**的确**直接地,有时深入地卷入彼此的生活中;他们**的确**感到他们的世界曾被先他们而在的人的行动所形塑,也调整自身行动去形塑后他们而在的人的世界。但是文化上受到重视、符号上得到强调的,不是他们作为人的存在的这些层面——他们的直观性和个体性,或者他们对历史事件之流施加的永不会被复制的特别影响——而是他们的社会定位,他们在持久的、简直是恒久的形而上秩序之内的特定位置。[26]巴厘人做人观的颇有启发性的悖论在于,它们——无论如何从我们的角度看来——是去个性化的。

就这样,巴厘人对时间感的最重要的三大来源变得麻木了——尽管他们当然不能把它们一笔勾销:对自己的伙伴们(从而本人亦随之)在不断老去的理解/恐惧,对逝者已完结的生活加诸生者未完结的生活之上的重负的意识,对眼下正在从事的行动加诸未生者的潜在影响的了解。

同伴们一旦相遇,就在当下——综观性的"此刻"——彼此面对和会心;就在这么做时,随着这样的"此刻"在面对面互动的不息之流中飞逝而去,他们体会到了它的飘忽不定和短暂无常。"对[同伴关系中的]每一方来说,对方的身体、姿势、步态和面部表情,都是直接观察得到的,他们不单把它们当作外在世界的事物或事情,还进入它们的观相术意义中,即把它们当作对方思想的[表达]……每一方都参与到对方滚滚向前的生活中,能够在鲜活的现在,随着对方思想的逐步确立去领会它们。他们因而可以分享彼此对未来的预期——当作计划也好,希望也好,或者忧虑也好……[他们]互相卷入对方的生平中;他们在一起变老。"[27]至于前辈和后来人,他们被一道实质的鸿沟所阻隔,但根据起源和结局去感知对方,当此之际,他们体验到事件的内在历时性,即超越个人的标准时间的线性前进——这类时间的流逝可以用时钟和日历来测量。[28]

这三种经验,即同伴亲密性所引起的对逐渐逝去的现在的经验、冥想前辈所引起的对具有决定影响的过去的经验、预想后来人所引起的对可塑未来的经验,巴厘人从**文化**上把它们降到最低限度,以支持由纯粹同时代人的匿名化相遇所产生的一种纯粹同时性意识,这样他们制造了又一个悖论。与他们去个性化的做人观相联的,是一种去时间化(再次是从我们的观点看来)的时间观。

分类历法和点状时间

巴厘人的历法观念——他们用于区划时间单元的文化装置——清楚地反映了这一点;因为它们在很大程度上不是用于测

量时间的流逝，也不是要强调既往时刻的独一性和不可恢复性，而是要对时间据以显露于人的经验中的那些定性情态加以标记和分类。巴厘的历法（或者不如说诸历法，我们将会看到，存在两大历法）将时间切割成有界单元，不是为了计量它们、汇总它们，而是为了描述它们、特征化它们，为了明确表达它们有差别的社会、思想和宗教重要性。[29]

巴厘人采用两种历法，一种是阴-阳历，一种是围绕着独立的日名循环的交互作用建立起来的，我称之为"排列"（permutational）历。排列历迄今为止是最重要的。它包含十组不同的日名循环，这些循环长短不一。最长的内含十个日名，以固定顺序前后相随，然后第一个日名再次出现，又一轮循环开始。同理，存在这样一些循环，它们分别有九、八、七、六、五、四、三、二乃至——"同时化"时间观的极致——一个日名。每个循环里的日名是不同的，各个循环同时在运行。也就是说，随便哪一天，至少从理论上讲，有十个名字同时用来称呼它，这十组循环各出一个名字。然而这十组循环当中，只有分别内含五、六、七个日名的那三组具有重要的文化意义，尽管有三个日名的循环也被用来规定集市周期，还在安排像前文提过的命名仪式这类次要仪式上发挥作用。

于是，这三组主要循环——五日、六日和七日循环——的交互作用，意味着任一给定的三名日（即从这三组循环获得一个特定的名字组合的一天）将会每二百一十天（五、六、七的简单乘积）出现一次。五日循环和七日循环间类似的交互作用产生双名日，它们每三十五天出现一次；六日循环和七日循环间的交互作用产生的双名日，每四十二天出现一次；五日循环和六日循环间的交互作用产生的双名日，每三十天出现一次。这四种周期——可以说是超循环——各自所界定的结合(**但不是周期自身**),不但被认为社会意义重大,而且被认为以某种方式反映了现实结构本身。

这一切轮中套轮的计算导出一种观点,它认为时间包含了分别有三十个、三十五个、四十二个或二百一十个量子单位("日")的若干有序集合,那些单位每个都具有由其双名或三名所指示的某种特殊的定性意义:很像我们觉得十三号的星期五不吉利这样的观念。谁若要在四十二日集合里识别出某一天,从而评定它的实用和/或宗教意义,他就需要确定它在六日循环和七日循环里的位次,即它的名字,比如,如果分别是 Ariang 和 Boda,那这一天就是 Boda-Ariang;然后他相应地调节他的行动。若要在三十五日集合里识别出某一天,你需要确定它在五日循环和七日循环里的名字,比如,如果分别是 Klion 和 Boda,那这一天就是 Boda-Klion,也就是 rainan 日,那天人们必须在不同时间点摆出少量供品去"喂"神灵。至于二百一十日集合,确定独一无二的某一天则需要来自三组循环的日名,比如 Boda-Ariang-Klion,巧得很,人们就在这一天欢庆巴厘最隆重的节日加隆安节。[30]

且不说细节如何,这一种历法所促成的计时法的性质,显然不是延续的而是点状的。即是说,它不被用来(若要用也非常笨拙,还得加上一些辅助工具)衡量时间的流逝速度,某事件发生后又过了多久,要完成某计划还有多久;它适于也被用于对离散的、独立自存的时间粒子("日")加以区别和归类。循环和超循环是无尽的、非锚定的、不可计数的,而且由于它们的内部顺序不含意义,也是无高潮的。它们不积累,不加强,不消耗。它们不告诉你现在是什么时间,它们告诉你现在是哪一种时间。[31]

排列历的使用延展到巴厘生活的几乎所有方面。首先,它确

定了 (除了一个例外) 全部节日,即整个共同体的庆典——戈里斯列出了共计三十二个节日,相当于差不多平均每七天中就有一个。[32]然而它们没有表现出任何可识别的总体节律。假如我们随意地从 Radité-Tungleh-Paing 开始,把它记为第 1 天,那么节日出现的日子编号是:1, 2, 3, 4, 14, 15, 24, 49, 51, 68, 69, 71, 72, 73, 74, 77, 78, 79, 81, 83, 84, 85, 109, 119, 125, 154, 183, 189, 193, 196, 205, 210。[33]大大小小的节日如此阵发性地出现,结果是把时间(即"日")感知为大体落入极普遍的两类之中,即"满"日和"空"日:前一种日子里,有什么重要事情发生,另一种日子里则没什么事情,至少没什么要紧事情发生;前者常被称作"时节"或"关头",后者则是"空洞"。历法的其他所有应用不过强化和精炼了这种普遍感知。

这些其他应用当中,最重要的是确定寺庙庆典。谁也不知道巴厘有多少座寺庙,尽管斯韦伦格雷贝尔估计有超过两万座。[34]这些寺庙有家庙、族庙、农庙、丧庙、村庙、会社庙、"种姓"庙、邦庙等,每个都有自己的庆祝日,叫作欧达朗 (odalan),这个名称通常引人误会地被译成"生日",或者更糟地被译成"周年纪念日",但它的字面意思是"出来""显现""露面",也就是说,它不是表示寺庙建成的那一天,而是表示寺庙被"激活"(而且自从它这样存在以来就始终处于"激活"状态),神明从天而降寄身庙中的那一天。在两次欧达朗之间的日子里,寺庙无人居住,沉寂空虚;除了它的祭司在某几天准备少量供品外,那里什么事都没有。

对大多数寺庙来说,欧达朗是按照排列历确定的 (其余寺庙的欧达朗则是按照阴-阳历确定的,我们将会看到,就时间感知方式而言,结果差不多是一样的),又是要看五日、六日和七日循环的交互作用。这就意味着,寺庙庆典——从精美得难以置信的到简单得难以察觉的——往轻里说,在巴厘是经常发生的,虽然在此,某些日子里发生了许多这样的庆典,而另一些日子里——本质上出于形而上的原因——任何庆典都没发生。[35]

因而,巴厘人的生活不但被频繁的节日——那是人人都要过的——不定期地打断,还被更频繁的寺庙庆祝活动——那是只有由出身而定的该寺庙成员才会参加的——所打断。多数巴厘人都属于六个以上的寺庙,这导致仪式生活相当忙碌(虽说不上烦剧),尽管那种生活也是在过度活跃和休眠之间无节律地交替。

除了节日和庙庆这样较为宗教性的事务外,排列历还侵入和覆盖了日常生活的较为世俗性的事务。[36]建房、开业、迁居、出行、收获、磨砺公鸡距铁、举行木偶表演,或者(过去)开战或媾和,都有吉日和凶日之分。一个人出生的那一天,又一次地不是我们所说的生日(你要是问巴厘人他是什么时候出生的,他的回答大意是说"周四,第九日",这对确定他的年龄用处不大),而是他的欧达朗,它被认为控制了——或者更准确点说,预示了——他的大部分命运。[37]这一天出生的人可能自杀,那一天出生的人可能做贼,这一天的会富有,那一天的会贫穷;这一天的会健康或长寿或幸福,那一天的会多病或短命或不幸。性格被类似地加以评估,才智也一样。疾病的诊断和治疗要复杂地融入一些日历的确定因素,这可能牵涉到医生和病人的欧达朗,病发的日子,还有形而上地关联着病症和药物的那些日子。订婚之前,男女双方的欧达朗要拿来对照,看他们的结合吉不吉利,若是不吉利,婚事就谈不成了——至少假如双方很谨慎的话,而实际上人们几乎总是很谨慎的。有宜埋葬的时间和宜火化的时间,宜结婚的时间和宜离婚的时间，宜登山的时间和宜赶集的时间（这是从一种希伯来特色转向巴厘特色），宜社会引退的时间和宜社会参与的时间。村议事会、灌溉社、志愿社团等的会议全是根据排列历（或者极罕见地，阴-阳历）确定时间的；在家静坐以图躲灾避难的时段也是这样确定的。

阴-阳历虽是在不同基础上构造起来的，但其实体现了跟排列历相同的点状时间概念。它的特点和（有利于某些目的的）优势在于，它多多少少是锚定的，它在季节上不是漂移的。

这种历法由编了号的十二个月组成，每个月是从新月到新月。[38] 然后这些月份被划分成两类（也编了号的）日子：阴日（tithi）和阳日（diwasa）。一个月总是有三十个阴日，但是由于阴年和阳年的年份差异，一个月有时有三十个阳日，有时二十九个阳日。在后面这种情况下，两个阴日被认为落到一个阳日上——也就是有个阴日被跳过去了。这每六十三天出现一次；但是尽管这一计算在天文学上十分精确，实际的测定却不是基于天文学观测和理论——巴厘人对此缺乏必要的文化装备（更别说兴趣了）——而是运用了排列历。计算结果当然最初是从天文学上得出的，但那是印度人得出的，在极其遥远的过去，巴厘人从他们那里引进了这种历法。对巴厘人而言，双阴日——这一日同时是两天——不过是排列历的循环和超循环的运转所产生的比较特别的日子类型：这是一种先验的而非后验的知识。

无论如何，相比于真实的太阳年，这种校正仍然留下了九到十一天的偏差，弥补它靠的是每三十个月插入一个闰月，又一次地，这种操作法虽然最初是印度天文学观测和计算的结果，但在这里仅仅是机械性的。尽管阴-阳历**看上去**是合乎天文学的，从而**好像**是建基于对自然的时间过程,即天体钟的某种认知上,但这是注意其起源而非其使用所造成的幻觉。它的使用脱离于对天象的观测,或者脱离于对正在流逝的时间的其他任何经验,这跟排列历的使用一般无二,后者那么严格地调整着它的步调。如同排列历那样,阴-阳历这个体系是自动的、粒子状的,从根本上说不是度量性的而是分类性的,它告诉你今天是什么(或哪一类)日子,而不是告诉你今天月亮的外形是什么样,当你偶然抬头望月的时候,它的外形不是被感受为历法的决定因素,而是历法的反映形式。"真正实在的"东西是日名(或者就这里的情况而言,日子的双位数字),是它在日子的超经验分类体系中的位置,而不是它反映在天空中的附带现象。[39]

在实践中,阴-阳历被以跟排列历相同的方式用于相同类型的事情。它是(大致)锚定的,这一点使它在农业环境下更显便利,于是播种、除草、收割等农事,通常根据它来加以调整,有些寺庙跟农业或生产有象征性关联,也依照它来庆祝它们的迎神会。这意味着这种迎神会要大约355天(在闰年中则是大约385天)才举行一次,而不是210天一次。但是从其他方面看,模式保持不变。

此外,有一个重要的节日——静居日(Njepi)——是照阴-阳历来庆祝的。它经常被西方学者称作"巴厘新年",但它的到来不是在一月之始(即一月的新月),而是在十月之始,而且它所挂怀的不是更始或重新奉祀,而是一种加重了的对邪魔的恐惧,以及一种让人的情绪平静下来的努力。静居节被过成了怪异的静默一日:人们谁也不上街,什么活都不干,不点灯不生火,连在院内也不交一语。阴-阳历不大被用于"算命"目的,尽管新月日和满月日被认为具有某种定性特征:前者凶险,后者吉利。总之,阴-阳历更多地是补充排列历,而不是替代。它使一种分类的、非满即空的、"去时间化的"时间观有可能被运用到这样的背景下:自然状况周期性变化的事实在那里至少得到最低限度的承认。

礼仪、舞台恐惧和高潮缺席

因此,人的匿名化和时间的静止化就不过是同一文化过程的两面:一面是在巴厘人的日常生活中,从符号上弱化把同类感知为同伴、后来人或前辈的倾向,另一面是突显将他们感知为同时代人的倾向。正如个人定义的各种符号序列将禀赋和性情的那一变动模式(我们谓之人格)的生物的、心理的和历史的基础,隐藏在现成的身份,即圣像式自我的密实帘幕后边那样,历法——或者不如说历法的使用——通过将时间之流碾碎成不相连、无尺寸、不运动的粒子,也使那些基础和那一模式势必会暗示的时日荏苒、岁月如梭的感觉变得麻木了。纯粹的同时代人需要有可以活在其中的绝对的现在,绝对的现在只有同时代化的人方能栖居其间。可是,这同一过程还有第三面,它把该过程从一对互补的先入观念转变成互相强化的三角文化力量:社会交往的礼仪化。

为了保持某人平日里接触的那些个人的(相对)匿名化,抑制隐含在面对面关系中的亲切感,简单地说,为了使同伴变成同时代人,有必要将与他们的关系高度形式化,在社会学的中程距离上去直面他们,这里近得足以识别他们,又不致近到足以把捉他们:半生人、半友人。因而,太多的巴厘日常生活的礼仪性,亦即人际关系被一种发达的惯例和礼节体系所控制的范围(和强度),就在逻辑上关联着一种极致努力,想要遮蔽人的状况的更偏生物性的层面——个体性、自发性、有死性、情绪性、脆弱性。这种努力像它的对应物一样，只会取得极为局部的成功；而巴厘社会互动的礼仪化，与人的匿名化或时间的静止化一样，不曾接近完成。但是，它的成功被渴盼的程度，它作为一种令人痴迷的理想的程度，说明了礼仪化达到的高度，说明了礼貌在巴厘不只是关乎实用便利或附带装点，而是关乎深层的精神关怀。精心表演的礼节，十足的外在形式，在那里具有一种规范价值，而我们——即便不认为它是伪善的，也会认为它是做作的或滑稽的——不太可能再重视那种价值了，既然简·奥斯丁距我们远如巴厘。

在对社会生活的表面进行的这种勤奋打磨中，存在一个我想我们不会料到将存在于那里的特别调子，一种展现风格的微妙之物，因此要重视那种价值就越发困难了。既是微妙之物（虽然无所不在）而又展现风格，它就很难被传达给没有亲自体验过它的人。"嬉戏的剧场性"庶几近之，如果我们理解"嬉戏"不是漫不经心而是近乎严肃，理解"剧场性"不是自然流露而是近乎迫不得已的话。巴厘的社会关系既是严肃的游戏，也是刻意的戏剧。

这在他们的仪式生活和（是同一回事的）艺术生活中可以看得很清楚，这两种生活的很大部分其实不过是他们社会生活的写照和模子。日常互动如此仪式化，而宗教活动如此市民化，让人难以辨明一个止于何处而另一个始于何处；两者都不过是巴厘最名闻遐迩的文化特质——她的艺术天赋——的表现。精心安排的寺庙盛会；词藻浮夸的歌剧，走钢丝般的芭蕾舞剧，呆板僵硬的皮影戏；拐弯抹角的说话，赔小心似的姿势；这一切都同出一源。礼节是一种舞蹈，舞蹈是一种仪式，而祀神是一种礼节形式。艺术、宗教和礼貌全在提升事物的外在表象，那一人为的表象，精致的表象。他们赞美形式；正是对这些形式的不知疲倦的操弄（他们所称的"嬉戏"）给巴厘生活带来挥之不去的仪式薄雾。

因而，巴厘人际关系的循规拘礼倾向，即仪式、技艺和礼貌的融合，引导我们辨识出他们那特殊款式的社交的最根本、最独特的性质：它的极端唯美主义。社会行为——所有社会行为——首先旨在取悦人：取悦神灵，取悦观众，取悦别人，取悦自己；但取悦是因美而悦，不是因德而悦。礼貌行为就像寺庙供品或甘美兰协奏曲一样，是艺术作品，它们表现得就是这样，它们有意要表现的不是品行端方（或我们会谓之"品行端方"的东西），而是感受力。

因此，从这一切——日常生活显著地是礼仪性的；这种礼仪性表现为认真地，甚至勤勉地跟公共形式"嬉戏"；宗教、艺术和礼貌故而不过是对事物的精制外观的总体文化迷恋的指向有别的表现；结果这里的道德本质上是审美的——出发，我们有可能更准确地理解巴厘生活情感基调的两种最昭著（也最招人评说）的特点：被（误）称为"羞耻感"的那种情绪在人际关系中的重要性，以及宗教、艺术、政治、经济等方面的集体活动向可界定的圆满发展过程中的失败——有人把这（尖锐地）称为"高潮缺席"。[40]这两大论题的第一个直接把我们引回做人观，另一个则同样直接地把我们引回时间观，这就确定了我们将巴厘人的行为风格与它在里边活动的观念环境联系起来的那个隐喻的三角形的三个顶点。

"羞耻感"概念与其道德和情感的同类概念"罪恶感"一道，在文献中已饱经讨论；有时整个文化被称为"耻感文化"，因为据信那些文化里对"荣誉""名声"之类的强烈关注占了上风，牺牲了对"罪恶""内在价值"之类的关注——这被认为是"罪感文化"里的主流。[41] 暂且不论这样一种整体类型化的用途，以及牵扯到的比较心理动力学的复杂问题，事实证明这种研究也很难将"羞耻感"一词在英语里十分普通的意思（"负罪感""愧疚感"）剥除掉，从而使之与"罪恶感"本身（"做过某种应受谴责的事情的事实或感觉"）彻底脱钩。通常说来，这种对比针对这一事实："羞耻感"一词往往被用于（虽然实际上远非专用于）所干的坏事被公开暴露的处境下，而"罪恶感"则用于（虽然同样远非专用于）不曾暴露的处境。羞耻感是随着越轨行为被揭发而生出的丢脸感和蒙羞感；罪恶感则是那种行为没有或尚未被揭发时，在内心深处冒出的道德败坏感。因此，尽管羞耻感和罪恶感在我们的伦理和心理词汇中不是精确等同的，它们却属于同一家族；前者是后者的公开化，后者是前者的隐蔽化。

但是巴厘人的"羞耻感"，或者说被翻译成"羞耻感"的那种东西 (lek)，跟越轨行为全无关联，不管那行为是暴露了还是没暴露，是承认了还是遮掩着，仅仅是想象的还是真正干过。这不是说，巴厘人感觉不到羞耻或罪恶，没有良心或自尊心，就像我们不说巴厘人意识不到时间的流逝或人的独特个体性一样。这是说，罪恶感或羞耻感作为他们人际行为的情感调节器不具有基本重要性，lek 无疑才是最重要的这种调节器，在文化上受到了最热烈的强调，因而它不该被译成"羞耻感"，不如贯彻我们的剧场比喻，将其译成"舞台恐惧"。它既不是某人干了坏事的感觉，也不是随着某种被揭穿的坏事产生的蒙羞的感觉，这两者在巴厘只会被轻微感受到并被迅速抹去——此即巴厘人面对面交往时的情绪控制。相反地，它是在念及将要来临的社会互动或面对当前的社会互动时的紧张不安感,那是发散的,通常是温和的,虽然在某些情境下简直令人无法行动;它是一种习惯性的、多半是低度的焦虑,担心自己不能不负所望地完美成事。[42]

不管舞台恐惧有什么深层原因,它主要包含一种担忧,害怕由于缺乏技巧或自控,或者也许纯粹出于意外,一种审美错觉将会维持不住,演员暴露出他在饰演角色,而角色就隐没在演员身上了。审美距离瓦解了,观众(和演员)看不见哈姆莱特,令所有相关人士都不舒服的是,他们只看见笨拙的约翰·史密斯——他令人难过地被误派了丹麦王子这个角色。在巴厘,情况是一样的,不过他们的戏剧要低俗一些。人们担心(在多数情况下轻微地,在少数情况下强烈地),公开表演即礼节会被搞砸,礼节所维持的社会距离因而会瓦解,个人的个性于是会打破乃至消解他的标准化公共身份。当这种事发生的时候,就像有时会发生的那样,我们的三角形就瓦解了:礼仪消散了,此时此刻的直观性被极为令人痛苦地感受到了,人们变成了不情不愿的同伴,尴尬得不知所措,仿佛无意间闯入了对方的私生活。lek 既是对这样的人际灾难的无时不有的可能性的警觉,也像舞台恐惧一样,是激励人们避开它的一股力量。正是对出乖露丑——一种复杂化的礼节只会使之概率大增——的担心,将社会交往保持在故意窄化的轨道上。是 lek 最为得力地保护了巴厘人的做人观免遭面对面相逢的个性化力量的损害。

"高潮缺席",是巴厘人社会行为的另一项突出特质,它独特得古怪,而又怪异得独特,唯有多方叙述具体活动才能恰当地把它再现出来。它其实就是,社会活动不向(或不被允许向)最后的完满发展。争吵出现了,又消歇了,即使有时会持续下去,它们也几乎从不激化。问题不会尖锐得需要寻求了断,它们被弱化、缓和,希望单单局面的演变就可以解决它们,或者再好点儿,它们干脆蒸发了。日常生活是由自足的、单子式的相逢组成的,在那样的相逢里,某事要么发生了要么没发生——一种意图要么实现了要么没实现,一项工作要么完成了要么没完成。倘若事情没发生——或意图受挫、工作无成——那么人们可能另找时间从头再来,要不索性放弃了事。艺术表演开始了,上演中(一般会拖很久,那时观者不会一直在场,而是离开一阵又回来,聊一会儿天,打一会儿瞌睡,再聚精会神看一会儿),停下了;它们像游行一样无中心,像露天盛典一样无方向。通常仪式似乎主要包含做准备和收拾现场两部分,就像在寺庙庆祝活动中那样。典礼的核心,即向降临神坛的神灵敬拜,被有意弄得悄然无声,有时甚至让人觉得,它简直像是一种事后回想,是身体上近在咫尺、社交上远在天涯的匿名者之间擦身而过时的迟疑对视。它整个就是在欢迎和告别,是预尝和回味,只是连带着备受典礼缓冲和仪式隔离的那种与神圣存在本身的实际相遇。哪怕是在阑答-巴龙这类戏剧性更强的典礼中,可怕的女巫和愚笨的龙之间的战斗也是在事情悬而未决的状态下,在神秘、形而上、道德的和局中结束,听任万物保持其本然的样子,观察者——至少外国观察者——感到有某种决定性的事情眼看就要发生,却断断不会发生。[43]

简单说来,事件就像节日那样发生。它们出现、消失、重现,各自是离散的、自足的,是固定的事物秩序的一种特殊表现。社会活动是分离的表演;它们不向某个终点行进,不朝某个结局汇合。时间是点状的,生活也是。它不是无序的,而是像"日"本身一样,被定性地整理成有限数量的既定种类。巴厘人的社会生活缺乏高潮,是因为它在静止的现在、非矢量的当下发生。或者同样可以说,巴厘人的时间缺乏运动,是因为巴厘人的社会生活缺乏高潮。两者彼此蕴含,同时又都蕴含了巴厘的人之同时代化(也被它所蕴含)。对同类的感知、对历史的体验和集体生活的倾向(有时被称为精神气质)由一种可界定的逻辑勾连起来。但这逻辑不是三段论的,而是社会的。

文化整合、文化冲突、文化变迁

"逻辑"一词在使用中既指推理的形式法则,又指事实和事件中间的合理联系,它是个有隐患的词;这在文化分析中尤甚。当你探讨有意义的形式时,有一种几乎不可抗拒的诱惑,想把它们中间的关系看成固有的,由它们互相拥有的某种内在亲和性(或疏离性)构成。所以我们听人说,文化整合是意义的和谐,文化变迁是意义的不稳定,文化冲突是意义的不协调,这暗示和谐、不稳定或不协调是意义自身的属性,好比甜是糖的属性、易碎是玻璃的属性一样。

然而,当我们试图像探讨甜味或易碎性那样来探讨这些性质时,它们却不能以预料的方式"合乎逻辑地"表现出来。当我们寻找和谐性、不稳定性或不协调性的成分时,我们无法在那些东西(人们假定这些性质就是那些东西的属性)里边找到它们。你不能借由某种文化化验来操作符号形式,以便发现它们的和谐含量,它们的稳定比率,或它们的不协调指数;你只能观察并判断事实上所考察的形式是不是以这样或那样的方式共存、共变或相互干涉,这像是尝一下糖看它甜不甜或者摔一下玻璃看它碎不碎,而不是研究糖的化学成分或玻璃的物理结构。这样做的理由当然在于,意义不是内在于承载着它的那些物体、行为、过程等等之中的,而如韦伯、涂尔干及其他许多人强调过的那样,是外加于它们之上的;因此对它的性质的解释必须到外加者,即社会中的人那里去寻求。思想的研究,借用约瑟夫·列文森的一个短语来说,是对思想着的人的研究;[44]他们的思维活动,不是处在自身之内的某个专门场所中,而是处在他们做其他一切事情的那个场所,即社会世界中,所以文化整合、文化变迁或文化冲突的性质,须得去那里探寻:当个体和群体在符号引导下察觉、感受、推理、判断和行动时,去他们的经验中探寻。

然而这么说不是要向心理主义投降,它是除逻辑主义之外,文化分析的另一大破坏者;因为人的经验——事件的实际经历——不是单纯的感知,而是——从最直接的感觉到最间接的判断——有意义的感知,即被解释的感知,被领会的感知。对人类——新生儿可能是例外,他们除了身体结构以外,无论如何都只算潜在的人——而言,一切经验都是解释过的经验,而据以解释它们的那些符号形式,结合着林林总总的其他因素(从视网膜的细胞几何形状,到心理成熟的内源性发展阶段),就决定了它们的内在结构。放弃在某个毕达哥拉斯式的"意义界"里发现文化组织的"逻辑"的希望,并不是要彻底放弃发现它的希望。它是要把注意力转向赋予符号生命的东西:符号的使用。[45]

将巴厘人用来定义人的符号结构(名字、亲属称谓、亲从子名、称号或头衔等)与他们用来刻画时间特征的符号结构(排列历等)紧密联系起来,又将这两者与他们用来整饬人际行为的符号结构(艺术、仪式、礼节等)联系起来的,是这些结构各自施加于它们的使用者的感知上的效应的交互作用，即它们对经验的影响互相配合、互相强化的方式。将同类"同时代化"的倾向，钝化了生物性老化的意识，钝化了的生物性老化的意识又清除了时间流意识的一大源头，弱化了的时间流意识则给予人际事件一种片段系列的性质。礼仪化的互动支撑着对他人的标准化感知，对他人的标准化感知支撑着对社会的"稳态"观念，对社会的"稳态"观念支撑着对时间的分类感知。如此等等：你可以从时间观出发，往随便哪个方向，绕着同一个圆圈走一遭。这个圆圈虽是连续的，在严格意义上却不是封闭的，因为这些经验模式不过是一些主导趋势或文化偏重；被它们压制的对立面，同样深深扎根于人类生存的普遍状况中，并非没有自己的文化表现，不只与它们共存，甚至违抗它们。但是，它们**是**主导的，它们**确实**互相加强，它们**是**持续存在的。"文化整合"[韦伯所谓"意义的关联"（Sinnzusammenhang）]的概念恰恰可以正当地运用于这种既不永恒也不完美的事态。

依照这种观点，文化整合不再被视为自成一格的现象，脱离人的日常生活而闭锁于它自身的符合逻辑的世界里。然而也许更要紧的是，它也不被视为无所不包、无处不在、无边无际的现象。首先，如同刚提到的那样，在任何文化（就我们所能辨别的而言）里，总是存在与主要模式相对抗的一些模式，它们是亚主导的，却还算重要的主题。一种文化的否定自我的要素，以一种平常的、完全非黑格尔式的方式，力量或强或弱地包含在它自身之内。比如，拿巴厘人来说，将他们的女巫信念（或者仿照现象学的说法，女巫经验）当作或可称为他们的人类信念的东西的反面，或者将他们的出神行为当作他们的礼仪的反面，分别加以研究，大概会在这方面令人醍醐灌顶，给当前的分析增添深度和复杂性。

对普遍认可的文化特征化的一些比较有名的驳诘,比如揭示"爱好和谐"的普韦布洛人中间的猜疑和派系,或者揭示竞争成性的夸扣特尔人的"友善可亲的一面",本质上就是在指出这样的主题的存在和重要性。[46]

但是除了这种自然对比物之外,在某些主要主题本身之间也存在纯粹的、无法连接的间断点。不是凡物都同等直接地联系着其他万物,也不是凡物都与其他万物直接协同或抵触。最起码地,这样的普遍而首要的交互联结,必须从经验上予以证明,而不是像人们常常为之的那样,当成公理予以假定。

文化中断及其可能造成(甚至是在高度稳定的社会里)的社会解体,一如文化整合那样真实。认为文化是一张无缝之网的观点仍然流行于人类学中,它在20世纪30年代初的马林诺夫斯基革命后有点热情过头地代替了一种更陈旧的观点,后者认为文化是碎片加补丁之类的东西;其实两者都是窃取论点。系统不必详尽无遗地互联才成其为系统。它们可以是密集互联的,也可以是稀疏互联的,但到底是哪一种,它们是怎样适当整合的,这是个经验问题。要断言体验方式中间的关系,就像断言变量间关系一样,你得找出它们来(也得找到找出它们的办法),而不能仅仅假定它们存在。既然有某些相当令人信服的理论根据让人相信,既复杂(像任何文化那样)又充分连接的系统无法运转,那么文化分析的问题就既是要确定独立性也是要确定互联性,既是要确定鸿沟也是要确定桥梁。[47]文化组织的合适形象(假如非有一个形象不可的话),不是蛛网也不是沙堆。倒不如说它是章鱼:它的触手在很大程度上是各自为政的,彼此之间、跟章鱼身上被认作头部的东西之间都没有什么神经性的联系,尽管如此,章鱼还是设法作为一个能存活的、虽说有些丑陋的实体,四处游走并自我保存——至少可以苟延一阵子。

所以我要主张,本文所提出的有关人、时间和行为的三种观念之间的紧密而直接的相互依赖,是一种普遍现象,纵然它的特殊的巴厘形式在一定程度上是特有的,因为这样的相互依赖内在于人类经验的组织方式里,是人类生活所处条件的一种必然结果。但它只是众多而未知其数的这类普遍相互依赖关系之一,它跟其中一些多多少少是直接相联的,跟另一些仅仅极为间接地相联,跟其余那些实际上几乎毫无瓜葛。

因此,文化分析不可归结为对"文化的基本构型"发起的英勇的"整体性"猛攻,以为那种基本构型是支配一切的"最高级秩序",而比较有限度的构型不过是从它推演出来的结论;文化分析应归结为从有意义的符号、有意义的符号之集丛和有意义的符号之集丛的集丛——感知、情感和理解的物质载体——中,搜寻和陈述隐含在它们的构成里的人类经验的潜在规律性。一种切实可行的文化理论假如可能取得的话,要逐渐发展而成:从可直接观察的思想模式出发,先发展出确定的思想模式家族,再发展到更多变的、不那么紧紧凝聚但依然有序的"章鱼式"思想模式系统,将局部的整合关系、局部的不协调关系和局部的独立关系融于一身。

文化行进起来也很像章鱼——不是各部位一下子同时流畅地协同作用,不是大规模地全体共同行动,而是这部分动一下,接着那部分动一下,而目前是另一部分在动,这些脱节的运动不知怎的就累积成了有方向的变迁。把软体动物抛诸脑后吧;在任何给定的文化里,前进的最初冲动会在哪里出现,它们会怎样、会在多大程度上于系统之内蔓延,这在我们当前的理解阶段,近乎是全然不可预测的。不过,如果这样的冲动出现在系统的互相联系紧密、社会影响重大的某个部分,那它们的推动力极可能很强,这不像是无凭无据的推测。

任何新发展,若能有效冲击巴厘人的做人观、时间经验或礼仪观念,似乎就富含改变很大部分的巴厘文化的潜能。这样的革命性发展不会只出现在这几方面——对巴厘人的声望观及其基础构成冲击的任何东西,似乎至少同样影响深远;但是无疑地,这几方面属于最重要的。倘若巴厘人发展出少一点匿名化的看待彼此的观念,更加动态化的时间感,或者更轻松随意的社会互动方式,那么巴厘生活中的很大部分——不是所有事情,只是很大部分——将不得不改变,因为这每一种变化都(直接或间接地)暗含另两种变化,而它们三者在不同环境中、以不同方式,共同发挥了塑造那一生活的关键作用。

理论上讲,这样的文化变化可以出自巴厘社会内部,也可以出自外部;但是鉴于巴厘如今是一个发展中的民族国家的组成部分,而这个国家的重心在别的地方(爪哇和苏门答腊的大城市),所以它似乎很可能出自外部。

印尼历史上差不多破天荒第一次出现了这样一个政治领导人,他不但在事实上而且在外表上都是人性化的,简直太人性化了,这似乎蕴含了几分对巴厘传统做人观的挑战。苏加诺不仅在巴厘人眼中是个独一无二、生气勃勃、平易近人的人物,甚至还可以说,他当着众人的面在渐渐老去。尽管他们没有与他进行面对面互动,但他在现象学意义上更多算是他们的同伴而不是同时代人,而他在赢得这种关系——不光在巴厘,还在更广泛的印尼——上的无比成功,就是他攫住、迷住民众的很大部分秘密所在。如同所有名副其实的克里斯玛人物那样,他的力量主要来自这一点:他不符合那些传统的文化类别,而是通过张扬他本人的独特性来打破它们。这也程度有所减弱地适用于新印尼的较低级领导人,直到巴厘本地现在开始冒出来的那些"小青蛙"苏加诺(民众跟他们**确实**有面对面关系)。[48]布克哈特所见的文艺复兴时期的君主们凭借其纯粹的性格力量带给意大利,随之带给现代西方意识的那种个人主义,可能正在被印尼的新民粹主义王公们以相当不同的形式带给巴厘。

类似地,这个民族国家已经发动起来的持续危机政治,一种要将事件推向高潮而非逃避高潮的激情,似乎对巴厘人的时间观构成了同一类挑战。这样的政治越来越被置于对滔滔皆是的新兴国家民族主义来说非常典型的那种历史框架里,即被放在"起源的伟大,外国的压迫,长期的斗争、牺牲和自我解放,触手可及的现代化"的语境里,当此之时,现在正发生的事、已经发生过的事和将要发生的事之间的关系的全盘观念就被修改了。

最后,城市生活及主导着它的泛印尼文化出现了新式的不拘礼节:如青年和青年文化的重要性的提升,它拉近了,有时甚至反转了代际社会距离;如革命同伴的满怀柔情的同志关系;又如政治意识形态(马克思主义和非马克思主义的皆然)的民粹主义的平等主义等。它们看上去好像对巴厘三角形的第三边,即精神气质或行为风格的那一边含有相似威胁。

这一切诚然只是推测而已(虽然考虑到印尼独立十五年来的事件,并非纯属凭空推测),而巴厘的人、时间和行为方面的观念将会何时、如何、以什么速度和顺序发生变化,这恐怕完全不可做出泛泛的预测,也很难做出细细的预测。但是既然它们确实会变化——这在我看来是必定的,而且其实早已开始了[49]——那么此处发展的将文化观念当作主动力量、将思想当作公开现象(跟其他公开现象有相似效果)的这种分析,就应当有助于我们发现那变化的轮廓、动力以及更重要的社会蕴意。它也应当同等适用于别的地方,哪怕形式有别、结论有异。

第十五章　深度游戏：巴厘斗鸡诠解

突　袭

1958年4月初，我和妻子害着痢疾，心虚胆怯，到达了我俩作为人类学家打算研究的一个巴厘村庄。那是个小地方，约有五百人，僻处一隅，简直自成一方天地。我们是不速之客，专业性的闯入者，村民们对待我们，就当我们不存在：巴厘人似乎总是这样对待不属于他们的生活圈却又硬挤进去的那些人。对村民而言，在一定程度上也对我们自己而言，我们是无名无分的人，是幽灵，是隐形人。

我们搬进一户扩大家庭的大院，这是先前通过省政府安排好的；那家人属于村庄生活里的四大宗派之一。但是除了房东和村首（房东是他的表兄和姐夫），每个人都以巴厘人才做得出来的方式不理睬我们。我们四处游荡，心里直打鼓，愁眉苦脸，巴望着讨人喜欢，而人们似乎穿透我们直视前方，目光落在我们身后几码开外的更实存的石头或树上。几乎没人跟我们打招呼，但也没人向我们横眉怒对，或者说些难听的话，这倒也算是可喜之事了。假如我们斗胆靠近某人（在这种气氛下这是绝不可为的事情），他就漫不经心但毫不犹疑地走开。假如他坐着或靠墙而立，我们围得他脱身不得，他就一言不发，要不就嘟哝一句"嗯"——那对巴厘人而言是最后的敷衍之词。当然，这冷淡是故意的；村民们在窥伺我们的一举一动，对于我们是谁，打算干什么，他们简直了如指掌。但他们的举止就要装得像是我们完全不存在，其实正如这一行为有意要知会我们的，我们确实不存在，或者说尚未存在。

如我所说，这在巴厘很普遍。在我曾踏足过的印尼（近来还有摩洛哥）其他各地，每当我进入一个新村庄，人们会从四面八方蜂拥而来，凑近了细细打量我，也经常带着一探究竟的感觉。在巴厘的村庄，至少在那些远离旅游线路的村庄，则什么都没有发生。当你像个孤魂野鬼四处转悠时，人们继续埋头苦干、聊天、贩售、瞪着眼发呆、拎着篮子到处走等。在个人层面上，情况也是这样。当你和一个巴厘人初次相遇时，他似乎跟你绝无关联，借用因格雷戈里·贝特森和玛格丽特·米德而闻名的那个词来说，他"在远方"(away)。[1]然后（一天、一周或一月之内，对于有的人，这个魔幻时刻从未到来），出于我永远捉摸不透的某些原因，他决定你**是**实存的了，于是他变成了一个热情、快活、敏感、体谅的人，虽然作为巴厘人，他也克制得恰到好处。你莫名其妙地跨过了某种道德的或玄学的明暗交界线。虽然你不会被真正当成巴厘人（那种身份必须是与生俱来的），但起码你被以人相待了，不再只是一片云或一阵风。在大多数情况下，你的整个关系局面骤变为温和、几近亲热的那种——有节制、爱开玩笑、彬彬有礼、若有所思的一种亲切。

我和妻子到达那里大概十天后，仍深处于一阵风的阶段，这个阶段十分令人气馁,而且由于你很快开始怀疑自己是否真的是真实的,它甚至令人张皇失措。这时公共广场上举行了一场大型的斗鸡,为一所新学校筹集资金。

如今,除了少数特殊场合之外,斗鸡在共和国治下的巴厘是非法的(这跟在荷兰人治下一样,其原因不尽无关),这主要缘于激进民族主义往往会带来的清教徒式生活准则的故作姿态。精英本身并不是那么谨守清教徒做派,他们担心贫穷无知的农民赌光钱财,担心外国人对此会怎么想,也担心本可好好用于国家建设的光阴被虚度。他们认为斗鸡是"原始的""落后的""冥顽的",总体来说是跟一个雄心勃勃的民族不相称的。如同对待抽鸦片、行乞和袒胸露乳等令人难堪的事情那样,他们设法制止斗鸡——东一榔头西一棒槌。

当然,就像禁酒时期的饮酒或者今天的抽大麻一样,斗鸡作为"巴厘人的生活方式"的一部分照行不误,还极其频繁。也像禁酒或禁大麻之所为,警察(至少在1958年,他们差不多全是爪哇人,没有巴厘人)不时被调集来搞突袭,没收公鸡和距铁,对少数人施以罚款,乃至偶尔强使有些人在热带骄阳下暴晒一天以儆效尤,但不知何故,从来儆而无效,哪怕偶然地、极偶然地有示众者死亡。

因此,战斗通常是在村庄的僻静角落里半秘密地进行,这点往往略微拖缓行动节奏——慢得不太多,但巴厘人根本不在乎行动减慢了。然而这一次,也许因为他们是为政府无力拨款的一所学校筹款,也许因为近来突袭搞得少了,也许像我在后来的讨论中推测的那样,众人相信该打点的都打点过了,于是他们认为,可以犯险在中心广场上集聚更多更狂热的群众,而不致引起司法部门的关注。

他们想错了。第三场比赛当中,数百人围绕环形场地融为一体,那是名副其实的超有机体,仍旧透明的我们夫妻二人也在其中。就在这时候,一辆卡车呼啸而至,上面满是装备机关枪的警察。人群中响起"条子!条子!"的刺耳狂叫,就在这当口警察跳下车,纵身跃入场地中央,像电影里的匪徒那样挥舞着枪,虽然还没到当真要开枪的地步。超有机体霎时间作鸟兽散,人们各奔东西。人们顺着马路狂奔,一头翻过墙去不见了,在台子底下爬行,蜷缩在柳条篱笆后面,匆忙爬上椰子树。爪上装着钢制距铁的公鸡疯也似的到处乱跑,那距铁锋利得可以削断手指,洞穿脚掌。但见狼藉满地,四处惊慌失措。

依照人类学的既定规则"入乡随俗",我和妻子仅比别人迟疑了片刻,立马决定还是跑为上策。我们沿着村庄的主干道向北跑,因为我们刚好在环形场地的那一侧,结果就远离了我们的住处。顺着路跑了约莫一半,另一个逃亡者突然闪入一户院落(后来我们才知道那是他家),而我们抬头前望,只见稻田、旷野和高高的火山,于是也跟着进了院子。就在我们三人跌跌撞撞溜进庭院的时候,他的妻子(显然从前经历过这种事)赶忙端出一张桌子,铺上桌布,摆上三杯茶,又搬来三把椅子,然后我们心照不宣地一起坐下,开始啜茶,尽力镇定心神。

不一会儿,一个警察趾高气扬地大踏步闯进庭院,要找村首。(村首不但在斗鸡现场,而且活动就是他筹划的。当警车开到时,他逃到河边,脱掉纱笼,奋身入水。这样,最终他们发现他坐在那里往头上浇水的时候,他就可以说,整件事发生之际,他都在老远的地方洗澡,对此一无所知。他们不信他的话,罚了他三百卢比,这笔钱是全村集体凑的。）警察看到我和妻子——"白人"——在院里，不禁一愣，随即恍然。当他回过神来后，他问我们（大意）究竟知不知道自己在那里干什么。我们五分钟的主人立即起身为我们辩护，激情洋溢地描述了我们是什么人，做什么工作，细致入微，毫厘不爽，这下轮到我惊诧莫名了：一个多星期以来，除了房东和村首外，我们几乎就没跟活人交流过。他盯着那个爪哇暴发户的眼睛说，我们有充分权利待在那里。我们是美国教授；政府给了我们许可；我们在那里研究文化；将来我们要写本书，向美国人讲述巴厘。而且我们这一下午一直在那里喝茶，聊文化上的事情，一点儿也不知道什么斗鸡的事。再说了，我们整天都没见过村首，他一定是去镇上了。警察晕头转向地撤走了。适当地隔了一会儿，我们也离开了，也是一头雾水，却也为挺了过来、逃过牢狱之灾而释然。

第二天早上，村子对我们来说完全成了别一番天地。我们不再隐形了，还陡然成为全部注意的中心，成为如涌泉般的温暖、兴趣和（最特别地）逗乐的对象。村里人人都知道我们像其他所有人那样逃跑。他们一次又一次地向我们问起这事（我这一整日肯定把这个故事讲了不下五十遍，不放过任何细枝末节），轻柔、亲切却不依不饶地取笑我们："你们干吗不就站在那儿，告诉警察你们是谁？""你们干吗不说你们只是看看，没有赌博？""你们真的害怕那些小不点枪吗？"他们是偏于动觉型思维的、世界上最不慌不忙的人（即便是在他们逃命之际，或者如八年后发生的那样，在赴死之际），一如既往地，他们欢快地，也是一遍又一遍地模仿我们逃跑时的丑态，以及他们所宣称的我们那惊恐万状的面部表情。但是尤为重要的是，我们没有干脆"摸出证件"（他们连这些都晓得），声明我们的"贵宾"身份，反而表现出跟他们（如今算是同村人）的团结：他们对此非常欣慰，更觉诧异。（实际上我们表现的就是我们的怯懦，不过也有团体感在那里头。）当地有位婆罗门僧侣，年高端肃，是升天堂之路已走过一半的那种人，他因为斗鸡与地狱的联系而从不涉足，哪怕远远看上一眼也不行，甚至令其他巴厘人都觉得难以接近；就连这位僧侣也把我们叫到他的院落里，询问事情原委，听闻整个离奇遭遇后展颜轻笑。

在巴厘，被调笑就是被接纳了。这是我们与该共同体的关系的转折点；我们确确实实"入乎其内"(in)了。整个村子都敞开在我们面前，若是不发生这桩事的话，它原本可能开放得少些（我大概永远接触不到那位僧侣，而我们那位意外的主人实际上还成了我们最好的报道人之一），并且肯定要开放得慢许多。在扫恶打非的突袭中被拘捕或差点儿被拘捕，也许不是一种大可推广的秘诀（用来实现人类学田野工作中那玄妙的必需品，"融洽关系"），但对我来说却收到奇效。它让一个社会遽然、异常地彻底接纳了我们，外人要渗入那个社会本是难乎其难的。它让我得以从内部视角去直接把握"农民心态"的某个层面，那是其他人类学家通常无由达成的，他们没有走红运，可以同他的研究对象一道，没命地逃脱全副武装的执法者的追捕。也许最重要的是（因为其他事情还有可能以其他方式发生），它把我迅速引向情感爆发、地位战争和哲理戏剧的一个结合体，后者对于我渴望理解其内在本质的那个社会具有核心意义。一直到我离开巴厘为止，我花在探究斗鸡上的时间，跟花在巫术、灌溉、种姓或婚姻上的时间不相上下。

关于公鸡和男人

巴厘——主要因为它是巴厘——是个被周全研究过的地方。它的神话、艺术、仪式、社会组织、育儿模式、法律形式乃至出神冥想的样式，全被明察秋毫地检视过了，为的是探寻简·贝洛称为"巴厘人的气质"的那种难以捉摸之物。[2]但是除了少量附带评论外，斗鸡几乎不引人注意，尽管作为一种大众痴迷的耗神费力的活动，它至少跟这些有名现象一样，同等重要地揭示了做一个巴厘人"到底是怎么样的"。[3]如同很多美国性格在棒球场、高尔夫球场、赛马场或牌桌边显露出来那样，很多巴厘性格也在斗鸡场上显露出来。因为在那里战斗的，表面上是公鸡，其实是人。

对于在巴厘多少待过一段时间的任何人来说，巴厘男人与其公鸡（cock，鸡鸡）的深沉心理认同是明摆着的。此处有点猥亵的双关语是故意为之的。它发挥作用的方式，在巴厘语里跟在英语里一模一样，甚至造出同样腻味的笑话、牵强的俏皮话、了无创意的淫词秽语。贝特森和米德甚至暗示说，巴厘人把身体想成一套各具生命的部件，与这种观念相一致，公鸡被视作可拆卸的、自运转的阳具，是有其自身生命的、会走路的生殖器。[4]虽然我没有无意识资料可资确证或否证这种有趣见解，但公鸡是绝佳的男性气概的象征这一事实，大约跟水往低处流的事实一样不容置疑，对巴厘人而言也是同样显而易见的。

日常说教的语言就其雄性一面来看，充斥着雄鸡比喻。表示公鸡的单词 Sabung（早在公元922年就已出现在碑文里），被隐喻性地用于指称"英雄""勇士""冠军""能人""政治候选人""单身汉""花花公子""情场杀手""硬汉"。一个自大的人,其举止张狂,自视过高,则被比作无尾公鸡,它高视阔步,仿佛有一条壮观的大尾巴。一个孤注一掷的人,想要做出最后的非理性举动,把自己从无望之境里解救出来,则被比作垂死的公鸡,它要给予它的折磨者最后一击,好拖着它同归于尽。一个吝啬的人,允诺多而兑现少,拔一毛就心痛不已,则被比作被人揪住尾巴的公鸡,虽作势扑向另一只公鸡,其实却没交上手。在异性面前还害羞的适婚青年,或者在新工作上急于给人留下好印象的某个人,被唤作"第一次关进笼子的斗鸡公"。[5]法庭审判、战争、政治争斗、遗产纠纷和街头争吵等,都被拿来跟斗鸡相比。[6]连这座岛屿本身也从形态上被感知为一只骄傲的小公鸡,它沉住气不动,脖子伸长着,背紧绷着,尾巴翘着,永远在挑战那个庞大的、没精神不成样的爪哇。[7]

但男人与其公鸡的亲密关系不单是隐喻性的。巴厘男人——或者说是大多数的巴厘男人——花了大把时间跟他们的宠物待在一起,整饬它们,饲喂它们,讨论它们,尝试让它们互斗,要不就只是盯着它们看,心里混杂着入迷的赞赏和恍惚的自我陶醉。每当你看到一群巴厘男人闲散地蹲在镇公所的车棚下或是大路边,呈屁股朝下、肩头前倾、双膝上抬状,那他们多半有只雄鸡在手,抱在大腿间,让它轻轻地上下跳跃以增强其腿部力量,他们带着抽象的快感弄乱它的羽毛,推它出去跟邻人的公鸡对阵以激起它的斗志,拉它回来放在腰胯间让它重归平静。偶尔为了获得对另一只鸡的感觉,有人也会拿别人的公鸡这么玩上一会儿,但通常他会绕行过去,蹲到那只公鸡身后的地方,而不是仅仅把它拿过来,好像它不过是只动物而已。

在人们居住的高墙四围的院子里，公鸡被圈养于柳条编的笼子中，还时不时地挪动位置，好保持光照和阴凉的最佳平衡。它们被饲以专门的食粮，这根据各人理论稍有变化，但主要是玉米，其中的杂质被精心筛滤掉，比起给人吃的玉米要用心多了；然后玉米被一粒一粒地喂给那畜生吃。红辣椒被灌进它们嘴里，塞进肛门里，以提振它们的精神。它们洗澡要经过同样的仪式性准备：温热水、草药、花朵和洋葱，这都可以用来给婴儿洗浴了，获胜公鸡几乎洗得像婴儿一般频繁。它们的鸡冠被剪短了，羽毛打扮漂亮了，距铁装备停当了，双腿按摩舒服了，又被人眯缝着眼，以珠宝商的专注寻弊索瑕。一个酷爱公鸡的人，一个嗜鸡成癖的人，可以将大部分生命耗在与公鸡厮混上，而绝大多数人，他们的热情虽也高昂，却还不曾尽付那玩物，但他们也可以并确实挥霍了过多时间与鸡为伍，这所谓"过多"不仅是对局外人而言，对他们本人而言亦然。"我是公鸡狂，"我的房东，按巴厘人的标准来说是极其普通的鸡迷，当他又一次去给公鸡挪笼子、洗澡或喂食的时候，这么悲叹地说，"我们全都是公鸡狂。"

然而，这种疯狂有一些不那么明显的方面，因为固然雄鸡是其主人自我的象征性表现或放大，是以伊索寓言的方式写出来的自恋的男性自我，但它们也是动物性的更直接的表现，巴厘人把那种动物性视为人的地位的直接颠倒，审美上、伦理上和玄学上的颠倒。

巴厘人厌恶任何被看作像动物一样的行为，这怎么强调都不过分。婴儿为此不准爬行。乱伦虽然几乎不被认可，但比起兽奸来，却远不是令人震怖的罪行。（对后者的适当刑罚是溺死，对前者则是强迫罪人活得像个畜生。）[8]大多数恶魔，在雕塑、舞蹈、仪式、神话中，都被表现为某种真实的或幻想的动物外形。最重要的成年礼就包括锉平少年的牙齿，好让它们看上去不像动物的犬牙。不但排便，连吃饭都被认为是恶心的、近乎下作的活动，需要私下里赶紧做完，因为它牵连到动物性。甚至跌倒或笨手笨脚也因此之故被当成坏事。除了公鸡和少数不具情感意义的家畜家禽（牛、鸭等）之外，巴厘人嫌恶动物，对待数量众多的狗非止无情，简直有一种病态恐惧的酷虐。巴厘男人认同于他的公鸡的时候，不仅是在认同于他的理想自我，抑或他的阳物，同时也是在认同于他畏惧、憎恨却又着迷（这是一种矛盾情绪）的东西——"黑暗势力"。

公鸡和斗鸡行为与这样的势力、与动物性恶魔的联系是一清二楚的，那些恶魔随时威胁要侵入巴厘人精心营造其生活的那个狭小而整洁的空间，吞噬其中的居民。任何一次斗鸡，首先说来，就是以适宜的咏唱和祭品献给恶魔的血祭，以便抚慰它们那贪婪、凶残的饥渴。不先举行一次斗鸡，就不应举办任何寺庙节庆。（假如忘了斗鸡，势必有人陷入出神状态，以某位动怒的神灵的声音下令立即纠正那一疏忽。）对天灾（生病、庄稼歉收、火山爆发等）的集体反应几乎总是少不了它们。巴厘岛上有个著名的节日即静居日，人人全天都要静静坐着，不得四处走动，免得猝然遇上逃出地狱正被追捕的一群恶魔；这一天须得以前一天的大规模斗鸡做铺垫：岛上几乎每村每庄都在斗鸡（在这种情形下是合法的）。

在斗鸡中，人与兽、善与恶、自我与本我、抖擞起来的男性气概的创造力与松了绑的动物性的破坏力，交融成一幕仇恨、残忍、暴力和死亡的血腥戏剧。不足为怪，获胜公鸡的主人要将落败公鸡的尸体——通常已经被其暴怒的主人扯着双腿大卸两块了——

拿回家吃掉，这是不变的规矩，而当他这么做的时候，心里掺杂了社会性的难堪、道德上的满足、审美上的厌恶和同类相食的欢愉。或者，输掉重要战事的人一时冲动，砸了家里的神龛，咒骂神明，这样的行为是超自然的（和社会性的）自杀。又或者，在寻找天堂和地狱的尘世类比时，巴厘人把前者比作刚赢了斗鸡之人的心境，把后者比作刚输之人的心境。

搏 斗

斗鸡（tetadjen, sabungan）在约五十平方英尺的环形场地上进行，一般从午后稍晚一点开始，持续三四个钟头，直到太阳落山为止。大约九到十场单独的比赛（sehet）组成一出节目。比赛在一般模式上几乎场场雷同：不分主次，单场比赛间毫无关联，套路毫无变化，每场比赛都完全是根据需要临时安排的。一场搏斗结束，情绪的残骸清理干净了——赌金付了，该咒骂的咒骂了，败鸡的尸体到手了——然后七八个人，也许甚至有十多人，带着一只公鸡悄无声息地溜进了场地，想要给它找到顺理成章的对手。这个过程很少只花不到十分钟时间，往往要久长得多，做得非常克制、拐弯抹角甚至遮遮掩掩。没有被立即牵扯进去的人顶多只给予它掩饰的、偷瞄的注意，而尴尬地被牵扯进去的人则力图装成若无其事的样子。

赛局凑成，其他潜在候选人同样故意满不在乎地后退，要上场的公鸡则装好它们的距铁（tadji）——剃刀般锋利的尖锐钢刀，有四五英寸长。这是很精巧的活儿，在大部分村庄只有少许男子（约莫五六人）懂得个中诀窍。安装距铁的人也提供距铁，如果他协助的公鸡赢了，公鸡主人会将败鸡戴距铁的那条腿奖励给他。绕距铁底部和公鸡腿部缠上很长的绳带，这样就固定住了距铁。由于我即将讲到的原因，做这件事是要随"鸡"应变的，那是桩不厌其精、不厌其细的事情。距铁的学问很博大——它们只能在月食和月黑时打磨锋利，而且应该避开女人的视线，诸如此类。无论使用还是闲置，它们都同样要以举轻若重和甘之若饴的奇妙混合来处理，那是巴厘人指向仪式对象的普遍态度。

距铁装好了，两只公鸡被其操纵者（他们可以是也可以不是公鸡的所有者）放在场地中央，彼此对峙。[9] 一只戳了个小孔的椰子被放进一桶水中，它沉到水底大概会用掉二十一秒钟，这段时间被称为tjeng，其始其止都以敲破锣为号。在这二十一秒内，操纵者（pengangkeb）不得碰他们的公鸡。如果（有时会发生这种事）这期间两只动物没有开战，它们就会被提起来，抖松羽毛，拉拽捅戳，或加以辱骂，再放回场地中央，过程重新开始。有时它们干脆拒不出战，或者有一只总想逃跑，在这种情况下它们会被一起关入柳条笼子里，如此一来往往就斗上了。

无论如何，大多数时候公鸡们几乎会当即向对方飞扑而去，翅膀拍打着，头前戳着，腿踢蹬着，爆发出动物的狂怒；那种狂怒如此纯粹，如此绝对，以它的方式来说如此美丽，以至于近乎抽象，是柏拉图式的仇恨概念。不出片刻，这只或那只公鸡就用它的距铁结结实实地痛击了对手。实施了这一击的公鸡的操纵者马上提起它来，以免它遭到回击，因为若是他不这样做，比赛可能随着两只禽类疯狂地彼此砍瓜切菜，而以双亡的平局收场。如果像时常发生的那样，距铁深扎进受害者的躯体里，那就尤其会是这样，因为那时进攻者就任由它负伤的敌手摆布了。

随着那禽类再次被操纵者掌控,椰子如今又沉了三次,然后打击过对手的那只公鸡必须被放下地,让人看看它还是健全的:它只需绕场随便走走,待得椰子再下沉一次,即可证明这一点。接下来椰子再下沉两次,搏斗必须重新开始。

这个间歇略长于两分钟,在这期间,负伤公鸡的操纵者发疯似的重新打理它,就像教练员在两个回合之间给皮开肉绽的拳手疗伤一样,好让它找回状态,为胜利做最后的拼死一搏。他往它嘴里吹气,把整个鸡头放入自己口中吮吸、吹气,抖松它的羽毛,用各种药物填塞它的伤口,通常会尝试他能想到的一切办法,来唤醒也许藏在它体内某处的最后一丁点元气。到他不得不将它放回地面的时候,他经常浑身是鸡血,但是像在获胜的搏斗里那样,优秀操作者是价值连城的。他们有的人简直可以让死鸡走路,至少足以撑到第二回合决胜局。

在高潮的对决(如果有的话;有时受伤的公鸡在操纵者手上或者刚一放回地面就断了气)中,发动了第一次打击的公鸡常常再接再厉,搏杀它那被削弱了的对手。但这远非必然结局,因为倘若一只公鸡能够行走,它就还能搏斗,倘若能够搏斗,它就还能杀敌,关键就看谁先断气了。若是受伤的公鸡能够刺中对方,跌跌撞撞挺到对方倒下,它就是法定的胜者,哪怕它自己顷刻之后也偃仆了。

在这出情节剧中,紧围着环形场地的人群看得屏气凝神,几乎悄然无声。他们跟着场上动物的动作做出相应的肢体动作,以无言的手势为他们支持的斗士喝彩,当那绑着杀气腾腾的距铁的公鸡冲向场地一侧时一齐扭肩、转头、后退(据说观众有时会因过分专注而失去眼睛或指头),当它们向另一侧飞掠而去时又潮涌向前。与整出情节剧密切相关的是极其精巧而严谨详细的一大套规则。

这些规则,连同伴随着它们的关于公鸡和斗鸡的发达学问一道,被写在棕榈叶手稿(lontar, rontal)上,作为村落的一般法律-文化传统的一部分代代相传。在斗鸡中,裁判(saja komong, djuru kembar),即管理椰子的那人,负责规则的运用,并拥有绝对权威。我从未见过哪位裁判的判决受到任何一方的质疑,即便是嗒然若丧的输家那方;我也不曾听过(哪怕在私底下)有人指控存在偏袒某方的不公正,或者就此而论,总体上抱怨裁判。唯有深孚众望、体面可靠、(考虑到规则的复杂性)见多识广的市民才能担此重任,实际上人们只会将公鸡带到由这样的人主持的搏斗场上。作弊的指控虽然少之又少,但偶尔也会出现,直指裁判;正是他,在两只公鸡几乎同归于尽的并不罕见的情形下,裁定谁死亡在先(如果非要判出谁胜谁负的话,因为也可能是平局,虽然巴厘人不喜欢这种结果)。他被比作法官、国王、祭司和警察,他是他们的合体,在他令人放心的监督下,斗鸡的动物性激情行进在市民性的法律确定性之内。我在巴厘看过数十场斗鸡,从来不曾见到为了规则而争辩的情况。甚至我压根未曾见过公开的争吵,除了鸡与鸡之间的那种。

这样一件事,当成自然事实看是放纵的狂怒,当成文化事实看则是完善的惯例,它的交叉的双重性将斗鸡界定为社会学实体。如果要为既没有结构严密到可谓之群体(group),也没有无结构到可谓之人群(crowd)的某种东西寻找一个名称,斗鸡就是欧文·戈夫曼所称的"有焦点的聚集"(focused gathering)——专注于共同的活动之流并据此互相关联的一群人。[10]这样的聚集合合分分，它们的参与者变化不定，使之汇聚的活动是离散的，是不断重新发生的粒子式过程，而不是持久的连续过程。它们从引发它们的情境——戈夫曼所说的它们被放置其上的场地 (floor) ——获得其形态，但那仍是一种形态，而且是特征明晰的形态。情境或者说场地本身是在陪审团合议、外科手术、街区会议、静坐示威和斗鸡中，由文化前见 (cultural preoccupations，我们将会看到，此处即是对地位竞争的颂扬) 造成的，文化前见不仅指定了焦点，还通过集合演员和安排舞台布景，使它得以实际形成。

在传统时代 (也就是 1908 年荷兰人入侵之前)，没有官员四处转悠要提升民众道德，那时举行斗鸡公然是件社会大事。对成年男子而言，带着公鸡参加一场重要赛事是市民身份的强制性义务；斗鸡一般在集市日举行，所征税收是公共财政的一大来源；赞助这门技艺是王公大人们的规定责任；斗鸡场地 (或称 wantilan) 位于村庄中心，紧邻巴厘市民生活的其他那些标志物——市政厅、起源庙、市场、信号塔、印度榕树等。如今，除了少数特殊场合之外，新式的思想端正让人不可能这么公开陈说集体生活的兴奋与血腥运动的兴奋之间的关联，但是间接一点表达出来的是，这种关联本身依旧很密切，毫发未损。然而要揭示这一点，就得转向迄今为止我一直有意忽略的斗鸡的一个层面，其余各层面都围绕着它运转，并透过它施展它们的力量。我想说的当然就是赌博。

赔率与同额赌注

能够设法做得复杂的事情，巴厘人绝不简单从事。对这一通则，斗鸡赌博绝非例外。

首先有两类赌博(toh)。[11]一类是场地中央的、主角之间的单一中心赌博(toh ketengah),另一类是场地四周的、观众之间的一团外围赌博(toh kesasi)。第一类通常赌得大。第二类通常赌得小。第一类是集体性的,牵涉到聚集在所有者身边的赌徒同盟;第二类是个人性的,一对一的。第一类是由同盟成员和裁判精心地、静悄悄地、几乎鬼鬼祟祟地安排好的事情,那些人像阴谋者似的挤在场地中央;第二类则是场地边上的兴奋人群中的冲动喊叫、公开叫价、公开成交。最奇特的、如下文所见也最发人深省的是,**第一类无例外地总是同额赌注,第二类同样无例外地赌注金额绝不对等**。中心的机会均等,到外围则成了机会有偏的。

中心的赌博是正式的,再次受到规则网络的束缚,是在两只公鸡的所有者之间打的赌,由裁判做监督者和公证人。[12]这种赌博,我说过,通常数额较大,有时数额巨大,它从来不是单由所有者出资的(虽然是以他的名义打的赌),而是由他偕同四五个,偶或七八个盟友筹的钱:亲戚,村里的兄弟,邻居,密友,等等。如果他不是特别富裕,他甚至可以不是主要出资人,但他必须是重要的出资者,仅仅为了表明他没有卷入任何欺诈行动。

我拥有五十七场比赛的中心赌局的准确可靠的数据,赌金从15林吉特到500林吉特不等,均值是85林吉特,其分布呈现为相当显著的三峰态:小赌斗鸡(35 ± 15林吉特)占总数的45%上下,中赌(70 ± 20林吉特)占25%上下,大赌(175 ± 75林吉特)占20%上下,两端还有少量极小和极大的赌局。在巴厘社会,这明显是很严重的赌博,纵使赌金是多人凑齐而非个人独出的,因为那里一个体力劳动者(制砖工、普通农场工人、市场搬运工)的正常工资差不多是每天3林吉特,何况在我研究的那一带,平均每两天半就会举行一场斗鸡。

然而，外围赌博完全是另一副面孔。不同于中心的严肃、墨守法规的契约订定，这里赌博的发生更像股票开市前的场外交易的习惯运作方式。有一种固定的、已知的赔率模式，它构成了一个连续序列，从让步最小的一端的十对九延伸到让步最大的一端的二对一：10—9，9—8，8—7，7—6，6—5，5—4，4—3，3—2，2—1。愿意在**劣势公鸡**（暂且不论热门公鸡kebut和劣势公鸡ngai是怎样确定的）上下注的人，喊出一对数字中较大的那个数字，表明他想要**被给予的**赔率。也就是说，如果他叫gasal即"五"，那他想以五对四的赔率（或者对他而言，四赔五）赌劣势公鸡胜；如果他叫"四"，则是想要四对三的赔率（再一次地，他支付那个"三"）；如果叫"九"，则是九对八，以此类推。下注支持热门公鸡的人，此时考虑给出让步尽可能小的赔率，就会通过喊叫那只公鸡的花色（"褐色""斑点"等）来指示这一点。[13]

当赔率接受者（劣势公鸡的下注者）和赔率给予者（热门公鸡的下注者）呼喊着扫视人群时，他们往往是从场地的两端，远远地彼此关注，将彼此当作潜在的打赌配对对象。接受者竭力嘶吼，想要给予者同意让步更多的赔率，而给予者也嘶吼着，想要接受者同意让步更少的赔率。[14]接受者在这种情境下是求爱者，他将举起几根手指，在面前使劲挥舞，以此示意，在他喊叫的赔率下，他愿意投下多大赌注。如果被求爱的给予者以同样方式回应，打赌就成交了；如若不然，他们就各自移开目光，继续搜寻下家。

外围的赌局在中心赌局达成并宣布赌注金额后开张，然后就是一浪高过一浪的喊叫，劣势公鸡的下注者向任何可能接受其提议的人开价,而热门公鸡的下注者若是不喜欢这出价,则同样狂叫公鸡的花色,表明他们也急求一赌,可是希望让步小一点。

赔率的呼喊往往是很有共识的,因为在任一时间点上,几乎所有呼喊者都在呼喊相同的东西,这种呼喊差不多总是从赔率范围的让步较大的一端开始——五对四或四对三——接着也是共识性地,快慢不一、程度不等地朝让步较小的一端移动。叫了"五"的人,发现别人只是答以"褐色",就开始叫"六",这要么带动其他呼喊者迅速跟进,要么由于他们太过大方的出价被人立刻接受而退出这一场景。假如这一变价后仍然应者寥寥,这道程序就将在向"七"移动中重复一遍,顺此类推,只在极罕见的情况下,在超大型的赛事中,它才会抵达"九"或"十"的极限水平。偶尔,假如参赛公鸡明显不匹敌,赔率的呼喊可能压根不会向上移动,甚或会沿着尺度表下移到四对三、三对二,绝少情况下乃至二对一,这种移动伴随着赌注数量的减少,正如上移伴随着赌注数量的增加一样。不过,普通模式是,赔率会沿着尺度表,向对外围赌博而言不存在的同额赌注那一极或长或短地上移,而赌局的绝大多数会落入从四对三到八对七的范围内。[15]

当操纵者放出公鸡的时刻逼近时,尖叫声(至少在中心赌注很大的比赛中)达到近乎疯狂的地步,因为剩下的未成交的赌徒拼命想在最后一刻以他们可以接受的价码找到赌伴。(如果中心赌注很小,就会发生相反的事情:赌局降温,渐归寂灭,因为让步加大,人们失了兴趣。)在赌注大的优质比赛(巴厘人称之为"真正的斗鸡")里,暴民场面的性质非常鲜明,人们挥着手、咆哮着、推搡着、攀爬着,让人感觉大混乱一触即发,而当破锣敲响、公鸡下地、战斗开打时,顷刻之间鸦雀无声,仿佛有人关了电闸,这骤然的寂静不过是加强了那种效果。

赛事结束后，十五秒到五分钟之内，**所有赌资即刻结清**。打欠条的事是绝对没有的，至少不向赌博对手欠账。当然人们可以在提出或接受赌注之前向朋友借钱，但是要提出或接受赌注，你必须有现钱在手，而且如果你输了，必须在下一场比赛开始前当场支付。这是一道铁律，正如我从未听说过有争议的裁判判决（尽管无疑有时候必定存在）那样，我也从未听说过赖账的赌徒，也许因为在情绪激动的斗鸡人群里，赖账的后果可能很严重、很即时，就像传闻中有时对待欺诈者的那样。

无论如何，恰是平衡的中心赌局和不平衡的外围赌局之间的这种形式不对称，给认为斗鸡赌博是联系斗鸡与巴厘文化的更广阔世界的关节的一种理论提出了关键的分析性问题，也提示了解答该问题、展示该关节的途径。

在这种联系里需要指出的第一点是，中心赌注越高，比赛在实际上将越可能是旗鼓相当的。简单的理智盘算就可以说明这一点。如果你要在一只公鸡上赌15林吉特，那么即便你感觉你那只动物赢面稍低，也可能愿意跟进对等的赌博。但是假如你要赌500林吉特，你极可能不肯这么干了。因此，在高赌注的比赛（当然是比较优秀的公鸡参战）中，要小心翼翼，务必尽人力之可能使公鸡在身材、一般状态、好斗性等方面大致半斤八两。调整公鸡距铁的不同方法经常被用来确保这一点。如果一只公鸡看起来更强壮，人们就会达成协定，将它的距铁固定成略显不利的角度——为了让步而故设障碍，安装距铁的人据说对此驾轻就熟。雇请熟练的操纵者也要倍加小心，使人与鸡在能力上相配。

简言之，在高赌注的斗鸡里，使比赛结果真正五五开的压力非常之大,也被人清醒地感觉到了。对中等赌资的比赛而言,压力稍微小一点,小赌资比赛则压力还要更小,虽然人们总是竭力使局面至少大体均衡,因为哪怕只是下注15林吉特(相当于五天的工资),也没人想要在明显不利的形势下,打一场同额赌注的赌。我的统计数据再次证实了这一点。在我记录的五十七场比赛中,总共有三十三场是热门公鸡获胜,二十四场是劣势公鸡获胜,比值为1.4∶1。但是如果我们以60林吉特的中心赌注为界将它们分组,则高于此线的比赛的比值将变为1.1∶1(热门公鸡胜十二场,劣势公鸡胜十一场),低于此线的比赛的比值为1.6∶1(二十一场对十三场)。或者,要是你想看看极端情况的话,对中心赌注超过100林吉特的超大型斗鸡来说,比值是1∶1(七场对七场);对不足40林吉特的极小型斗鸡来说,比值是1.9∶1(十九场对十场)。[16]

现在,从这一命题(中心赌注越高,斗鸡的胜负越可能真正五五开)出发,我们几乎可以立即理解两件事:(1) 中心赌注越高,外围赌博越是被拉向赔率序列的让步较小的一端,反之亦然;(2) 中心赌注越高,外围赌资的总量越大,反之亦然。

这两种情况下的逻辑是相似的。比赛越是在事实上接近于同额赌注,让步较大的赔率将越没有吸引力,因此想要有接受者的话,赔率必定趋于让步较小。从单纯的细察、巴厘人自身对事情的分析和我能够搜集到的更系统的观察资料来看,情况显然就是这样。考虑到难以精确而完整地记录外围赌博,这一论点难于借数字形式加以论证,但在我的全部案例中,赔率给予者和赔率接受者的共识点,在最小值和最大值之间形成很显著的鞍形,大部分赌博(在大多数情况下估计占三分之二到四分之三)实际上就在这个范围内进行,这个共识点在高中心赌注的赛事中,较之在低中心赌注的赛事中,要向赔率尺度表的让步较小的一端偏出三四点,而中等中心赌注的赛事则落在其间。从细节上说,这种切合当然是不严密的,但总体模式却相当一致:中心赌博将外围赌博拉向它自己那种同额赌注模式的力量直接相对应于它的规模,因为规模直接相对应于公鸡真正势均力敌的程度。至于金额问题,高中心赌注的赛事里总赌资较多,是因为这样的斗鸡被认为更"有意思":不仅是说它们更加胜负难料,更要紧的是其中有更多东西值得冒险一搏,包括金钱方面、公鸡品质方面,由此——如我们将要看到的——还有社会声望方面。[17]

因而,中央的机会均等和外围的机会有偏的矛盾就仅仅是表面的矛盾而已。两套赌博系统虽然形式上不一致,却并非真正彼此对立,而是一个更大的单一系统的组成部分,在这个系统里,中心赌博可谓"引力中心",将外围赌博引向尺度表的让步较小的一端,中心赌注越大就越是如此。因而中心赌博"造就了该游戏",或者也许更准确点说,是界定了它,标明了我将称之为它的"深度"的东西——借用边沁的一个概念来说。

巴厘人尽量做大中心赌局,好让对阵的公鸡尽量均衡和优质,从而让结果尽量不可预料,试图这样来创造有意思的(你要愿意的话,也可说"深度的")比赛。他们并不总是成功。近半数的比赛都是较为普通、较为无趣的——用我借来的术语说,"浅度的"——事情。但这点不足以反驳我的解释,就好比大多数画家、诗人、剧作家的平庸不足以反驳艺术工作是以深邃为其职志而且庶几近之的这种观点。艺术技巧的比喻真的很确切:中心赌局是造就"有意思的""深度的"比赛的一种手段,一种装置,而**不是**它们有意思的**原因**,起码不是主要原因,不是它们魅力的源头或深度的实质。这样的比赛为什么有意思(对巴厘人来说,甚至是勾魂摄魄),这个问题把我们带离了形式关切的领域,带进了广阔的社会学的、社会-心理的领域,带向一种少些纯粹经济理性味道的观念——赌博中的"深度"意味着什么。[18]

玩 火

边沁的"深度游戏"概念见之于他的《立法理论》一书。[19]他用这个概念表示赌注极高的游戏,高得从他的功利主义立场来看参与者就是无理性的。假设一个人有一千英镑(或林吉特)的财产,将其中五百英镑投到同额赌注的赌博上,他会赢得的钱的边际效用显然小于他会输掉的钱的边际负效用。在真正的深度游戏里,赌博双方都是这样的。他们全都无法自拔。聚到一起本为寻乐子,他们却加入这样的关系:从全体考虑,它将给参与者带来净痛苦而不是净快乐。因而边沁得出结论,从第一原理观之,深度游戏是不道德的,应当立法予以禁止——这是他的典型手段。

但是比道德问题更有趣的是(至少就我们此处的关切而言),尽管边沁的分析有逻辑力量,人们却总在参与这种游戏,屡次三番,乐此不疲,甚至罔顾法律的制裁。对边沁及与之所见略同的人(现今主要是律师、经济专家和少数精神病医生)来说,唯一的解释是,如我已经说过的,这种人无理性,是成瘾者、恋物癖、幼稚之徒、愚惑之人、野蛮人,他们需要受到保护,以免自我伤害。但是对巴厘人来说(他们自然不会说得如此明确),辩解的理由在于,在这样的游戏当中,金钱与其说是现有的或预期的效用的量度，不如说是有着被感知或被强加的道德意义的符号。

实际上，恰恰是在浅度的游戏中，亦即只卷入了小笔钱财的游戏中，现金的盈亏才更近于跟未加延伸的平常意义上的效用和负效用——快乐和痛苦，福祉和祸患——同义。在金额很大的深度游戏里，遭到威胁的远不只是物质收益，还有名望、荣誉、尊严、敬意等，一言以蔽之，即地位——虽然这在巴厘是个充满深意的词语。[20]它从象征性上说遭到了威胁，因为除少数败家破产的嗜赌成瘾者之外，谁的地位都没有被一场斗鸡的结果真正改变；它不过是短暂地受到肯定或侮辱。但是巴厘人觉得，世间之乐莫过于拐着弯当众羞辱别人，而世间之苦则莫过于被别人拐着弯当众羞辱——尤其当不会被外观所蒙蔽的共同熟人在场观看时；对巴厘人来讲，这样的评价戏剧确实是深度的。

我得马上强调，这**不**是说金钱不重要，或者巴厘人输掉500林吉特跟输掉15林吉特一样无所谓。这样的推论会很荒唐。正是由于金钱在这个一点也不非物质主义的社会里**实在**很重要，至关重要，所以一个人投入风险中的金钱越多，他投入风险中的其他东西才越多，比如他的自尊、自信、冷静、男性气概等，当然再一次地，这只是暂时的，但也是当众的。在深度斗鸡里，公鸡的所有者及其合作者们，将其钱财投向其地位所系之处，他们的外围支持者大致也是这样，虽然程度稍轻。

大体说来，正是**由于**在较高级别的赌局中输钱的边际负效用太大了，所以参加这样的赌局就是以某人的公鸡为媒介，将自己的公共自我暗示性、隐喻性地置于踩钢丝的境地。尽管对边沁主义者而言，这好像只是大大增进了这项活动的非理性，但对巴厘人来说，它主要增进的是整个活动的意义丰富性。追随韦伯而非边沁的观点,既然将意义加诸生活是人类生存的主要目标和基本条件,那么,重要意义的那一获取机会就极大地补偿了所卷入的经济代价。[21]实际上,鉴于大型比赛的同额赌注性质,在经常参赛的那些人中间,物质财富上的重要改变几乎可说不存在,因为长期来看输赢会持平。在小型、浅度的比赛里,人们会发现有少许更纯粹的成瘾赌棍参与进来,他们**的确**主要冲钱而来;其实恰恰在这里,社会地位的"真正"改变(多是变差)才会发生。这类人,即烂赌鬼(plunger),被"真正的斗鸡人"轻贬为不懂这项运动的旨归的傻瓜,全然不得它的真趣的俗物。他们(这些有赌瘾的人)被真诚的爱好者(那些懂得斗鸡真义的人)当成捕猎对象,要从他们那里赚点钱财——这事做来很简单,只需利用他们的贪欲之力,把他们诱入不相匹敌的公鸡的非理性赌局即可。他们中的大多数人的确在很短时间内就搞得破了产,但在任何特定时候,似乎总有那么一两个人可以抵押土地、变卖衣物只求一赌。[22]

"地位赌博"关联着深度斗鸡,反过来,"金钱赌博"关联着浅度斗鸡,这种分级的相互关系事实上是相当普遍的。打赌者们自身从这些方面形成了社会-伦理的等级体系。如前所述,大多数斗鸡进行时,在斗鸡区域的极外围处,有大量不动脑子、纯靠运气的赌博游戏,如轮盘赌、掷骰子、抛硬币、猜豆子等,它们由特许经营者在摊售。只有女人、儿童、青少年和其他不参加或尚未参加斗鸡的各种人,如赤贫的、在社会上被鄙屑的、个性乖僻的等,才玩这些游戏,当然赌本微薄。斗鸡人耻于哪怕稍稍靠近他们。比这些人地位略高的是那些虽不亲自斗鸡,却在小型比赛外围下注的人。再往上是这样一些人,他们在小型比赛中,偶尔在中型比赛中参加斗鸡,但还没有参加大型赛事的身份,虽然他们不时地在其周边参赌。最上则是那些真正重要的共同体成员,是地方生活绕着他们转动的体面市民,他们参加大型赛事的斗鸡,也在那周围参赌。他们是这些有焦点的聚集的聚焦性元素,通常支配和规定了这项运动,就像他们支配和规定了社会一样。当一个巴厘男人以那种近乎崇敬的方式谈到"真正的斗鸡人",即 bebatoh ("投注者")或 djuru kurung ("鸡笼持有者")的时候,就是指这类人,而不是把猜豆子游戏的心态带进迥异而不宜的斗鸡环境中来的那类人,即搏命似的赌棍(potét,这个单词有"小偷"和"恶棍"的次要意义)与贪求不已的钻营者。对这样一个人而言,比赛中真正在进行的事情,更近乎决斗(尽管由于巴厘人的实用幻想的天赋,溅出的血只是人血的比喻),而与吃角子老虎机的乏味、机械的曲柄不类。

因此,使巴厘人的斗鸡成为深度性的东西的,不是金钱本身,而是金钱所带来的后果,即巴厘人的地位等级转移到斗鸡人群上,所涉金钱越多就越是如此。从心理学上讲斗鸡是理想的/恶魔般的、有点自恋的男性自我的伊索寓言式表征,从社会学上讲它也是复杂的张力场域的同样伊索寓言式的表征,后者是在日常生活的背景下,由那些自我之间受约束的、温和的、礼仪化的,但所有人都深切感觉到的互动建立起来的。公鸡或许是其主人人格的替身,是心灵形式的动物性镜像,但斗鸡是——或者更准确点说,被有意弄成——社会母体,亦即所涉群体系统的一种模拟,斗鸡爱好者们就生活在那些群体中,它们相互交叉、相互重叠、高度协同,比如村庄、亲属集团、灌溉社团、寺庙会众、"种姓"等。[23]声望——肯定它、捍卫它、称颂它、为它辩护或者只是平实地享用它(但不可追求它,考虑到巴厘社会分层的强烈先赋性)的那种必要——也许是社会中的核心驱动力；同样，那也是斗鸡的核心驱动力（撇开行走的阳具、血祭和货币交易不论）。这一表面上的娱乐和运动，借用戈夫曼的另一短语来说，是"一场地位的血浴"。[24]

说明这一点并且起码在一定程度上证明它的最简便方式，是援用我最为贴近地观察过其斗鸡活动的村子为例，也就是发生过突袭、我的统计资料所由来的那个村子。

像所有巴厘村庄一样，这个提辛干(Tihingan)村——位于巴厘岛东南部的克隆孔地区——是盘根错节地组织起来的，是联盟和对抗的一座迷宫。但又跟许多村庄不同，它有两类合作群体(corporate group，都属于地位群体)特别突出，我们可以以点代面地专注于它们，而不致过分扭曲全貌。

首先，该村被父系的、部分族内婚配的四大继嗣群体所支配，它们彼此间竞争不断，形成村里的主要派系。有时它们两两组合，或者更确切地说，是两大亲族联合起来，对抗两小亲族外加不属于任一亲族的人的联合；有时它们又各行其是。它们内部也有小派系，小派系之内还有小派系，如此直到非常精微的区分层次。其次是村庄本身，它几乎全然是内部通婚的，跟大致处于其斗鸡活动圈（前边解释过，就是市场区域）内的其他所有周边村子相对立，但在各种超村落的政治和社会背景下，它也跟某些邻村结成联盟，抗衡别的村落。因此，就像巴厘各地一样，这里的具体形势相当特别，但是在高度合作而基础各异的集群之间（由此还有其各自的成员之间）的层层叠叠的地位竞争等级体系的一般模式，却完全是普适的。

因而，作为对"斗鸡，尤其是深度斗鸡，根本说来是地位关怀的一种戏剧化"这一普遍论题的支撑，请考虑如下事实——为了避免冗长的民族志叙述，我将简单宣布它们是事实，而具体的证据，即能够用来支撑它们的事例、陈述和数字等，既包罗广泛又明白无误：

1. 一个人几乎从来不会下注赌他本人的亲族成员拥有的公鸡输。通常他会觉得有义务赌它赢，亲戚关系越近、比赛越有深度，就越是如此。假如他心里确定它赢不了，可以干脆不赌，尤其是如果它不过是远房表亲的公鸡，或者那只是浅度赛事的话。但是作为一条规矩，他会感到非支持它不可，而且在深度游戏里几乎总是这么做。因而热情洋溢地喊叫"五"或"斑点"的大多数人，是在表达他们对其亲属的忠诚，而不是在表达他们对他的公鸡的评价、对概率论的理解甚或对非分之财的期望。

2. 这条原则被顺理延伸开去。如果你的亲族集团没有参赛，你得以同样方式支持同盟的亲族集团，反对未结盟的，并根据所涉联盟网络依此类推，如我所言，那些联盟组成了这个巴厘村庄——其他任何村庄皆然。

3. 村子作为一个整体也是这样。如果外村人的公鸡与你本村的任何公鸡对垒，你会倾向于支持本村这只。假如来自你的斗鸡活动圈外的一只公鸡与圈内的一只对垒（这是比较少见的情形，但也时不时地发生），你也会倾向于支持"家乡公鸡"。

4. 来自远方的公鸡差不多总是热门的，因为理论认为它若非优秀的斗鸡，主人岂敢携来挑战；来自越远的地方就越是热门。主人的追随者当然有义务支持他，当比较盛大的合法比赛举行时（假日之类），村里的人选出他们认定的全村最优秀的那些公鸡（不管主人是谁），动身随它们去远征，虽然他们几乎肯定得在赔率上做出让步并下大赌注，以此表明他们不是小气的村子。事实上，这样的"客场比赛"尽管稀少，却往往修补了村民间的破裂关系，而在时常举行的"主场比赛"里，村里的各派是对立而非团结的，这会恶化那种关系。

5. 几乎所有比赛都是社会相关的。你不大会让两只外来公鸡互斗，或者让没有特定群体支持，抑或只有彼此缺乏任何清晰联系的群体支持的两只公鸡互斗。当你确实让它们斗起来的时候，那比赛会是非常浅度的，下注变得慢慢悠悠，全场沉闷极了，除了直接主角和一二赌棍之外，谁也提不起兴趣。

6. 同理，你很少让出自同一群体的两只公鸡互斗，更少让出自同一次级派系的两只公鸡互斗，几乎永远不会让出自同一三级派系（在大多数情况下就是一个扩大家庭）的两鸡相斗。同样，去外村斗鸡时，本村成员极少捉对厮杀，即使他们是死敌，在主场比赛时会死磕到底。

7. 在个体层次上，有些人卷入了制度化的敌对关系（即所谓puik)，处于这种关系下的他们彼此不交一言，或者除斗鸡外彼此不打任何交道，这样正式断交的原因有多种，如抢妻、遗产争端、政治分歧等。而在被视为是对敌手的男性气概、对他的地位的终极基础发起毫不遮掩的直接攻击的赛事上，他们会针锋相对，下注很重，有时几近癫狂。

8. 除了最浅度的赛事外，中心赌博联盟**总是**由结构性盟友组成的，没有"外钱"卷入。何者为"外"当然取决于情境，可是一旦确定，就没有外钱混入主要赌局里；假如斗鸡的主角凑不够钱，那就不赌了。因而中心赌博——再一次地，尤其是在深度赛事里——是社会对立的最直接、公开的表达，这是它和赛事安排笼罩着不安、诡秘和尴尬等气氛的原因之一。

9. 借钱的规则，即你可以**为了**赌博预先借钱但不可在赌局**中**借钱，出于类似的考量（巴厘人十分明了这一点）：你绝不能那样**在经济上**听任敌人摆布。赌债（在相当短期的基础上可以借得一大笔）始终是欠朋友的，绝不欠敌人——这里的敌友是从结构上而言的。

10. 如果两只公鸡对**你**来说是结构上不相干的或中立的（虽然前已提到，它们几乎不可能是彼此不相干的），这时你甚至不能问一位亲戚或朋友他赌的是哪一只，因为要是你知道他是怎么下注的而他也知道你知道，然后你反其道下注，那将导致关系紧张。这一规则既明确又严格，人们会采取格外精心甚至相当虚假的预防措施，以免违背它。最起码的是，你必须装作没注意他在干什么，他也要装作没注意你在干什么。

11. 有个专门的词语用来指称有违常情的下注，该词还有个意思是"原谅我"（mpura）。它被认为是做了件坏事，虽然倘若中心赌注小，它有时也得到许可，只要你别频频为之。但是赌注越大，你犯规越频繁，"原谅我"的做法就会招致越多的社会关系破裂。

12. 实际上，制度化的敌对关系（即puik）经常是由深度斗鸡里的这种"原谅我"赌博正式启衅的，虽然起因总是另有所在，但它以象征姿态火上浇油。同样地，这种关系的结束与正常社会交往的恢复，也常常由敌对双方中的某一方支持对方的公鸡来放出信号（可是又一次地，并非实际上由此启端）。

13. 在令人为难的忠诚交叉的情境里，一个人会被差不多平起平坐的两种忠诚所羁绊，这样的情境在这异常复杂的社会体系里当然所在多有；当此之际，他往往走开去，喝杯咖啡或干点别的，避开不得不下注的窘境，这种行为方式让人想起美国选民在类似情境下的举动。[25]

14. 参与中心赌博的人——尤其是在深度比赛里——几乎总是各自群体（亲族、村庄之类）中的头面人物。进而，在外围参赌的人（包括前面这些人），如我上文谈过的，都是根基较深的村民——体面市民。斗鸡是给同样卷入日常声望政治的人玩的，不是给青年、女人、卑下者等玩的。

15. 就钱而论，人们对它的明确态度是，它是次要事情。我说过，它不是毫不要紧；巴厘人跟别的任何人一样，输掉几周的收入也不高兴。但是他们基本上将斗鸡的金钱层面看作自动平衡的，不过是让钱运转起来，在界限分明的严肃斗鸡人群体中间循环而已。真正要紧的输赢是从其他方面来看的，人们对赌钱的一般态度不是梦想赚钱、发横财（烂赌鬼再次除外），而是赌马者祈祷的那种希望："主啊，求您让我不赚不赔吧。"然而在声望方面，你不想保本持平，而是要完胜——虽然短暂且即刻。人们一刻不停地谈论的话题是，你的公鸡如此这般地干翻了某某人的公鸡，而不提你赢了多少钱，即便赌注很大，赢钱的事实也很少被人记住很久，但对于他们灭掉潘洛的最佳公鸡的那一天，他们会记住好多年。

16. 即便暂且不考虑单纯的忠诚因素，你也必须在本群体的公鸡上下注，因为要不然，人们通常会说："搞什么！他这么傲慢，眼里都没我们这些人了吗？他这样的要人，是不是该去爪哇或者登巴萨［省会］赌啊？"所以存在一种普遍的参赌压力，不仅要表明你在当地是重要的，也要表明你还没有重要到藐视众人，以为他们不配做你的对手。类似地，主队的人必须赌外来公鸡输，不然外来者会谴责他们只是为了收参赛费,而不是真正有心斗鸡(这是非常严重的指控),同样,他们会被认为是傲慢和侮辱人的。

17. 最后,巴厘农民们对这一切也很了然,能够也确实(至少向一位民族志学者)陈述了其中大部分,措辞与我大致不离。曾经跟我谈论过斗鸡话题的几乎每个巴厘人都说,斗鸡犹如玩火,只是不会被烧着。你触发了村庄和亲族的对抗和敌意,不过是以"游戏"的形式,你危险地、着迷地接近于公开而直接地表达人际和群际攻击性(这又是日常生活的正常进程里几乎从不会发生的事情),不过是虚晃一枪,因为说到底,那"仅仅是斗鸡罢了"。

这类观察论断还可以提出更多,总的论点虽然尚未提出,但也许至少已经轮廓分明了;迄今为止的全部论证可以有益地概括为如下形式化范型:

一场比赛越是发生在

1. 地位相当者(和/或仇敌)之间,

2. 地位高的个人之间,

则比赛越有深度。

比赛越有深度,则

1. 公鸡与人越密切地合为一体(或者更恰当地说,比赛越有深度,斗鸡人越要将他最好的、认同最深的公鸡推上前来)。

2. 参赛公鸡越好,而且它们越是旗鼓相当。

3. 人们越是倾情投入,也越是全神贯注于比赛中。

4. 中心和外围的个人赌注越高,外围赔率倾向于让步更小,而且赌局总数更多。

5. 赌博中人对赌博的看法越多是"地位"观,越少是"经济"观,而且参与其事的市民越"体面"。[26]

将这些论点反过来,就可适用于斗鸡越来越浅度的情形,那种赛事之浅在抛硬币、掷骰子的消遣中达到顶峰(从一种反转符号的意义上说)。深度斗鸡则没有绝对上限,尽管当然有实际的上限,也流传着许多传奇故事,讲述古代领主和王子(因为斗鸡永远是精英和百姓同等关注的事情)间的浴血大决战,其深度远超当今巴厘任何地方、任何人(即便是贵族)所能成就的任何赛事。

实际上,巴厘有个文化大英雄就是一位王子,因为酷爱斗鸡,被称为"斗鸡者"。正当他外出与邻国王子进行一场极其深度的斗鸡的时候,他的全家(父亲、妻子、兄弟、姐妹)被平民篡位者杀害了。他因此幸免于难,赶回去消灭了篡窃者,收复了王位,重建了巴厘的高等传统,建立起那个最强大、辉煌和兴盛的国家。巴厘人固然从打斗的公鸡中看到了他们的自我、他们的社会秩序、抽象的仇恨、男性气概、恶魔力量等等,此外他们也看到了地位功效的原型,即这位刹帝利王子,一个高傲、果毅、视荣誉如命的真正玩火的玩家。[27]

羽毛、鸡血、人群和金钱

"诗歌无济于事,"奥登在他的《纪念叶芝》一诗中说,"它存活于言语的山谷……它是变化之途,是一个出口。"从这句话的一般意义上说,斗鸡也一样,没有改变任何事情。日复一日地,人们不停地寓言性地羞辱对方,又寓言性地被对方羞辱,赢了就暗自体验到得意之情,输了不过稍微公开一点地表露出沮丧之情。**但是谁的地位都不曾真正改变**。你不可能靠赢得斗鸡来爬上地位阶梯;作为个人,你其实压根不可能真正攀升上去。你也不可能因此而地位下跌。[28]你所能做的就是享受和品尝——或者承受和忍耐——顺着那一阶梯的美学幻影剧烈而短暂地运动的虚造感觉,那是有运动之象而无运动之实的镜中地位跃迁。

如同任何艺术形式——因为到头来我们正在谈论的就是那种东西——那样,斗鸡用某些行为和客体来表现平凡的、日常的经验,从而使之易于理解;那些行为和客体已被抹除了实际后果,被简化(你要愿意的话,也可说拔高)到纯粹表象的层次,在这里它们的意义能够得到更有力的表达和更准确的知晓。斗鸡只对公鸡们是"真真切切的",它不会杀死谁,阉割谁,把谁降到畜生的地位,改变民众间的等级关系,或者再造等级制度;它甚至不会显著地重新分配收入。它所做的,就是《李尔王》和《罪与罚》对性情和习俗不同的其他人众所做的;它采用了死亡、男性气概、愤怒、骄傲、失败、仁慈、机会等主题,通过将它们组织成一个环绕性结构,把它们呈现得足以突显对其基本性质的一种特殊看法。它给它们安上一重意义结构,使它们对那些因历史之故有可能领会该结构的人富有意义,即可见、可触、可知,并且在观念的意义上是"实在的"。作为一种意象、一种虚构、一种模型和一种隐喻,斗鸡是表现的工具;它的功能既非缓和社会激情亦非激化它们(尽管以其玩火的方式,它在两方面都有所作用),而是以羽毛、鸡血、人群和金钱为媒介,展示它们。

画作、书籍、曲调、戏剧等事物的有些特质,我们不觉得可以断言它们真的内在于事物当中,那么我们是如何感知它们的呢?这个问题近年来成了美学理论的中心话题。[29]一幅画的焦躁,或另一幅画的安详,不能由艺术家的情绪来解释(那情绪依然是艺术家的),也不能由观者的情绪来解释(那情绪依然是观者的)。

我们将壮丽、机智、绝望、丰盈的特质归于乐音之流,将明快、活力、刚猛、流畅归于建筑石块。小说被说成是有力度的,楼房是雄辩的,戏剧是有气势的,芭蕾舞是沉静的。在"古怪谓词"的这个领域里,说斗鸡是"焦躁不安的"(至少在完成了的案例中),看起来并不是不自然的,只是有点令人不解——因为我刚否认过它具有实际后果。

这种焦躁不安从斗鸡的三种属性的结合中,"不知怎的"就冒出来了:它的直观的戏剧形态,它的隐喻内容,以及它的社会背景。作为依托社会基础的一种文化象征,斗鸡同时是动物仇恨的陡然发作、象征自我的模拟战争和地位紧张的形式模仿,它的美感力量源于它将这些不同现实强行聚合起来的能力。它之所以是焦躁不安的,不是因为它有物质性效果(的确有一些,但很轻微),而是因为它将骄傲与自我,将自我与公鸡,将公鸡与毁灭连接起来,从而带来了平时深藏不露的某一巴厘经验层面的想象性实现。一种严重感被转移到本身相当单调沉闷、千篇一律的场面上,转移到拍打着的翅膀和跳动的腿的喧嚣上,这种转移的实现,靠的是把斗鸡解释成它的发起者和观者的生活方式当中令人心神不宁的某种东西的表现,或者更不祥地,他们的本性的表现。

作为一种戏剧形态,斗鸡展现出一个特征:极度原子化的结构;只有当你意识到这并不是非有不可的特征时,它才会显得如此不同寻常。[30]每场比赛都是一个独立的世界,是常规的粒子式迸发。有比赛安排,有打赌,有战斗,有结局(宣布赢家,宣布输家),还有匆忙而窘迫的金钱交付。输家得不到安慰。人们从他身边走开,四处张望,留下他去接受他暂时堕入虚无之中的现实,重整他的颜面,毫发无伤地重回战场。赢家也没人道贺,事件也不会被反复谈论；一旦一场比赛结束，人群的注意力便整个转向下一场，无心回顾。经验的影子肯定存留在赛事主角心中，也许甚至在深度斗鸡的观战者心中也残留些许，就像我们看了一场表演很精彩的大戏后，在离开剧院时脑中影子尚在一样；但是它会很快退去，至多成为一种图式化的记忆（淡淡的喜悦，或者抽象的战栗），通常还不及此。任何表现形式都只存在于它特有的当下中——它自身创造的那一当下。但是在这里，那一当下被切成一串闪光，其中有些比别的更加明亮，但全都是离散的审美的量子。无论斗鸡表达了什么，它都是迸发式地表达的。

但是正如我在别处详细论证过的那样，巴厘人迸发式地生活着。[31]他们的生活——照他们所安排和感知的那样——与其说是从过去经现在奔向未来的一股连贯之流，一种定向运动，不如说是意义和空虚的忽断忽续的搏动，是"有事"（亦即有大事）发生的短暂时期和"无事"（亦即没大事）的同样短暂的时期的无节奏交替，即他们自己所称的"满"时间和"空"时间，或另一习语所说的"关头"和"空洞"之间的交替。把活跃性集中到凸透镜的焦点下；斗鸡不过像其他诸事一样，用这种方式成为有巴厘特性的东西——从日常生活的单子式相遇，到甘美兰音乐的叮叮当当点描做派，再到拜神日的寺庙庆典。它不是对社会生活的点断性的一种模仿，也不是对它的描写，甚至也不是对它的表现，而是它的一个范例，精心准备的范例。[32]

如果说斗鸡的结构的一个维度——它缺乏时间的方向性——使它像是一般社会生活的典型片段，那么另一维度——它头顶头（或刀对刀）的拼死一搏的攻击性——却使它像是对那种生活的否认、反转乃至颠覆。在正常情况下，巴厘人羞于公开冲突，简直到了强迫症的程度。他们是拐弯抹角和装糊涂——他们称之为alus，"优雅""圆滑"——的行家，委婉、谨慎、顺从、克制，很少去直面可以掉头不顾的事情，也很少去对抗可以逃避的事情。但是在这里，他们把自己表现得野蛮而凶悍，躁狂地爆发出本能的残忍。将生活强力呈现为巴厘人满心不愿它如此的样子（改编弗莱用于葛罗斯特的瞎眼的一个短语来说），这被置于他们实际拥有的生活的一个样品的背景下。[33] 由于这个背景暗示该表演纵然不算坦率的描写，也仍然超过凭空的想象，所以就在这里，焦躁不安浮现出来——是**斗鸡赛事**的焦躁不安，不是（或至少不必是）主办人的焦躁不安，实际上他们看上去完全乐在其中。斗鸡场上的杀戮不是对人际状况的实情的描写，而是（简直更糟）从一个特殊的角度，对事情被想象成的状况的描写。[34]

这个角度当然是社会分层的。我们已经看到，斗鸡格外有力地谈及地位关系，而它就它们所说的是，它们攸关生死。一个人在巴厘随便哪里（在村庄、家庭、经济和政府中）看看，声望是件非同小可的事情都是显而易见的。尊严的等级体系是波利尼西亚名衔层级与印度种姓制度的特殊融合，它是该社会的道德支柱。但是只有在斗鸡中，那一等级体系所依赖的各种情感才以其本色示人。它们在别处被笼罩在礼仪的薄雾中，在委婉语和客套、姿势和暗示的密云中，而在此处被表现出来，仅仅披上了动物假面的一层薄薄的伪装，那假面其实有效地袒露了情感，远甚于掩盖情感。猜忌一如泰然，嫉妒一如优雅，残忍一如魅力，都同等地是巴厘的组成部分；但若没有斗鸡，巴厘人对它们的确定悟解原本会欠缺得多，这大概就是他们如此重视斗鸡的缘故吧。

任何表达形式都是通过扰乱语义背景来产生效果的（如果有

效果的话),一经扰乱,惯常归于特定事物的性质就被异常地归于其他事物,然后后者就被看成真正具有那些性质。像史蒂文斯那样把风唤作跛子,或者像勋伯格那样固定音调和操纵音色,抑或跟我们的例子更接近点儿,像荷加斯那样把艺术批评家说成是一头放荡的熊,这就是在跨越概念的藩篱;客体与其性质间的既定联结被改变了,而现象(秋天的天气,旋律的形态,或文化评论)则被覆盖上平素指向其他所指对象的能指。[35] 类似地,将雄鸡相斗与地位分裂相连接(再连接,再再连接),就是诱发知觉从前者向后者转移,这种转移既是一种描述,也是一种判断。(从逻辑上讲,这种转移也可以沿相反方向;但是巴厘人跟我等大多数人一样,理解男人的兴趣远过于理解公鸡的兴趣。)

让斗鸡从普通生活进程中分离出来,将它高举于日常实际事务的领域之上,并给它罩上一层放大了的重要性的光环,这不是像功能主义社会学家可能会说的那样,源于它强化了地位区别(在一举手一投足都明确显示了那些区别的社会里,这样的强化几无必要),而是源于它提供了一种超社会的评注,评述了将人分入固定的等级地位中,然后围绕那一分类安排很大部分的集体生活的全部事情。它的功能——假如你想要那么称呼的话——是阐释性的:它是对巴厘经验的一种巴厘式解读,是他们讲给自己听的自己的故事。

用一事物表述另一事物

如此表述这个问题,就是有点隐喻性地重新调整自己的视点,因为它将文化形式分析从大致类似于解剖机体、诊断病症、破译密码或规整系统——当代人类学的主导类比——的一种努力，转变成大致类似于洞彻文学文本的一种努力。谁若把斗鸡——或由集体加以维持的其他任何象征结构——视为"用一事物表述另一事物"（援引亚里士多德的著名警句来说）的工具，那么他面对的就不是社会力学上的问题，而是社会语义学上的问题。[36] 对于心系社会学原理的阐发而非斗鸡的推广或赏鉴的人类学家而言，问题在于，从探察作为文本组合的文化中，他能够在这种原理方面有什么斩获呢？

将文本概念延伸到书写材料之外，甚至口语材料之外，这样的扩展虽然是隐喻性的，却也并不很新鲜。中世纪的自然解释（interpretatio naturae）传统（到斯宾诺莎而登峰造极）试图像阅读圣典那样阅读自然，尼采试图将价值体系当成权力意志的注解（或者马克思视之为财产关系的注解），弗洛伊德将梦境的隐晦文本替换成潜意识的清晰文本，这些都是先例，哪怕不是同等可取的。[37] 但是这种观念在理论上仍不成熟；就人类学而论，文化形式可被视为文本、视为用社会材料营造的想象性作品，这一更深刻的推论尚需加以系统利用。[38]

在眼前的事例中，把斗鸡看成文本，是要呈现它的一个特点（在我看来是它的核心特点），即它将情感用于认知目的；假如把它看成仪式或娱乐（这是两种最明显的备选观点），便会遮蔽该特点。斗鸡所表达的东西，是斗鸡通过情感语汇表达出来的：冒险的战栗，失败的绝望，获胜的欢喜。可是它所表达的，不单是说冒险令人激动，失败令人沮丧，获胜令人喜乐，这些都是情感反应的陈腐的恒真命题罢了；它还表达出，正是用如此示范的这些情感，社会得以构成，个人得以凝聚成团。现身斗鸡场边，参与其中，对巴厘人来说就是一种情感教育。他从那里获知的，是他所属文化的精神气质和他的个人感受性（或者它们的某些方面）一旦外显在集体文本上会是什么模样；是这两者非常相似，足可在这样的单一文本的符号体系中清楚表达出来；也是那令人焦躁不安的部分，即这一启示由以完成的文本是由一只小鸡将另一只乱劈成片的过程所构成的。

如俗谚所说，每个民族对暴力形式各有所爱。斗鸡就是巴厘人对其暴力形式的反思：反思它的面目、它的用途、它的力量和它的魅力。它动用了几乎每一层面的巴厘经验，将动物的凶猛、男人的自恋、对立的赌博、地位的竞争、大众的兴奋和热血的献祭等主题熔于一炉（它们的主要关联就是都牵连到愤怒和对愤怒的恐惧），又将它们结合到一套既抑制它们又容许它们运转的规则当中，构造出一个符号结构，在那里面，它们的内在联系的现实可以被翻来覆去地明白感受到。如果（再次引述弗莱的例子）我们去看《麦克白》，是要了解一个男人赢了江山却丢了灵魂是什么状态，那么巴厘人去斗鸡，就是为了认清平常很沉静、孤高、简直过分地置身事外、这样在道德上自成天地的一个男人，若是被攻击、折磨、挑衅、侮辱，结果被逼得怒不可遏，然后大获全胜或一败涂地，又会是什么状态。弗莱的整段话值得征引于此，因为它把我们带回到亚里士多德（尽管是带回到《诗学》而非《论解释》）：

> 但是诗人［与历史学家相反］几乎从不做出现实性的陈述，肯定也绝无特殊的或具体的陈述——亚里士多德如是说。诗人的职责不是告诉你已然之事，而是告诉你理有固然之事：不是确已发生的事情，而是始终都会

发生的那种事情。他告知你典型的、复发性的事件,或者亚里士多德所说的普遍事件。你去读《麦克白》,不会想要了解苏格兰的历史,你读它是要了解一个男人赢了江山却丢了灵魂是什么状态。当你读到像狄更斯的米考伯那样的一个人物时,你不会认为世上一定有过这个人,狄更斯认识他,他千真万确就是这样子。你会觉得你所认识的每个人身上,包括你本人身上,都有一星半点米考伯的影子。我们对人生的印象是一点一滴获得的,对我们大多数人而言,这些印象保持着松散杂乱的面貌。但是我们时常发现,文学里的事情突然将这样的大量印象协调起来,凸显出来,而这就是亚里士多德所说的典型的或普遍的人类事件所表示的部分意思。[39]

把凌乱的日常生活经验明朗化,这正是斗鸡所完成的——当它被看作"不过是一场游戏"时,它就被搁置在那种生活的一旁,而当它被看作"不只是一场游戏"时,它又跟那生活重新接通了。它还因此造成了或可谓范式性(比典型性和普遍性更好)的人类事件,即是说,这种事件告诉我们的,与其说是实际发生的事,不如说是假如——实情并非如此——生活是艺术的,可以像《麦克白》和《大卫·科波菲尔》那样自由地按照感觉风格加以塑造的话,可能发生的那种事情。

上演了又再上演、迄今没个尽头的斗鸡,使巴厘人能够看到他自身某一方面的主体性,如同读了又读的《麦克白》使我们能够看到自身某一方面的主体性那样。随着他一场接一场地观看斗鸡赛事,而且是作为公鸡主人和参赌者积极主动地观看(因为作为观赏性运动，斗鸡同槌球或赛狗一样无趣)，他越来越熟悉它，通晓它必须向他表达的意思，极像弦乐四重奏的专注倾听者或静物画的凝神观览者，以一种向自身打开他的主体性的方式，慢慢地变得愈加熟悉它们。[40]

然而，因为——用又一个困扰美学的悖论来说(那些悖论还包括被描画出来的情感和有意外结果的行为)——主体性只有这样有序地组织起来才会恰当地存在，所以艺术形式产生和再生的是它们假装只是表现了的那一主体性。四重奏、静物画和斗鸡不仅仅是先已存在的、被照样再现出来的感受性的反映，它们在创造和保持这样的感受性上是积极的原动力。如果我们自视为一帮米考伯，那是缘于我们狄更斯读得太多(如果我们自视为不抱幻想的现实主义者，那是缘于我们狄更斯读得太少)；那么巴厘人认同于公鸡，也是因为参加斗鸡太多。艺术作品用它们投到经验上的光给经验着色，它们正是通过这样的方式，而非通过它们可能具有的不管什么实质效果，在社会生活中发挥它们作为艺术品的作用。[41]

于是，在斗鸡中，巴厘人同时形成和发现了他的性情和他的社会的性格。或者更准确地说，他形成和发现了它们的某一特殊面向。对巴厘的地位等级体系和自尊提供评注的，还有其他大量文化文本，而接受这样的评注的，也还有处于分层和竞争之外的巴厘生活的其他大量关键领域。婆罗门僧侣就任圣职的典礼，事涉气息调节、定身不动和虚心默注于存在的玄奥，这也展示了极为不同，但对巴厘人来说同等真实的社会等级的特性(它远及神圣的超验之处)。它不是被置于动物的运动性情绪发泄的基体中，而是被放在神圣心智的静止的无欲无情的基体中，表现了恬静而非焦躁。村庙里的民众节庆，调动起本地的全体居民，精心招待来访的神灵们——载歌载舞，颂扬献礼——这维护了同村人的精神团结，无视他们的地位不平等，并形成和睦信任的气氛。[42] 斗鸡不是开启巴厘人生活的万能钥匙，一如斗牛不是开启西班牙人生活的万能钥匙。它就那种生活所表达的，不是无限制的，也可能受到其他同样有说服力的文化叙述就此所表达的内容的挑战。但这点并不比拉辛和莫里哀是同时代人，或者侍弄菊花的民族也好铸造刀剑更令人惊奇。[43]

一群人的文化是诸文本的全集，而文本自身也是一个全体，人类学家站在那些人肩上（它们恰当地归其所有），费力地解读。这样一项事业有着重重困难，方法论隐患足以让弗洛伊德信徒发抖，还有一些道德困局。它也不是从社会学上处理符号形式的唯一途径。功能主义尚在，心理主义亦然。但是将这等形式视为"用一事物表述另一事物"，而且是向特定的某人表述之，这至少打开了一种分析的可能性，它致力于那些形式的实质内容，而不是致力于号称要解释它们的还原公式。

就像在更熟悉的细读练习中那样，你可以从一种文化的形式总目的任何地方开始，又在别的任何地方结束。你可以像我在此处这样，逗留在某个单一的、多少有界限的形式中，在里边平稳盘旋。你可以在不同形式间往返，寻求更广泛的统一性或领会差异性。你甚至可以比较出自不同文化的形式，在相互映衬下明确它们的特点。但是不管你在什么层面上操作，也不论那有多复杂，指导原则是相同的：社会，如同生命那样，包含着它们自身的阐释。你只需学会如何接近那些阐释。

致　谢

"The Impact of the Concept of Culture on the Concept of Man," in *New Views of the Nature of Man*, ed. J. Platt (Chicago: University of Chicago Press, 1966), pp.93—118. Reprinted by permission of The University of Chicago Press and © 1966 by The University of Chicago.

"The Growth of Culture and the Evolution of Mind." Reprinted with permission of Macmillan Publishing Co., Inc., from *Theories of the Mind*, edited by J. Scher, pp.713—740. Copyright © The Free Press of Glencoe, a Division of The Macmillan Company, 1962.

"Religion as a Cultural System," in *Anthropological Approaches to the Study of Religion*, ed. M. Banton (London: Tavistock Publications Ltd., 1966), pp.1—46. Reprinted by permission.

"Ethos, World View and the Analysis of Sacred Symbols." Copyright © 1957 by The Antioch Review, Inc. First published in *The Antioch Review* 17, no. 4; reprinted by permission of the editors.

"Ritual and Social Change: A Javanese Example," in *American Anthropologist* 61 (1959): 991—1012. Reprinted by permission.

"'Internal Conversion' in Contemporary Bali," in *Malayan and*

Indonesian Studies presented to Sir Richard Winstedt, eds. J. Bastin and R. Roolvink (Oxford: Oxford University Press, 1964), pp.282—302. Reprinted by permission of The Clarendon Press, Oxford, England.

"Ideology as a Cultural System." Reprinted with permission of Macmillan Publishing Co., Inc., from *Ideology and Discontent*, edited by D. Apter, pp.47—56. Copyright © 1964 by The Free Press of Glencoe, a Division of The Macmillan Company.

"After the Revolution: The Fate of Nationalism in the New States" from *Stability and Social Change*, edited by Bernard Barber and Alex Inkeles, pp.357—376. Copyright © 1971 by Little, Brown, and Company (Inc.). Reprinted by permission.

"The Integrative Revolution: Primordial Sentiments and Civil Politics in the New States."Reprinted with permission of Macmillan Publishing Co., Inc., from *Old Societies and New States*, edited by Clifford Geertz, pp.105—157. Copyright © The Free Press of Glencoe, a Division of The Macmillan Company, 1963.

"The Politics of Meaning." Reprinted from *Culture and Politics in Indonesia*, edited by Claire Holt with the assistance of Benedict R. O'G. Anderson and James Siegel. Copyright © 1972 by Cornell University. Used by permission of Cornell University Press.

"Politics Past, Politics Present: Some Notes on the Contribution of Anthropology to the Study of the New States." Reprinted by permission from the *European Journal of Sociology* 8 (1967): 1—14.

"The Cerebral Savage: On the Work of Claude Lévi-Strauss, " in *Encounter* 28, no. 4 (April 1967): 25—32. Reprinted by permission.

Person, Time and Conduct in Bali: An Essay in Cultural Analysis. Yale Southeast Asia Program, Cultural Report Series, #14, 1966. Reprinted by permission.

"Deep Play: Notes on the Balinese Cockfight," in *Daedalus* 101 (1972): 1—37. Reprinted by permission.

Poetry reprinted from "In Memory of W. B. Yeats," *Collected Shorter Poems 1927—1957*, by W. H. Auden. Copyright 1940 and renewed 1968 by W. H. Auden. By permission of Random House, Inc., and Faber and Faber, Ltd.

Quotes from Lévi-Strauss, Claude, *Tristes Tropiques*, John Russell translation, New York, 1964, used by permission of George Borchardt Literary Agents and Hutchinson Publishing Group, Ltd.

注　释

第一章

1　不仅限于其他人民的：人类学**可以**探索它本身所属的文化，而且实际上日益如此；这一点意义深远，但是由于它引出几个棘手的、相当专门的次级问题，我将暂且按下不表。

2　阶次问题又是很复杂的。本之于其他人类学著作的那些人类学著作（比如列维-斯特劳斯的）当然可能是第四阶的甚至更高的，而报道人频繁地甚至习惯性地做出第二阶的阐释，即日渐被称作"本地人模型"的东西。在有文字的文化里，"本地人的"阐释可以升入更高阶次——涉及马格里布的，人们只需想想伊本·赫勒敦，涉及美国的，想想玛格丽特·米德；于是这些问题真是变得纷繁难解。

3　或者更准确地，又是"铭刻"。大多数民族志事实上都表现为书籍和论文，而不是影片、录音、博物馆展览之类；但就算是书籍和论文，里面当然也有照片、图画、图示和表格等。人类学非常缺乏对表征方式的自觉，更别提表征方式的实验了。

4　"参与式观察"这个观念，就其加强了人类学家把报道人当作人而非物来打交道的冲动而言，还是有价值的。但是，它也造成人类学家对他本人角色的特殊性、文化悬置性视而不见，而将自己设想成超越感兴趣的、利在其中的（interested 的两种含义）寄居者的某种人，就此而言，它一直是我们的自欺欺人的极强源头。

5　这固然有点儿理想化。理论极少（如果曾经有过的话）在临床式运用中被断然否证，而只是日渐变得用之不便、开新无路、智竭力穷或空洞无物，所以在除了一小撮人（尽管**他们**往往满腔热忱）以外其余的人都对它们兴致索然之后，它们经常还要存留许久。实际上，就人类学而言，比起如何将多产的观念引入文献来，如何将枯竭的观念逐出文献几乎是更严峻的问题，因此有多得远超吾人所愿的理论探讨都是批判性的而非建设性的，人们的整个职业生涯都要致力于加速垂死概念的死灭。随着这个领域的进步，人们期望这种思想的除草工作会变成我们活动的不那么突出的部分。但是眼下，情况依然是，旧理论与其说是趋于死灭，不如说是改头换面。
6 以下绝大部分章节涉及印尼而非摩洛哥，因为我刚刚开始直面我的北非材料提出的疑问，那些材料多是新近搜集的。印尼的田野工作开展于1952—1954、1957—1958和1971年；摩洛哥的开展于1964、1965—1966、1968—1969和1972年。

第二章

1 A. O. Lovejoy, *Essays in the History of Ideas* (New York, 1960), p.173.
2 Ibid., p.80.
3 "Preface to Shakespeare", *Johnson on Shakespeare* (London, 1931), pp.11—12.
4 引自 *Iphigénie* 的序言。
5 A. L. Kroeber, ed., *Anthropology Today* (Chicago, 1953), p.516.
6 C. Kluckhohn, *Culture and Behavior* (New York, 1962), p.280.
7 M. J. Herskovits, *Cultural Anthropology* (New York, 1955), p.364.
8 重印于此，征得Farrar, Straus & Giroux, Inc.和Faber & Faber, Ltd.的许可，引自"Hawthorne", in *For the Union Dead*, p.39。Copyright © 1964 by Robert Lowell. [参见洛威尔：《生活研究》，胡桑译，湖南文艺出版社2019年版，第74—75页。——译注]

第三章

1 M. Scheerer, "Cognitive Theory", in *Handbook of Social Psychology* (Reading, Mass., 1954).
2 C. Sherrington, *Man on His Nature*, 2nd ed. (New York, 1953), p.161; L. S. Kubie, "Psychiatric and Psychoanalytic Considerations of the Problem of Consciousness", in *Brain Mechanisms and Consciousness*, ed. E. Adrian et al. (Oxford, England, 1954), pp.444—467.
3 C. L. Hull, *Principles of Behavior* (New York, 1943).
4 G. W. Allport, "Scientific Models and Human Morals", *Psychol. Rev.* 54 (1947): 182—192.

5 G. A. Miller, E. H. Galanter, and K. H. Pribram, *Plans and the Structure of Behavior* (New York, 1960).
6 G. Ryle, *The Concept of Mind* (New York, 1949).
7 K. S. Lashley, "Cerebral Organization and Behavior", in *The Brain and Human Behavior*, ed. H. Solomon et al. (Baltimore, 1958).
8 L. A. White, *The Science of Culture* (New York, 1949).
9 Ryle, *The Concept of Mind*.
10 White, *The Science of Culture*.
11 J. Dewey, *Art as Experience* (New York, 1934).
12 Ryle, *The Concept of Mind*, p.33. Barnes & Noble Books 和 Hutchinson Publishing Group, Ltd. 授权引用。
13 M. Mead, "Comment", in *Discussions in Child Development*, ed. J. Tanner and B. Inhelder (New York, n.d.), 1: 480—503.
14 S. Freud, "The Interpretation of Dreams", trans. in *The Basic Writings of Sigmund Freud*, ed. A. A. Brill (New York, 1938), pp.179—548; S. Freud, "Formulations Regarding Two Principles in Mental Functioning", in *Collected Papers of Sigmund Freud* (London, 1946), 4: 13—27.
15 L. Levy-Bruhl, *Primitive Mentality* (London, 1923).
16 除此之外，正如哈洛韦尔 [A. I. Hallowell, "The Recapitulation Theory and Culture", reprinted in *Culture and Experience*, by A. I. Hallowell (Philadelphia, 1939), pp.14—31] 指出的那样，这个命题还因不加批判地运用海克尔那如今已被否定的"重演律"而获得支持，在那"定律"里，儿童、精神病患者和原始人思维的假定相似性被用来证明臆想在种系发生学上的优先性。有一种说法称，原初过程甚至在个体发生学意义上都不优先于继发过程，参见 H. Hartmann, "Ego Psychology and the Problem of Adaptation", trans. and abridged in *Organization and Pathology of Thought*, ed. D. Rappaport (New York, 1951), pp.362—396; H. Hartmann, E. Kris, and R. Lowenstein, "Comments on the Formation of Psychic Structure", in *The Psychoanalytic Study of the Child* (New York, 1946), 2: 11—38。
17 A. L. Kroeber, *Anthropology* (New York, 1948).
18 C. Kluckhohn, "Universal Categories of Culture", in *Anthropology Today*, ed. A. L. Kroeber (Chicago, 1953), pp.507—523；亦见 Kroeber, *Anthropology*, p.573。

19 Kroeber, *Anthropology*, pp.71—72.

20 Ibid.

21 Ibid.; White, *The Science of Culture*, p.33.

22 W. W. Howells, "Concluding Remarks of the Chairman", in *Cold Spring Harbor Symposia on Quantitative Biology* 15 (1950): 79—86.

23 关于南方古猿的早期发现，参见 R. A. Dart, *Adventures with the Missing Link* (*New York*, 1959)；关于最新评论，参见 P. V. Tobias, "The Taxonomy and Phylogeny of the Australopithecines", in *Taxonomy and Phylogeny of Old World Primates with Reference to the Origin of Man*, ed. B. Chiarelli (Turin, 1968), pp.277—315。

24 这里的"人猿超科动物"是指人类和猩猩科类人猿（大猩猩、猩猩、黑猩猩、长臂猿）所属的动物的超级家族，无论是现存的还是已灭绝的；"人科动物"是指人类所属的动物家族，无论是现存的还是已灭绝的，但不包括类人猿。欲知"脱离常规"的观点，参见 E. Hooton, *Up from the Ape*, rev. ed. (New York, 1949)；欲知公认观点，参见 Howells, "Concluding Remarks of the Chairman"。在我看来，认为南方古猿是"**最早的人科动物**"的想法是时候得改改了。

25 如欲获得全局视角，参见 A. I. Hallowell, "Self, Society and Culture in Phylogenetic Perspective", in *The Evolution of Man*, ed. S. Tax (Chicago, 1960), pp.309—372。在过去数十年间，整个讨论以递增的速度和精准性向前推进。参见概述论文，R. L. Holloway and Elizabeth Szinyei-Merse, "Human Biology: a Catholic Review", in *Biennial Review of Anthropology, 1971*, ed. B. J. Siegel (Stanford, 1972), pp.83—166。

26 关于"临界点"理论，如欲在人类学最新研究成果的启发下获得全局视角，参见 C. Geertz, "The Transition of Humanity", in *Horizons of Anthropology*, ed. S. Tax (Chicago, 1964), pp.37—48。

27 S. L. Washburn, "Speculations on the Interrelations of Tools and Biological Evolution", in *The Evolution of Man's Capacity for Culture*, ed. J. M. Spuhler (Detroit, 1959), pp.21—31.

28 A. I. Hallowell, "Culture, Personality and Society", in *Anthropology Today*, ed. A. L. Kroeber (Chicago, 1953), pp.597—620. 参见 A. I. Hallowell, "Behavioral Evolution and the Emergence of the Self", in *Evolution and Anthropology: A Centennial Appraisal*, ed. B. J.

Meggers (Washington, D.C., 1959), pp.36—60。

29　Kroeber, *Anthropology*, p.573.

30　L. A. White, "Four Stages in the Evolution of Minding", in *The Evolution of Man*, ed. S. Tax (Chicago, 1960), pp.239—253；这种观点相当主流。

31　关于不加批判地使用同期形式之间的比较来构建历史性假设的危险性，如欲求更全局的视野，参见 G. Simpson, "Some Principles of Historical Biology Bearing on Human Organisms", in *Cold Spring Harbor Symposia on Quantitative Biology* 15 (1950): 55—66。

32　Washburn, "Speculations on the Interrelations".

33　Ibid.

34　关于"狼孩"和其他野性幻想，参见 K. Lorenz, "Comment", in *Discussions in Child Development*, ed. J. Tanner and B. Inhelder (New York, n.d.), 1: 95—96。

35　参见本书的第六章，p.157。

36　关于孤立，参见 H. Harlow, "Basic Social Capacity of Primates", in *The Evolution of Man's Capacity for Culture*, ed. J. M. Spuhler (Detroit, 1959), pp.40—52；关于模仿式学习，参见 H. W. Nissen, "Problems of Mental Evolution in the Primates", in *The Non-Human Primates and Human Evolution*, ed. J. Gavan (Detroit, 1955), pp.99—109。

37　B. I. DeVore, "Primate Behavior and Social Evolution" (unpublished, n.d.).

38　某些低于灵长类的哺乳动物也会遵循一种肯定属于社会性的生活方式，这整个过程有可能早于任何灵长类动物。而某些鸟和昆虫的社会性行为只有更为间接的关联性，因为这些种类和人类的发展路径不相干。

39　M. F. A. Montagu, "A Consideration of the Concept of Race", in *Cold Spring Harbor Symposia on Quantitative Biology* 15 (1950): 315—334.

40　M. Mead, "Cultural Determinants of Behavior", in *Culture and Behavior*, ed. A. Roe and G. Simpson (New Haven, 1958).

41　C. Sherrington, *Man*.

42　C. L. Hull, *Principles*.

43　L. de Nó, "Cerebral Cortex Architecture", in *The Physiology of the*

Nervous System, ed. J. F. Fulton (New York, 1943); J. S. Bruner, "Neural Mechanisms in Perception", in *The Brain and Human Behavior*, ed. H. Solomon et al. (Baltimore, 1958), pp.118—143; R. W. Gerard, "Becoming: The Residue of Change", in *The Evolution of Man*, ed. S. Tax (Chicago, 1960), pp.255—268; K. S. Lashley, "The Problem of Serial Order in Behavior", in *Cerebral Mechanisms and Behavior*), ed. L. Jeffress (New York, 1951), pp.112—136.

44 P. Weiss, "Comment on Dr. Lashley's Paper", in *Cerebral Mechanisms in Behavior*, ed. L. Jeffress (New York, 1951), pp.140—142.

45 D. O. Hebb, "The Problem of Consciousness and Introspection", in *Brain Mechanics and Consciousness*, ed. E. Adrian et al. (Oxford, 1954), pp.402—417. 略去参考文献。

46 C. Kluckhohn and H. Murray, eds., *Personality in Nature, Society and Culture* (New York, 1948); T. H. Bullock, "Evolution of Neurophysiological Mechanisms", in *Behavior and Evolution*, ed. A. Roe and G. Simpson (New Haven, 1958), pp.165—177.

47 Bullock, "Evolution".

48 Ibid.; Gerard, "Becoming".

49 Bullock, "Evolution"; K. H. Pribram, "Comparative Neurology and the Evolution of Behavior", in *Behavior and Evolution*, ed. A. Roe and G. Simpson (New Haven, 1958), pp.140—164.

50 Gerard, "Becoming"; 亦见 R. W. Gerard, "Brains and Behavior", in *The Evolution of Man's Capacity for Culture*, ed. J. Spuhler (Detroit, 1959), pp.14—20。

51 Bullock, "Evolution".

52 R. W. Gerard, "Brains and Behavior"; Bullock, "Evolution".

53 K. Lorenz, *King Solomon's Ring* (London, 1952).

54 D. O. Hebb and W. R. Thompson, "The Social Significance of Animal Studies", in *Handbook of Psychology* (Reading, Mass., 1954), pp.532—561. 不加区别地使用"本能"一词,混淆了三组独立的(但并非不相关的)对立——依赖学习的行为模式和不依赖学习的行为模式的对立,先赋的行为模式(即基因设定的身体过程的结果)与非先赋的行为模式(即超出基因设定的身体过程的结果)的对立,无弹性(刻板)的行为模式与那些有弹性(可变)的行为模式的对立——并导致了一个不正确的假设：说行为模式是先赋的，就等于说它在表现上是无弹性的。[参见K. H. Pribram, "Comparative Neurology and Evolution"; F. A. Beach, "The Descent of Instinct", *Psychol. Rev.* 62 (1955): 401—410。]此处，"内在的"一词，相对于"外在的"，被用来描述那些相比较而言似乎主要地——或至少占优势地——依赖于先赋取向的行为，与学习或弹性这类问题无关。

55　F. A. Beach, "Evolutionary Aspects of Psycho-Endocrinology", in *Culture and Behavior*, ed. A. Roe and G. Simpson (New Haven, 1958), pp.81—102; C. S. Ford and F. A. Beach, *Patterns of Sexual Behavior* (New York, 1951). 但是，再一次地，这一总体趋势似乎在比人类低等的灵长类动物身上确立已久了："某些[雄性]黑猩猩不得不学习如何交配。我们注意到，将性成熟却没有性经验的雄性和处于发情期的雌性放在一起时，雄性表现出性兴奋的迹象，但接下来试图完成交配的努力通常以失败告终。稚嫩的雄性无力完成其分内的交配行为，而有人指出，大量的实践和学习是这个物种实现生物意义上的有效交合的不可或缺的条件。被单独养育的成年雄性啮齿动物在第一次遇上发情期的雌性时都会正常交配。"[F. A. Beach, "Evolutionary Changes in the Physiological Control of Mating Behavior in Mammals", *Psychol. Rev.* 54 (1947): 293—315。]关于黑猩猩的泛化恐惧与愤怒，参见如下生动描述，Hebb and Thompson, "Social Significance"。

56　Ryle, The Concept of Mind, p.27.

57　Hebb, "Problem of Consciousness and Introspection".

58　关于序数词，参见K. S. Lashley, "Persistent Problems in the Evolution of Mind", *Quart. Rev.* 24 (1949): 28—42。有种观点认为，人类通常在学会对自己"说话"、默默地说之前，先学会了大声说话、跟其他人说话；或许应该明确指出，这种观点并不必然涉及某种思维的肌动理论，或者"所有内隐的精神活动都是基于想象的词语"的论断。

59　E. Galanter and M. Gerstenhabor, "On Thought: The Extrinsic Theory", *Psychol. Rev.* 63 (1956): 218—227.

60　J. A. Deutsch, "A New Type of Behavior Theory", *British Journal of Psychology* 44 (1953): 304—317.

61　Ibid.

62　J. Dewey, *Intelligence and the Modern World*, ed. J. Ratner (New

York, 1939), p.851.
63 例如，W. La Barre, *The Human Animal* (Chicago, 1954)。
64 相反的例子，参见 J. Dewey, "The Need for a Social Psychology", *Psychol. Rev.* 24 (1917): 266—277; A. I. Hallowell, "Culture, Personality and Society"。
65 D. O. Hebb, "Emotion in Man and Animal: An Analysis of the Intuitive Process of Recognition", *Psychol. Rev.* 53 (1946): 88—106; D. O. Hebb, *The Organization of Behavior* (New York, 1949); D. O. Hebb, "Problem of Consciousness and Introspection"; D. O. Hebb and W. R. Thompson, "Social Significance of Animal Studies".
66 D. O. Hebb, "Problem of Consciousness and Introspection".
67 P. Solomon et al., "Sensory Deprivation: A Review", *American Journal of Psychiatry* 114 (1957): 357—363; L. F. Chapman, "Highest Integrative Functions of Man During Stress", in *The Brain and Human Behavior*, ed. H. Solomon (Baltimore, 1958), pp.491—534.
68 D. O. Hebb and W. R. Thompson, "Social Significance of Animal Studies".
69 S. Langer, *Feeling and Form* (New York, 1953), p.372；黑体为原书标注。
70 服务于人类心智的智性和情感方面的那种文化符号，往往彼此有别——一边是议论性语言、实验程序、数学等等，另一边是神话、仪式和艺术。但是这种对立不应截然两分：数学有它的情感用途，诗歌有它的智识用途；无论如何，这种区别都只是功能性的，不是实质性的。
71 R. Granit, *Receptors and Sensory Perception* (New Haven, 1955).
72 J. S. Bruner and L. Postman, "Emotional Selectivity in Perception and Reaction", *J. Personality* 16 (1947): 69—77.
73 在使用像"心智""文化"这样用法多变的词语时，决定该顺着种系发生学阶梯把它们扩展到多远——也就是说，到底该多宽泛地定义它们——在很大程度上只是个习惯、策略和口味的问题。在这里，可能有点自相矛盾却似乎合乎常规用法的是，我们对心智和文化做出了截然相反的选择：心智被界定得比较宽泛，包括猴子习得的交流能力，或者老鼠习得的解决T形迷宫的能力；文化被界定得比较狭窄，仅包括后-工具制作的符号模式。有种观点认为，文化应该被定义为"一种习得的信号和记号的意义模式",并被扩展到整个活的有机体世界,参见 T. Parsons, "An Approach to Psychological Theory in Terms of the Theory of Action", in *Psychology: A Study of a Science*, ed. S. Koch (New York, 1959), 3: 612—711。

第四章

1. L. Steinberg, "The Eye Is Part of the Mind", *Partisan Review* 70 (1953): 194—212.
2. M. Janowitz, "Anthropology and the Social Sciences", *Current Anthropology* 4 (1963): 139, 146—154. ["老本领的包袱"原文为"the dead hand of competence"。——译注]
3. T. Parsons and E. Shils, *Toward a General Theory of Action* (Cambridge, Mass., 1951).
4. S. Langer, *Philosophical Sketches* (Baltimore, 1962).
5. S. Langer, *Philosophy in a New Key*, 4th ed. (Cambridge, Mass., 1960).
6. K. Burke, *The Philosophy of Literary Form* (Baton Rouge, La.: Louisiana State University Press, 1941), p.9.
7. 与此颠倒的错误,即将象征等同于其指涉含义,或者把象征当成其指涉含义的"构成元素",是一种特别常见于卡西尔等新康德主义者的错误,也同样地致命。[参见 E. Cassirer, *The Philosophy of Symbolic Forms*, 3 vols. (New Haven: 1953—1957)。]据说,某位很可能是被虚构出来的禅师曾说,"一个人可以手指月示人,但若把手指当成月,那就是傻子"。
8. K. Craik, *The Nature of Explanation* (Cambridge, 1952).
9. K. Lorenz, *King Solomon's Ring* (London, 1952).
10. K. von Frisch, "Dialects in the Language of the Bees", *Scientific American*, August 1962.
11. Craik, *Nature of Explanation*.
12. R. H. Lowie, *Primitive Religion* (New York, 1924).
13. R. F. Fortune, *Manus Religion* (Philadelphia, 1935).
14. C. Geertz, *The Religion of Java* (Glencoe, Ill., 1960).
15. G. Ryle, *The Concept of Mind* (London and New York, 1949).
16. Ibid., p.86. Barnes & Noble Books 和 Hutchinson Publishing Group, Ltd. 授权引用。

17　Ibid., p.99.
18　C. Kluckhohn, "The Philosophy of the Navaho Indians", in *Ideological Differences and World Order*, ed. F. S. C. Northrop (New Haven, 1949), pp.356—384.
19　J. Goody, "Religion and Ritual: The Definition Problem", *British Journal of Psychology* 12 (1961): 143—164.
20　W. James. *The Principles of Psychology*, 2 vols. (New York, 1904).
21　Langer, *Philosophy in a New Key*, p.287. 黑体为原书标注。
22　E. Evans-Pritchard, *Witchcraft, Oracles and Magic Among the Azande* (Oxford, 1937).
23　A. R. Radcliffe-Brown, *Structure and Function in Primitive Society* (Glencoe, Ill., 1952).
24　G. Bateson, *Naven*, 2nd ed. (Stanford, 1958). 贝特森的描述也让人清楚地看到，这类认知关切的那些长期而尖锐的形式是彼此密切关联的，而且，对这类关切的那些更不寻常的场合的反应，是以在较为寻常的场合里已经确立的反应为模式的。然而他接着说道："在另一个场合，我邀请了一个报道人来看我冲洗底片。我先消除底片的感光性，然后在柔和的灯光下，把它们放在一个无遮盖的盘子里冲洗，好让我的报道人能看见影像逐渐出现。他非常感兴趣，过了几天，他要我保证绝不对其他氏族的成员展示这个过程。空屯马力是他的祖先之一，而他在冲洗照片的过程中看到了涟漪如何真的体现为影像，所以他认为这是他的氏族的秘密的一项证明。"
25　G. Lienhardt, *Divinity and Experience* (Oxford, 1961), p.151ff.; B. Malinowski, *Magic, Science and Religion* (Boston, 1948), p.67.
26　S. F. Nadel, "Malinowski on Magic and Religion", in *Man and Culture*, ed. R. Firth (London, 1957), pp.189—208.
27　Malinowski, *Magic, Science and Religion*, p.67.
28　C. W. Smith and A. M. Dale, *The Ila-Speaking Peoples of Northern Rhodesia* (London, 1920), p.197ff.; 引自 P. Radin, *Primitive Man as a Philosopher* (New York, 1957), pp.100—101。
29　C. Kluckhohn and D. Leighton, *The Navaho* (Cambridge, Mass., 1946); G. Reichard, *Navaho Religion*, 2 vols. (New York, 1950).
30　Reichard, *Navaho Religion*.
31　Ibid., pp.28—55.

32　Ibid.

33　不过,这并**不是**说每一个社会中的每一个人都是如此;因为,正如不朽的唐·马奎斯(Don Marquis)曾说的,除非你真的想要一个灵魂,否则你不必有灵魂。"宗教是全人类的普遍现象"这句常听到的概括之语,体现了一个可能为真的命题(虽然凭现有证据无法证明)和一个绝对错误的命题之间的一种混同:那或真的命题是,没有哪个人类社会彻底没有我们能称为宗教(依照目前的或者与之类似的定义)的文化模式;那假的命题是,一切社会中的每一个人都是宗教性的(religious)——在这个词的任何严肃意义上。但是,如果说人类学对宗教皈信的研究水平不高,那么人类学对无宗教皈信的研究则干脆就是一片空白。当哪天有某位更深邃的马林诺夫斯基写出一本名为"一个原始社会中的信与不信(甚或是'虔信与伪善')"的书的时候,宗教人类学就成年了。

34　A. MacIntyre, "The Logical Status of Religious Belief", in *Metaphysical Beliefs*, ed. A. MacIntyre (London, 1957), pp.167—211.

35　"态度"这个词,比如出现在"美学态度"或"自然态度"这些词组里的"态度",是我在这里称为"视角"的东西的另一个或许更常用的说法。[关于"美学态度",参见 C. Bell, *Art* (London, 1914);关于"自然态度",虽然这个词源自胡塞尔,但可参见 A. Schutz, *The Problem of Social Reality*, vol. 1 of *Collected Papers* (The Hague, 1962)。]但是,"态度"带有强烈的主观主义意味,它强调行动者的一种假定的内在状态,而非行动者与其情境之间的某种(以象征来缔结的)关系,所以我避免用它。这当然不是说对宗教经验的现象学分析是不必要的,相反,如果它是以一种主体间性的、非先验的、真正科学性的词汇来呈现的[例如,W. Percy, "Symbol, Consciousness and Intersubjectivity", *Journal of Philosophy* 15 (1958): 631—641],那么,这样的现象学分析对于完整地理解宗教信仰来讲是必要的。我的意思只是说,这不是此处关注的焦点。"展望""参照框架""心智框架""取向""立场""心理定势"等等,也是不时会被用来表示类似意涵的词汇,端看分析者想要强调的是那件事情的社会、心理还是文化面向。

36　Schutz, *The Problem of Social Reality*.

37　Ibid.

38　S. Langer, *Feeling and Form* (New York, 1953), p.49.

39 M. Singer, "The Cultural Pattern of Indian Civilization", *Far Eastern Quarterly* 15 (1955): 23—26.
40 M. Singer, "The Great Tradition in a Metropolitan Center: Madras", in *Traditional India*, ed. M. Singer (Philadelphia, 1958), pp.140—182.
41 R. Firth, *Elements of Social Organization* (London and New York, 1951), p.250.
42 阑答-巴龙丛结曾被一连串极有天分的民族学者大量地描述和分析过，我不能在此详尽呈现，只能略述梗概。[例如，参见 J. Belo, *Bali: Rangda and Barong* (New York, 1949); J. Belo, *Trance in Bali* (New York, 1960); B. DeZoete and W. Spies, *Dance and Drama in Bali* (London, 1938); G. Bateson and M. Mead, *Balinese Character* (New York, 1942); M. Covarrubias, *The Island of Bali* (New York, 1937)。] 我对此一丛结的诠释，凭借的主要是我本人于1957—1958年在巴厘岛做的观察。
43 Belo, *Trance in Bali*.
44 G. Bateson and M. Mead, *Balinese Character*, p.36.
45 Schutz, *The Problem of Social Reality*, p.226ff.
46 Malinowski, *Magic, Science and Religion*; L. Lévy-Bruhl, *How Natives Think* (New York, 1926).
47 Schutz, *The Problem of Social Reality*, p.231.
48 W. Percy, "The Symbolic Structure of Interpersonal Process", *Psychiatry* 24 (1961): 39—52.

第五章

1 P. Radin, *Primitive Man as a Philosopher* (New York, 1957), p.227.

第六章

1 E. Durkheim, *The Elementary Forms of the Religious Life* (Glencoe, Ill., 1947); W. Robertson-Smith, *Lectures on the Religion of the Semites* (Edinburgh, 1894).
2 B. Malinowski, *Magic, Science and Religion* (Boston, 1948).
3 例如，参见 E. R. Leach, *Political Systems of Highland Burma* (Cambridge, Mass., 1954); R. Merton, *Social Theory and Social Structure*

(Glencoe, Ill., 1949)。

4　参见 C. Kluckhohn, *Navaho Witchcraft*, Peabody Museum Papers, No. 22 (Cambridge, Mass., 1944)。

5　R. Redfield, *The Folk Culture of Yucatan* (Chicago, 1941), p.339.

6　M. Fortes, "The Structure of Unilineal Descent Groups", *American Anthropologist* 55 (1953): 17—41.

7　Leach, *Political Systems of Highland Burma*, p.282.

8　T. Parsons and E. Shils, *Toward a General Theory of Action* (Cambridge, Mass., 1951).

9　P. Sorokin, *Social and Cultural Dynamics*, 3 vols. (New York, 1937).

10　T. Parsons, *The Social System* (Glencoe, Ill., 1951), p.6.

11　实际上，爪哇婚礼包含两部分。一部分属于普遍融合宗教，是在新娘家中举行的，涉及斯拉梅坦仪式和精心准备的新郎与新娘的礼仪性"见面"。另一部分在政府看来是官方仪式，要遵循穆斯林教法，并在分区宗教官员或纳伊布 (Naib) 的办公处举行。参见 C. Geertz, *The Religion of Java* (Glencoe, Ill., 1960), pp.51—61, 203。

12　Malinowski, *Magic, Science and Religion*, p.29.

13　Ibid., pp.33—35.

第七章

1　韦伯对宗教的主要理论探讨包含在他的《经济与社会》尚未英译的部分之中，参见 *Wirtschaft und Gesellschaft* (Tübingen, 1925), pp.225—356，但是他的方法取向的运用可见于他的宗教社会学 (Religionssoziologie) 的各种英译本中，已刊行的有 *The Religion of China* (Glencoe, Ill., 1958), *Ancient Judaism* (Glencoe, Ill., 1952), *The Religion of India* (Glencoe, Ill., 1958), 以及 *The Protestant Ethic and the Spirit of Capitalism* (New York, 1958)。英语世界里论述韦伯作品最为精到的是 T. Parsons, *The Structure of Social Action* (Glencoe, Ill., 1949), 以及 R. Bendix, *Max Weber: An Intellectual Portrait* (New York, 1960).［前述各书的中译本之中，《经济与社会》以阎克文的译本为佳（上海人民出版社2010年版）；宗教社会学诸书可参见广西师范大学出版社出版的《韦伯作品集》之《中国的宗教》《古犹太教》《印度的宗教》《新教伦理与资本主义精神》。帕森斯：《社会行动的结构》，张明德等译，译林出版社2003年版；本迪克斯：《马克

斯·韦伯：思想肖像》，刘北成译，上海人民出版社2002年版。——译注]
2　引自Parsons, *Social Action*, p.566。[参见《社会行动的结构》，第633页。——译注]
3　Weber, *Religion of China*, pp.226—249.
4　E. E. Evans-Pritchard, *Witchcraft, Oracles and Magic Among the Azande* (Oxford, 1932). [参见埃文思-普里查德：《阿赞德人的巫术、神谕和魔法》，覃俐俐译，商务印书馆2006年版，第87—89页。——译注]
5　韦伯分析了地位群体在宗教变迁中的作用，对此的讨论参见Bendix, *Max Weber*, 103—111。在这一讨论上，我在此处和别处的阐述都从罗伯特·贝拉的未刊论文中受惠良多，参见Robert Bellah, "Religion in the Process of Cultural Differentiation"；亦见其*Tokugawa Religion* (Glencoe, Ill., 1957)。[参见贝拉：《德川宗教》，王晓山等译，三联书店1998年版。——译注]
6　Bellah, "Differentiation".
7　关于"原始"宗教中的理性化要素，参见P. Radin, *Primitive Man as a Philosopher* (New York, 1957)。关于发达文明里的大众宗教，参见Bendix, *Weber*, 112—116。
8　这一点的一个极小的例外所具有的个别性，可以从科恩对一位祭司的智识训练的简短描述中看出来，参见V. E. Korn, "The Consecration of a Priest", in J. L. Swellengrebel et al., *Bali: Studies in Life, Thought and Ritual* (The Hague and Bandung, 1960), pp.133—153。
9　关于爪哇，参见C. Geertz, *The Religion of Java* (Glencoe, Ill., 1960)。
10　全面的调研可参见M. Covarrubias, *Island of Bali* (New York, 1956)。
11　祭司为了就任圣职，通常须得有个婆罗门妻子，而且他的妻子可以在他殁后顶替他成为正式祭司。
12　C. Du Bois, *Social Forces in Southeast Asia* (Cambridge, Mass., 1959), p.31.
13　G. Bateson and M. Mead, *Balinese Character: A Photographic Analysis* (New York, 1942).
14　有关一位传教士语言学家的类似判断，参见J. L. Swellengrebel, Introduction, in Swellengrebel et al., *Bali*, pp.68—76。本文在斯韦伦格雷贝尔的文章发表之前草撰于田野当中，他所呈现的某些材料跟我的材料的暗合算得上是某种独立的证据，证实了此处概述的进程的现实性。
15 对这当中某些文献的描述，参见 Swellengrebel, *Bali*, Introduction, pp.70—71。
16 关于这个问题的一些议会辩论，参见 Swellengrebel, *Bali*, Introduction, pp.72—73。
17 1962年，"巴厘宗教"终于被接纳为印尼的官定"大宗教"。自那时起，尤其是1965年大屠杀以来，在爪哇地区发生的从伊斯兰教改宗"巴厘教"的案例的确显著增加。至于巴厘岛自身，印度教改革运动已经成长为一支重要力量。关于这一切，参见 C. Geertz, "Religious Change and Social Order in Soeharto's Indonesia", *Asia* 27 (Autumn 1972): 62—84。

第八章

1 F. X. Sutton, S. E. Harris, C. Kaysen, and J. Tobin, *The American Business Creed* (Cambridge, Mass., 1956), pp.3—6.
2 K. Mannheim, *Ideology and Utopia*, Harvest ed. (New York, n.d.), pp.59—83；亦见 R. Merton, *Social Theory and Social Structure* (New York, 1949), pp.217—220。
3 W. White, *Beyond Conformity* (New York, 1961), p.211.
4 W. Stark, *The Sociology of Knowledge* (London, 1958), p.48.
5 Ibid., pp.90—91. 黑体为原书标注。曼海姆有类似的论证，表达为"总体"意识形态和"特殊"意识形态之间的区分，参见 Mannheim, *Ideology and Utopia*, pp.55—59。
6 E. Shils, "Ideology and Civility: On the Politics of the Intellectual", *The Sewanee Review* 66 (1958): 450—480. [参见希尔斯:《知识分子与当权者》，傅铿等译，桂冠图书公司2004年版，第55—96页。——译注]
7 T. Parsons, "An Approach to the Sociology of Knowledge", *Transactions of the Fourth World Congress of Sociology* (Milan and Stressa, 1959), pp.25—49. 黑体为原书标注。
8 R. Aron, *The Opium of the Intellectuals* (New York, 1962). [参见阿隆:《知识分子的鸦片》，吕一民、顾杭译，译林出版社2005年版。——译注]

9 在这里，被误解的风险很高，如果我指出，我自己的一般意识形态立场（我愿意这样坦然称呼它）与阿隆、希尔斯、帕森斯等人的相差无几，我也同意他们对公民的、温和的、平凡的政治的吁求，那我可以祈望我的批评会被认为是技术性的而非政治性的吗？也应说明的是，要求一种非评价性的意识形态概念，不等于要求对各种意识形态不做评价，这就好比一种非评价性的宗教概念不意味着宗教相对主义。

10 Sutton et al., *American Business Creed*; White, *Beyond Conformity*; H. Eckstein, *Pressure Group Politics: The Case of the British Medical Association* (Stanford, 1960); C. Wright Mills, *The New Men of Power* (New York, 1948); J. Schumpeter, "Science and Ideology", *American Economic Review* 39 (1949): 345—359.

11 事实上，人们在文献中使用过其他一些术语来表示"意识形态"概念所指现象的大致范围，从柏拉图的"高贵的谎言"，到索雷尔的"神话"，再到帕累托的"衍生物"；但是跟"意识形态"相比，其中无一达到了更高水平的技术中立性。参见 H. D. Lasswell, "The Language of Power", in Lasswell, N. Leites, and Associates, *Language of Politics* (New York, 1949), pp.3—19。

12 Sutton et al., *American Business Creed*, pp.11—12, 303—310.

13 引自名噪当世的利益理论家米尔斯，C. Wright Mills, *The Causes of World War Three* (New York, 1958), pp.54, 65。

14 关于一般图式，参见 Parsons, *The Social System* (New York, 1951), especially Chaps. 1 and 7. 紧张理论的最全面发展，参见 Sutton et al., *American Business Creed*, especially Chap.15。

15 Sutton et al., *American Business Creed*, pp.307—308.

16 Parsons, "An Approach".

17 White, *Beyond Conformity*, p.204.

18 也许这种并列类型的最令人难忘的奇书是 N. Leites, *A Study of Bolshevism* (New York, 1953)。

19 K. Burke, *The Philosophy of Literary Form, Studies in Symbolic Action* (Baton Rouge, 1941). 在接下来的讨论中，我用"符号"概念大致表示充当观念传达工具的任何物理、社会或文化的行为或物体。遵照这种观点，"五"和"十字架"同样是符号；对它的详解，参见 S. Langer, *Philosophy in a New Key*, 4th ed. (Cambridge, Mass.,

1960), pp.60—66。

20　对文学批评传统的有益撮要,参见 S. E. Hyman, *The Armed Vision* (New York, 1948),以及 R. Welleck and A. Warren, *Theory of Literature*, 2nd ed. (New York, 1958). 对稍微多歧一点的哲学发展的相似撮要则暂付阙如,但影响深远的著作有 C. S. Peirce, *Collected Papers*, ed. C. Hartshorne and P. Weiss, 8 vols. (Cambridge, Mass., 1931—1958); E. Cassirer, *Die Philosophie der symbolischen Foremen*, 3 vols. (Berlin, 1923—1929); C. W. Morris, *Signs, Language and Behavior* (Englewood Cliffs, N.J., 1944); L. Wittgenstein, *Philosophical Investigations* (Oxford, 1953)。

21　W. Percy, "The Symbolic Structure of Interpersonal Process", *Psychiatry* 24 (1961): 39—52. 黑体为原书标注。所提及的是 Sapir 的 "The Status of Linguistics as a Science" 一文,最初发表于1929年,重印于 D. Mandlebaum, ed., *Selected Writings of Edward Sapir* (Berkeley and Los Angeles, 1949), pp.160—166。

22　这一苛评有个不完全的例外,不过它因作者沉湎于把权力视作政治的精义而减色,它就是 Lasswell 的 "Style in the Language of Politics", in Lasswell et al., *Language of Politics*, pp.20—39. 还应说明的是,下文的讨论侧重于词语的象征性,这不过是为了简明方便,而不是要否认造型的、戏剧的或其他非语言的手段——制服、泛光灯照亮的舞台和游行乐队等的修辞学——在意识形态思想中的重要性。

23　Sutton et al., *American Business Creed*, pp.4—5.

24　最新的精彩评论可参见 P. Henle, ed., *Language, Thought and Culture* (Ann Arbor, 1958), pp.173—195。引自 Langer, *Philosophy*, p.117。

25　W. Percy, "Metaphor as Mistake", *The Sewanee Review* 66 (1958): 79—99.

26　引自 J. Crowley, "Japanese Army Factionalism in the Early 1930's", *The Journal of Asian Studies* 21 (1958): 309—326。

27　Henle, *Language, Thought and Culture*, pp.4—5.

28　K. Burke, *Counterstatement* (Chicago, 1957), p.149.

29　Sapir, "Status of Linguistics", p.568.

30　当然,隐喻不是意识形态利用的唯一语体资源。转喻("我能奉献给你们的,只有热血、汗水和眼泪")、夸张("[德意志]千年帝国")、曲言("我会回来的")、提喻("华尔街")、逆喻("铁幕")、拟人("握着匕首的那只手把它插到了邻居的背上")以及古典修辞学家们费心搜罗并精心归类的其他一切修辞格,都被人翻来覆去地使用着,就像对偶、倒装、重复等句法修辞手段那样;像韵脚、格律、头韵等韵律手段那样,也像反讽、颂扬、讽刺等文学手段那样。也不是所有意识形态表达都是修辞性的。它的主体部分是由平实的,甚至可说是笨拙的一些断言组成的,它们(撇开表面上不可信的倾向不谈)很难与正规的科学陈述区分开来:"一切社会的历史都是阶级斗争的历史";"欧洲的全部道德观都建立在有利于群氓的价值观的基础之上";诸如此类。作为一种文化体系,已经发展得超越了单纯口号化阶段的那种意识形态是由(根据阐述它们的那些语义机制)互相联系起来的意义的一套复杂结构构成的,孤立的隐喻的双层组织不过是该结构的微弱表现。

31　Percy, "Symbolic Structure".
32　G. Ryle, *The Concept of Mind* (New York, 1949).
33　E. Galanter and M. Gerstenhaber, "On Thought: The Extrinsic Theory", *Psychol. Rev.* 63 (1956): 218—227.
34　Ibid. 我在前文 (pp.84—85) 引述过这段深刻的话,意在将思维的外在理论置于进化论的、神经学的和文化人类学的最新发现的背景之中。
35　W. Percy, "Symbol, Consciousness and Intersubjectivity", *Journal of Philosophy* 55 (1958): 631—641. 黑体为原书标注。授权引用。
36　Ibid. 授权引用。
37　S. Langer, *Feeling and Form* (New York, 1953).
38　两句引文均出自 Ryle, *Concept of Mind*, p.51.[参见赖尔:《心的概念》,徐大健译,商务印书馆1992年版,第56页。——译注]
39　T. Parsons, "An Approach to Psychological Theory in Terms of the Theory of Action", in *Psychology: A Study of a Science*, ed. S. Koch, vol. 3 (New York, 1959). 黑体为原书标注。试比较:"为了说明这种选择性,有必要假定:酶的结构以某种方式关联着基因的结构。对这个观念加以逻辑延伸,我们就得出如下观点:基因是酶分子的一种表现——可以说是蓝图——基因的功能是充当关于酶结构的信息源。似乎很显然,酶的合成——由数百个氨基酸单元组成一个大蛋白分子,那些单元以特定而独有的次序首尾相连地排列起来——需要一个模型,或者某种类型的一套指令。这些指令必须是该物种特有的，必须一代代地自动传递，还必须是恒定的，却也有能力渐进地演化。能够发挥此等功能的唯一已知实体就是基因。人们有诸多理由相信，是它充当了模型或模板在传递信息。" N. H. Horowitz, "The Gene", *Scientific American*, February 1956, p.85.

40 照最新的动物学习分析来看，这一点也许表述得稍显拙劣；但是基本论题似乎已经牢牢确立起来，即存在一种一般趋势：动物越是从低等向高等发展，内在的(天生的)参数对其行为的控制就越是弥散的，越不是定型的。参见本书第三章第三节。

41 当然，除了专门的政治意识形态之外，还有道德的、经济的和审美的意识形态，然而，但凡有些社会重要性的意识形态，极少会缺乏政治含意，所以从这种有点儿狭隘的角度来看待此处的问题，大概无伤大雅。不管怎么说，基于政治意识形态的立论，可以同等有力地适用于非政治意识形态。有一项道德意识形态分析，使用了极似本文中发展出的那些术语的词汇，参见 A. L. Green, "The Ideology of Anti-Fluoridation Leaders", *The Journal of Social Issues* 17 (1961): 13—25。

42 这样的意识形态可以像柏克或德·迈斯特的一样，呼吁重新焕发习俗的生机或重新强加宗教的霸权，这当然一点儿也不矛盾。只在传统的信任状被人质疑的时候，才有人立言为传统一辩。如果这样的呼吁能如愿以偿，那么，它们带来的也不是向天真的传统主义的回归，而是意识形态化的再传统化——那完全是另一码事。参见 Mannheim, "Conservative Thought", in *Essays on Sociology and Social Psychology* (New York, 1953), especially pp.94—98。

43 要紧的是也须记得，这项原则早在绞死国王之前就已被摧毁了；他其实是被仪式性地献祭给了后继的法则："当[圣茹斯特]大喊'一旦确定了把被告[路易十六]处死的原则，即确定了审判被告的社会赖以生存的原则'时，他便指明了是哲学家们要杀死国王：国王必须以社会契约的名义死去。" A. Camus, *The Rebel* (New York, 1958), p.114. [中译参见加缪：《反抗者》，吕永真译，上海译文出版社2010年版，第257页。——译注]

44 Alphonse de Lamartine, "Declaration of Principles", in *Introduction to Contemporary Civilization in the West, A Source Book* (New York, 1946), 2: 328—333.

45 以下非常纲要式的，也必定是权威发布式的讨论，主要基于我本人的调研,仅仅代表我自己的观点,但我也大量利用了赫伯特·法伊特著作里的事实材料。尤请参见 Herbert Feith, *The Decline of Constitutional Democracy in Indonesia* (New York, 1962),以及 "Dynamics of Guided Democracy", in *Indonesia*, ed. R. McVey (New Haven, 1963), pp.309—409。关于我的阐释所依凭的一般文化分析,参见 C. Geertz, *The Religion of Java* (New York, 1960)。

46 R. Heine-Geldern, "Conceptions of State and Kinship in Southeast Asia", *Far Eastern Quarterly* 2 (1942): 15—30.

47 Ibid.

48 亚哇国[爪哇]全境,可以比作
国君统治的一座城池。
百姓的田庐房舍鳞次栉比,差堪媲美
朝廷大臣的华屋,围绕着王的官室。
外围的岛屿千姿百态,幸福安谧,
只有良田美地堪与并提。
森林和山岳,都似那园囿模样,
神在那里流连,忘掉了一切忧思。
Canto 17, stanza 3 of the "Nagara-Kertagama",14世纪的一首宫廷叙事诗。译文收在 T. Piegeaud, *Java in the 14th Century* (The Hague, 1960), 3: 21。"尼加拉"(nagara) 这个词,在爪哇仍旧不加区别地表示"宫殿""都城""邦国""国土""政府",有时甚至表示"文明"。

49 关于潘查希拉演说的叙述,参见 G. Kahin, *Nationalism and Revolution in Indonesia* (Ithaca, 1952), pp.122—127。

50 引语出自潘查希拉演说,引自 ibid., p.126。

51 制宪会议的会议记录很遗憾没有被翻译过来,它们是有关新兴国家意识形态论战的最丰富、最有启发性的可得记载之一。参见 *Tentang Negara Republik Indonesia Dalam Konstituante*, 3 vols. (n.p. [Djakarta?], n.d.[1958?])。

52 Feith, "Dynamics of Guided Democracy", p.367. 关于被付诸行动的"Manipol-USDEK"主义的生动描述(尽管有点尖锐),参见 W. Hanna, *Bung Karno's Indonesia* (New York, 1961)。

53 Feith, "Dynamics of Guided Democracy", pp.367—368. pegang 的字面意思是"抓住",所以 pegangan 就是"可以抓住的东西"。

54 Ibid.

55　关于意识形态在新兴非洲国家中扮演的角色，有一项与我们此处理路相近的分析，参见 L. A. Fallers, "Ideology and Culture in Uganda Nationalism", *American Anthropologist* 63 (1961): 677—686。在有的"年轻"国家，彻底的意识形态重构过程似乎已初奏凯歌，关于这方面的一项绝佳的个案研究，参见 B. Lewis, *The Emergence of Modern Turkey* (London, 1961), especially Chap.10。

56　然而，这种观点不完全等同于说，两类活动在实践中不可以双管齐下，就像（举例来说）我们不会说，一个人不可能把一只鸟画得既有鸟类学的精确又有美学的感染力。马克思当然是非凡的特例，而更新近的将科学分析和意识形态主张成功并举的例子，参见 E. Shils, *The Torment of Secrecy* (New York, 1956)。不过，这样混合两种文类的大多数尝试显然不尽如人意。

57　Fallers, "Ideology and Culture"。被捍卫的信念和价值模式当然可以是社会支配群体的模式，也可以是社会从属群体的模式，故而"辩护"可以是为改良而辩护，也可以是为革命而辩护。

第九章

1　"新兴国家"的说法，最初就暧昧不明，随着时间的推移和这些国家的成长，甚至更形如此。我的主要所指对象是第二次世界大战后获得独立的那些国家，但是只要这个说法合乎我的目的而且看上去合乎现实，我会毫不犹豫地延展它，使其包含更多国家——比如正式独立更早的中东国家，甚或严格说来从未成为殖民地的埃塞俄比亚、伊朗或泰国等国。

2　第三世界的当代社会状况妨碍了"本地人"和外国观察家对变迁的承认，对此的一项犀利的——即便是轶事性的——探讨，参见 A. Hirschman, "Underdevelopment, Obstacles to the Perception of Change, and Leadership", *Daedalus* 97 (1968): 925—937。我自己对于西方学者——可以推知，还有第三世界的知识分子——低估新兴国家的当前变迁速率（及错认变迁方向）的倾向有一些评说，参见 "Myrdal's Mythology", *Encounter*, June 1969, pp.26—34。

3　对此的综述，参见 J. A. Fishman et al., eds., *Language Problems of Developing Nations* (New York, 1968)。

4　关于第一条（不是接受性的而是抨击性的），参见 L. Harries, "Swahili in Modern East Africa", in Fishman et al., *Language Problems*, p.426。

关于第二条（在顺着此处发展的一般思路进行深入讨论时被接受了），参见 C. Gallagher, "North African Problems and Prospects: Language and Identity", in *Language Problems*, p.140。当然，我的意思不是说，技术性的语言论题跟新兴国家的语言问题绝无牵连，而只是说，那些问题的根源要幽深得多，扩展词汇、将用法标准化、改良书写系统和将语言传授理性化，尽管本身不无价值，却没有触及核心难题。

5 总体上就第三世界而言，主要的例外是拉丁美洲，但是那里的语言问题比严格意义上的新兴国家的语言问题轻微得多，往往被归结为教育和少数群体问题——这也证明规律是成立的。（例如，参见 D. H. Burns, "Bilingual Education in the Andes of Peru", in Fishman et al., *Language Problems*, pp.403—413。）西班牙语（或者再加上葡萄牙语）刚够被当作现代思想的载体，可被视作通向那种思想的道路，同时，它（们）又是极其边缘的那类载体，实际上不算通向现代思想的大道：这一事实在多大程度上影响到拉美的思想地方化（并由此带来一个不大被察觉到的语言问题），则另当别论，是个有趣的问题。

6 S. P. Huntington, "The Political Modernization of Traditional Monarchies", *Daedalus* 95 (1966): 763—768；亦见其 *Political Order in Changing Societies* (New Haven, 1968)。然而，亨廷顿的一般分析，依我浅见，受到前现代欧洲的国王与贵族制斗争这一类比的影响太深，我有些不敢苟同。至少就摩洛哥而言，"在中产阶级那里不再时新"的一种民粹主义君主制，为了推动进步改革，越过"地方特权阶层、自治共同体［和］封建权势"向大众呼吁，这样一幅景象在我看来近乎颠倒了真相。对于独立后摩洛哥政治的更现实主义的看法，参见 J. Waterbury, *The Commander of the Faithful* (London, 1970)。

7 E. Shils, "Political Development in the New States", *Comparative Studies in Society and History* 2 (1960): 265—292, 379—411.

8 T. Parsons, *The Social System* (Glencoe, Ill., 1951), p.349. 黑体为原书标注。

9 马克思主义与民族主义的关系问题众说纷纭，即便述其梗概，恐怕也得另撰一文。这里只说一点就够了：就新兴国家而论，几乎所有的马克思主义运动（共产主义的也好，非共产主义的也罢）在目标和习语上都是极度民族主义的，尚无迹象表明这种倾向在弱化。实际上，宗教-政治运动（穆斯林的、佛教的、印度教的等等）也可作如是观；同样，它们往往事实上是地方化的，就像它们原则上是无地方性的一样。

第十章

1. 引自 S. Harrison, "The Challenge to Indian Nationalism", *Foreign Affairs* 34 (April 1956): 3。
2. 极度悲观的看法，参见 S. Harrison, *India: The Most Dangerous Decades* (Princeton, N.J., 1960)。在印度有一种活跃的观点认为，"以语言邦的名义分划印度的方案"的确"后患无穷"，但也是非此不可的，它"使通向民主之路变得平坦，并消除种族间、文化间的紧张"，参见 B. R. Ambedkar, *Thoughts on Linguistic States* (Delhi, ca. 1955)。
3. 例如，参见 K. Deutsch, *Nationalism and Social Communication* (New York, 1953), pp.1—14; R. Emerson, *From Empire to Nation* (Cambridge, Mass., 1960); J. Coleman, *Nigeria: Background to Nationalism* (Berkeley, 1958), p.419ff.; F. Hertz, *Nationalism in History and Politics* (New York, 1944), pp.11—15。
4. W. Z. Laqueur, ed., *The Middle East in Transition: Studies in Contemporary History* (New York, 1958).
5. Coleman, *Nigeria*, pp.425—426.
6. Emerson, *Empire to Nation*, pp.95—96.
7. I. Berlin, *Two Concepts of Liberty* (New York, 1958), p.42. [中译参见伯林:《自由论》，胡传胜译，译林出版社2011年版，第206页。——译注]
8. E. Shils, "Political Development in the New States", *Comparative Studies in Society and History* 2 (1960): 265—292, 379—411.
9. E. Shils, "Primordial, Personal, Sacred and Civil Ties", *British Journal of Sociology* 8 (1957): 130—145. [参见希尔斯:《中心与边缘》，甘会斌、余昕译，译林出版社2019年版，第六章。——译注]
10. Ambedkar, *Thoughts on Linguistic States*, p.11. 阿姆倍伽尔注意到，加拿大、瑞士和（白人的）南非等现代双语国家可能被援用来反驳他，于是补充说："千万别忘了，印度的精神迥别于加拿大、瑞士和南非的精神。印度的精神是分，瑞士、南非和加拿大的精神是合。"[到了1972年，这条注解和我关于"现代"国家里的原生类别作用减弱的段落，似乎——说得委婉点儿——已不如在本文最初撰成的1962年那样令人信服。但是假如加拿大、比利时、北爱尔兰等地的事件使得原生性的界定似乎不再主要是"新兴国家"现象，那么，它们也使得在此发展的一般论证似乎更加切中时事。]

11　有一份类似的清单，构想和组织却极为不同，参见 Emerson, *Empire to Nation*, Chaps. 6, 7, and 8。

12　这样的心愿在每一个案下的强度、广度甚或现实性是另一回事情，本文对此未置一词。泰国南部的马来人支持并入马来亚的感情（如果有的话）到底有多强，阿巴科思想的实际力量有多大，或者锡兰的泰米尔人对马德拉斯的达罗毗荼分离主义者持什么态度，这些都是有待进行经验研究的问题。

13　原生情感的国家间意义也不全在于它们的分裂力量。泛非主义态度可能是微弱而界定不清的，却给主要非洲国家的领导人之间的对抗提供了一种温和的团结的有用背景。缅甸不遗余力（也不吝钱财）地加强和复兴国际佛教，就像1954年在仰光的第六次圣典结集大会上所为，这至少暂时有助于让她更有效地加深与其他小乘佛教国家（锡兰、泰国、老挝和柬埔寨）的联系。对共同的"马来特性"的模糊的、主要是种族性的感知，在马来亚和印尼之间，马来亚和菲律宾之间，甚至最近还在印尼和菲律宾之间的关系上发挥了积极作用。

14　I. Wallerstein, "The Emergence of Two West African Nations: Ghana and the Ivory Coast" (Ph.D. thesis, Columbia University, 1959).

15　就印尼的这个问题所做的简短讨论，参见 C. Geertz, "The Javanese Village", in *Local, Ethnic and National Loyalties in Village Indonesia*, ed. G. W. Skinner, Yale University, Southeast Asia Studies, Cultural Report Series, No. 8 (New Haven, 1959), pp.34—41。

16　S. Sjahrir, *Out of Exile* (New York, 1949), p.215.

17　正如塔尔科特·帕森斯指出过的，如果把这种奖品和力量界定为动员社会资源以达成社会目标的能力，那它就不是社会系统内的一个"零和"的量，而是像财富一样，由特定制度（此处是政治制度而非经济制度）的运转所生成。"The Distribution of Power in American Society", *World Politics* 10 (1957): 123—143. 故而，一个现代国家在传统社会背景之内的成长，不只表现出固定量的权力以这样的方式在群体间转移或移交，即从总体上看，特定群体或个人之所得就是其他群体或个人之所失；毋宁说，它表现出制造权力本身的一种新的、更高效的机器的创造，进而表现出社会总政治能力的提高。较之权力在既定系统里的单纯再分配（无论多么激进），这才更是当之无愧的"革命性"现象。

18 D. K. Rangenekar, "The Nationalist Revolution in Ceylon", *Pacific Affairs* 33 (1960): 361—374.

19 引自 M. Weiner, "The Politics of South Asia", in G. Almond and J. Coleman, *The Politics of the Developing Areas* (Princeton, N.J., 1960), pp.153—246。

20 一半左右的泰米尔人是无国籍的"印度泰米尔人"，这些个体在19世纪被运往锡兰，到英国人的茶场里打工，如今印度以他们住在锡兰为由，拒绝接纳他们为公民，锡兰则以他们只是印度侨民为由，同样拒纳他们。

21 艾弗·詹宁斯爵士在1954年曾预言，班达拉奈克不太可能赢得民族主义运动的领导地位，因为他是个"政治佛教徒"，而他早年的教育是基督教徒式的。这一预言惊人地失败了，兰格奈克对此机智地评论道："在亚洲的环境里，若是一位受过西方教育的政治家宣布与西化决裂，而拥护本土的文化与文明，那他发挥的影响力，会远远超过最有活力的、完全土生土长的政治家可望发挥的。"Rangenekar, "Nationalist Revolution in Ceylon".

22 Ibid.

23 H. Wriggins, "Impediments to Unity in New Nations—The Case of Ceylon" (unpublished).

24 H. Fieth, "Indonesia", in G. McT. Kahin, ed., *Government and Politics of Southeast Asia* (Ithaca, N.Y., 1959), pp.155—238; G. McT. Kahin, ed., *Major Governments of Asia* (Ithaca, N.Y., 1958), pp.471—592. 这不是说地区仇恨的凝结是巴东叛乱的唯一推动力，也不是说爪哇-外岛的强烈对比是仅有的对抗轴。在本文引述的所有例子中，被承认的渴望与对财富、权力、声望等的更普通的渴望交织在一起——前者意味着渴望被承认为一个负责任的能动主体，承认其心愿、行为、希冀和意见很有分量。简单的原生决定论跟经济决定论一样，都不是言之成理的立场。

25 D. Apter, *The Gold Coast in Transition* (Princeton, N.J., 1955), p.68.

26 W. Lewis, "Feuding and Social Change in Morocco", *Journal of*

Conflict Resolution 5 (1961): 43—54.

27　R. Nolte, "The Arab Solidarity Agreement", American University Field Staff Letter, Southwest Asia Series, 1957.

28　P. Talbot, "Raising a Cry for Secession", American University Field Staff Letter, South Asia Series, 1957.

29　M. Weiner, "Community Associations in Indian Politics" (unpublished). 逆向的过程，即"人口普查再定义造成的种族创生"，也发生了。比如在加蓬首都利伯维尔，多哥人和达荷美人在统计上被归并为一个新类别——"波波人"；在北罗得西亚铜带市镇，亨加人、东加人、通布卡人等"经一致同意"被合并为尼亚萨兰人。然后这些人造类别就呈现为现实的"族群"存在物。I. Wallerstein, "Ethnicity and National Integration in West Africa", *Cahiers d'études africaines* 3 (1960): 129—139.

30　数字35%可见之于N. Barbour, ed., *A Survey of North West Africa* (New York, 1959), p.79；数字60%可见之于D. Rustow, "The Politics of the Near East", in Almond and Coleman, *Politics of Developing Areas*, pp.369—453。

31　关于缅甸服装，参见H. Tinker, *The Union of Burma* (New York, 1957), p.184。关于尼日利亚部落史，参见Coleman, *Nigeria*, pp.327—328。关于锡兰车牌，参见Wriggins, "Ceylon's Time of Troubles, 1956—8", *Far Eastern Survey* 28 (1959): 33—38。关于印地语铁道指示牌，参见Weiner, "Community Associations"。

32　志愿社团于正在推进现代化的社会的城市化进程中发挥了作用，对此的综合讨论，参见Wallerstein, "The Emergence of Two West African Nations", pp.144—230。

33　以下的概述全是基于二手文献而非田野研究，只有印尼［现在，也就是1972年，还有摩洛哥］部分地是个例外，所以完整的参考文献对一篇文章来说显然太长了。故此下面我只列出我倚赖甚深的那些著作。包含这里讨论的几国在内的最佳综览，是Almond and Coleman, *Politics of Developing Areas*, 而关于亚洲，我发现先前引用过的两部专题论文集特别有用，Kahin, ed., *Governments and Politics of Southeast Asia* and *Major Governments of Asia*。同样提供了一些宝贵的比较材料的是Emerson, *Empire to Nation*。

印尼：H. Feith, *The Wilopo Cabinet, 1952—1953* (Ithaca, N.Y.,

1958); H. Feith, *The Indonesian Elections of 1955* (Ithaca, N.Y., 1952); G. Pauker, "The Role of Political Organization in Indonesia", *Far Eastern Survey* 27 (1958): 129—142; G. W. Skinner, *Local, Ethnic and National Loyalties in Village Indonesia.*

马来亚: M. Freedman, "The Growth of a Plural Society in Malaya", *Pacific Affairs* 33 (1960): 158—167; N. Ginsburg and C. F. Roberts, Jr., *Malaya* (Seattle, 1958); J. N. Parmer, "Malaya's First Year of Independence", *Far Eastern Survey* 27 (1958): 161—168; T. E. Smith, "The Malayan Elections of 1959", *Pacific Affairs* 33 (1960): 38—47.

缅甸: L. Bigelow, "The 1960 Elections in Burma", *Far Eastern Survey* 29 (1960): 70—74; G. Fairbairn, "Some Minority Problems in Burma", *Pacific Affairs* 30 (1957): 299—311; J. Silverstein, "Politics in the Shan State: The Question of the Secession from the Union of Burma", *The Journal of Asian Studies* 18 (1958): 43—58; H. Tinker, *The Union of Burma.*

印度: Ambedkar, *Thoughts on Linguistic States*; S. Harrison, *India*; R. L. Park and I. Tinker, eds., *Leadership and Political Institutions in India* (Princeton, N.J., 1959); *Report of the States Reorganization Commission* (New Delhi, 1955); M. Weiner, *Party Politics in India* (Princeton, N.J., 1957).

黎巴嫩: V. Ayoub, "Political Structure of a Middle East Community: A Druze Village in Mount Lebanon" (Ph.D. thesis, Harvard University, 1955); P. Rondot, *Les Institutions politiques du Liban* (Paris, 1957); N. A. Ziadeh, *Syria and Lebanon* (London, 1957); N. A. Ziadeh, "The Lebanese Elections, 1960", *Middle East Journal* 14 (1960): 367—381.

摩洛哥: D. Ashford, *Political Change in Morocco* (Princeton, N.J., 1961); N. Barbour, ed., *A Survey of North West Africa* (New York, 1959); H. Favre, "Le Maroc A L'Epreuve de la Démocratisation" (unpublished, 1958); J. and S. Lacouture, *Le Maroc A L'Epreuve* (Paris, 1958); W. Lewis, "Rural Administration in Morocco", *Middle East Journal* 14 (1960): 45—54; W. Lewis, "Feuding and Social Change in Morocco", *The Journal of Conflict Resolution* 5 (1961): 43—54.

尼日利亚：J. Coleman, *Nigeria; Report of the Commission Appointed to Enquire into the Fears of Minorities and the Means of Allaying Them* (London, 1958); H. and M. Smythe, *The New Nigerian Elite* (Stanford, Calif., 1960).

关于当今事件，我发现American University Field Staff Letters非常有用，特别是关于印尼（W. Hanna）、马来亚（W. Hanna）、印度（P. Talbot）、摩洛哥（C. Gallagher）和尼日利亚（R. Frodin）的那些信函。

［上述书目编列于十年前，此后又有跟我们主题相关的海量新作发表了。据我目力所及，关于该领域的全面书目尚付之阙如。］

34 Fairbairn, "Some Minority Problems in Burma".
35 E. Shils, *The Intellectual Between Tradition and Modernity: The Indian Situation*, Comparative Studies in Society and History, Supplement 1 (The Hague, 1961), p.95. ［现在当然换成了他的女儿——甘地夫人站在那里，不那么怅惘了，但这模式依然如故。］
36 "喀拉拉共产党是印度第一个夺得邦政府控制权的区域性共产党组织，它的成功首先可以这样来解释：它在语言边界之内操纵了具有政治战略性的阶级游说集团，同时又能够操纵全喀拉拉邦的忠于地区的精神。"——Harrison, *India*, p.193. 在孟买，共产党和人民社会党双双加入了马哈拉施特拉语言阵线；在对立的古吉拉特邦，则是加入了古吉拉特语言阵线。
37 Ambedkar, *Thoughts on Linguistic States*, p.12. 当然，共同的敌人可能提供比尼赫鲁更强大的黏合剂。
38 Ayoub, "Political Structure", p.82.
39 C. Coon, *Caravan* (London, 1952), p.295.
40 Ibid., pp.264—265.
41 关于这个概念及其分析性含义，参见D. Apter, *The Political Kingdom in Uganda* (Princeton, N. J., 1961), pp.20—28。
42 Favre, "Le Maroc". ［自从在摩洛哥做田野研究后，对其中的某些问题，现在我会阐述得稍有不同，参见C. Geertz, *Islam Observed: Religious Development in Morocco and Indonesia* (New Haven, 1968), especially Chap.3。］
43 这句话里引用的Lahcen al-Youssi所言，和下句话里引用的Addi ou Bihi所言，都引自Lacouture, *Le Maroc*, p.90。

44 Ibid., p.93.

45 引自 Ashford, *Political Change*, p.322。

46 Coleman, *Nigeria*, pp.319—331.

47 让这整个局面进一步复杂化的,不仅仅是三大群体之内的部落认同在更广泛的族群-语言忠诚面前不曾完全屈服这一事实,还有另一因素:并非这种较大单元的所有成员都定居在他们的家乡,有些成员会移居或流落他乡,有时——特别是在市镇上——形成一个重要的反对派少数群体。住在"家乡地区"以外之人的整个效忠问题,对所有新兴国家都是需慎之又慎地处理的问题,在这些国家,整合问题已经通过设立带有原生意义的亚国家领土单元来应对。举例来说,尼赫鲁坚持认定:住在马德拉斯的孟加拉人,是邦一级的公民,是马德拉斯邦而非孟加拉邦的公民;而且,住在印度国内的异乡的族群,必须杜绝一切"民族家园"的观念。另外的一项事实,即此类群体中有一些更具流动性(在尼日利亚,是伊博人;在印度,是马尔瓦人;如此等等),只不过加剧了这个问题。

48 Freedman, "Plural Society in Malaya"。

第十一章

1 参见 C. Holt, ed., *Culture and Politics in Indonesia* (Ithaca, 1972),本文最初作为"Afterword"于 pp.319—336 出现。

2 联系政治与文化的这种并列取向的首屈一指的,也最不肯妥协的实践者,也许当属内森·莱特斯。尤请参见 N. Leites, *A Study of Bolshevism* (Glencoe, Ill., 1953),以及 *The Rules of the Game in Paris* (Chicago, 1969)。

3 引自 *Utusan Hindia*, in B. Dahm, *Sukarno and the Struggle for Indonesian Independence* (Ithaca, N.Y., 1969), p.39。

4 引自 L. Fischer, *The Story of Indonesia* (New York, 1959), p.154。关于苏加诺公开演说中的类似说法,参见 Dahm, *Sukarno and the Struggle*, p.200。

5 例如,参见 H. Luethy, "Indonesia Confronted", *Encounter* 25 (1965): 80—89; 26 (1966): 75—83。还可参见我本人的评论"Are the Javanese Mad?",以及 Luethy, "Reply", ibid., August 1966, pp.86—90。

6 B. de Jouvenel, *On Power* (Boston, 1962).

7 引自苏加诺抨击传统主义伊斯兰教的信函,此信写于他被流放至弗洛勒斯岛监狱时期, *Surat-surat Dari Endeh*, eleventh letter, August 18, 1936, in K. Goenadi and H. M. Nasution, eds., *Dibawah Bendera Revolusi*, vol. 1 (Djakarta, 1959), p.340。

8 关于印尼民族主义史，我这里的评论只是一笔带过，详情参见 J. M. Pluvier, *Overzicht van de Ontwikkeling der Nationalistische Beweging in Indonesie in de Jaren 1930 tot 1942* (The Hague, 1953); A. K. Pringgodigdo, *Sedjarah Pergerakan Rakjat Indonesia* (Djakarta, 1950); D. M. G. Koch, *Om de Vrijheid* (Djakarta, 1950); Dahm, *Sukarno and the Struggle*; G. McT. Kahin, *Nationalism and Revolution in Indonesia* (Ithaca, N.Y., 1952); H. Benda, *The Crescent and the Rising Sun: Indonesian Islam Under the Japanese Occupation, 1942—1945* (The Hague, 1958); W. F. Wertheim, *Indonesian Society in Transition* (The Hague, 1956)。

9 关于20世纪60年代中期之前这个共和国的国家意识形态，参见H. Feith, "Dynamics of Guided Democracy", in R. T. McVey, ed., *Indonesia* (New Haven, 1963), pp.309—409; 关于民众分歧，参见R. R. Jay, *Religion and Politics in Rural Central Java*, Southeast Asia Studies, Cultural Reports Series no. 12 (New Haven, 1963); G. W. Skinner, ed., *Local, Ethnic and National Loyalties in Village Indonesia*, Southeast Asia Studies, Cultural Report Series no. 8 (New Haven, 1959); R. W. Liddle, *Ethnicity, Party, and National Integration* (New Haven, 1970)。由此造成的颇具精神分裂特质的政治气氛可以在1957—1958年制宪大会的辩论中感觉到；参见 *Tentang Dasar Negara Republik Indonesia Dalam Konstituante*, 3 vols.(n.p.[Djakarta?], n.d.[1958?])。

10 对死亡的估计数字出自 John Hughes, *The End of Sukarno* (London, 1968), p.189。估计数字从五万到一百万不等；谁也不知道究竟是多少，杀戮如此之众，以致争论具体数字似乎有点愚钝。休斯对政变、大屠杀和苏哈托冉冉升起的叙述，虽然分析性不太强，但在可靠性和公正性上大概不输任何人。关于从不同观点进行的其他讨论，参见R. Shaplen, *Time Out of Hand* (New York, 1969); D. S. Lev, "Indonesia 1965: The Year of the Coup", *Asian Survey* 6, no. 2 (1966): 103—110; W. F. Wertheim, "Indonesia Before and After the Untung Coup", *Pacific Affairs* 39 (1966): 115—127; B. Gunawan, *Kudeta:*

Staatsgreep in Djakarta (Meppel, 1968); J. M. van der Kroef, "Interpretations of the 1965 Indonesian Coup: A Review of the Literature", *Pacific Affairs* 43, no. 4 (1970—1971): 557—577; E. Utrecht, *Indonesie's Nieuwe Orde: Ontbinding en Herkolonisatie* (Amsterdam, 1970); H. P. Jones, *Indonesia: The Possible Dream* (New York, 1971); L. Rey, "Dossier on the Indonesian Drama", *New Left Review* (1966): 26—40; A. C. Brackman, *The Communist Collapse in Indonesia* (New York, 1969). 依我之见，有关政变、左派、右派和中间派的文献有一大瑕疵，那就是强迫症似的关心苏加诺和印尼共产党在阴谋的直接事件中所扮演的准确角色（这些问题不是不重要，只是它们的重要性更多地在于帮助理解这个危急关头，而不在于帮助理解这个国家），结果疏于关心政变对印尼政治意识发展的意义。

11　没人预料到这些残杀，这一点有时被举为例证，说明社会科学的无用性。诸多研究的确强调了印尼社会中的高度紧张和暴力潜势。再说，谁若在事件发生前就宣布将有约二十五万人在持续三个月的稻田屠杀中丧命，他想必会被（公正地）认为精神乖戾。对于面对着非理性的理性，这表达了什么意思是一桩复杂的事情；但它没有表达这样的意思：理性是无力的，因为它不能未卜先知。

12　或许应该提请注意，外部参数也没有太大变化——中国、日本、美国和苏联多少还在原来的地方，还是原来的样子，而且就此而论，贸易条件也是如此。如果说［在霍尔特的书中］所谓外在因素似乎受到忽视，而更重视所谓内在因素，这不是因为外在因素被认为无关紧要，而是因为它们要想产生当地效应必须先有当地表现，超越其表现而直抵其源头地探查它们的任何努力，在这种范围的研究上将很快变得如脱缰之马。

13　J. Burckhardt, *The Civilization of the Renaissance in Italy* (New York, 1954); orig. (1860), p.318. ［参见布克哈特：《意大利文艺复兴时期的文化》，何新译，商务印书馆1997年版，第421页。——译注］

第十二章

1　F. X. Sutton, "Representation and the Nature of Political Systems", *Comparative Studies in Society and History* 2 (1959): 1—10.

2　K. Wittfogel, *Oriental Despotism* (New Haven, 1957). ［参见魏特夫：

《东方专制主义》，徐式谷等译，中国社会科学出版社1989年版。——译注]

3　关于这一理路的代表性范例，参见A. Southall, *Alur Society* (Cambridge, England, 1954)。

4　R. Coulburn, ed., *Feudalism in History* (Princeton, 1956), 提供了对这类研究的有益综述。关于布洛赫，参见M. Bloch, *Feudal Society* (Chicago, 1961)。[参见布洛赫:《封建社会》，张绪山等译，商务印书馆2004年版。——译注]

5　S. M. Eisenstadt, *The Political Systems of Empires* (New York, 1963); K. Polanyi, C. Arensberg, and H. Pearson, eds., *Trade and Markets in Early Empires* (Glencoe, Ill., 1957)。[参见艾森斯塔德:《帝国的政治体系》，沈原、张旅平译，商务印书馆2021年版。——译注]

6　对这类著述的概述和考察，参见R. Braidwood and G. Willey, *Courses Toward Urban Life* (New York, 1962)。亦见R. M. Adams, *The Evolution of Urban Society* (New York and Chicago, 1966)。

7　R. Heine-Geldern, "Conceptions of State and Kingship in Southeast Asia", *Far Eastern Quarterly* 2 (1942): 15—30.

8　J. L. Swellengrebel, Introduction in J. L. Swellengrebel et al., *Bali: Life, Thought and Ritual* (The Hague/Bandung, 1960).

9　V. E. Korn, *Het Adatrecht van Bali* (The Hague, 1932), p.440.

10　关于希卢克，参见E. E. Evans-Pritchard, *The Divine Kingship of the Shilluk of the Nilotic Sudan* (Oxford, 1948)。关于玛雅文化的探讨较为分散，而且仍在发展中，但是一部有益的综述，参见G. Willey, "Mesoamerica", in Braidwood and Willey, *Courses Toward Urban Life*, pp.84—101。

第十三章

1　*Tristes Tropiques* (Paris, 1955), 由约翰·拉塞尔去掉几章后译成英文 (New York, 1964)。

2　此书有个英译本（也不是全译），*The Savage Mind* (London, 1966)。然而该译本（万幸未署译者名）很恶劣，不像拉塞尔翻译的《忧郁的热带》那样会意而词达，我这里多是自行英译，而不是引用现成译文。列维-斯特劳斯的论文集 *Anthropologic Structurale*, 也已英译出版, *Structural Anthropology* (New York, 1963), 其中许多新近出炉的论文都是首次面世；他的 *Le Totémisme Aujourd'hui* (Paris, 1962)，是《野性的思维》的某种试讲，英译为 *Totemism* (Boston, 1963)。

第十四章

1. 最系统而广泛的讨论，参见 T. Parsons and E. Shils, eds., *Toward a General Theory of Action* (Cambridge, Mass., 1959); T. Parsons, *The Social System* (Glencoe, Ill., 1951)。人类学领域有些比较引人注意的论述（并非全都意见一致），包括：S. F. Nadel, *Theory of Social Structure* (Glencoe, Ill., 1957); E. Leach, *Political Systems of Highland Burma* (Cambridge, Mass., 1954); E. E. Evans-Pritchard, *Social Anthropology* (Glencoe, Ill., 1951); R. Redfield, *The Primitive World and Its Transformations* (Ithaca, N.Y., 1953); C. Lévi-Strauss, "Social Structure", in *Structural Anthropology* (New York, 1963), pp.277—323; R. Firth, *Elements of Social Organization* (New York, 1951); M. Singer, "Culture", in *International Encyclopedia of the Social Sciences*, vol. 3 (New York, 1968), p.527。[参见利奇:《缅甸高地诸政治体系》，杨春宇、周歆红译，商务印书馆2010年版；埃文思-普里查德:《论社会人类学》，冷凤彩译，世界图书出版公司2009年版；列维-斯特劳斯:《结构人类学》，张祖建译，中国人民大学出版社2006年版。——译注]

2. G. Ryle, *The Concept of Mind* (New York, 1949). 我在前面第三章讨论过"思想外在论"引出的一些哲学问题，此处不再赘述，只需强调一点：这种理论不蕴含对行为主义的信奉，不管是方法论还是认识论形式的行为主义；也无需再次投入对"是个人而非集体在思考"这一原初事实的任何争论。[参见赖尔:《心的概念》，徐大健译，商务印书馆1992年版，第143页。——译注]

3. 关于许茨在这一领域里的研究的导论，参见其 *The Problem of Social Reality*, Collected Papers, 1, ed. M. Natanson (The Hague, 1962).[参见《社会实在问题》，霍桂桓译，浙江大学出版社2011年版。下文的"同类"一语，许茨意指"处于这种由直接经验的社会实在构成的世界之中的其他自我"，即德语的 mitmenschen，或英语的 fellowman，霍桂桓先生译为"伙伴"，但在中文语义上，这个词似乎容易跟后边的"同伴"相混。参见许茨:《社会世界的意义建构》，

霍桂桓译,浙江大学出版社2017年版,第214页。——译注]

4   Ibid., pp.17—18. 括号系我所加,段落安排有所改变。[参见《社会实在问题》,第18—19页。——译注]

5   在一面有"祖先崇拜"一面又有"鬼魂信仰"的地方,后来人也许被认为能够(仪式性地)跟他们的前辈互动,或者前辈能够(神秘性地)跟他们的后来人互动。但是在这样的情况下,当互动被想象成正在发生时,被卷入的"人"从现象学上说不是前辈和后来人,而是同时代人甚或同伴。应当清楚记得,无论是在此处还是在下文的讨论中,这些区分都是从行动者的立场来表述的,而不是从外部的、第三人称的观察者的立场。关于行动者取向的(有时会被误称为"主观的")概念在社会科学中的地位,参见 T. Parsons, *The Structure of Social Action* (Glencoe, Ill., 1937),尤其是讨论韦伯的方法论作品的几章。

6   正是在这一点上,同伴-同时代人-前辈-后来人的表达式殊异于它从中衍生而来的 umwelt-mitwelt-vorwelt-vogelwelt (周遭世界-共在世界-既往世界-未来世界) 表达式的至少有些版本,因为这里不存在胡塞尔式的"超验主体性"的任何绝对救赎问题,而只有韦伯式的社会-心理性地发展、历史性地传递的"理解的形式"问题。对这一差别的延伸性讨论(虽然还不算定论),参见 M. Merleau-Ponty, "Phenomenology and the Sciences of Man", in *The Primacy of Perception* (Evanston, Ill., 1964), pp.43—55。

7   在下文的讨论中,我将不得不把巴厘人的做法狠狠地加以图式化,把它们呈现得比实际上更同质和一致。尤其是无条件陈述,不管是肯定性的还是否定性的,如"所有巴厘人……""没有巴厘人……"之类,必须被解读为附加了隐含的限定条件"据我所知",有时甚至要被解读为肆意无视被当作"反常"的例外。对此处概述的某些资料的更充实的民族志描述,参见 H. and C. Geertz, "Teknonymy in Bali: Parenthood, Age-Grading, and Genealogical Amnesia", *Journal of the Royal Anthropological Institute* 94 (part 2) (1964): 94—108; C. Geertz, "Tihingan: A Balinese Village", *Bijdragen tot de taal-, land-en volkenkunde* 120 (1964): 1—33; C. Geertz, "Form and Variation in Balinese Village Structure", *American Anthropologist* 61 (1959): 991—1012。

8   平民的个人名字不过是些虚构,本身没有意义,而贵族的常常取材自梵文源头,会"表示"某种意思,往往是"高尚武士"或"大勇学士"之类非常夸张的意思。但这种意思是润饰性的,不是指称性的,在大多数情况下名字的意义其实不大被人知晓——这与它有意义这一简单事实截然相反。农民当中的纯粹胡言和贵族当中的空洞豪言之间的这种反差,并非没有文化含义,但它的含义多在社会不平等的表现和感知领域,而不在个人认同领域。

9 这当然不是说这样的人在**社会**方面(更不必说心理方面)被降低到扮演儿童角色的地步,因为他们被同伴接纳为成人了,哪怕是不完全的成人。然而,对希求更大的地方权力或声望的任何人来说,未能生养子女是一项明显的不利条件,就我本人所知,从来没有哪个无子女之人在村议事会里很有分量,或者总的来说不处于社会边缘地位。

10 单从词源学的观点看,它们的确有某种意义的气息,因为它们派生自表示"最前面的""中间的""跟在后面的"等意思的废弃词根;但是这些游丝般的意思绝不见于真正的日常使用中,顶多不过极不起眼地被人感知到。

11 就事实而论,巴厘体系(或者极有可能的是,其他任何体系皆然)不纯然是世代型的;但这里的意图不过是要表达该体系的一般形式,而非它的精确结构。关于完整的称谓体系,参见 Geertz and Geertz, "Teknonymy in Bali"。

12 关于亲属称谓的"规整行为"和"角色标示"方面之间的一种区分(与此处所描绘的类似),参见 D. Schneider and G. Homans, "Kinship Terminology and the American Kinship System", *American Anthropologist* 57 (1955): 1195—1208。

13 跟死者同辈的老人当然也出于相同的理由而不向他祷告。

14 超出 kumpi 层次的称谓的延续看起来似乎会反驳这一观点。但其实却会支持它。因为在稀见的情形下,某人会有一个("真正的"或"分类上的")玄孙(kelab),在他死去的时候年龄大得可以祭拜他;而此时这个孩子也被禁止这么做。但是这里不是因为他是死者的"同代人",而是因为他是"长辈",相当于死者的"父亲"。类似地,一位高寿的老人有个玄孙 kelab,这玄孙活过婴儿期后夭折了,那么,老人将(孤身)在孩子的坟前祭拜,因为这孩子比他长一辈。从原则上说,同一模式也适用于更远的世代,但是巴厘人不用亲属称谓去提及已逝者和未生者,因此问题完全变成了理论上的:"假如我们有这样的亲属,我们就会那样叫他们,那样待他们;可我们从来没有过。"

15 人称代词是另一种可能性,甚至可以考虑当作单独的个人定义符号序列。但实际上,它们往往也被尽可能避免使用,为此付出的代价经常是表达上的别别扭扭。

16 这样把后代的个人名字用作亲从子名的一部分,跟我前边所说的个人名字缺少公共流通性绝不矛盾。其中的"名字"是具有那个亲从子名的人的称呼的一部分,不是——哪怕派生性地——那个孩子的称呼,孩子的名字纯粹被当作一个参照点,就我所能辨识的来看,压根没有任何独立的符号价值。假如孩子死了,哪怕是在婴儿期死的,亲从子名通常也保持不变;孩子用包含他自己名字在内的亲从子名称呼和提及他的父母,对此几乎没有自觉;不存在这样的观念,认为若是一个孩子的名字被包含在他的父母、祖父母或曾祖父母的亲从子名里边,他就会因此受到区别对待,或比自己的名字没被这样使用的兄弟姐妹更得到优待;人们也不会拿更受宠或更能干的子孙的名字去改变亲从子名;如此等等。

17 它还突出了贯穿这里讨论的全部个人定义序列的另一个主题:两性差别被最小化了,就大多数社会角色来说,两性被表现得几乎均可互换。对这一主题的有趣探讨,参见 J. Belo, *Rangda and Barong* (Locust Valley, N. Y., 1949)。

18 从这个意义上说,排行称谓在一种更简练的分析中可以被定义为"零阶亲从子名",从而被纳入这个符号序列之内:名叫 Wayan、Njoman 等的人是没有生过孩子的人,迄今尚无子嗣。

19 G. Bateson, "Bali: The Value System of a Steady State", in M. Fortes, ed., *Social Structure: Studies Presented to Radcliffe-Brown* (New York, 1963), pp.35—53. 贝特森第一个指出——即便有点拐弯抹角地——巴厘人思想的特异的共时性质,我的论题较窄的分析深受他的一般观点的启发。亦见其"An Old Temple and a New Myth", *Djawa* (Jogjakarta)17 (1937): 219—307. [这两篇文章如今重印于 J. Belo, ed., *Traditional Balinese Culture* (New York, 1970), pp.384—402, 111—136。]

20 我们不知道在巴厘有多少种不同的称号(虽然肯定远远过百),也不知道每一种称号有多少人拥有,因为从没针对这些方面进行过普查。在我精细地研究过的巴厘东南的四个村庄里,总计有三十二种不同称号被提到过,其中最常见的有近二百五十人拥有,最罕见的只有一人拥有,而众数大概是五六十人。参见 C. Geertz, "Tihingan: A Balinese Village"。

21 瓦尔那大类经常还会被细分为三个等级的子类——上等 (utama)、中等 (madia) 和下等 (nista)——高地位者尤爱这么细分,大类里的不同称号也被相应地归入子群。巴厘的社会分层系统既是波利尼西亚型的,也是印度型的,这里不可能完备地分析它了。

22 另外一种序列的存在至少应当提一提,它跟性别标记有关 (Ni 用于女性,I 用于男性)。在日常生活中,这些称呼只是缀在个人名字 (它们本身在性别上大多是中性的) 后边,或者缀在个人名字加排行名字后边,而这种情况并不常见。因此,从个人定义的角度看,它们只有一点附带的重要性,我觉得有理由省去对它们的明确考察。

23 关于这一方向上的论文,参见 C. Geertz, "Form and Variation in Balinese Village Structure"。

24 与头衔所表现的功能相联的地名,也许更常见地被用作辅助说明:"Klian Pau","Pau" 就是这人做 klian (村首、族长) 的那个村庄的名字;"Anak Agung Kaleran","Kaleran"——字面意思是"北方"或"北方的"——就是这位领主的宫殿的名字 (和方位)。

25 讲述神灵某些事迹的传统文本 (有的篇幅相当大) 的确存在,故事的片段也广为人知。这些神话反映了我正在设法描述其特征的做人的类型观、静止的时间观和互动的仪式化风格,不仅如此,对讨论或思考神灵的普遍缄默还意味着,它们所讲述的故事很少介入巴厘人理解和适应"此世"的努力中。古希腊人和巴厘人之间的区别,与其说在于他们的诸神所过的生活类型 (两边都是丑恶的),不如说在于他们对那些生活的态度。对古希腊人来说,宙斯及其同僚的私人行为被设想成映照出了人的极为相似的行为,因此对它们说长道短就有着哲学含义。对巴厘人来说,Betara Guru 及其同僚的私人生活只是人家私人性的,闲话它们就是粗野缄礼的,考虑到他们在声望等级体系上的位置,那甚至是大不敬的。

26 被设想为固定不变的是这一总体秩序,不是其中的个人位置,后者是可移动的,虽然多是沿着某几条轴线移动。(顺着某些轴线,比如排行,它不能移动分毫。) 但是要点在于,这种移动不是——或者说,主要不是——从我们可能会当作时间角度的方面加以构想的:当"(谁) 的爸爸"变成"(谁) 的爷爷"时,这种更名与其说被看作年龄的变化，不如说被看作社会的（也是宇宙的，两者在此是一回事）坐标的变化，即穿过特定类型的不变属性——空间——的一种定向移动。同样，在某些个人定义的符号序列内，位置不被认为是一种绝对特质，因为坐标是依赖于原点的：在巴厘，跟在别处一样，一个人的兄弟是另一个人的叔伯。

27　Schutz, *The Problem of Social Reality*, pp.16—17. 括号系我所加。[参见《社会实在问题》，第18页。——译注]

28　Ibid., pp.221—222.

29　作为下文的引语和前文的附录，我们必须说明，正如巴厘人确有相互间的同伴关系，确有对祖先和后人间的实质联系的某种意识那样，他们也确有"真正的"——我们大概会这么说——历法概念：所谓沙卡历之中的绝对日期，时代相继的印度教观念，甚至对格列高利历的使用。但是这些（在大约1958年的时候）是不受重视的，在日常生活的平凡过程中明显只有次等的重要性；它们只是一些变体模式，某些类型的人出于特定目的零星地将其运用到有限的环境中去。对巴厘文化的一种完备分析——只要这样的事情行得通——确实必须考虑它们，从某些角度看它们也不是绝无理论意义的。然而在这极不完备的分析中，此处和别处表达的主要意思不是说，巴厘人就像匈牙利人被盛传的那样，是来自另一星球的移民，跟我们一点儿也不像，而仅仅是说，在某些具有至关重要的社会意义的问题上，他们思想的主要趋势至少目前是跟我们的明显殊途异辙的。

30　组成二百一十超循环的三十—七日循环（乌库）也被命了名，因此它们能够——也经常——结合着五日循环和七日循环的日名被使用，这就消除了调用六日循环的日名的必要。但这只是个记号问题：结果并无二致，尽管三十日和四十二日的超循环的日子被遮蔽了。巴厘人确定历法并评价其意义的工具——图表、清单、数字计算、助记符号——错综复杂，花样繁多，岛上不同的个人、村庄和区域之间还存在技法和解释上的差异。在巴厘，成文的历书（还是传布不太广的一种新事物）设法同时展示出乌库历，十组排列性循环（连那永不改变的一日循环也不漏过！）各自包含的日子，阴-阳历当中的日子和月份，格列高利历和伊斯兰教历当中的日、月、年，以及中国夏历当中的日、月、年和年名——这些不同体系所规定的一切重要节日，从圣诞节到加隆安节，也都一网打尽。对巴厘历法思想及其社会-宗教意义的更翔实探讨，参见 R. Goris, "Holidays and

Holy Days", in J. L. Swellengrebel, ed., *Bali* (The Hague, 1960), pp.115—129,连同那里引用过的参考文献。

31　更准确地说，它们所界定的日告诉你现在是哪一种时间。虽然循环和超循环——既然谓之循环——是反复出现的，但是人们所注意或重视的不是它们的这一点。三十日、三十五日、四十二日和二百一十日周期，还有它们所划出的时距，不是那样被人感知的，纵然是，也只是附带性地；隐含在生成它们的那些基本周期，即循环本身里的时距亦然——由于人们称前者为"月"和"年"，称后者为"周"，这一事实有时被掩盖了。只有"日"才真正重要，这点怎么强调都不为过；巴厘人的时间感不是延续的，也同样不是循环的：它是粒子状的。一天当中，有一定量的没有细加校准的短时段，其标示方法是在日间循环的不同时点（早晨、正午、日落等）当众敲破锣，而对于需要大致平衡个人贡献的某些集体劳动任务，则是用滴漏来计量。但是这也只有极低的重要性：相比于巴厘人的历法装置，他们的时计概念和工具都太不发达了。

32　Goris, "Holidays and Holy Days", p.121. 当然，这些节日并非全部都很重要。其中很多只在家里例行公事地庆祝一下。它们之所以是节日，是因为它们对所有巴厘人都是一样的；而其他的一些庆典不是这样的情况。

33　Ibid. 当然存在一些源于诸循环运转的亚节律：如此则每三十五天就是一个节日，因为它是被五日循环和七日循环的交互作用确定的，但是从纯粹的日子接续来看，什么节律也没有，尽管这里或那里存在某种簇集。戈里斯把Radité-Tungleh-Paing视为"巴厘［排列］年的第一天"（从而这一天［有不同日名］也就是诸循环的第一天）；这种说法也许有（也许没有：戈里斯不曾说明）某种文本根据，我却找不到任何证据表明巴厘人真是这么看的。实际上，如果说有某一日被认作我们视为时间里程碑的那类东西，那就是加隆安节（在上述计时法中编号七十四）。但是连这种想法充其量也只有极微弱的发展；像别的节日一样，加隆安节不过是机缘巧合。依我看，根据西方的时间流观念来描述巴厘历法（纵然只是部分地），必然是对它的现象学误述。

34　Swellengrebel, *Bali*, p.12. 这些庙在规模和重要程度上千差万别，斯韦伦格雷贝尔提到巴厘宗教事务局给出过一个（精确得令人起疑的）数字，约在1953年，全岛有"重要的大型"庙宇4 661座，而该岛——这点应该记住——大致相当于特拉华州的大小，只有2 170平方英里。

35 对完满的欧达朗(多数持续三天，而非一天即止)的描述，参见 J. Belo, *Balinese Temple Festival* (Locust Valley, N. Y., 1953)。再一次地，欧达朗往往是用乌库历(而非六日循环)结合五日和七日循环推算出来的。参见注释30。

36 各式各样的形而上观念与有着不同名称的日子相联，它们涉及诸神明、邪魔，自然事物(树、鸟、兽)、美德与恶行(爱、恨……)，等等，解释了"为什么"那一日会有它现在的特征。但是这些无需在此赘述。在这个话题上，就像在本文描述过的、与之相关的"算命"操作上一样，理论和解释都不那么标准化，推算也不局限于五日、六日和七日循环，而是扩展到其他循环的各种排列，这一点使得可能性简直无穷无尽。

37 对于个人，更常用的术语是 otonan 而不是 odalan，但词根的意思相同："显现""露面""出来"。

38 最后两个月的名称(借自梵语)，不像其他十个月那样是严格意义上的数字，但照巴厘人的理解，它们就是"意指"第十一和第十二。

39 实际上，作为另一种印度舶来物，年也编了号，但是在祭司圈子之外(对圈内人来说，熟知年份编号更多关乎学术声望，他们视之如文化饰品而不是别的什么物事)，年的计数对历法的实际使用几乎不起作用，提到阴-阳日时，也几乎从不提年份——除了极罕见的例外，没人知道也没人在意年份。古代文本和铭刻有时标明年份，但是在日常生活进程中，巴厘人从不给任何事情"注明年月"(在我们使用这一短语的意义上)，也许只会说某一事件——火山喷发、战争等——的发生，是"在我很小的时候"，"在荷兰人还在这里的时候"，或者在巴厘人的"那个遥远时代"(illo tempore)，即"在满者伯夷时代"，诸如此类。

40 关于巴厘文化中的"羞耻感"论题，参见 M. Covarrubias, *The Island of Bali* (New York, 1956)；关于"高潮缺席"，参见 G. Bateson and M. Mead, *Balinese Character: A Photographic Analysis* (New York, 1942)。

41 关于全面的批判性评述，参见 G. Piers and M. Singer, *Shame and Guilt* (Springfield, Ill., 1953)。

42 再一次地，我在这里关心的是文化现象学，不是心理动力学。巴厘人的"舞台恐惧"关联着某种无意识的罪恶感，这当然很有可能，虽然我认为找不到证据来证实或证伪它。我的意思只是说，考虑到 guilt 和 shame 这两个词在英语里的通行意义，把 lek 译成其中任何一个都是误译；而我们用的"stage fright"这个短语，再次借用《韦伯斯特词典》里的定义来说，表示"在一群观众前露面时感觉到的紧张不安"，它能让人更好地——尽管仍不完美地——了解巴厘人说到（他们几乎不断地说到）lek 时到底在谈论什么。

43　对阑答-巴龙战斗的叙述，参见 J. Belo, *Rangda and Barong*；对其基调的绝妙重现，参见 G. Bateson and M. Mead, *Balinese Character*。亦见本书第四章。

44　J. Levenson, *Modern China and Its Confucian Past* (Garden City, 1964), p.212.［此书即列文森的三卷本巨著 *Confucian China and Its Modern Fate* 的第一卷，由加州大学出版社初版于1958年，道布尔戴出版社1964年再版时改为格尔茨所引书名，后来三卷出齐时改回原名。参见《儒教中国及其现代命运》，郑大华等译，中国社会科学出版社2000年版，第145页。——译注］在这里跟在别处一样，我用"思维"一词不单指深思熟虑，还指任何类型的智能活动；用"意义"一词不单指抽象的"观念"，还指任何类型的含义（significance）。这或许有点儿武断，有点儿宽泛，但是你必须有一般的术语来谈论一般的主题，即便归于这种主题下的东西远非同质的。

45　"每一个记号**就其本身而言**都是死的。是**什么**赋予了它以生命呢？——它的**生命**在于它的使用。是在那过程中给它注入了生命吗？——还是它的**使用**就是它的生命？" L. Wittgenstein, *Philosophical Investigations* (New York, 1953), p.128e. 黑体为原书标注。［参见《哲学研究》，第193页。——译注］

46　Li An-che, "Zuni: Some Observations and Queries", *American Anthropologist* 39 (1937): 62—76; H. Codere, "The Amiable Side of Kwakiutl Life", *American Anthropologist* 58 (1956): 334—351. 两个对立模式或者一组模式中，哪一个（如果只能选择一个的话）实际上是首要的，这当然是个经验问题，但不是无法解决的问题，尤其是假如稍微思考一下"首要性"在这一关系中所指何意。［李安宅先生的论文的中文版收于《〈仪礼〉与〈礼记〉之社会学的研究》，上海人民出版社2005年版，附录一，《关于祖尼人的一些观察和探讨》。——译注］

47　"这就说明了，要使适应积累起来，一定**不要**有……从一些变量……

到另一些变量……的通道。生理学著述常常隐含一种观点，以为只要有足够的交叉连接可以利用，一切都会就绪……这实在大谬不然。"W. R. Ashby, *Design for a Brain*, 2nd ed. rev. (New York, 1960), p.155. 黑体为原书标注。当然，这里提到的是直接联系——艾什比所谓"原始连接"。一个变量，倘若跟系统里的其他变量什么关系也没有，它就简直不属于这个系统了。对此处涉及的成套理论问题的讨论，参见 Ashby, *Design for a Brain*, pp.171—183, 205—218。有一种论点认为，文化中断不但可能与它们所影响的社会系统的有效运转相容，甚至还可能支持这样的运转，参见 J. W. Fernandez, "Symbolic Consensus in a Fang Reformative Cult", *American Anthropologist* 67 (1965) : 902—929。[参见艾什比：《大脑设计》，乐秀成等译，商务印书馆1991年版。——译注]

48 也许有提示作用的是，在共和国初期的印尼中央政府里，唯一一位有重要地位的巴厘人（一度是外交部长）是传统巴厘王国之一吉安雅的刹帝利至尊国王，他有个妙不可言的巴厘"名字"Anak Agung Gde Agung。Anak Agung是吉安雅统治家族成员所拥有的公共头衔，Gde是排行名字（三生所用，等同于Wayan），而Agung虽说是个人名字，其实不过是公共头衔的重复。Gde和Agung都表示"大"的意思，而Anak表示"人"，结果整个名字就好像在说"大、大、大人"——他的确就是这样的人，直到他在苏加诺那里失宠为止。巴厘最近的政治领导人开始喜欢以苏加诺的方式使用他们更个人化的个人名字，停用称号／头衔、排行名字、亲从子名等等，说它们是"封建的""守旧的"。

49 本文写于1965年初；关于那年之后实际发生的剧变，参见本书第十章和第十一章。

第十五章

1 G. Bateson and M. Mead, *Balinese Character: A Photographic Analysis* (New York, 1942), p.68.

2 J. Belo, "The Balinese Temper", in *Traditional Balinese Culture*, ed. J. Belo (New York, 1970) (originally published in 1935), pp.85—110.

3 关于斗鸡的最好讨论，参见Bateson and Mead, *Balinese Character*, pp.24—25, 140；但这也是笼统而简略的。

4 Ibid., pp.25—26. 斗鸡在巴厘文化之内是非同寻常的，因为它是单一性别参与的公共活动，另一性别被完全、明确地排除在外。在巴厘，性别差异化受到文化上的极度贬抑，大多数活动，无论正式的还是非正式的，都需要两性在平等基础上结对参加。从宗教到政治，到经济，到亲属关系，再到服饰，巴厘都是一个相当"不分男女的"社会，它的习俗和象征都清楚地表明了这一点。即便是在女性事实上没有扮演重要角色的环境中，比如音乐、绘画和某些农活，她们的缺席（总的来说只是相对的）也纯粹是自然发生的事情，而不是社会强加的。根据这个一般模式来看，斗鸡就是非常醒目的例外，它完全属于男人，由男人参与，为男人所享——女人（至少巴厘女人）甚至不会观看。

5 C. Hooykaas, *The Lay of the Jaya Prana* (London, 1958), p.39. 这首短叙事诗有一节（第17节）出现了"不情不愿的新郎"这种用法。贾亚·普拉那是巴厘的乌利亚神话的一个主要人物，君王要将六百侍女里的最美者赏赐给他，于是他应道："圣君啊，我的主公和主人／求求您，就放我一马吧／这样的事我还不曾想过；／好比关进笼子的斗鸡公／说真的我正在振作精神／我还是孤单单的我，就像火焰尚未扇起。"

6 关于这些方面，参见 V. E. Korn, *Het Adatrecht van Bali*, 2nd ed. (The Hague, 1932)，toh 条目下的索引。

7 的确有个传说，大致意思是，爪哇和巴厘的分离起因于一位法力高强的爪哇宗教人物的行动，他想保护自己免遭一位巴厘文化英雄之害，后者是两大刹帝利种姓的先祖，也是个狂热的斗鸡赌徒。参见 C. Hooykaas, *Agama Tirtha* (Amsterdam, 1964), p.184。

8 一对乱伦者被逼着把猪枷锁套在脖子上，爬向猪的食槽，用嘴在那里进食。关于这件事，参见 J. Belo, "Customs Pertaining to Twins in Bali", in *Traditional Balinese Culture*, ed. J. Belo, p.49；关于对动物性的普遍憎恶，参见 Bateson and Mead, *Balinese Character*, p.22。

9 除了一些赌金少的次要搏斗外（关于搏斗的"重要性"问题，详见下文），距铁固定通常由不是主人的某人来完成。主人是否亲自操纵他的公鸡，多少取决于他在这事上技法有多娴熟，这一考量的重要性再次关联着搏斗的重要性。当距铁固定者和公鸡操纵者是主人之外的某人时，他们几乎总是他的近亲（兄弟或堂表兄弟）或好友。因而他们可说是他的人格的延伸，这也表现在如下事实中：他们三人都会说那公鸡是"我的"，"我"跟某某斗鸡，等等。另外，主人–操纵者-固定者三人组往往相当稳定，不过，个人可以参加好几个组，并且常常在某一组内交换角色。

10　E. Goffman, *Encounters: Two Studies in the Sociology of Interaction* (Indianapolis, 1961), pp.9—10. [参见戈夫曼：《日常接触》，徐江敏等译，华夏出版社1990年版，第3—4，84页。——译注]

11　这个单词本义是指去不掉的污点或记号，就像胎记或石头纹理，它也被用于指称打官司的保证金，抵押物，贷款担保，在法律或礼仪情境下某人的替身，商业交易中预付的定金，立在田地中、标明其所有权争执未下的告示牌，还有不忠妻子的状况（她的丈夫要么从她的情夫那里获得补偿，要么将她拱手相让）。参见 Korn, *Het Adatrecht van Bali*; T. Pigeaud, *Javaans-Nederlands Handwoordenboek* (Groningen, 1938); H. H. Juynboll, *Oudjavaansche-Nederlandsche Woordenlijst* (Leiden, 1923)。

12　中心赌博必须在实际开斗之前，由双方预交现金。裁判掌握着赌金，直到做出判决，然后把它们奖励给赢家。这么做尤其是为了避免强烈的尴尬：假如输家在战败后亲自付钱给赢家，那么双方都会感受到那种尴尬。赢家收入的大约一成要被扣除，作为裁判的分成和斗鸡主办者的提成。

13　实际上，公鸡的分类极其精细复杂（我已收集了二十多个种类，这份清单肯定还不齐全），不单是基于花色，还基于一系列独立的、交互作用的维度，包括（除花色外）大小、骨头的粗细、羽毛和脾气。（但是**不包括**纯种与否。巴厘人并不热衷于通过人工交配培育公鸡品种，而且就我所能发现的来说，他们从前也不曾这么做过。Asil鸡，或曰雄林鸡，是南亚的土鸡，也是有斗鸡运动的地方随处可见的基本战斗品系，你几乎可以在任何巴厘市场的卖鸡处，花上少则四五林吉特，多则五十多林吉特的钱，买到一只这样的鸡。）花色要素不过是通常用作类型名称的那一要素而已，除非两只不同类型的公鸡——原则上说很可能是这样的——花色相同，在这种情形下就要从其他维度中增补一种次级标识（"大斑点"对"小斑点"，等等）。鸡的类型要与塑造比赛过程的各种宇宙论思想协调一致，比如说：如果你的公鸡是小个头，倔强任性，白底上有褐色的斑点，羽毛平顺，腿细瘦，那么你应在复杂的巴厘日历的特定日子，从场地东边入场参赛；如果你的公鸡个头大，谨慎持重，通体黑色，羽毛成簇状，腿粗短，那么你应在另外某天从北边入场参赛；诸如此类。同样，这一切被记载于棕榈叶手稿内，被巴厘人（他们并非全都有着一样的理论体系）讨论个没完，而对公鸡分类学的一种成分及象征的全面分析，无论是作为斗鸡描述的附录还是就其自身而言都无比可贵。我在这方面的资料广博多样，却似乎尚未完备，也不够系统，尚不能尝试在此从事这样的分析。关于巴厘人的宇宙论思想，更综合的讨论参见 Belo, ed., *Traditional Balinese Culture*, 以及 J. L. Swellengrebel, ed., *Bali: Studies in Life, Thought, and Ritual* (The Hague, 1960)。

14 为民族志的完整性起见，应当提及的是，有可能下注热门公鸡的那人（即赔率给予者）会打这样的赌，其中他的公鸡胜或平，他都将赢盘，当然让步要稍稍加大一点（我没有足够的案例来准确说明，但是大概每十五或二十场比赛就有一场平局）。他通过喊叫"sapih"（平）来表达这一愿望，而不是喊叫公鸡类型；但这样的赌局其实不多见。

15 赔率运动的精确动力学是斗鸡极其引人入迷，极其错综复杂，（考虑到它发生时的狂乱状况）也极其难于研究的方面。要有效地处理这个问题，影像记录加上多位观察者或许必不可少。对深陷这乱局中的一个孤零零的民族志学家来说，印象主义是唯一可用的法子了；但是，哪怕单凭印象看，有一点也很明显：某些人在引导大家确定热门公鸡（亦即发出开盘的公鸡类型呼喊，这通常启动了讨价还价程序），也在指引赔率的运动方向；这些"意见领袖"是下文要讨论的更有成就的斗鸡者兼体面市民。这些人开始改变喊价，则其他人紧随其后；他们开始下注，则其他人也依样照做，于是，赔率运动差不多就停下来了，尽管总有很多失意的赌徒直到最后都在嚷嚷着要求更少或更多的让步。但是要想详尽地理解全过程，需要一位掌握了关于个体行为的精确观察资料的决策理论家——（啊！）这样的人恐怕根本就不存在。

16 假定只是二项变量，在等于和低于60林吉特的情况下，对五五开的期望值的偏离是1.38个标准差，亦即（在单侧检验中）8%的概率值；对低于40林吉特的情形而言，这种偏离是1.65个标准差，亦即大约5%的概率值。这些偏离真实却不极端，这一点不过再次表明，即便是在赌注较低的斗鸡赛事中，让公鸡至少相对均衡地匹配起来的倾向也依然存在。问题只是均等化压力的相对放松，而不是其消除。当然，高赌资比赛要求机会均等的倾向更突出一些，这也说明巴厘人非常明白他们要干什么。

17　小比赛的赌资锐减当然是自食其果；人们觉得小比赛没意思的原因之一就是那里的赌资较少，而大比赛的情况则相反。赌资锐减是以三种相互加强的方式发生的。首先，人们分神去喝杯咖啡或跟朋友聊天时，就出现了一般的兴趣减退。其次，巴厘人不会从数学上换算赔率，而是直接按照说出来的那种赔率下注。所以，在九对八的赌局中，一个人下注9林吉特，另一个人下注8林吉特；在五对四的赌局中，一个人下注5林吉特，另一个人下注4林吉特。于是，就任意给定的货币单位（如林吉特）而言，举例来说，十对九的赌局里卷入的钱数就是二对一的赌局里的6.3倍，而如前所述，小比赛里的赌博趋于让步较大的一端。最后，小比赛里所下的赌注往往是一指，而不是二指、三指，更不是某些特大型比赛里的四指或五指。（"手指"表示讨论中的口述赔率的**倍数**，而不是绝对数字。在六对五的情形下，二指表示一个人愿意为劣势公鸡赌10林吉特，换热门方的12林吉特；在八对七的情形下，三指表示劣势方赌21林吉特，换热门方的24林吉特；以此类推。）

18　斗鸡除了赌博之外，还有其他的经济层面，尤其是它与地方市场体系的联系十分密切，虽然相比于它的动力和功能来说，这仅是一个次要方面，但这个方面也具有一定的重要性。斗鸡是开放的事件，愿者均可赴会，有时是从遥远的地区前来，但是九成以上，也许九五成以上的斗鸡，都是特别地方性的事务，而所涉的地方，不是根据村庄，甚至不是根据行政区划来界定的，而是根据乡村市场体系。巴厘有为期三天的市场周，有着人们熟知的"太阳系"类型的旋转。市场本身绝不是高度发达的，不过是村庄广场上的小规模早市，但是这样的旋转相当普遍地划出一片微观区域，它的面积达10—20平方英里，包含七八个相邻的村庄（在当代巴厘，这通常意味着有少则五千，多则一万至一万一千的人口），任何一场斗鸡的观众主体乃至几乎全体观众，将出自其中。多数赛事其实是由乡村小商贩的小型联合体组织和赞助的，他们（事实上所有巴厘人）都强烈地信奉一个大前提：斗鸡有利于商业，因为"它们把钱引出家门，让它流通起来"。斗鸡场四周也搭建起货摊，兜售各色物品，还经营着各种全凭运气的赌博游戏（见下文），以致这里甚至呈现出小型集市的特性。斗鸡与市场和市场销售商的这种联系由来已久，它们在碑文 [R. Goris, *Prasasti Bali*, 2 vols. (Bandung, 1954)] 中的结合尤其可资为证。经商跟着公鸡走,这在乡村巴厘已有好几百年了,而斗鸡运动是该岛货币化的主要原动力之一。

19 这一短语出自英译本,Hildreth, International Library of Psychology (1931), note to p.106;参见 L. L. Fuller, *The Morality of Law* (New Haven, 1964), p.6ff.。[边沁的书原文为法文,中译参见《立法理论》,李贵方等译,中国人民公安大学出版社2004年版。此处格尔茨注释有误,希尔德雷斯的英译本所属文库应为"心理学、哲学和科学方法国际丛书"。亦见富勒:《法律的道德性》,郑戈译,商务印书馆2005年版,第8页之后。——译注]

20 当然,即便在边沁那里,效用概念通常也不局限于钱财的得失,我这里的论点或许可以更仔细地表述为一种否认:对巴厘人或其他任何民族来说,效用(快乐、福祉……)都不简单地等同于财富。但是,这样的术语问题无论如何对基本观点来说无伤大雅:斗鸡不是轮盘赌。

21 M. Weber, *The Sociology of Religion* (Boston, 1963). 当然,金钱的这种深化意义绝非巴厘人特有的,正如怀特对波士顿工人阶级区的街角青年的描述所显示的:"赌博在科纳维尔人的生活中起着重要的作用。不管街角青年们玩什么游戏,几乎总要对结果打赌。如果没有可赌的,这场游戏就不被认为是真正的竞争。这并不意味着钱的因素最重要。我常听人们说,获胜的光荣要比赢的钱重要得多。街角青年们把赌钱视为对技能的一种实际测验,除非一个人在赌钱的时候干得很漂亮,否则他不会被认为是一名优秀的竞争对手。" W. F. Whyte, *Street Corner Society*, 2nd ed. (Chicago, 1955), p.140. [参见怀特:《街角社会》,黄育馥译,商务印书馆1994年版,第191页。——译注]

22 人们设想这种疯狂间或可能达到的极端程度,以及他们视之为疯狂的这一事实本身,可由巴厘民间故事 *I Tuhung Kuning* 展现出来。有个赌徒被他的狂热冲昏了头脑,出门旅行前命令他的孕妻,如果未来的新生儿是男孩,就好好照顾他,如果是女孩,就拿给他的公鸡打牙祭。这位妈妈生了个女孩,但没有拿去喂鸡,而只给它们喂了只大老鼠,并把女孩藏到她母亲那里。丈夫回家后,公鸡们啼叫不休,告发妻子欺骗了他,他怒不可遏,动身要去杀了孩子。一位女神从天而降,将女孩带上了天。公鸡们后来吃了所喂的食物都一命呜呼,它们主人的神志终于清醒,女神就把女孩带回来还给了父亲,他们夫妻二人由此团圆。这个故事载于 J. Hooykaas-van Leeuwen Boomkamp, *Sprookjes en Verhalen van Bali* (The Hague, 1956), pp.19—25, 是在"Geel Komkommertje（黄瓜）"的篇名下讲述的。

23 关于巴厘乡村社会结构的更详尽描述, 参见 C. Geertz, "Form and Variation in Balinese Village Structure", *American Anthropologist* 61 (1959): 94—108; "Tihingan, A Balinese Village", in R. M. Koentjaraningrat, *Villages in Indonesia* (Ithaca, N.Y., 1967), pp.210—243; 以及 V. E. Korn, *De Dorpsrepubliek tnganan Pagringsingan* (Santpoort, Netherlands, 1933), 虽然后者有点偏离巴厘村庄的常态。

24 Goffman, *Encounters*, p.78.

25 B. R. Berelson, P. F. Lazarsfeld, and W. N. McPhee, *Voting: A Study of Opinion Formation in a Presidential Campaign* (Chicago, 1954).

26 这是一个形式化范型, 它旨在展示斗鸡的逻辑结构而非因果结构。究竟这些考量因素的哪一项引致了哪一项, 以何种顺序, 靠何种机制, 这另当别论。我在一般讨论中已经尝试对此稍做阐述。

27 Hooykaas-van Leeuwen Boomkamp 的另一则民间故事（"De Gast", *Sprookjes en Verhalen van Bali*, pp.172—180）里, 有个低种姓的首陀罗, 他是一个慷慨、虔诚、逍遥自在的人, 也是技艺高超的斗鸡人。尽管他成就斐然, 还是一场接一场地输掉了斗鸡赛事, 直到他一文不名, 而且仅剩最后一只公鸡。可是他没有绝望——"我把赌注押在那个幽冥世界上。"他说。

　　他的妻子是个善良勤劳的女人, 知道他多么醉心于斗鸡, 于是把她存起来应急的最后一笔钱给他去赌。但是, 由于此前的一连串厄运, 他满腹忧虑, 结果把自己的公鸡忘在家里了, 只能在外围参赌。他很快输得只剩一两枚硬币, 便来到食品摊买点吃的, 在那里他遇到一个老乞丐, 拄着拐棍, 残年衰朽, 臭气熏人, 令见者倒胃。老人向他乞食, 主人公就用最后的硬币给他买了点吃的。接着老人要求与主人公一起过夜, 主人公也高兴地邀他到家。但是家里没吃的, 主人公就叫妻子去把那最后一只公鸡宰了飨客。老人发现这是他的最后一只公鸡, 便告诉主人公说, 他在山上的棚屋里有三只公鸡, 主人公可以拿一只去比赛。他还要主人公的儿子给他做仆从随伺左右, 儿子答应了, 这事就成了。

　　原来这个老人是湿婆, 住在天上的宏伟宫殿里, 但主人公对此毫不知情。过了一段时间, 主人公决定去探望他的儿子, 接回老人许诺的公鸡。他被高举到湿婆的面前,要从三只公鸡中挑选一只。第一只啼鸣说:"我打败过十五个对手。"第二只啼鸣说:"我打败过二十五个对手。"第三只啼鸣说:"我打败过国王。""就是它,我选第三只。"主人公说道,然后带着它回到地上。

他来到斗鸡现场,被索要参赛费,他回答说:"我没钱,等我的公鸡赢了后再付吧。"人们知道他是常败将军,但他还是获准加入了,因为国王也在那里斗鸡,很讨厌他,想在他输了付不起钱的时候将他收为奴隶。为了确保这样的结局,国王拿他最好的公鸡对决主人公的那只。两只鸡进场落地,主人公的那只望风而逃,傲慢的国王带头狂笑,全场笑翻。说时迟那时快,主人公的公鸡飞向国王本人,用距铁割断他的喉咙,杀死了他。主人公逃走了。他家被国王的人马团团围住。那只公鸡变成了印度神话中的大神鸟迦楼罗,载着主人公夫妇飞到天上的安全之所。

目睹此情此景,人民就拥戴这位主人公做了国王,他的妻子做了王后,他们二人以这种身份回到地上。后来他们的儿子被湿婆放归,主人公-国王宣布他打算隐修。("我不再参加斗鸡赌博了。我赌过了幽冥世界,赌赢了。")他遁世隐修,儿子成了国王。

28 成瘾的赌徒并未真正被降低社会地位,因为他们的地位跟其他所有人的一样是先赋的,他们只是贫困潦倒,颜面扫地。在我观察的斗鸡圈里,最有名的成瘾赌徒实际上是个高种姓的刹帝利,他卖掉了他的大多数良田以养其癖。尽管私底下人人都认为他是傻瓜,甚至更糟(有些宅心仁厚的人认为他害病了),但出于他的等级,他在公开场合仍然被待之以精心的尊敬和礼貌。关于巴厘岛上个人声望与公共地位的独立性,参见本书第十四章,"巴厘的人、时间与行为"。

29 关于四种多少有些差异的论述,参见 S. Langer, *Feeling and Form* (New York, 1953); R. Wollheim, *Art and Its Objects* (New York, 1968); N. Goodman, *Languages of Art* (Indianapolis, 1968); M. Merleau-Ponty, "The Eye and the Mind", in *The Primacy of Perception* (Evanston, Ill., 1964), pp.159—190。

30 英式斗鸡(1840年英国已禁止这项运动)好像确实没有这一特征,因而产生了迥然不同的一类形态。大多数英式斗鸡是"常规赛",事先约定的若干公鸡被排成两组,依次交战。针对单场比赛,以及针对整个常规赛,都会进行计分和投注。英格兰和欧洲大陆也都有"大逃杀",即一大群公鸡同时被放出来,最终活下来的那只就是胜者。在威尔士，所谓"威尔士常规赛"遵循一种淘汰模式，类似于今天的网球锦标赛，胜者进入下一轮。作为一种文体，斗鸡也许不如（比方说）拉丁喜剧有创作上的灵活性，但也不是丝毫没有。对斗鸡的更一般的讨论，参见 A. Ruport, *The Art of Cockfighting* (New York, 1949); G. R. Scott, *History of Cockfighting* (London, 1957); and L. Fitz-Barnard, *Fighting Sports* (London, 1921)。

31　参见本书第十四章的"分类历法和点状时间"一节。

32　关于在作为符号指涉样式的"描写""表征""例示""表现"之间加以区分的必要性（以及"模仿"跟它们的不相关性），参见 Goodman, *Language of Art*, pp.61—110, 45—91, 225—241。

33　N. Frye, *The Educated Imagination* (Bloomington, Ind., 1964), p.99.

34　巴厘人另有两种价值，或者可说是反面价值，它们一面关联着点断的时间性，一面又关联着放纵的攻击性，强化了斗鸡既是日常社会生活的延续又是其直接否定的感觉。它们就是巴厘人所说的ramé和paling。ramé意指拥挤的、热闹的、活跃的，是一种深受追求的社会状态：拥挤的市场、人山人海的节日、繁华的街道都是ramé，当然斗鸡正是其极端状态。它是在"满"时间里发生的事情，其反面sepi（"寂静"）则是在"空"时间里发生的事情。paling是社会的昏乱状态，是某人当其在社会空间的坐标系里的位置不明确时所感受到的迷茫、迷向、不知所措、晕头转向，那是让人厌恶透顶、致人焦虑万分的状态。巴厘人认为，严格保持空间方向感（"找不着北"就是疯了）、平衡、体统、地位关系等等是有序生活（krama）的根本，而paling，也就是乱飞的公鸡所例示的那种扑朔迷离的位置淆乱，则是其大敌和对立面。关于ramé，参见Bateson and Mead, *Balinese Character*, pp.3, 64；关于paling, ibid., p.11, 以及Belo, ed., *Traditional Balinese Culture*, p.90ff.。

35　关于史蒂文斯，所参照的是他的"隐喻的动机"（"你喜欢待在秋天的树下，/因为万物都半死不活。/风像一个跛子，在树叶中行走，/重复着没有意义的词。"）[Copyright 1947 by Wallace Stevens, *The Collected Poems of Wallace Stevens*, 重印于此，征得Alfred A. Knopf, Inc.和Faber and Faber, Ltd.的许可]；关于勋伯格，所参照的是他的《五首管弦乐小品》（作品16）的第三首，引自H. H. Drager, "The Concept of 'Tonal Body'", in *Reflections on Art*, ed. S. Langer (New York, 1961), p.174。关于荷加斯，以及这整个问题（那里称之为"多

重基质匹配"），参见 E. H. Gombrich, "The Use of Art for the Study of Symbols", in *Psychology and the Visual Arts*, ed. J. Hogg (Baltimore, 1969), pp.149—170。这类语义炼金术的更常见术语是"隐喻转移"，对它进行的高明的技术性探讨，参见 M. Black, *Models and Metaphors* (Ithaca, N.Y., 1962), p.25ff.; Goodman, *Language as Art*, p.44ff.; W. Percy, "Metaphor as Mistake", *Sewanee Review* 66 (1958): 78—99。

36 这一警句出自亚里士多德《工具论》第二篇，《论解释》。关于对它的讨论，以及主张将"文本的概念……从经典或书写的概念中"解放出来，从而创立一种普遍诠释学的整套论证，参见 P. Ricoeur, *Freud and Philosophy* (New Haven, 1970), p.20ff.。[参见亚里士多德：《工具论》，余纪元译，中国人民大学出版社2003年版；利科：《弗洛伊德与哲学》，汪堂家等译，浙江大学出版社2017年版。——译注]

37 Ibid.

38 列维-斯特劳斯的"结构主义"好像是个例外。但它只是表面的例外，因为列维-斯特劳斯不是把神话、图腾仪式、通婚规则等等当作文本来解释，而是将其当作密码来破解，这是大不一样的事情。他试图理解符号形式时，不是从它们在具体情境中如何运作以组织各种感知（意义、情绪、概念、态度）这方面着手，而是完全根据它们的内在结构，独立于一切主体、一切客体和一切背景的结构。参见本书第十三章，"理智的野蛮人"。

39 Frye, *The Educated Imagination*, pp.63—64. [参见弗莱：《弗莱文论三种》，徐坤等译，内蒙古大学出版社2003年版，第48页。——译注]

40 运用表示感知的"自然的"（对欧洲人而言）视觉惯用语——"看见""观看"之类——在这里非同寻常地误导人，因为如前文提及的，巴厘人关注斗鸡进程时，对肢体的运用不下于对眼睛的运用（搏斗中的公鸡除了一团团运动的影像外，实际上很难让人看清什么，因此，说不定对肢体的运用还更多），他们会从姿态上模仿公鸡的招式，挥舞他们的四肢，晃动他们的脑袋和躯干，而这一事实意味着个人的赛事体验更其是动觉的，而不是视觉的。肯尼斯·伯克将一种象征行为定义为"态度之舞"[Kenneth Burke, *The Philosophy of Literary Form*, rev. ed. (New York, 1957), p.9]，如果曾经有过这种行为的实例的话，那就是斗鸡了。关于动觉感知在巴厘人生活中的巨大作用，参见 Bateson and Mead, *Balinese Character*, pp.84—88；

关于一般性的审美知觉的主动性，参见 Goodman, *Language of Art*, pp.241—244。

41 凡是这种将西方的伟大之物与东方的庸鄙之物扯到一起的，无疑会烦扰到某些类型的美学家，就像早期人类学家用同样的口气谈论基督教和图腾崇拜的举动惊扰到某些类型的神学家一样。但是正如本体论问题在宗教社会学里被（或应该被）悬置起来，判断力问题在艺术社会学里也被（或应该被）悬置起来。无论如何，将艺术概念去地方化的尝试，不过是将一切重要社会概念（婚姻、宗教、法律、理性）去地方化的普遍人类学阴谋的一部分罢了，这对于认为某些艺术作品超越了社会学分析范围的美学理论是一个威胁，但它对于认为某些诗优于其他诗的那种信念则毫无威胁——罗伯特·格雷夫斯声称，他在剑桥大学荣誉学位考试上因为这一信念受到过训斥。

42 关于授圣职典礼，参见 V. E. Korn, "The Consecration of the Priest", in Swellengrebel, ed., *Bali: Studies*, pp.131—154；关于（有点夸大的）全村融洽无间，参见 R. Goris, "The Religious Character of the Balinese Village", ibid., pp.79—100。

43 斗鸡就巴厘所势必表达的东西不是全无洞察力的，它对巴厘生活的一般模式所表现出的焦躁不安不是全无缘由的，这被1965年12月的两周之内发生的事变所证实。在紧随雅加达的未遂政变而起的动乱期间，有四万到八万巴厘人被杀（巴厘总人口约两百万），多是互相残杀；这是该国最深重的暴乱。[J. Hughes, *Indonesian Upheaval* (New York, 1967), pp.173—183. 休斯的数字当然是相当随便的估计值，但不是最极端的。] 这当然不是说，杀戮是斗鸡造成的，本可基于斗鸡做出预告，或者杀戮是斗鸡的某种增强版，由真人代替公鸡作战——这些全是无稽之谈。它仅仅是说，假如人们看待巴厘时，不只是透过它的舞蹈、皮影戏、塑像和姑娘的媒介，而是像巴厘人自己所为的那样，也透过斗鸡的媒介，那么发生了大屠杀的事实似乎就不那么像是违背了自然法则，即便同样骇人听闻。正如不止一个真实的葛罗斯特已经发现的，有时候人们恰恰把生活搞成了他们满心不愿看到的样子。

索 引

A

Abduh (reformer) 阿卜杜（改革者） 319

Abdullah, Taufik 阿卜杜拉,陶菲克 333,334,342,347

academicism 因袭主义 94

aesthetics 美学 119,120,136,137, 138,146,424,444,465,466, 472

Africa 非洲 48,53,187,239,252, 253,275,286,287,288

 sub-Saharan 撒哈拉以南 260, 281,284

 参见单个国家

afterlife 来世 45,171,178

aging 衰老。参见 Bali 巴厘

agriculture 农业 161,180,189,382, 410,421,443

Ahardane, M. 阿哈达尼 321,322

Al-Afghani (reformer) 阿富汗尼（改革者） 319

Algeria 阿尔及利亚 252,255,261, 363

Allport, Gordon 奥尔波特,戈登 63

Ambedkar, B. R. 阿姆倍伽尔 296, 312

American Business Creed《美国企业准则》211

ancestor worship 祖先崇拜 94,132, 135,178

Anderson, Benedict 安德森,本尼迪克特 333,334,342,344

Andhra (India) 安得拉（印度） 275, 309,311

Angola 安哥拉 284

animality 动物性 443,444,466, 468,472。参见 primates 灵长类

animism 泛灵论 160,161,162,189

anomie 失范 180

anthropology 人类学 4,40,48,60, 70,89,93—95,352,360,364, 367—368,371,382,440

 analogies in 类比 469

 and analysis of values 和价值分析 154

 classical 古典的 57,68

 cognitive 认知的 12,14

 and culture 和文化 11,41,43

 governmental 政府的 195

 and history 和历史学 viii,ix

 and importance of religion 和宗教的重要性 133,135

 as interpretive activity 作为阐释活动 10,16,17,20,21,23,

32,33
   locus of study vs. object of study 研究的所在与研究的对象 24—25
   moving from local truths to general visions 从地方真理向普遍见解的前进 23—26
   social anthropology 社会人类学 5—6,94,95,107,117,129,135,155,351,389
   as study of thought 作为思维研究 374
   two faces of 两副面孔 369
   and universals 和普遍性 49
anti-Semitism 反犹主义 225
APFL 自由同盟。参见 Burma: Anti-Fascist People's Freedom League in 缅甸：反法西斯人民自由同盟
aphasics 失语症患者 84
Arabs 阿拉伯人 282,286,318,323
   Arabic language 阿拉伯语 260
   Arab-Israeli conflict 阿以冲突 285,316
   Arab League 阿拉伯联盟 276
   pan-Arabia 泛阿拉伯主义 284,285,293,315,316
Arapesh language 阿拉佩什语 67
archeology 考古学 351,361
Aries, Philippe 阿利埃斯，菲力浦 viii
aristocracy 贵族制 204—205,208,263
Aristotle 亚里士多德 330,471

Aron, Raymond 阿隆，雷蒙 217
art 艺术 54,89,94,120,195,225,227,423,424,465,472
Ashanti 阿散蒂 257,284,286,289,292,352,362
Asia 亚洲 187,191,239
   Southeast Asia 东南亚 160,188,281,288
astronomy 天文学 420
atheism 无神论 108,217,218
Auden, W. H. 奥登 464
Australia 澳大利亚 48,142
Australopithecines 南方古猿 xvi—xvii,54,70—71,73,81
authority 权威 118,121,127,141,204—205,239,271,279,289,290,295,296,339,351,357,362,412
autocracy 独裁制 258,272,319,320,321,322
Awolowo, Obafemi 阿沃洛沃，奥巴费米 324,325,326
Ayoub, B. 阿尤布 315
Azande 阿赞德人 107,133,134,141
Azerbaijan 阿塞拜疆 276
Azikiwe, Dr. Nnamdi 阿齐克韦，纳姆迪 324,325
Aztecs 阿兹特克人 44,48,132,142

B

Bacon, Francis 培根，弗朗西斯 38
Baganda 巴干达人 286—287
Bagehot, W. 白芝浩 248
Balewa, Alhaji Sir Abubakar Tafawa

巴勒瓦, 阿布巴卡尔·塔法瓦 325, 326
Bali 巴厘 ix, xi, 56, 187—208, 283, 354
　　aging in 衰老 413—414, 415, 429, 433
　　artistic performances in 艺术表演 426—427
　　calendars in 历法 415—422
　　ceremonial activity in 仪式活动 193, 195, 197, 201, 204, 357, 359, 360
　　ceremonialization of social interactions in 社会互动的礼仪化 422—424, 429
　　characterization of individuals in 个体的人的特征化 388, 389—393
　　cockfights in 斗鸡。参见 cockfights 斗鸡
　　colonial period 殖民时期 204
　　conception of structure of history in 历史结构观念 414
　　Day of Silence holiday in 静居日 443—444
　　and emergence of Indonesian Republic 和印度尼西亚共和国的兴起 200
　　Gelgel period 吉尔吉尔时期 354—355, 356
　　generations in 世代 399—400
　　hamlets in 小村庄 394, 395, 401, 403, 408, 410
　　holidays in 节庆 417—418, 421, 443
　　ignoring strangers in 无视陌生人 435
　　inequality in 不平等 193, 195—197
　　living in spurts in 迸发式的生活 467
　　meetings in 会议 419—420
　　Ministry of Religion in 宗教部 207, 208
　　in nineteenth century 19 世纪的 353, 359
　　odalan celebrations in 欧达朗庆典 418, 419
　　orders of person-definition in 个人定义序列 393—413, 422
　　parochialization of culture in 文化的地方主义化 192
　　perceptions of oneself and others 对自己和他人的感知 401, 422, 427, 432
　　precolonial period 前殖民时期 196, 197
　　priesthood in 祭司职位 196—197
　　procreational strata in 生育阶层 401—404
　　public/private domains in 公共/私人领域 410
　　Rangda-Barong ritual combat in 阑答-巴龙的仪式性搏斗 122—128, 197—199, 427
　　religious rationalization in 宗教理性化 188—192, 199—208

spiritual eligibility doctrine in 属灵资格信条 411, 412

status titles in 地位称号 393, 397, 404—409, 411

teasing in 调笑 440

temple system in 寺庙体系 193—195, 195—196, 197, 198, 202—203, 207, 357, 412, 413, 418, 421, 443, 473

"The Cockfighter" cultural hero "斗鸡者"文化英雄 464

traditional religion in 传统宗教 192—199, 205

trance states in 出神状态 40, 48, 125, 126, 127, 194, 197, 198, 430, 443

Tihingan village in 提辛干村 458

Triwangsa gentry in 三生贵族 408

Varna system in 瓦尔那体系 407—409

world of gods as public realm in 作为公共领域的诸神世界 413

young men in 年轻人 200—202, 203, 204, 205, 207, 208, 395, 441

Balkanization 巴尔干化 332

Bandaranaike, S. W. R. D. 班达拉奈克 291

Bangladesh 孟加拉国 284, 312—313

Bateson, Gregory 贝特森, 格雷戈里 356, 404, 436, 441

behavior 行为 19, 50, 56, 59, 77, 82, 136, 146, 153, 235, 268, 270, 377

as animal-like 动物似的 443

Balinese behavioral style 巴厘人的行为样式 390, 391, 424, 426—427, 434

behavioral complexity in evolution 演化中的行为复杂性 80, 81

behavioral science 行为科学 62, 64, 90

interdependency between person, time, and conduct 人、时间和行为之间的相互依赖 431, 434

interpersonal behavior in Bali 巴厘的人际行为 398

political 政治的 237

as predictable/unpredictable 是可预测的/不可预测的 89—90, 148

science of symbolic behavior 象征行为的科学 227

behaviorism 行为主义 64, 226

beliefs 信念 106, 126, 132, 153, 155, 164, 213, 216, 250, 270, 430

as inadequate 是不孚人望的 190

role in social life 在社会生活中的角色 156

参见 religion 宗教

Bello, Alhaji Sir Ahmadu 贝洛, 艾哈迈杜 324

Belo, Jane 贝洛, 简 440

Benedict, Ruth 本尼迪克特, 鲁思

49

Bentham, Jeremy 边沁，杰里米 454—455, 456

Berbers 柏柏尔人 8—10, 15, 16, 17, 20—21, 60, 285, 286, 292—293。参见 Morocco 摩洛哥

Bhagavad Gita《薄伽梵歌》144

Biafra 比夫拉 327, 345

bias 偏见 93, 113, 132, 156, 211, 213

bigotry 偏执 272

binary opposites 二元对立 377—378

biology 生物学 42, 43, 44, 46, 47, 49, 52, 60, 67

 biological aging 生物性衰老 413—414, 429

  overlap between cultural/biological change 文化性/生物性变化之间的重叠 74, 83

birth order (in Bali) 排行（巴厘的） 393, 408, 411

Black Nationalists 黑人民族主义者 224

Bloch, Marc 布洛赫，马克 49, 351, 386

Boas, Franz 博厄斯，弗朗茨 376

Bororo 波洛洛人 130—131, 369, 371

brain 大脑。参见 nervous system/brain 神经系统/大脑

Brazil 巴西 369, 379

Buddha/Buddhism 佛陀/佛教 113, 145, 160, 161, 192, 199, 203, 291, 307, 370

Bullock, T. H. 布洛克 80—81

Burckhardt, Jakob 布克哈特，雅各布 348, 433

bureaucracy 官僚制 180, 206, 208, 242, 253, 265, 319, 351, 358

Burke, Edmund 柏克，埃德蒙 237

Burke, Kenneth 伯克，肯尼斯 98, 153, 226, 231, 248—249

Burma 缅甸 255, 282, 284, 286, 288, 295, 298, 305—309

 Anti-Fascist People's Freedom League (APFL)in 反法西斯人民自由同盟 305, 308

 Chamber of Nationalities and Chamber of Deputies in 民族院和人民院 306

 constitutional system in 宪法体系 306, 307, 308

 United National Liberation Front in 联合民族解放阵线 309

business issues 商业问题 216—217, 222, 350, 419

C

cabbalism 犹太神秘哲学，玄言奥义 32, 165, 202

Caduveo 卡都卫欧 371, 374

calendars 历法 415—422, 429

Cambodia 柬埔寨 261

Canada 加拿大 296

capitalism 资本主义 336

caste 种姓 196, 197, 204, 205, 295, 309, 378, 393, 404, 468

Catholicism 天主教 206,313
Cavell, Stanley 卡维尔,斯坦利 15
Ceylon 锡兰 261,275,284,285,286,288,290—292,295
    United National Party in 统一国民党 303
change 变迁 74,83,254,256,262,273,331,339,346,428,434
    status as unchanging 地位的不变性 464—465
    参见 social change 社会变迁
chaos 混沌 106,107,110
charisma 克里斯玛 241,253,356,364
Childe, Gordon 柴尔德,戈登 351
children 儿童 83,84,88,147,203,392,393,394,395,397,400,401,443
    childlessness in Bali 巴厘的无子女者 396,402
chimpanzees 黑猩猩 72—73
Christianity 基督教 104—105,107,133,141,160,199—200,206,244,313,315
Churchill, Winston 丘吉尔,温斯顿 250,251
circles 圆 138—139,150
citizenship 公民身份 330,448
civility 公民意识 330,331,448
civil wars 内战 230,255,305,316,333,346
clan system 氏族体系 376—377
class issues 阶级问题 163,165,220,254,292,337,343,350,396。参见 middle class 中产阶级
clothing 服装 295,307,405
coalitions 联盟 265,314
cockfights (in Bali) 斗鸡(巴厘的) xi,435—473
    addict gamblers at 烂赌鬼 456,460,462
    as art form 作为艺术形式 465
    "away" games "客场"比赛 460
    backers at 支持者 456
    and Balinese culture 和巴厘文化 452
    bets during 赌注 448—454,459
    cocks and men 公鸡和男人 440—444,463
    as disquietful 是焦躁不安的 466,468,470
    handlers 操纵者 445,446,452
    as illegal/legal 是非法的/合法的 436—437,460
    locations for 地点 437
    rules/umpires 规则/裁判 447,449,461,470
    as simulation of social matrix 作为社会母体的模拟 458
    spurs used 所用的距铁 444—445,446
    and status 和地位 448,455—459,463,464,466,468,469,470,473
    as text 作为文本 470
    themes concerning 关于斗鸡的主题 465
coelenterates 腔肠动物 79

cognition 认知 235
Cohn, Bernard 科恩, 伯纳德 viii
Cold War 冷战 230, 299
Coleman, J. 科尔曼 276, 323
colonialism 殖民主义 254, 256, 257, 265, 272, 289, 323—324, 339, 340
  colonial myths 殖民神话 355
common sense 常识 94, 107, 119, 120, 128, 129, 131, 132, 139—140, 226, 251, 400
communalism 社群主义 275, 279, 290, 305, 309
communication(s) 交流 54, 70, 71, 74, 95, 146, 200, 239, 305, 372, 374, 377, 378, 438
Communism 共产主义 211—212, 264, 311。参见 Marxism 马克思主义
community, sense of 共同体的意识 161
comparative-institutions approach 比较-制度方法 352
conformity 遵从 217
Confucianism 儒家思想 188, 190
confusion of tongues model "言语的淆乱"模型 11, 20, 31
Congo 刚果 275, 281, 284, 287, 345
conscience, collective/public 集体/公共的意识 239, 247, 338
consciousness 意识 233, 235
consensus 共识, 公论 339, 344
  consensus gentium 万民公论 43—44, 45, 46, 48
consociates (in Bali) 同伴（巴厘的）390, 391, 395, 414, 415, 422, 426, 433
Coon, C. 库恩 317
corruption 腐败 272, 319
cosmic order 宇宙秩序 96, 105, 127, 132, 134, 241
coups 政变 308, 322—323。参见 Indonesia 印度尼西亚; Nigeria 尼日利亚
Craik, K. 克雷克 100
cremation 火葬 395, 405, 419
Cromwell, Oliver 克伦威尔, 奥利弗 48
culture 文化 xv, 15, 16, 22, 41, 42—43, 82
  and coherent description 和融贯的描述 19
  and concept of man 和人的概念 58—59
  as control mechanism 作为控制机制 50—51
  "critical point" theory of appearance of 文化出现的"临界点"理论 69, 70, 71, 72
  cultural acts 文化行为 98
  cultural analysis as incomplete 文化分析被视为不完整的 31—32
  cultural balance of power 文化的权力均衡 263
  cultural conservatism 文化保守主义 342

cultural discontinuity 文化中断 430—431
cultural evolution/growth 文化的演化/生长 41,69,76,89
cultural foundations of the state 国家的文化基础 353
cultural integration/conflict/change 文化的整合/冲突/变迁 427—434
cultural performances 文化表演 121,122
culture patterns 文化模式 41,51,98,99,100,107,160,235,268,269,387,388,390,392,414,430
defining 界定 xvi,4—5
demoralized 堕坏 178—179
folk culture 民间文化 164
guilt cultures 罪感文化 424（参见 shame 羞耻）
growth of knowledge concerning 关于文化的知识的增长 27—28
and human evolution 和人类演化 52—57
and ideology 和意识形态 250,269—270（参见 ideology 意识形态）
as learned behavior 作为习得行为 268
and meaning 和意义 viii,13,14,22,58,75,157—158,185,334
men as cultural artifacts 作为文化产物的人 57
as natural fact vs. theoretical activity 作为自然事实与理论活动 17
as objective/subjective 是客观的/主观的 11,12
and politics 和政治 333,336,341,344,347—348
scientific concept of 科学概念 38
semiotic concept of 符号学概念 5,15,27,32
and social structure 和社会结构 156—159,179,185—186,386,387
study of 研究 386—389
as symbolic system 作为象征体系 18—19,157,219,237,257,268—269,387,431
as texts 作为文本 469—470,473
theories concerning 关于文化的理论 26—31,32—33,273,431—432
universals in 普遍性 43—48,382
variation of cultural forms 文化形式的变异 25
Culture and Politics in Indonesia (Holt, ed.)《印度尼西亚的文化与政治》（霍尔特编）333—334
curing procedures 疗愈流程 47,112,113,142,162,165
customs 习俗 39,40,41,42,43,201,202,275,282—283,342,344,374

cybernetics 控制论 374
Cyprus 塞浦路斯 285,286,288

D
data 资料 352,360,385
death 死亡 87,177—178,180,189,193,197—199,234,236,272,395,396,399,403,414,444。参见 Java: funerals in 爪哇: 葬礼
definitions 定义 96—97
de Jouvenel, B. 茹弗内尔 341
democracy 民主 180,243,258,291,315
　　guided democracy 有指导的民主 244,245,300,339,344
demons 恶魔 421,443
despotic states 专制国家 350—351,361
determinism/indeterminism 决定论/非决定论 41,133,140
DeVore, B. I. 德沃尔 75
Dewey, John 杜威, 约翰 51,65,390
Dinka 丁卡人 110,115—116,117
disease 疾病 419
dispositions 性情, 倾向 65,66,67,68,70,89,102,103,128,132,134
diversity 多样性 41,192,247,263,272,277,298,301,338,355
　　typology concerning 关于多样性的类型学 286—288
divination 占卜 135,141,165

divine right of kings 君权神授 238
divinity 神性 17,101,115,116,117,396,406,412—413。参见 religion 宗教
Djakarta 雅加达 206,246
Druze 德鲁兹派 313,314,315
Duby, Georges 杜比, 乔治 viii
Durkheim, E. 涂尔干 93,94,117,155,178,221,338,428
Dutch, in Indonesia 印尼的荷兰人 343,353,359,437

E
economists 经济学家 349
education/learning 教育/学习 47,52,56,70,86,182,200,266,293,303
　　imprint learning 印记学习 100
　　school systems 学校系统 293,294
egalitarianism 平等主义 195,244,264
Egypt 埃及 261,285
Einstein, Albert 爱因斯坦, 阿尔伯特 108
Eisenstadt, S. M. 艾森斯塔德 351
elections 选举 164,166,184,267,291,293,303,324—325。参见单个国家
Elementary Forms of the Religious Life, The (Durkheim)《宗教生活的基本形式》(涂尔干) 155
elites 精英 163—164,182,195,205,239,292,326,357—358,363,

464
and cockfighting 和斗鸡 437
fragmentation of 分裂 344
in new states 新兴国家的 254, 299, 319
Emerson, R. 爱默生 276
emotions 情感 33, 51, 54, 57, 59, 75, 86—87, 87—88, 89, 101, 103, 106, 110, 112, 146, 215, 225, 342, 346, 421, 422, 424, 425, 440, 463, 470
as cultural artifacts 作为文化产物 88
emotional equanimity 情感的平静 147, 148
emotional tensions drained off 被宣泄的情感紧张 223
emotivist theory of meaning 情感主义的意义理论 227
and fear of shock 和对震惊的恐惧 168
political 政治的 254—255
Enlightenment 启蒙运动 38, 39, 43, 57, 59, 218
epochalism 新纪元主义 259, 261—268, 270, 271
Eskimo 因纽特人 142
essays 散论 28
essentialism 本质主义 259, 261—268, 270, 271
Ethiopia 埃塞俄比亚 282, 285
ethnocentrism 种族中心主义 26, 68, 329
ethnocracy 一族统治 325

ethnography/ethnology 民族志/民族学 viii, 10, 15, 26, 352, 374, 385
doing ethnography 做民族志 5—6, 11, 21, 22
ethnology as positive science 作为实证科学的民族学 368
as interpretive 是阐释性的 22—23, 25
object of ethnography 民族志的对象 7
and philosophy 和哲学 368
political ethnography 政治民族志 283
and role of culture in human life 和文化在人类生活中的角色 30
and thick description 和浓描 11, 18, 30（参见 thick description 浓描）
ethos 精神气质 95—96, 127, 136—137, 148, 149, 153, 181, 413, 427, 470
and world view 和世界观 121, 137, 140, 142
etiquette 礼节 59, 147, 149, 195, 405, 406, 423, 424, 426, 430, 468
Eurasian half-castes 欧亚混血儿 343
Evans-Pritchard, E. E. 埃文思-普里查德 107, 189, 361
evil 邪恶 151, 197
problem of evil 邪恶问题 113,

116,141,152,184,189
evolution 演化,进化 51—57,60,70,72,73,74,76,80,89。参见 culture：cultural evolution 文化：文化的演化
exemplary center, theory of 明范中心理论 240—242,244,247,353—356,357,364
expectations 期望 222,254
extrinsic theory of thought 思维的外在理论 232,234

F

factions 派系 244,314,358,430
　subfactions 小派系 458,460
Falstaff 福斯塔夫 151—152
family 家庭 47,53,89
Fascism 法西斯主义 363
"Felix Randal" (Hopkins) "菲利克斯·兰德尔"(霍普金斯) 234
feudalism 封建主义 145,306,338,343,351
food 食物 52,59,382,405,442,443。参见 Java：slametans in 爪哇：斯拉梅坦
fossils 化石 xvi—xvii,70
France/French people 法国/法国人民 viii,10,15,16,17,20—21,39,140,237,248,295,297,319,350,369
　French Enlightenment 法国启蒙运动 380
　French Revolution 法国大革命 238

July Monarchy 七月王朝 240
Frazer, J. G. 弗雷泽 155
Freedman, M. 弗里德曼 328
free will 自由意志 78
Freud, Sigmund 弗洛伊德,西格蒙德 68,93,94,221,226,349
Frye, Northrup 弗莱,诺思洛普 467,471
functionalism 功能主义 xvii,155—159,178,185,186,225,469,473
fundamentalism 基要主义 244,309
funerals 葬礼 166,177—178,201,399。参见 Java 爪哇

G

Galanter, E. H. 加兰特尔 232
Gallie, W. B. 加利 32
gambling 赌博。参见 cockfights (in Bali): bets during 斗鸡(巴厘的)：赌注
Gandhi, Indira 甘地,英迪拉 283,312
Gandhi, Mohandas (Mahatma) 甘地,莫罕达斯(圣雄) 261,311
Geiger, Theodor 盖格尔,特奥多尔 215
generalizations 概括 45,60,70,113,192,335,360,391
generations 世代 434。参见 Bali 巴厘
genetics 遗传学 51,52,53,72,74,82,99,236
Gerard, R. W. 杰拉德 79—80,81

Germany 德国 251
Gerstenhaber, M. 格斯滕哈贝 232
gesture 姿态 6,51
Ghana 加纳 258,261,284,286,292,362
goals 目标 222,270,290,296,335,342,391
Goffman, Erving 戈夫曼,欧文 447—448,458
Golding, William 戈尔丁,威廉 55
Goodenough, Ward 古迪纳夫,沃德 12
Goody, J. 古迪 105
Goris, R. 戈里斯 417
gotong rojong concept "有难同当" 概念 243
Gowon, Colonel Yakubu 戈翁,雅库布 326—327
Greece 希腊 285

H

Hasan, Moulay 哈桑,穆莱 280,320
Hassan II 哈桑二世 266,267,322
Hatta, Mohammed 哈达,穆罕默德 298,300
Hausa 豪萨人 325
Hawthorne, Nathaniel 霍桑,纳撒尼尔 60—61
Hebb, D. O. 赫布 78,86
Hegel, G. W. F. 黑格尔 41
Heine-Geldern, Robert 海涅-格尔德恩,罗伯特 354
Henle, P. 亨勒 230

Heroic Quest 英雄探险 369
Hinduism 印度教 45,60,122,140—141,143,145,160,161,162,169,192,199,205,206,240,241,242,294,309,409,420,468
  Brahmanism/Brahmana priests 婆罗门教/婆罗门僧侣 190,192,195,203,207,208,309,411,439,472
Historian's Craft, The (Bloch)《历史学家的技艺》(布洛赫) 386
historicism 历史主义 48,220
historiography 历史编纂学 295
Hitler, Adolph 希特勒,阿道夫 251
Hitti, Phillip 希提,菲利普 313
Hogarth, William 荷加斯,威廉 468
holy water 圣水 125,126,195,196,201,203
hominids 人科 71,73,74,75,76,79
Homo sapiens 智人 51—52,53,54,71,72,75,76
Hooker, R. 胡克 383
Hopkins, G. M. 霍普金斯 234
Howells, W. W. 豪厄尔斯 71
Hull, Clark 赫尔,克拉克 63,76—77
human condition 人类状况 409,456
human nature 人性 74
  as composite of levels 作为多层次的复合物 42,48,49,82
  definition of 定义 57,58—59
  Enlightenment view of 启蒙运

动的人性观 38,39
as independent of culture 独立于文化 55,57,75,106
uniformitarian view of "性相同"的人性观 40,41
as universal/variable 是普遍的/可变的 40,48,49 (参见 culture: universals in 文化: 普遍性)
humor 诙谐 124,128,144
hunting/gathering 狩猎/采集 53,54,71,89
Huntington, Samuel 亨廷顿, 塞缪尔 266
Husein, Zakir 侯赛因, 扎基尔 312
Husserl, Edmund 胡塞尔, 埃德蒙 14,390

I

Iatmul 雅特穆尔人 109—110
Ibo 伊博人 257,324,325,326,327
Ice Age 冰河期 53,55,74
ideas 观念 336,353,374,385,386,387。参见 thinking 思维
identity issues 认同问题 256,257,258—259,276—277,287—288,292,296,311,328,329,331,341,343,390,394,402,409,412,422,426。参见 essentialism 本质主义; personhood 做人
ideology 意识形态 162,163,176,182,183,185,204,242,316,363,364,369,434
    business ideology 商业意识形态 216—217
    change in 变化 262
    clash of literal meanings in 字面意义的碰撞 238—239
    classes of explanation concerning 关于意识形态的解释类型 223—224
    competing ideologies 相互竞争的意识形态 251
    concept of 概念 211,214—219
    and cultural traditions 和文化传统 362
    end of 终结 218
    and intellectual error 和理智谬误 215
    interest theory concerning 关于意识形态的利益理论 219—221,225,226
    Machiavellian view of 马基雅维利式观点 221
    as malady 作为弊病 222—223,250
    and new states 和新兴国家 239—240,258,273
    objectivity of 客观性 213,216
    resistance to sociological analysis 对社会学分析的抵抗 214
    role of 角色 237,247
    and science 和科学 212,248,249,251
    strain theory concerning 关于意识形态的紧张理论 219,221—224,226,230,238
    参见 culture 文化
"Ideology and Civility" (Shils) "意

识形态与公民性"(希尔斯) 215—216
illness 疾病 110,112,113,141, 272,443
imamship 伊玛目 318
imperialism 帝国主义 252,255, 336。参见 colonialism 殖民主义
incest taboo 乱伦禁忌 74
India 印度 205,246,255,260,261, 274—275,282,284,288,294, 298,309—313,336,407
 elections in 选举 311,312
 Indian National Congress 印度国大党 274,310,311,312
 Kashmir problem in 克什米尔问题 285
 Linguistic Provinces Committee 语言邦委员会 274
 national identity 民族认同 311
 Punjab in 旁遮普 282,294,309, 310,311,312
 regional bosses in 地区党老大 310
 succession problem in 继任问题 312
 States Reorganization Act of 1956 1956年的《邦重组法案》310
 Tamil Nadu 泰米尔纳德邦 313
 tribal peoples in 部落民 295
Indians (in Brazil) 印第安人(巴西的) 370—371
individualism 个人主义 433
Indonesia 印度尼西亚 xi,24,165, 176,181,182,255,258,261, 262—264,271,281,294,298— 302,333,335—339,362,436
 army in 军队 245,246,247,298, 301,302
 Chinese in 华人 285
 Communist Party in 共产党 299, 300,301
 Constitutional Convention of 1957 1957年制宪会议 244
 coups in 政变 300,301,344— 345,346
 Dutch colonial regime in 荷兰殖民政权 182,240,242
 Dwi-Tunggal in "两位一体" 298, 299,303
 elections in 选举 299,302
 hieratic symbols in 宗教符号 335
 ideology in 意识形态 243,244— 245,336
 Indonesian Personality 印尼民族特性 245,246
 integralism vs. compartmentalism in 统合主义与分隔主义 344
 military rule in 军人统治 345
 Minangkabau in 米南克保 328, 334,337,342
 Ministry of Religion 宗教部 206
 minorities in 少数族群 337
 nationalism in 民族主义 242— 243,264,343—344,345
 New Indonesia 新印尼 205,263, 346,433
 Outer Islands 外岛 292,300(参

见Java: and Outer Islands 爪哇：和外岛）

"Political Manifesto of the Republic""共和国政治宣言" 245

populist princes of 平民主义的王公们 433

regional rebellion of 1958 1958年的地区叛乱 298

Republican Indonesia 印度尼西亚共和国 204,240,242,243,245,298—302

revolution in 革命 182,200,204,240,245,339

social problems in 社会问题 247—248

as state manqué 作为未遂国家 337

syncretism in 融合主义 243—244

traditional Indonesia 传统印尼 240—243

参见 Bali 巴厘；Java 爪哇；Sukarno 苏加诺；Sumatra 苏门答腊

inequality 不平等 193,195—197,255,357,405,473

initiation rites 成年礼 94,135,142

integration, logico-meaningful vs. causal-functional 逻辑-意义的整合与因果-功能的整合 180,185—186

integrative revolution 整合革命。参见 new states 新兴国家

intellectuals 知识分子 217,257,265,343,347

interpretatio naturae 自然解释 469—470

intimacy 亲近关系 185,257,415,422,441

"invariant points of reference" "不变的参照点" 46,48

Iran 伊朗 276,281,284,286

Iraq 伊拉克 275,283,287,316

irrationality 非理性 261,455,456

irrigation 灌溉 358,410

Islam 伊斯兰教 45,143,160,161,162,163,164—165,166,168,169,171,172,175,182,199—200,206—207,240,242,244,245,263,264,293—294,303,318,336

Moslem Socialism 穆斯林社会主义 321

Muslim modernists 穆斯林现代主义者 343

Sarekat Islam 伊斯兰教联盟 343

Sunnis/Shiite 逊尼派/什叶派 275,287,313

Islam Observed: Religious Development in Morocco and Indonesia (Geertz)《被执守/观察的伊斯兰教：摩洛哥和印度尼西亚的宗教发展》(格尔茨) viii

isolationism 孤立主义 255,308

Israel 以色列 285,293,317

J

James, William 詹姆斯，威廉 106, 390
Japan 日本 230, 231, 338, 363
Java 爪哇 59, 101, 102, 108—109, 114, 127, 128, 192—193, 203, 242, 246, 263, 264, 282, 292, 336, 337, 342, 356, 432, 441
 Balinese in 巴厘人 206
 Dutch in 荷兰人 353
 exports of 出口商品 347
 funerals in 葬礼 159, 167—177, 180
 kampongs in 甘榜 164, 170, 180—181, 185
 Madjapahit kingdom/conquest 满者伯夷王国／征服 354, 355
 Masjumi/Permai parties in 马斯友美／佩尔迈党 164—166, 169, 170, 175—176
 Modin in 莫丁 166—167, 167—168, 168—169, 172, 173, 174, 175, 181
 morality in 道德 139, 141—142, 147
 and Outer Islands 和外岛 286, 298
 rasa concept in "拉沙"概念 133, 134, 145—147, 150
 rural life in 乡村生活 180, 181
 santri/abangan in 桑特里／阿班甘 163, 164, 165, 170—171, 175, 181
 shadow-puppet play (wajang) in 皮影戏（哇扬） 143—145, 149—152
 slametans in 斯拉梅坦 160—161, 162, 165, 167, 168, 175, 177, 179, 180, 181, 184, 185
 syncretism in 宗教融合 143, 145, 160, 161, 162, 163, 165, 166
 tjotjog concept in "适合"概念 140
 virtues in 美德 151
Jews 犹太人 8—10, 15, 16, 17, 20—21, 251。参见 anti-Semitism 反犹主义；Judaism 犹太教
Johnson, Samuel 约翰逊，塞缪尔 39
Jordan 约旦 286, 293, 317, 345
Joyce, James 乔伊斯，詹姆斯 vii
Judaism 犹太教 190。参见 Jews 犹太人
justice 正义 116, 117, 151, 152, 277, 341

K

Karens 克伦人 282, 284, 307, 308—309
Keller, Helen 凯勒，海伦 84
Kessler, Marvin 凯斯勒，马文 xi
kinship 亲属 278, 280—281, 328, 350, 351, 459, 463
 kinship terms in Bali 巴厘的亲属称谓 388, 393, 396—400
Kluckhohn, Clyde 克拉克洪，克莱

德 4—5,43—44,45—46,78,156
Koran《古兰经》206,318,319
Korn, V. E. 科恩 359
Kroeber, A. L. 克鲁伯 45
Kurds/Kurdistan 库尔德人/库尔德斯坦 275,281,283,284
Kwakiutl culture 夸扣特尔文化 45—46,430

L

Lamartine, Alphonse de 拉马丁,阿尔方斯·德 240
Langer, Susanne 朗格,苏珊 3,95
language issues 语言问题 259—260,275,278,291,294,303,328,374
    linguism 语言主义 281,290,309
    linguistics/linguists 语言学/语言学家 33,227,293,374,377
    and stability of states 和国家的稳定 279,280
Laos 老挝 275,283,286
La Pensée Sauvage (Lévi-Strauss)《野性的思维》(列维-斯特劳斯) 37,374,375,380,381,383,384
Lashley, K. S. 拉什利 64
Laski, Harold 拉斯基,哈罗德 363
Latin America 拉丁美洲 239
Leach, E. R. 利奇 157
leadership 领导层 253,254,258,304,310,359,360,364
    in Indonesia 印尼的 340,433
    in Lebanon 黎巴嫩的 314—315
    in Morocco 摩洛哥的 323
    traditional rulers 传统统治者 340—341
Lebanon 黎巴嫩 281,282,287,294,298,313—317
    civil war in 1958 1958年内战 316
    elections in 选举 313,314,315,316
    religious sects in 宗教派别 313
Lectures on the Religion of the Semites (Robertson-Smith)《闪米特人宗教讲座》(罗伯逊-史密斯) 155
legitimacy 正当性 26,33,239,267,296,300,306,339,354
Lev, Daniel 列夫,丹尼尔 334,342,347
Levenson, Joseph 列文森,约瑟夫 428
Lévi-Strauss, Claude 列维-斯特劳斯,克劳德 37,38,367—384
    personal quest of 个人追求 368,369
    and philosophy vs. anthropology 和哲学与人类学 379—380
Lévy-Bruhl, L. 列维-布吕尔 129
liberalism 自由主义 230,239,251
libertarianism 放任自由主义 317
Libya 利比亚 287
Liddle, G. William 利德尔,威廉 334,342,347
Lienhardt, G. 林哈特 110,115,116

literacy 读写能力 239
Lord of the Flies (Golding)《蝇王》(戈尔丁) 55
Lovejoy, A. O. 洛夫乔伊 38, 39
Lowell, Robert 洛威尔, 罗伯特 60—61
Lyautey, Mareschal 利奥泰, 元帅 20, 319
lying 撒谎 214, 236

M

Macbeth《麦克白》471—472
Machiavelli, N. 马基雅维利 221, 405
Madariaga, Salvador de 马达里亚加, 萨尔瓦多·德 106
magical power 魔力 241—242
magical realism 魔法实在论 190, 192
Magic, Science and Religion (Malinowski)《巫术、科学与宗教》(马林诺夫斯基) 155
Mahendradatta (Queen) 马罕德拉达塔 (王后) 126—127
Makhzen 麦赫赞 318, 319—320, 323, 362
Malaya 马来亚 246, 275, 281, 282, 288, 298, 302—305
  Alliance in 联盟 302, 303—304
  Chinese in 华人 284—285, 287, 293, 302, 305, 328
  elections in 选举 303, 304, 305
  emergency rule in 紧急状态统治 305
  as part of Malaysia 作为马来西亚的一部分 304
Malayan Chinese Association (MCA) 马来亚华人公会 302, 304
Malay Magician, The (Winstedt)《马来魔法师》(温斯泰德) 187
Malaysia 马来西亚 255, 258, 304, 345
Malinowski, Bronislaw 马林诺夫斯基, 布洛尼斯拉夫 43, 45, 93, 94, 110, 129, 143, 155, 156, 177, 178, 430—431
mammals 哺乳动物 79, 81, 90
Mandrou, Robert 芒德鲁, 罗贝尔 viii
Manipol-USDEK creed in Indonesia 印尼的"共和国政治宣言"信条 245—246, 247
Mannheim, K. 曼海姆 212, 214
  Mannheim's Paradox 曼海姆悖论 212, 216, 249
Manus 马努斯岛 101, 102, 128, 141—142
Maori 毛利人 142
marriage 婚姻 44, 45, 47, 48, 58, 166, 206, 378, 405, 406, 419
Marxism 马克思主义 162, 165, 202, 213, 219, 224, 225, 226, 239, 242, 263, 272, 303, 336, 342, 349, 352, 434。参见 Communism 共产主义
Mascou, P. 马斯柯 38, 44
masculinity 男性气概 441, 455, 460, 464

materialism 唯物主义 vii, 64, 187, 188, 208, 268
Maya 玛雅 361
Mazzini, G. 马志尼 267, 277
MCA 马华公会。参见 Malayan Chinese Association 马来亚华人公会
Mead, G. H. 米德 50—51, 390
Mead, Margaret 米德，玛格丽特 197, 349, 436, 441
meaning 意义 ix, 5, 16, 21, 26, 30, 32, 51, 56, 95, 100, 104, 130, 131, 135, 137, 146, 269, 271, 347, 377, 387, 429, 456, 465
 emotivist theory of meaning 情感主义的意义理论 227
 hidden 隐秘的 202
 meaninglessness 无意义感 113
 of modernization 现代化的 342
 patterns of meaning 意义模式 272
 politics of meaning 意义政治 333—348
 problems of meaning 意义问题 112, 117, 118, 189, 190, 192, 272
 sociology of knowledge/meaning 知识/意义社会学 230
 参见 culture 文化
mechanism 机制 65
media 媒介 271
meditation 冥想 147, 148
metaphor 隐喻 218, 230, 271, 336, 377, 465, 466, 469

metaphysics 形而上学 65, 96, 109, 121, 131, 136, 137, 145, 146, 184, 241, 369, 370, 378, 379, 405, 412, 441, 444
 and values 和价值观 142
middle class 中产阶级 254, 266
mind 心智 62—93, 373—374, 379, 380
 mental evolution 心智的演化 68—76
 "mind" as rhetorical device "心智"作为一种修辞 63
 primitive-mentality problem 原始-心智问题 129
 psychic unity doctrine 心理统一性学说 69, 72, 75, 76
 savage mind 野性思维 381
 as unviable independent of culture 离了文化是行不通的 86
Mirror for Man (Kluckhohn)《人类之镜》(克拉克洪) 4—5
models 模型 11, 20, 31, 84—85, 222, 232—233, 269, 360, 465
 "of" and "for" "属于"模型和"为了"模型 99—101, 122, 127, 133
 of reality 现实的 375
 of society 社会的 373
modernity 现代性 245, 246, 261, 264, 266, 267, 278, 279, 288, 291, 292, 299, 320, 321, 330, 331, 339, 342, 345, 346—347, 383, 433
 modernism and tradition 现代主

义和传统 343
Modjokuto, Java 莫佐克托，爪哇 159，163，164，165，170，179，184
Mohammed V 穆罕默德五世 319，321
monarchies 君主制 265，266，267，271
money 金钱 455—456，461，462
monotheism 一神教 45，113
moods 情绪，心境 102，103—104，112，121，127，128—133，134，167
morality 道德 33，46，63，64，96，137，138，146，406，424
    moralism 道德主义 105，381，441
    moral judgements 道德判断 114
    参见 Java 爪哇
Morocco 摩洛哥 14，16，24，262，265—267，271，275，282，285，292—293，298，317—323，362，436
    Berbers in 柏柏尔人 295，318，319，320—321，322，323
    cities/tribal areas in 城市和部族地区 317，318
    constitution 宪法 322
    Istiqlal in 独立党 320，321，322
    Marmusha area 马尔穆沙地区 8—10，13，17，20—21，23
    Popular Movements party in 人民运动党 321
    Sherifian dynasty in 谢里夫王朝 318
    sultanate in 苏丹统治 319，320
    Union Nationale des Forces Populaires in 人民力量全国联盟 322
    uprisings in 叛乱 321
    参见 Makhzen 麦赫赞
motivations 动机 102—103，104，105，119，121，127，128—133，134，220，276，389
Mount Meru 须弥山 241
mourning 悼念 110，177，406
Muhammed V 穆罕默德五世 265，266，267
Murdock G. P. 默多克 43
mysticism 神秘主义 101，118，128，129，130，147，148，149，151，162，165，191，241，336
myth 神话 54，89，94，102，107，121，126，131，142，202，342，354，356

N

Nambikwara 南比克瓦拉 371
names (in Bali) 名字（巴厘的）393—396，416，417
Nasser, Gamal Abdel 纳赛尔，贾迈勒·阿卜杜 285，316
Nasution, A. H. 纳苏蒂安 301
National Council of Nigeria and the Cameroons (NCNC) 尼日利亚和喀麦隆国民大会党 324，326
nationalism 民族主义 162，181，

182，239，261，264，271，272—273，319，342，437

and cultural conservatism 和文化保守主义 342

nationalism within nationalisms 民族主义之内的民族主义 255

New Nation nationalism 新兴国家民族主义 433

phases of 阶段 256—261

regionalization of 地区化 323，325

and social change 和社会变革 270

参见 Indonesia 印度尼西亚；new states 新兴国家

nation building 民族构建 363

nationhood 民族地位 272，276

naturalistic fallacy 自然主义谬误 154

Navajo 纳瓦霍人 45，105，140

curing rites 治疗仪式 112—113，142

Nazis 纳粹党人 133

NCNC。参见 National Council of Nigeria and the Cameroons 尼日利亚和喀麦隆国民大会党

Negara: The Theatre State in Nineteenth-Century Bali (Geertz)《尼加拉：十九世纪巴厘的剧场国家》（格尔茨）viii

Nehru, Jawaharlal 尼赫鲁，贾瓦哈拉尔 261，274—275，279，310，311—312

neolithic age 新石器时代 381—382

neotraditionalism 新传统主义 322

nervous system/brain 神经系统/大脑 52，54，55，57，60，67，71，75，82—83，88

autonomy of nervous system 神经系统的自主性 77—78，82，83，90

brain size 脑的大小 74，79—80，81，90

as dependent on cultural resources 对文化资源的依赖 83，85—86，90

primate brain 灵长类动物的大脑 75

regnant processes in 统御性过程 78—79，83

Ne Win 奈温 308，309

new states 新兴国家 276—277，283，284，341，350，360—361

competing loyalties in 相互竞争的忠诚 280

governmental institutions/arrangements in 政府设置/安排 295—296，297—298，300—301

integrative revolution in 整合革命 297，298，327，329，331

leadership in 领导层 253，254，258，274，299

nationalism in 民族主义 255，256—261，270，342

pariah communities in 贱民社

群 288
personal identity vs. national community in 个人认同与民族共同体 331
参见 primordial issues 原生性问题；ideology 意识形态
Newton, Isaac 牛顿, 艾萨克 38, 44, 64
Nigeria 尼日利亚 xvii, 255, 276, 281, 282, 294, 295, 298, 322—327
　　colonial rule in 殖民统治 323—324
　　constitution 构成 324, 326
　　coups in 政变 326—327
Nkrumah, K. 恩克鲁玛 253, 292, 363

O

objectivity/objectivism 客观性/客观主义 33, 62, 64, 142
　　objectivity of sociological analysis 社会分析的客观性 212, 213, 216, 217
Oglala 奥格拉拉人 138—139, 150
ontology 本体论 137, 138—324
operationalism 操作主义 5, 22, 226
Opium of the Intellectuals, The (Aron)《知识分子的鸦片》(阿隆) 217
optimism 乐观主义 60, 104—105, 110
organization, levels of 组织的层次 235—236

original sin 原罪 118, 134

P

pain 痛苦 117, 118
Pakistan 巴基斯坦 xvii, 255, 282, 284, 287, 293
Palestinians 巴勒斯坦人 286, 293, 316, 317
paradigmatic human events 范式性的人生事件 471
Paraguay 巴拉圭 371
Parsons, Talcott 帕森斯, 塔尔科特 vii, 46, 216, 218, 221, 268, 269, 273
　　on ideology 论意识形态 270
particularism 特殊主义 265, 266, 272
Patel, V. 帕特尔 274—275
Patterns of Culture (Benedict)《文化模式》(本尼迪克特) 49
Pavlov, I. 巴甫洛夫 63
peace ceremony 和平庆典 139
peasantry 农民阶层 160, 164, 180, 182, 185, 196, 197, 199, 242, 243, 263, 264, 309, 342, 344, 347, 357, 396, 400
　　obligations laid on by gentry 绅士阶层强加的义务 358
　　peasant mentality 农民心态 440
　　peasant societies 农民社会 350, 352, 360
People's Action Party (Singapore) 人民行动党 (新加坡) 304
Percy, Walker 珀西, 沃克 130—

131, 227, 233
personality 人格 221, 222, 269, 296, 389, 395, 422, 426, 457
personhood 做人 394, 398, 411, 413, 424, 426, 433
　　as depersonalizing 是去人性化的 414, 415, 422, 423
　　interdependency between person, time, and conduct 人、时间和行为之间的相互依赖 431, 434
　　参见 identity issues 认同问题
Philippines 菲律宾 260, 261, 281, 282, 294, 305
　　Moro problem in 摩洛问题 283
philosophy 哲学 41, 48, 95, 98, 107, 142, 153, 154, 192, 227, 368, 379—380
Philosophy in a New Key (Langer)《哲学新解》(朗格) 3
Philosophy of Literary Form, The (Burke)《文学形式的哲学》(伯克) 248—249
Plains Indians 大平原印第安人 60, 101, 102, 128
Pleistocene period 更新世时期 74, 75
poetry 诗歌 97, 114, 149, 227, 234, 464, 471
Polanyi, Karl 波兰尼,卡尔 351
police (in Bali) 警察(巴厘的) 437—439
political parties 政治党派 164—165, 182, 183, 252, 263, 267, 298, 300, 314, 316, 317, 320, 339, 343
　　in Nigeria 尼日利亚的 324
　　参见 Java: Masjumi/Permai parties in 爪哇：马斯友美/佩尔迈党; Malaya: Alliance in 马来亚：联盟
politics 政治
　　of continuing crisis 持续危机的 433
　　expressive concept of 表现性的政治观 353, 357, 360
　　and land vs. people 和土地与人民 359
　　of meaning 意义政治 333—348
　　nature and purpose of 性质和目的 362—363
　　past/present 过去/现在 362, 364
　　political organization, facsimile concept of 政治组织的摹本观 242
　　political systems 政治体系 237—238
　　politics of prestige 声望政治 462
　　traditional politics 传统政治 350
　　参见 elections 选举; political parties 政治党派; political science 政治科学; culture 文化
political science 政治科学 330, 349, 352, 360
pongids 猩猩科类人猿 71, 73
population growth 人口增长 161, 200, 247

populism 民粹主义 204, 239, 258, 263—264, 303, 434
positivism 实证主义 218, 226
poverty 贫困 141, 247, 255, 272
prayer 祈祷文 161, 168, 224, 399
predictions 预测 233
prestige 声望 195, 359, 405, 406, 407—408, 409, 432, 453, 458, 468
 politics of prestige 声望政治 462
 and public office in Bali 和巴厘的公职 412
 参见 status 地位
primates 灵长类动物 51, 70, 72, 75, 79, 81
Primitive Man as a Philosopher (Radin)《哲学家原始人》(拉丁) 138
primordial issues 原生性问题 278, 279, 286, 288, 289, 292, 293, 294, 303, 304, 307, 310, 311, 312, 317, 320, 324
 aggregation of traditional groups 传统群体的聚集体 327—328, 330
 primordial conflict/tension 原生性冲突/紧张 323, 326
 primordial discontent 原生性不满 280, 283, 284, 295, 297, 299, 308, 309
 primordial loyalties 原生性忠诚 323, 327, 331
profit/productivity 利润/生产率 222
progress 进步 342, 343

property 财产 44, 101。参见 politics: and land vs. people 政治：和土地与人民
Protestantism 基督新教 188, 206, 313
Providence 天意 45
psychology 心理学 42, 43, 44, 46, 47, 49, 64, 67, 88—89, 102, 117, 220, 235, 380
 metaphysical psychology 形而上的心理学 145
 psychological dissociation 心理解离 125
 psychologism 心理主义 19, 428, 473
 of religion 宗教的 134
public interest 公共利益 330
public titles (in Bali) 公共头衔 (巴厘的) 393, 397, 409—413
publishing firms 出版公司 203, 204
purification rites 净化仪式 112, 113, 201
Pueblo Indians 普韦布洛印第安人 25, 430
puritanism 清教主义，宗教严谨主义 263, 319, 437

Q

Qarawiyin University at Fez 非斯的卡鲁因大学 319

R

race issues 种族问题 239, 275, 279, 280, 281, 290, 303, 309, 328

Racine, Jean 拉辛，让 39
Radcliffe-Brown, A. R. 拉德克利夫-布朗 108, 155
radicalism 激进主义 264, 300, 317, 326, 334, 343
Radin, Paul 拉丁，保罗 138
Rahman, Teunku Abdul 东姑阿都拉曼 305
rationalism 唯理主义 60, 190, 267, 380
Razak, Tun Abdul 阿都拉萨 305
realism 实在论 139
reality, structure of 现实的结构 416
reason 理智 84, 85, 86, 88, 139, 199, 200, 377, 383
Reason in Religion (Santayana) 《宗教中的理性》(桑塔亚那) 93
Redfield, R. 雷德菲尔德 156, 164
reductionism 还原论 67, 129, 235, 386
reflex arc 反射弧 76, 79
regionalism 地方主义 275, 282, 290, 309, 327。参见 nationalism: regionalization of 民族主义：地区化
Reichard, G. 赖卡德 113
relativism 相对主义 41, 45, 46, 49, 202, 212
religion 宗教 58, 59, 89, 217, 272, 279, 282, 394, 407, 423
 beliefs 信念 96, 105, 108, 117—119, 127, 129, 134, 159, 218
 conversions 改宗，改信 199, 207
 crisis of faith 信仰危机 202
 cultural dimension of religious analysis 宗教分析的文化向度 95
 and death 和死亡 178 (参见 afterlife 来世)
 defined 界定 97, 105
 folk religion 民间宗教 300
 gap between sacred and profane 圣俗之间的鸿沟 191
 and the individual 和个人 155
 and inequality 和不平等 405
 and metaphysics 和形而上学 136
 methodological problem writing about 书写宗教的方法论问题 132—133
 modernization of 现代化 187
 and political debate 和政治争辩 183
 as practical science 作为实践科学 140
 pure vs. applied 纯粹宗教与应用宗教 130
 recent anthropological work on 研究宗教的人类学新著 93—95
 reforms 改革 264
 religious doctrine 宗教教义 194
 religious literacy 宗教读写能力 204
 religious perspective 宗教视角 119—121, 129, 131
 religious rationalization 宗教的

理性化 188—192,199—208
role of 角色 159
and secular customs 和世俗风俗 201,202
separation from divinity 与神性的分离 115—116,117
as source of stress 作为压力源 179
symbolism in 象征主义 95,97—101,104,105,112,117,121,137,139,141,142,180,234—235
as universal 是普遍的 44—45,48
and values 和价值观 153
world religions 世界性宗教 190,192,199,206
Renaissance Europe 文艺复兴欧洲 386,433
reputations 名声 406
Ricoeur, Paul 利科,保罗 21
riots 暴乱 290,305,322
ritual 仪式 45,48,89,94,106—107,112,121,129,131,137,155,357,359,378,399,423,427
　　as inadequate 是不孚人望的 190
　　logico-meaningful vs. causal-functional aspects of 逻辑-意义的层面与因果-功能的层面 159
　　and political systems 和政治体系 197
　　ritual combat in Bali 巴厘的仪式斗争 122—128
　　ritual objects 仪式对象 445
　　ritual orthopraxy 仪式的正统做法 194
　　role in social life 在社会生活中的角色 156
　　as social interaction 作为社会互动 184,185
　　state ritual vs. state structure 国家仪式与国家结构 359
　　参见 initiation rites 成年礼；purification rites 净化礼
Robertson-Smith, W. 罗伯逊-史密斯 155
Rousseau, Jean-Jacques 卢梭,让-雅克 371,380—382
Russell, B. 罗素 108
Ryle, Gilbert 赖尔,吉尔伯特 6,62,64,65—66,387

S
Sabah 沙巴 304,305
sacrifice 献祭 142,357,443,470
sand paintings 沙画 112—113
Santayana, G. 桑塔亚那 83,121
santri/abangan 桑特里/阿班甘 183—185。参见 Java 爪哇
Sapir, Edward 萨丕尔,爱德华 227,231
Sartono Kartodirdjo 萨尔托诺·卡托迪维约 334,342,344,347
Sartre, Jean-Paul 萨特,让-保罗 363
savages 野蛮人 369,371,371,381,455

logic of 逻辑 375
scapegoat theory 替罪羊理论 223
Scheler, M. 舍勒 390
Schoenberg, Arnold 勋伯格，阿诺德 468
Schutz, Alfred 许茨，阿尔弗雷德 119,128,389—393
science 科学 37,38,47,50,57,58, 60,63,64,65,89,107,121, 211,368,374,380,388
 initial problem of 初始问题 387
 science of symbolic behavior 符号行为的科学 227
 scientific perspective 科学视角 119,120,133
 scientific sociology 科学的社会学 213,228
 参见 social sciences 社会科学；ideology 意识形态
secularism 世俗主义 105,121,134, 156,159,162,166,180,184, 188,201,202,243,267,271, 272,307,319,405,419
segmentary states 分立国家 351,361
semiotics 符号学 viii, xvii。参见 culture: semiotic concept of 文化：符号学概念
sensation 感觉 87,88
sensibility 感受性 341,424,470,472
separatism 分离主义 255,284,292, 312,329
sex 性 82,86,127

sex roles 性角色 25,94
Shakespeare, William 莎士比亚，威廉 39,40,145
shame 羞耻 424—425
Sham'un, C. 夏蒙 316
Shastri, Lal Bahadur 夏斯特里，拉尔·巴哈杜尔 312
Sherrington, C. 谢林顿 63,76
Shils, Edward 希尔斯，爱德华 215—216,217—218,267
shyness (of Balinese) 羞怯（巴厘人的）441,467
Sikhs 锡克人 282,309
Singapore 新加坡 304—305
Singer, M. 辛格 121
Sinhalese 僧伽罗人 275,285,286, 288,290,291,292
Sitaramayya, B. P. 西达拉马亚 274—275
Sjahrir, S. 夏赫里尔 289
slametans 斯拉梅坦 183。参见 Java 爪哇
smiling 笑 56—57,231
social change 社会变迁 156,157, 160,162,178—179,186,200, 256,270,272,341—342,432
social conflict 社会冲突 179—180, 184—185,222,291,295
social contract 社会契约 371
Social History of an Indonesian Town, The (Geertz)《一座印度尼西亚小镇的社会史》(格尔茨) viii
socialism 社会主义 245,321,343
social mobilization 社会动员 254

social phenomenology 社会现象学 390
social progress 社会进步 244
social reform 社会改革 382
social regenesis 社会新陈代谢 404
social roles 社会角色 222, 223
social sciences 社会科学 xv, 5, 24, 26, 37, 38, 41, 59, 153, 214, 216, 217, 235, 250, 351
 common language in 通用语言 49—50
 functional analysis in 功能分析 224
 social scientific theory 社会科学理论 226—227
 sociology 社会学 43, 44, 46, 47, 67, 134, 212, 213, 218, 220, 227, 228, 232, 256, 329, 352, 360, 469
social statistics 社会统计学 294—295
social stratification (in Bali) 社会分层（巴厘的）398, 407
solidarity 团结 139, 161, 178, 184, 189, 193, 223, 224, 258, 283, 299, 439
Solow, Robert 索洛，罗伯特 33
Somalia 索马里 261, 285
South Celebes 南西里伯斯岛 359
Soviet Union 苏联 231, 284
speech 言语 56—57, 71, 73, 83—84, 377, 405, 423
spirit worship 神灵崇拜 135
stages of life 人生阶段 402

standard of living 生活水准 277
Stark, Werner 斯塔克，沃纳 214—215
status 地位 94, 140—141, 195, 359, 448
 procreative status 生育地位 402
 sinking status, concept of 递降地位观 353, 356—357
 status titles in Bali 巴厘的地位称号 393, 397, 404—409, 411
 as unchanging 是不变的 464—465
 参见 prestige 声望；cockfights 斗鸡
Stevens, Wallace 史蒂文斯，华莱士 468
subjectivism/subjectivity 主观主义/主观性 32, 63, 64, 65, 149, 379—380, 472
Sudan 苏丹 276
suffering, problem of 苦难的问题 110—113, 116, 184, 189
Suharto (general) 苏哈托（将军）301—302
Sukarno 苏加诺 176, 206, 248, 264, 298, 300, 335—336, 339, 340, 341, 433
 death of 死亡 301, 345
 and Japanese 和日本人 363
 major speech of (1959) 重要演说（1959年）245
 Pantjasila concept of 潘查希拉概念 243, 244, 247, 344
Sumatra 苏门答腊 206, 301, 336,

337, 342, 432
supernatural order 超自然秩序 354
superstition 迷信 217, 255, 382
Sutton, Frank 萨顿，弗兰克 228, 350, 352, 360
Switzerland 瑞士 296
symbolism 象征主义，符号体系 vii, viii, ix, 11, 15, 16, 18—19, 29, 32, 51, 54, 55, 56, 74, 84, 149, 181, 183, 202, 377, 387, 388—389, 428, 429
 and cockfights 和斗鸡 455, 466, 470
 cognitive/expressive 认知的/表达的 235
 and ideology 和意识形态 225—226, 270
 man's dependence on 人对符号体系的依赖 106
 and perception of individuals 和个人感知 389
 science of symbolic behavior 符号行为的科学 227
 as source of information 作为信息源 98—99
 and study of values 和价值观研究 153
 symbolic dimensions of social action 社会行动的象征维度 33
 symbolic models of emotion 情感的象征模型 89
 symbol mongering 符号贩卖 245, 340

symbol systems employed as models 用作模型的符号体系 232—235
 of ultimate reality 终极实在的 135
 参见 culture：as symbolic system 文化：作为象征体系；religion 宗教
syncretism 宗教融合 182。参见 Indonesia 印度尼西亚；Java 爪哇
Syria 叙利亚 284, 315, 316

T
Taft-Hartley Act 塔夫脱-哈特莱法案 228—230, 231
Tamils 泰米尔人 275, 285, 286, 290, 291, 292, 295, 309, 313
Tanganyika 坦噶尼喀 281
tattoos 文身 371
taxation 课税 311, 319, 358, 448
Taylor, O. H. 泰勒 46
Tchambuli 德昌布里 25
teknonyms 亲从子名 393, 395, 397, 400—404, 411
temporal issues 时间问题 424
 detemporalized conception of time 去时间化的时间观 421—422, 423, 429
 interdependency between person, time, and conduct 人、时间和行为之间的相互依赖 431, 434
 passage of time 时间的流逝

413—415
    past/present 过去/现在 356,361,362,364
    time as punctual 时间是点状的 417,420,427,467
    time scale 时间尺度 72,74
    参见 calendars 历法
Thailand 泰国 275,283,284
Thakin Nu 吴努 307
thematic analysis 主题分析 334,335,348
Theory of Legislation, The (Bentham)《立法理论》(边沁) 454
thick description 浓描 ix, xii, 3—33
    and cultural theory 和文化理论 27,28,29—30
    Ryle on 赖尔论 6—7
    vs. thin description 相对于淡描 7,14
    参见 ethnography/ethnology 民族志/民族学
thinking 思维 50,69,83,84—85,89,90,375,381,432
    other's thoughts 他人的思想 415
    as public vs. private activity 作为公共活动与私人活动 232
    science of thought 思维科学 374
    social nature of thought 思维的社会性 385—386,387,428
    参见 extrinsic theory 外在理论；ideas 观念；mind 心智
Third World 第三世界 252,260,342,349,362

Thomas, Keith 基思·托马斯 viii
threats 威胁 82,113—114
time 时间。参见 temporal issues 时间问题
title ranks 名衔等级 468
tools 工具 53,54,71,89,236
tooth-filing 锉牙 197,202,204,357,443
totalitarianism 极权主义 337
totems 图腾 131,376—377,378
"Toward a Common Language for the Areas of the Social Sciences" (Parsons, Kluckhohn, and Taylor) "迈向社会科学诸领域的一种通用语言"(帕森斯、克拉克洪和泰勒) 46—47
trade 贸易 45,47,378
    trade-pact (mezrag) system 商贸协定体系 8,9,13,20—21
tribalism 部落主义 275,279,290
tribal peoples 部落民 37,69,132,199,317,319,320,324,325,339,382
Tristes Tropiques (Lévi-Strauss)《忧郁的热带》(列维-斯特劳斯) 367,369,374,379,380,383
Trobriands 特罗布里恩群岛 25,45,143
Tunisia 突尼斯 258,261
Tupi-Kawahib 吐比克瓦西普人 371
Turkey 土耳其 284,285
Tyler, Stephen 泰勒,斯蒂芬 14
Tylor, E. B. 泰勒 4,52,105,107,155

U

Uganda 乌干达 282,284,286—287
UMNO 巫统。参见 United Malays National Organization 巫来由人统一组织
uniformitarianism 性相同论 40, 41,46
United Malays National Organization (UMNO) 巫来由人统一组织 (巫统) 302,303—304
U Nu 吴努 305,307,308
urbanization 城市化 161,200
    urban activism and village piety 都市行动主义和村落宗教虔信 343
Urban Revolution 城市革命 351

V

values 价值观 137,140,142,153—154,164,182,205,216,250,264,386
vanity 虚荣浮华 102—103
Varna system 瓦尔那体系。参见 Bali 巴厘
Vietnam 越南 282,287
violence 暴力 272,300,308,444,470
Vovelle, Michel 伏维尔,米歇尔 viii
Walker, James 沃克,詹姆斯 138
"War is hell" "战争是地狱" 230
Weber, Max 韦伯,马克斯 viii,5, 93,112,113,117,142,188,190, 191,202,268,272,336,350, 351,390,428,456
Verstehenden methodology 理解社会学 94
welfare state 福利国家 291
Whitehead, Alfred North 怀特海,阿尔弗雷德·诺思 38,269
Whorf, Benjamin 沃尔夫,本杰明 227
winking 眨眼 6—7,13,14,18
Winstedt, Richard 温斯泰德,理查德 187,208
Wissler, Clark 威斯勒,克拉克 43
witchcraft 巫术,魔法 108,122—123,124,125,127,133,134, 141,156,189,193,197—199, 430
Wittfogel, Karl 魏特夫,卡尔 350—351,352,361
Wittgenstein, Ludwig 维特根斯坦,路德维希 14—15,19
world view 世界观 95,96,127, 136—137,141,147,149,152, 153,181,205,409。参见 ethos 精神气质
Wriggins, H. 里金斯 291

Y

Yoruba 约鲁巴族 325
youth culture 青年文化 433—434
Yucatan 尤卡坦 156

Z

Zuñi 祖尼人 44—45,45—46,48